E-Learning als Baustein im inklusiven Unterstützungs- und
Beratungssystem in Deutschland

Marie-Luise Schütt

E-Learning als Baustein im inklusiven Unterstützungs- und Beratungssystem in Deutschland

Konzeption, Implementierung und Evaluation
des Onlineangebots ‚MIT BISS' für Regelschullehrerinnen
und Regelschullehrer

Waxmann 2015
Münster • New York

Bibliografische Informationen der Deutschen Nationalbibliothek
Die Deutsche Nationalbibliothek verzeichnet diese Publikation in
der Deutschen Nationalbibliografie; detaillierte bibliografische
Daten sind im Internet über http://dnb.d-nb.de abrufbar.

Internationale Hochschulschriften, Bd. 617

Die Reihe für Habilitationen und sehr gute
und ausgezeichnete Dissertationen

ISSN 0932-4763
Print-ISBN 978-3-8309-3218-5
E-Book-ISBN 978-3-8309-8218-0

© Waxmann Verlag GmbH, Münster 2015
Steinfurter Straße 555, 48159 Münster

www.waxmann.com
info@waxmann.com

Umschlaggestaltung: Christian Averbeck, Münster
Titelbild: © istock.com/Steve Debenport
Satz: Sven Solterbeck, Münster

Gedruckt auf alterungsbeständigem Papier,
säurefrei gemäß ISO 9706

Inhalt

1   Einleitung

„Die Lehrkräfte sollten sich bewusst sein, dass unterschiedliche Personen in ihren Klassen sind, die unterschiedliche Bedürfnisse haben und auf verschiedene Weise lernen“ (EA 2008, 21).

„Inklusive Schulbildung ist die beste Option, aber viele Schulen haben noch nicht die erforderlichen Ressourcen und das geeignete Personal dafür“ (EA 2008, 14).

„Die inklusive Bildung war gleichzeitig die schrecklichste und die schönste Herausforderung, mit der ich je konfrontiert war“ (EA 2008, 14).

„Die Lehrkräfte müssen den Unterrichtsstoff in ganz unterschiedlichen Weisen erklären, damit Schülerinnen und Schüler folgen können“ (EA 2008, 16).

Diese Aussagen stammen von vier Jugendlichen, die gemeinsam mit ca. 80 weiteren jungen Menschen mit Beeinträchtigung/mit sonderpädagogischem Förderbedarf[1] aus 29 europäischen Ländern an einer internationalen Anhörung in Lissabon teilgenommen haben. Die jugendlichen Vertreterinnen und Vertreter höherer Bildungseinrichtungen (Sekundarstufe II, Berufsschule und Hochschule) setzten sich im Jahr 2007 intensiv mit bildungspolitischen Fragestellungen auseinander (vgl. SANDER 2008a, 342 f.). Ihre Forderungen und Wünsche an das Bildungssystem der Zukunft brachten die Delegierten in der „Lisbon Declaration – Young People's views on Inclusive Education“ zum Ausdruck. Allen Äußerungen ist der Wille an der Teilhabe von qualitativ hochwertigen Bildungsangeboten zu entnehmen. Eng verknüpft ist dies sicherlich mit dem langfristigen Zielgedanken, nicht nur Teil eines gemeinsamen Bildungssystems, sondern auch einer inklusiven Gesellschaft zu sein. Damit nehmen die Äußerungen auf das weiterführende Verständnis des Terminus ‚Inklusion‘ Bezug. Schließlich beschränkt sich der Begriff ‚Inklusion‘ keinesfalls auf den Prozess der schulischen Teilhabe, auch wenn diese Auffassung stark propagiert wird. Allerdings – und dies zeigen die Äußerungen der Schülerinnen und Schüler in besonderem Maße – bietet der Lebensabschnitt der Schulzeit ein einmaliges Bedingungsgefüge, um die Rahmenbedingungen einer inklusiven Gesellschaft zu erproben. Letztendlich ist es hier möglich, alle Schülerinnen und Schüler, also das heterogene gesellschaftliche Grundgefüge, zusammenzuführen, was wiederum erlaubt, die Gesellschaft im „Kleinen“ abzubilden und nachhaltige Impulse für gesellschaftliche Veränderungsprozesse anzuregen. Dieser Umgestaltungsprozess hat erheblich durch die UN-Konvention über die Rechte von Menschen mit Behinderung an Fahrt gewonnen. Ausgehend von dieser formellen Grundlage werden die gegenwärtigen Entwicklungen

---

1   In Anlehnung an die Veröffentlichung „Lisbon Declaration – Young People's views on Inclusive Education“ werden die Termini ‚Jugendliche mit Beeinträchtigung bzw. Jugendliche mit sonderpädagogischem Förderbedarf‘ kombiniert verwendet. Folgerichtig weist Ahrbeck darauf hin, *„dass die Existenz einer Behinderung nicht zwangsläufig einen sonderpädagogischen Förderbedarf nach sich zieht“* (AHRBECK 2011, 16).

und daraus resultierenden Konsequenzen für das deutsche Bildungssystem in der vorliegenden Arbeit thematisiert. Dies geschieht mit besonderem Fokus auf Schülerinnen und Schüler mit Beeinträchtigung im Sehen. Innovative Unterstützungs- und Beratungsangebote zur Gewährleistung der Teilhabe von Schülerinnen und Schülern mit Sehschädigung am gemeinsamen Unterricht werden vorgestellt. Speziell die charakteristischen Merkmale dieser Angebotsstrukturen der individuellen Schüler- und Lehrerunterstützung werden in den Blick genommen, um die Bedingungen zukünftiger Angebote (sowie offene Forschungsdesiderata) herauszustellen. Dabei knüpft die Forschungsarbeit an die Annahme an, dass die gegenwärtige Novellierung des Bildungssystems mit einem vermehrten Bedarf an fachspezifischem Know-how bei den professionellen Akteuren einhergeht. Auf Grund der bildungspolitischen, familiären wie auch individuellen Zielstellungen und Bestrebungen muss mit einer Zunahme blinder und sehbehinderter Schülerinnen und Schüler in inklusiven Schulsettings gerechnet werden, so dass zielgerichtete Qualifizierungsangebote zur eigenständigen Auseinandersetzung mit den spezifischen Bedarfen dieser Schülerschaft für die pädagogischen Kräfte unabdingbar werden. Hier setzt die vorliegende Forschungsarbeit an, indem neue Perspektiven durch den Einsatz multimedialer Bedienelemente aufgezeigt werden, um dem Informations- und Kommunikationsbedarf zielgerichtet zu begegnen. Auf diese Weise sollen novellierte Chancen für die eigenständige Weiterqualifizierung aufgezeigt bzw. die Vorteile dieser Bedienelemente für das inklusive Schulsetting herausgestellt werden. Auf der Grundlage einer qualitativen Befragung der Lehrkräfte wurde die inhaltliche Dimension des Angebots präzisiert. Darauf aufbauend konnte die Betaversion entwickelt sowie der erste Einsatz des Informations- und Kommunikationsangebotes namens MIT BISS (Methodisches – Informatives – Theoretisches – Basics zur inklusiven Beschulung sehgeschädigter Schülerinnen und Schüler) erprobt werden. Damit liefert die Forschungstätigkeit erste Ideen und Evaluationsergebnisse zum Einsatz von Informations- und Kommunikationstechnologien (IKT) in der fachspezifischen Unterstützung von Lehrkräften im inklusiven Setting. Außerdem wird aufgezeigt, welche zukünftigen Perspektiven und gegenwärtigen Barrieren die Nutzung der Betaversion bzw. zukünftiger Versionen im inklusiven Schulsetting erwarten lassen.

2   Ausgangspunkt: Die UN-Konvention und ihre Folgen

Die UN-Konvention über die Rechte von Menschen mit Behinderungen (auch UN-Behindertenrechtskonvention) ist ein völkerrechtliches Abkommen, in welchem die allgemeinen Menschenrechte[2] auf die Belange von Menschen mit Beeinträchtigung und ihre mannigfaltigen Lebenslagen hin angewendet und konkretisiert werden (vgl. HIRSCHBERG 2010, 21). Damit geht das Übereinkommen auf den sozialen Missstand ein, dass die Gruppierung der Menschen mit Beeinträchtigung, die zugleich die größte Minorität der Welt darstellt, nur über eine eingeschränkte Teilhabe in unserer Gesellschaft verfügt (vgl. UN/IUP 2007, 1 ff.).

Seit der offiziellen Verabschiedung ist die UN-Konvention von 155 Staaten signiert sowie von 130 Staaten ratifiziert worden (Stand: April 2013) (vgl. UN 2013). In Deutschland trat die ratifizierte Fassung am 26.03.2009 in Kraft. In der Historie der (inter-)nationalen Behindertenpolitik muss das Abkommen als wesentlicher Meilenstein betrachtet werden. Denn die UN-Behindertenrechtskonvention basiert auf einem veränderten Verständnis von Behinderung. Erstmalig nimmt ein internationales Dokument den Paradigmenwechsel vom medizinischen zum sozialwissenschaftlichen bzw. menschenrechtlichen Ansatz auf. Bisherige Stellungnahmen und offizielle Papiere orientierten sich fast ausschließlich am medizinischen Modell, in welchem Behinderung als personelle Eigenschaft des Individuums kategorisiert wird (vgl. SCHULZE 2011, 21). Ausgehend vom Menschenrechtsansatz werden im Übereinkommen die gesellschaftlichen Barrieren fokussiert, die sich erschwerend auf die gesellschaftliche Teilhabe des Betroffenen auswirken. Um dem prozessualen Charakter des Behinderungsbegriffs gerecht zu werden, wird folgende Definition in der UN-BRK geltend gemacht: *„(…) zu den Menschen mit Behinderung zählen Menschen, die langfristige körperliche, seelische, geistige oder Sinnesbeeinträchtigungen haben, welche sie in Wechselwirkung mit verschiedenen Barrieren an der vollen, wirksamen und gleichberechtigten Teilhabe an der Gesellschaft hindern können"* (UN 2006, Art. 1). Im internationalen Diskurs nehmen sich auch aktuelle WHO-Konzepte, wie die ICF, dem vollzogenen Perspektivwechsel an (vgl. WHO/DIMDI 2005).

Daran knüpft auch das neue Verständnis an, dass alle Menschen – mit und ohne Beeinträchtigungen – als rechtsfähige Subjekte angesehen werden. Dementsprechend kehrt man sich von der bis dato gültigen Sichtweise ab, in welcher Menschen mit Beeinträchtigung als „Objekte" der staatlichen Fürsorge betrachtet wurden. *„Das menschenrechtliche Modell dient damit als Ausgangspunkt für alle weiteren rechtlichen, politischen und programmatischen Überlegungen"* (AICHELE 2008, 4). In Deutschland liegen gesetzliche Rahmenbedingungen vor, welche die Teilhabe von Menschen mit

---

2   Alle Menschen sind von Geburt an mit grundsätzlichen Rechten ausgestattet, die auf ihrem Menschsein basieren. Sie stützen sich auf den Ansatz der Menschenwürde und zielen auf die Bewahrung dieses Ansatzes ab. In Art. 1 der „Allgemeinen Erklärung der Menschenrechte" von 1948 wird konstatiert, dass diese Rechte für jeden Menschen gültig sind, somit bezeichnet man die Menschenrechte als universell.

Beeinträchtigung am gesellschaftlichen Leben regeln (z. B. GG Art. 3, 2000; SGB IX, 2007; Behinderungsgleichstellungsgesetz u. a.).

Ausschlaggebend für die aktuellen Reformprozesse im bildungspolitischen Bereich ist der Artikel 24 der UN-Behindertenrechtskonvention (vgl. UN 2006, Art. 24). Unter Bezugnahme auf die Grundsätze der Anti-Diskriminierung, Gleichberechtigung und Selbstbestimmung wird der allgemeingültige Rechtsanspruch aller Kinder und Jugendlichen zur Teilhabe an elementaren Bildungsmaßnahmen formuliert. Dies stellt keine rechtliche Neuerung für Deutschland dar. Entscheidend ist die Verpflichtung der Unterzeichnerstaaten zur *„Verwirklichung eines [integrativen] inklusiven Bildungssystems auf allen Ebenen"* (UN 2006, Art. 24 Abs. 21). *„Damit haben Kinder und Jugendliche mit einem sonderpädagogischen Förderbedarf einen Rechtsanspruch darauf, gemeinsam mit Kindern ohne Förderbedarf unterrichtet zu werden"* (KLEMM 2010, 8). Es wird der Ausschluss von der schulischen Teilhabe an der Regelschule nicht mehr akzeptiert. Mit Hilfe der Konvention haben *„Kinder und Eltern, die einen Besuch der Regelschule wünschen (...) fortan – und dies ist neu – einen menschenrechtlich verbürgten Anspruch darauf"* (BIELEFELDT 2010, 68). Mit dem Inkrafttreten der UN-Behindertenrechtskonvention steht Deutschland in der Pflicht, dass die vertraglichen Vereinbarungen schnell realisiert werden. Diese Überzeugung wird auch in der vorliegenden Begutachtung auf juristische Gültigkeit von POSCHER, RUX und LANGER zum Ausdruck gebracht (vgl. POSCHER et al. 2008). Gemäß POSCHER et al. (wie auch weiterer Stellungnahmen) besteht das Recht auf gemeinsame Beschulung seit Inkrafttreten der Konvention. Betrachtet man lediglich die formale Ebene, bedarf es keiner expliziten Ausgestaltung in passenden Landesgesetzgebungen. Allerdings – und hierin gründet sich die aktuelle Problematik – enthält der Artikel keinerlei Aussagen über konkrete Umsetzungsmöglichkeiten des inklusiven Schulmodells im deutschen Raum (vgl. PREUSS-LAUSITZ 2011, 7; WOCKEN 2011, 92). Damit steht das deutsche Bildungssystem vor einem Interpretationsdilemma. WOCKEN präzisiert diese Problematik, indem er den Interpretationsspielraum an zwei – recht kontroversen – Positionen aufzeigt. Favorisiert man die erste Position, kann das bestehende Schulsystem bereits als inklusives Schulsystem bezeichnet werden. Schließlich sind alle Schülerinnen und Schüler in ein Bildungs- und Erziehungssystem inkludiert, obgleich die Einbindung durch ein Gefüge an Sondersystemen sichergestellt wird. In diesem Fall besteht kein Handlungsbedarf. Wenn jedoch die Konstruktion einer ‚Schule für Alle' – wie dies von führenden Bildungskräften, Verbänden und Betroffenen gesehen wird – als unmittelbare Zielsetzung festgelegt wird, muss ein außerordentlicher Handlungsbedarf für das hoch segregierende Bildungssystem in Deutschland konstatiert werden (vgl. WOCKEN 2011, 91 f.). *„Der [UN-] BRK geht es nicht um eine Suspendierung gegliederter Schulstrukturen, sondern um Nichtdiskriminierung, Gleichberechtigung und Teilhabe. Schüler mit Behinderungen dürfen die gleiche Schule besuchen wie das Nachbarskind. Das ist die einfache und doch so gewichtige Botschaft der UN-Konvention"* (WOCKEN 2011, 92). Die gegenwärtigen Zerwürfnisse, die aus konträren politischen, schulischen und familiären Forderungen resultieren, kommen auch im Übersetzungsdilemma zum Ausdruck. Um einen ersten Einblick in die bestehenden Theoriekonstrukte (inter-)nationaler Expertinnen und Experten aus dem Bildungsbereich zu erhalten, empfiehlt sich die Einteilung von SANDER (vgl. SANDER 2003, 2004).

Die gegenwärtigen Entwicklungen zeigen, dass man sich auf den Weg der inklusiven Schule gemacht hat (z. B. in Hamburg, Bremen u. a.). Die aktuelle Debatte wird zusehends durch die Überlegungen zur grundsätzlichen Umsetzung des inklusiven Gedankens im Schulsystem bestimmt. *„Die Frage: Was ist guter Unterricht in einer guten Schule unter inklusiven Bedingungen? muss für die nächsten Jahre sukzessive beantwortet werden“* (GRÜNING 2012, 194). GRÜNING verweist auf den entscheidenden Bedarf an qualitativ hochwertigen Bildungsprozessen, welcher zunehmend in den Mittelpunkt der gegenwärtigen Diskussionen tritt. *„Es bleibt die Aufgabe, sich der Vision einer inklusiven Bildung in einem inklusiven Schulsystem für alle Kinder und Jugendlichen anzunähern“* (vgl. GRÜNING 2012, 195).

3 Bildungspolitische Situation im Förderschwerpunkt Sehen

Die UN-Konvention bestimmt auch die gegenwärtige Debatte in der Blinden- und Sehbehindertenpädagogik. Der Verband für Blinden- und Sehbehindertenpädagogik befürwortet die Ratifizierung der UN-Konvention (vgl. VBS 2009). In der Blinden- und Sehbehindertenpädagogik wird die gegenwärtige Diskussion maßgeblich durch die Besonderheiten des Förderschwerpunkts (z. B. Schülerpopulation, strukturelle Ausgangsbedingungen u. a.) bestimmt. Die Spezifika dieses Förderschwerpunkts (FSP), welche eine besondere Herangehensweise notwendig machen, werden erläutert. Anhand historischer und statistischer Daten werden die Charakteristika des Förderschwerpunkts Sehen und damit einhergehender bildungspolitischer Veränderungsprozesse herausgestellt.

3.1 Historische Entwicklungslinien

Die Blinden- und Sehbehindertenpädagogik blickt auf eine mehr als 200-jährige Geschichte zurück. Ausführliche Darstellungen zu den Anfängen der Blinden- und Sehbehindertenpädagogik, welche in die Zeit der Aufklärung zurückreichen, sind von WANECEK dokumentiert (vgl. WANECEK 1969, 18). Die Anfangszeit war durch die Manifestation von Sondereinrichtungen für Menschen mit Sehschädigung geprägt. In der Beschulung von sehenden und nicht sehenden Schülerinnen und Schülern können verschiedene Phasen differenziert werden. Angefangen mit der Isolation von Menschen mit Beeinträchtigung (Exklusion) über die gesonderte Einbindung von Menschen mit Blindheit und Sehbehinderung in einzelne Gesellschaftsbereiche (Separation) wurde in den 1980er Jahren die integrative Beschulung massiv vorangetrieben.[3] Auf Grund der Zielsetzung dieser Forschungsarbeit wird auf die neueren Entwicklungslinien (ab 1970), in welchen alternative Beschulungsformen aufkamen, eingegangen.

In den 1970er Jahren brachten die Reformansätze zur Gesamtschule die bildungspolitische Diskussion hinsichtlich alternativer Beschulungsangebote für Schülerinnen und Schüler mit Beeinträchtigung in Gang (vgl. EBERWEIN 2008, 23; SPECK 2010, 9). Maßgeblich vorangetrieben wurde die bildungspolitische Diskussion in Westdeutschland durch die Leitidee der Normalisierung, welche die Behindertenarbeit im skandinavischen Raum zur damaligen Zeit prägte. Weiterhin begünstigt wurde die veränderte Sichtweise durch den ausbleibenden Erfolg der Sondereinrichtungen, so dass das Unverständnis für die Isolation und Benachteiligung von Menschen mit Beeinträchtigung in der Bevölkerung auf erheblichen Unmut traf. Vermehrt wur-

---

3   In der vorliegenden Beschreibung werden die vier Stadien (Exklusion, Separation, Integration und Inklusion) eng gegeneinander abgegrenzt. Allerdings ist diese Deskription stark vereinfacht. Stets waren verschiedene Stadien nebeneinander existent, was auch die zukünftige Bildungslandschaft prägen wird.

den die Betroffenen und ihre Angehörigen selbst aktiv, um das Recht auf Teilhabe einzufordern. Gleichzeitig nahm das Interesse für behindertenpolitische Fragestellungen in der Öffentlichkeit zu, was den Druck auf die Schulpraxis massiv verstärkte (vgl. SANDER 2008a, 349 f.). Angesichts dieser Entwicklung setzte man sich intensiv mit alternativen Beschulungsmöglichkeiten von Menschen mit Beeinträchtigung auseinander, was in diversen Umsetzungsformen und Modellen der kooperativen Beschulung zum Ausdruck kam (vgl. SANDER 2008b, 30; SPECK 2010, 9 f.). In der KMK-Empfehlung (1972), die an der hochdifferenzierten Ausbildung des Sonderschulwesens festhielt, zeigen sich fortsetzende Tendenzen, die neuen Bemühungen aufzunehmen.

Als entscheidender *„Wendepunkt im sonderpädagogischen Denken"* gilt jedoch die Empfehlung „Zur pädagogischen Förderung behinderter und von Behinderung bedrohter Kinder und Jugendlicher", die auf dem Deutschen Bildungsrat (1973) unter Vorsitz von MUTH zum Abschluss kam (vgl. DEUTSCHER BILDUNGSRAT 1973). Erstmalig wird die gemeinsame Beschulung von Schülerinnen und Schülern mit/ohne Beeinträchtigung als bildungspolitische Zielstellung formuliert. In Anlehnung an HUDELMAYER und MERSI (vgl. HUDELMAYER 1975; MERSI 1975) fasst RATH die Wirkung für die zukünftige Organisation des Bildungsangebots für blinde und sehbehinderte Schülerinnen und Schüler folgendermaßen zusammen: *„Die vom Bildungsrat eingeholten Gutachten zur Vorbereitung der Empfehlung befürworteten in Bezug auf die Blindenbildung und die Sehbehindertenbildung alternativ zum überregionalen Schulsystem ein flexibles Bildungssystem für Blinde bzw. Sehbehinderte mit sowohl einem Anteil besonderer Schulen als auch einem Unterstützungssystem für blinde bzw. sehbehinderte Schüler in Allgemeinen Schulen"* (RATH 2008, 166). Begründet wurde diese Neuausrichtung mit der Feststellung, dass *„(…) die Integration Behinderter in die Gesellschaft eine der vordringlichen Aufgaben jedes demokratischen Staates ist"* (DEUTSCHER BILDUNGSRAT 1973, 16). Damit brach die Neuauflage das bestehende Dogma einer lediglich an Sonderschulen orientierten sonderpädagogischen Förderung. *„Die durch die Bildungsratempfehlung erzeugte Wirkung fand ihren Niederschlag zum einen in der Initiierung von Modellversuchen zur gemeinsamen Erziehung behinderter und nicht behinderter Kinder, wobei der Fläming-Grundschule in Berlin als erstem Schulversuch (1975) eine besondere Schlüsselstellung zukam. Gleichzeitig entstand auf der theoretischen Ebene in den 70er Jahren ein zunehmend ideologischer Streit um die Frage nach der richtigen Organisationsform für die pädagogische Förderung behinderter Schüler"* (ELLGER-RÜTTGARDT 2009, 309). Auch in der Blinden- und Sehbehindertenpädagogik wurden breit angelegte Schulversuche etabliert, wie z. B. die Implementierung der gemeinsamen Beschulung von sehenden und nicht sehenden Schülerinnen und Schülern an der Heinrich-Hertz-Schule (Gymnasium) in Hamburg im Jahr 1970. Es folgten weitere Modellprojekte in anderen Regionen, wie z. B. in Würzburg, München und Schleswig. Die Kongressberichte der Blinden- und Sehbehindertenpädagogen zeugen von der nachhaltigen Fachdiskussion, die angesichts der Suche nach der bestmöglichen Beschulungsform für blinde und sehbehinderte Schülerinnen und Schüler geführt wurde. Parallel stützten neue, gesetzliche Rahmenbedingungen, welche auf die Steigerung der Partizipation von

Menschen mit Beeinträchtigung abzielten, die Entwicklung im schulischen Sektor (s. ausgewählte Beispiele bei RATH 2008). *„Die Weise, in der sich z. B. bildungspolitische Gremien mit der Bildung behinderter Kinder und Jugendlicher beschäftigten, glich einer Trendwende"* (RATH 2008, 166). Die Integration entwickelte sich zu einem Leitziel der Sonderpädagogik. Entscheidend und prägend für diese Praxisversuche waren auch die internationalen Einflüsse, wie bspw. aus den USA, Dänemark und Schweden, wo die integrative Beschulung zunehmend an Bedeutung gewonnen hatte (vgl. ELLGER-RÜTTGARDT 2008, 304; RATH 2008, 166).

Es muss jedoch betont werden, dass sich die hier skizzierte Entwicklung auf den westdeutschen Raum bezieht. In Ostdeutschland orientierte man sich an dem sowjetischen Vorbild, was vornehmlich den separierenden Charakter des Systems stärkte. Im Unterschied zu Westdeutschland blieben die Reformulierung des Bildungsbegriffs sowie integrative Bemühungen aus, was auf die heutige Zeit zurückwirkt (vgl. AHRBECK 2011, 21). *„Der deutsche Einigungsvertrag von 1990 markierte das Ende der Nachkriegszeit auch in der Sonderpädagogik. Wie in anderen gesellschaftlichen Bereichen, wurde das System sonderpädagogischer Hilfen in den neuen Bundesländern weitgehend nach dem Muster der alten Bundesrepublik neu gestaltet"* (ELLGER-RÜTTGARDT 2008, 329). Damit wird die westdeutsche Entwicklung erstmals im gesamtdeutschen Raum diskutiert. Verankert wird der vorläufige, gesamtdeutsche Standpunkt in der KMK-Empfehlung von 1994, wo die Vereinbarungen und Debatten zu den verschiedenen Förderschwerpunkten ihren vorläufigen Abschluss fanden. Darin wurde festgelegt, dass der Unterricht schulformunabhängig zu gewährleisten ist (vgl. RATH 2008, 164). Damit ist das KMK-Papier richtungsweisend, weil es von einer institutionsbezogenen zu einer individuumszentrierten Sichtweise überleitet. In den nachfolgenden Jahren wird die Phase der Modellversuche allmählich durch die Phase der Verallgemeinerung abgelöst (vgl. BOBAN & HINZ 2009, 30). Seit der bildungspolitischen Verankerung der integrativen Bemühungen ist die Beschulungsquote der Schülerinnen und Schüler in integrativen Maßnahmen unverändert geblieben. *„Im Jahr 2006 wurden in deutschen Bundesländern ¼ der blinden und sehbehinderten Kinder und Jugendlichen der Klassen 1–10 aller Schularten in den integrativen Klassen der allgemeinbildenden Schulen unterrichtet"* (RATH 2008, 166), womit die Zahl seit einem Jahrzehnt gleichbleibend ist.

Im Rahmen der Globalisierung und somit steigenden Vernetzung der Welt in allen Lebensbereichen hat sich auch die Bildung zu einem global diskutierten Themenfeld entwickelt. Um die gegenwärtige Entwicklung in Deutschland zu verstehen, müssen die globalen Geschehnisse und Forderungen aufgenommen werden. International hat man sich in den letzten Jahren zunehmend von der Begrifflichkeit der Integration gelöst. Die neuen Forderungen, die unter dem Schlagwort der Inklusion zusammengefasst werden, konzentrieren sich nicht mehr lediglich auf die Einbindung von Menschen mit Beeinträchtigung in das allgemeine System, sondern akzentuieren den gesellschaftlichen Wert der Heterogenität. Demzufolge ist das allgemeine System offen für die vielfältigen Belange aller Schülerinnen und Schüler. Die Salamanca-Erklärung, die häufig auch als Inklusionscharta betitelt wurde, führte die begriffliche Wende herbei. Auf der „World Conference on Special Needs Education" (in Kooperation mit der UNESCO) im Jahr 1994 wurde diese Erklärung von 92 Staaten anerkannt, darunter auch Deutschland. Erstmals treten terminologische Ungenauigkeiten auf, da in der deutschen Fassung der englische Begriff ‚inclusion' mit ‚Integration' übersetzt wird (vgl. SANDER 2003, 314; UNESCO 1994). Zunehmend tritt das veränderte Verständnis der inklusiven Beschulung in den Mittelpunkt. *„Vor Salamanca war hingegen die Gleichsetzung von Integration und Inklusion verbreitet"* (SANDER 2003, 314).

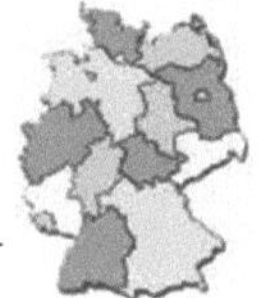

Abb. 1:   Die Zugangswege zur „Education for All" (Quelle: BECK & DEGENHARDT 2010, 61)

Darüber hinaus haben weitere Dokumente und internationale Festlegungen die Neuausrichtung vorangebracht. In der Abbildung von BECK und DEGENHARDT sind die drei Zugangswege zur „Education for All" im bundesdeutschen Schulsystem veranschaulicht (vgl. Abb. 1). In neuester Zeit hat die UN-Konvention mit der Forderung nach inklusiven Beschulungsmöglichkeiten die bildungspolitische Debatte intensiviert. Die Historie zeigt die allmähliche Entwicklung, die zu diesem Prozess geführt hat; allerdings mit dem neuen Charakter der Ausrichtung auf den menschenrechtlichen Ansatz (vgl. BECK & DEGENHARDT 2010, 56). Der historische Abriss verdeutlicht, dass die aktuelle Leitidee der gemeinsamen Beschulung von Schülerinnen und Schülern mit/ohne Beeinträchtigung keinesfalls neuartig ist. Vielmehr hat es immer wieder gesellschaftliche Bemühungen gegeben (z. B. zur Weimarer Zeit), die allgemeine Schule für die Bedürfnisse aller Schülerinnen und Schüler zu stärken. Trotz wandelnder gesellschaftlicher Strukturen lassen sich erste Aussagen hinsichtlich möglicher Barrieren und Chancen bei der Umsetzung eines inklusiven Schulsystems feststellen (z. B. Ressourcenmangel). Des Weiteren zeigt sich das massiv gewachsene deutsche Bildungssystem, dessen Selektivität auf eine massive Bildungstradition zurückgeht. Zunehmend wird die Abgrenzung von Sonder- und Allgemeinpädagogik zum entscheidenden Thema.

3.2 Deskription der gegenwärtigen Situation in Deutschland

Mittels der Analyse statistischer Daten aus dem Bildungsbereich wird die aktuelle Situation im Förderschwerpunkt Sehen skizziert.

Insgesamt gibt es gegenwärtig 365.719 Schülerinnen und Schüler mit sonderpädagogischem Förderbedarf (SPF) in Deutschland (vgl. KMK 2012a, 3). Die Abbildung 2 zeigt die prozentuale Verteilung der Schülerinnen und Schüler mit sonderpädagogischem Förderbedarf auf die einzelnen Förderschwerpunkte.

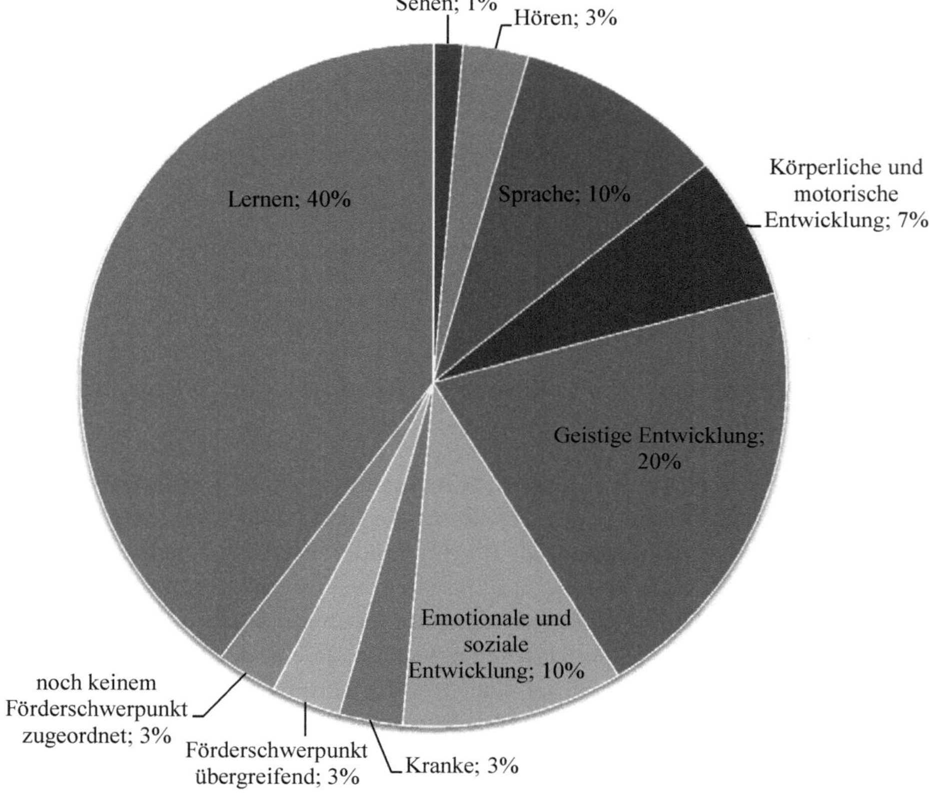

Abb. 2: Verteilung der Schülerinnen und Schüler nach Förderschwerpunkten (in %) im Schuljahr 2011/12 (vgl. KMK 2012a)

Im direkten Vergleich mit den anderen Förderschwerpunkten zählt der Förderschwerpunkt Sehen zu den kleinen Förderschwerpunkten. Im Bundesgebiet leben ca. 7.197 Schülerinnen und Schüler mit dem Förderschwerpunkt Sehen (vgl. KMK 2012a; KMK 2012b). Daraus ergibt sich eine Förderquote von 0,1 %, also der Anteil der Schülerinnen und Schüler mit Förderbedarf im Bereich Sehen an der Gesamtzahl der Schülerinnen und Schüler gleicher Altersgruppe der allgemeinen Schule. Die tabellarische Zusammenstellung zeigt den Trend der letzten Jahre im Förderschwerpunkt Sehen (vgl. Tab. 1).

Tab. 1: Statistische Bundesergebnisse im Förderschwerpunkt Sehen

Jahr	2003	2004	2005	2006	2007	2008	2009	2010
Gesamtzahl der Schülerinnen und Schüler mit FSP Sehen an allgemeinen Schulen	1.431	1.779	1.732	1.833	1.898	1.899	1.995	2.232
Gesamtzahl der Schülerinnen und Schüler mit FSP Sehen an Förderschulen	4.736	4.967	4.983	5.074	5.083	5.111	5.163	4.931
Förderschulbesuchsquote im FSP Sehen (in %)	0,053	0,057	0,058	0,060	0,062	0,064	0,066	0,064

Quelle: KMK 2012c, 26, 41, 54

Die Anzahl der Schülerinnen und Schüler mit sonderpädagogischem Förderbedarf im Förderschwerpunkt Sehen, welche die allgemeinen Schulen besuchen, stieg danach nur „scheinbar" an. Denn in gleichem Maße nahm die Quote der Förderschulbesucher zu, so dass von einer stagnierenden Entwicklung gesprochen werden muss. Dieser Einschätzung folgt auch der dritte Bildungsbericht des Bundes: *„Eine Senkung der Förderschulbesuchsquote zugunsten einer Förderung in sonstigen allgemeinbildenden Schulen ist nicht beobachtbar"* (BILDUNGSBERICHT 2010, 69)[4].
Landesweit sind erhebliche Unterschiede (Förderquote) im Förderschwerpunkt Sehen festzustellen (vgl. Abb. 3).
Die Abbildung 4 veranschaulicht die regionalen Unterschiede, die im deutschen Raum bestehen. Es wird deutlich, dass alle Schülerinnen und Schüler mit SPF im Bereich Sehen aus dem Bundesland Schleswig-Holstein (SH) an allgemeinen Schulen beschult werden. Dahingegen gehören die Bundesländer Hessen (HE) und Bremen (HB) zu den prozentualen Spitzenreitern, was die Beschulung der Schülerinnen und Schüler mit Förderschwerpunkt Sehen an Förderschulen betrifft.

---

4 Auch die nachfolgenden Bildungsberichte liefern kein anderes Ergebnis, wie bspw. im Bildungsbericht von 2012 deutlich wird. *„Zwischen den Jahren 2000 und 2010 hat sich der Schüleranteil mit sonderpädagogischem Förderbedarf, der integrativ in sonstigen allgemeinen Schulen unterrichtet wird, von 14 auf 29% verdoppelt. Eine zeitgleiche Verringerung des Förderschulbesuchs zeichnet sich gegenwärtig aber nur in wenigen Ländern ab"* (BILDUNGSBERICHT 2012, 7).

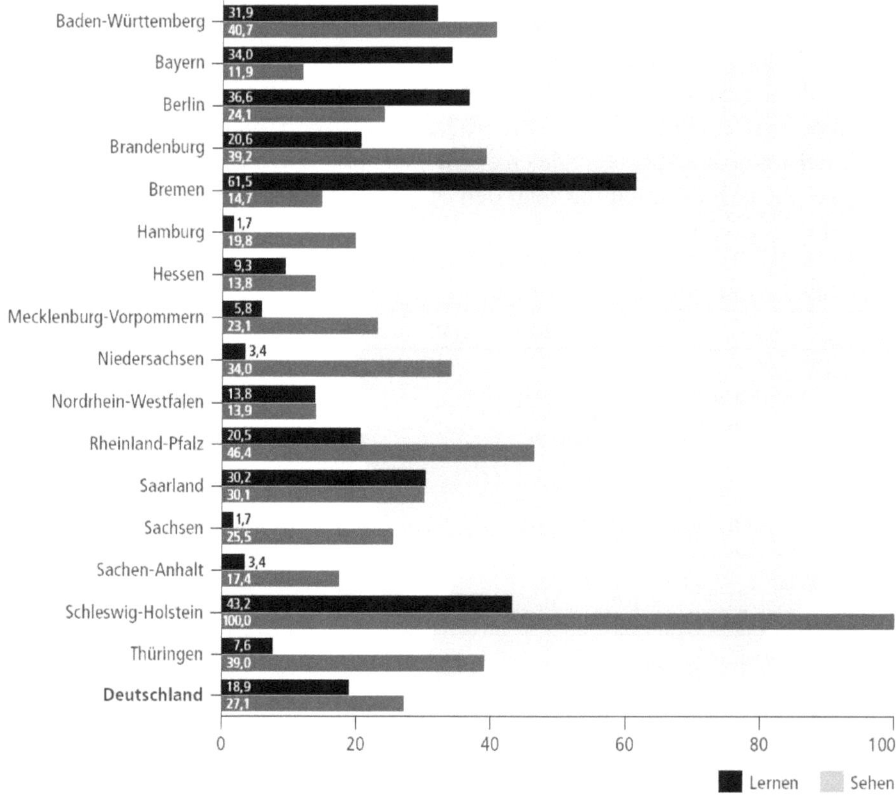

Abb. 3: Anteil der inkludierten Schülerinnen und Schüler (in %) mit FSP Sehen (und Lernen) im Bundesvergleich (Quelle: KLEMM 2010, 18)

Zusammenfassend muss herausgestellt werden, dass die Population im FSP Sehen den kleinsten Anteil an der Schülerschaft mit sonderpädagogischem Förderbedarf stellt (vgl. hierzu Abb. 2). Zusätzlich muss die Heterogenität der Schülerschaft mit sonderpädagogischem Förderbedarf im Bereich Sehen herausgestellt werden, in welche auch Schülerinnen und Schüler mit schwerster Beeinträchtigung, also umfassenden Bedarfen in anderen Förderschwerpunkten, inkludiert sind (vgl. VBS 2011a, 4f.)[5]. *„Die (…) Funktionsbeeinträchtigungen (im Sinne der Körperfunktionen und -strukturen der ICF) generieren im Zusammenwirken mit Faktoren der Umweltgestaltung und Reaktionen der Gesellschaft spezifische Barrieren in der Aktivität und Partizipation im Rahmen schulischen Lernens"* (VBS 2011a, 5). Die Besonderheiten der Zielgruppe sind von nachhaltiger Bedeutung für die bevorstehenden Reformprozesse. Schließlich müssen auch die spezifischen Bedarfe dieser Population erfasst werden, um inklusive Bildungsprozesse realisieren zu können.

---

5   Die Heterogenität begründet sich in der Vielfältigkeit der Sehschädigung (z. B. dem Eintrittszeitpunkt der Sehschädigung u. a.) (vgl. VBS 2011a, 4f.).

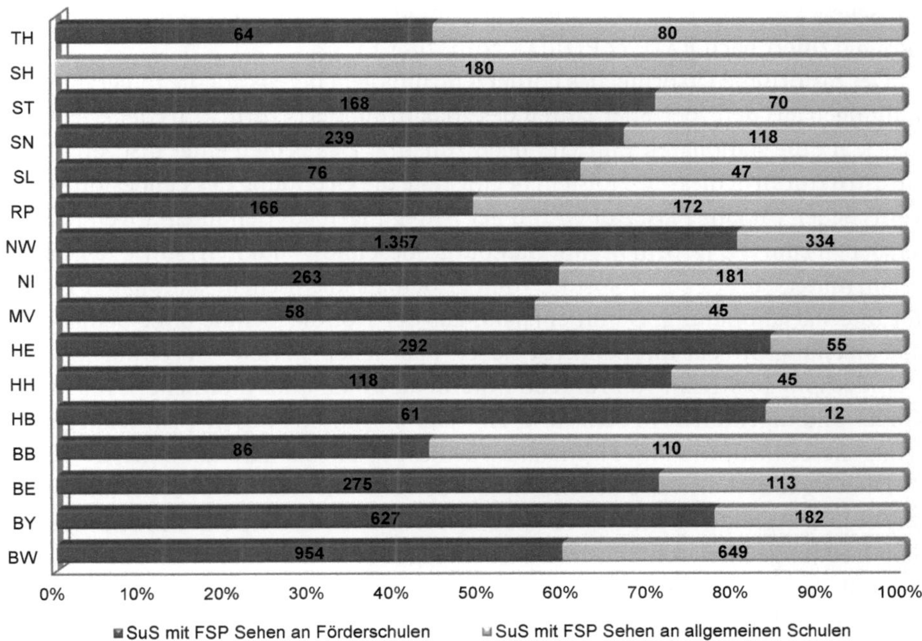

Abb. 4:   Verteilung der Schülerinnen und Schüler (SuS) mit FSP Sehen an Förderschulen bzw. allgemeinen Schulen (Quelle: KMK 2012a; KMK 2012b)

3.3   Einblick in die Praxis inklusiver Beschulung sehgeschädigter Schülerinnen und Schüler in Deutschland – am Beispiel von Schleswig-Holstein

Anhand des Landesförderzentrums Sehen, Schleswig (LFS) soll ein Einblick in die erfolgreiche Arbeitsweise einer Unterstützungs- und Beratungsstruktur für blinde und sehbehinderte Kinder und Jugendliche in Deutschland gegeben werden. Gleichzeitig sind nähere Kenntnisse zur Organisations- und Arbeitsweise des LFS von hohem Interesse für dieses Forschungsvorhaben, da einzelne Arbeitsschritte in enger Zusammenarbeit mit dieser Einrichtung stattgefunden haben.

Das Landesförderzentrum Sehen, Schleswig ist maßgeblich daran beteiligt, dass die Inklusions- bzw. Integrationsquote für Schülerinnen und Schüler mit Beeinträchtigungen des Sehens in Schleswig-Holstein bei 100 %[6] liegt. Diese Einrichtung wurde von WOCKEN als *„genialer Prototyp eines Förderzentrums"* betitelt und gehört zu den

---

6   Es wird der Begriff ,Inklusion' verwendet. Allerdings hat die Einrichtung keine strukturellen Veränderungsprozesse durchgeführt. Zweifellos zeigt die strukturelle Umsetzung der Beschulung von Schülerinnen und Schülern mit Sehbeeinträchtigung in Schleswig-Holstein inklusive Elemente auf.

deutschen Vorreitern bei der Umsetzung inklusiver Bildungsstrukturen (WOCKEN 1995, 84, zitiert nach RATH & PLUHAR 2010, 293 f.).

Der historische Ursprung des Förderzentrums geht bereits auf die Integrationsbemühungen aus den 70er/80er Jahren des 20. Jahrhunderts zurück, als der öffentliche Druck auf die stationären Einrichtungen zunahm. Das Fehlen einer institutionellen Infrastruktur in Schleswig-Holstein begünstigte die Gründung des Landesförderzentrums Sehen im Jahr 1983. Auf Grund der Anregungen aus den integrativen Modellversuchen zum GU (z. B. in Berlin, Hamburg, Soest und Waldkirch) sowie zu geringer Finanzmittel kam es zur Ablösung von der damals klassischen, stationären Lösung mit Internatsanbindung. Damit entstand aus der Not die ‚Schule ohne Schüler‘, die als Forschungsprojekt mit zunächst sieben Planstellen startete. Gegenwärtig ist ein multidisziplinäres Team von rund 80 Mitarbeiterinnen und Mitarbeitern für ca. 900 Kinder und Jugendliche in Schleswig-Holstein im Einsatz, was den zurückliegenden Erfolg dieser Institution im Flächenland Schleswig-Holstein dokumentiert.

Die Organisationsweise des LFS als Förderzentrum zeigt sich bereits am formulierten Bildungsauftrag der Einrichtung. Dieser sieht vor, dass alle Kinder, Jugendlichen und jungen Erwachsenen mit Sehschädigung wohnortnah unterstützt werden, was mit den Zielforderungen eines Förderzentrums kongruent ist. Im Gegensatz zu vielen Bildungseinrichtungen für blinde und sehbehinderte Schülerinnen und Schüler im deutschen Raum stellt die Beschulung an den Regeleinrichtungen kein additives Angebot zur Beschulung an der Sonderschule dar, sondern den Regelfall. Entsprechend der Altersstruktur der Klientel bietet das LFS ein umfangreiches Maßnahmenangebot, dass sich vom Bereich der Frühförderung bis zum Übergang Schule–Beruf erstreckt. Zum primären Aufgabenbereich zählt die bestmögliche Einbindung (bspw. auch soziale Inklusion) der Schülerinnen und Schüler mit Sehschädigung in das allgemeine Schulsystem, so dass der GU einen inhaltlichen Schwerpunkt darstellt. Hierbei gilt es alle am Bildungsprozess beteiligten Akteure bestmöglich zu unterstützen, um die aktive Teilhabe der Schülerinnen und Schüler zu ermöglichen. In Abhängigkeit vom individuellen Bedarf der Schülerin bzw. des Schülers kann die Unterstützung erheblich variieren.

Um diesem Bildungsauftrag nachzukommen, haben sich folgende Strukturen als unerlässlich in der Tätigkeit des Unterstützungs- und Beratungszentrums, bezogen auf den Schulbereich, erwiesen:

- *Subsidiäres Verständnis der Sonderpädagogik:* Das Landesförderzentrum Sehen, Schleswig setzt die Fachlichkeit gezielt ein, um die bestmögliche Teilhabe der Schülerinnen und Schüler an der Regelschule zu gewährleisten. *„Subsidiarität von Sonderpädagogik und Inklusion sind eng aufeinander bezogene Leitbegriffe der Arbeit von Förderzentren. Subsidiär angelegte Sonderpädagogik im Rahmen von unterstützender und beratender Förderzentrumsarbeit fördert Inklusion, kann sie aber nicht herstellen; das Entstehen von Inklusion müssen die Schulen vor Ort selbst leisten“* (RATH & PLUHAR 2010, 302).
- *Einsatz multiprofessioneller Teams:* Um entsprechend der spezifischen Erfordernisse der Schülerinnen und Schüler positiv wirken zu können, ist ein multiprofes-

sionelles Team erforderlich. Neben Sonderpädagoginnen und Sonderpädagogen unterschiedlicher Schwerpunkte sind auch weitere Fachkräfte wie Erzieherinnen/ Erzieher, Orthoptistinnen/Orthoptisten, Rehabilitationslehrerinnen/Rehabilitationslehrer etc. am LFS beschäftigt. Damit der fachliche Dialog möglich ist, findet regelmäßig ein organisierter Austausch im Kollegium statt.

- *Besondere Angebots- und Servicestrukturen:* Das LFS bietet Angebote, die speziell auf die (Lern-)Bedürfnisse von Schülerinnen und Schülern mit Sehschädigung abgestimmt sind (z.B. Orientierungs- und Mobilitätstraining, musiktherapeutische Angebote etc.). Auf diese Weise können curriculare Maßgaben (duales Curriculum), die nur von blinden und sehbehinderten Schülerinnen und Schülern zu erlernen sind, aufgenommen werden.
- *Vernetzung:* Im Rahmen der Tätigkeit zeichnet sich das LFS durch eine hohe Vernetzung aus. Mit betroffenen Eltern, Schulen, weiteren Partnern aus dem pädagogischen Feld besteht ein reger Austausch, der z.B. in Weiterbildungsveranstaltungen für Lehrkräfte oder durch gemeinsame Wochenenden mit der gesamten Familie gefördert wird.

Mit Hilfe dieser prägnanten Zusammenstellung sind die wesentlichen Grundzüge des Landesförderzentrums Sehen, Schleswig dargestellt. Ergänzend sei auf das Schulprogramm sowie die Präambel des Landesförderzentrums hingewiesen (vgl. LFS Schulprogramm 2012).

Wie das LFS selbst formuliert, versucht es sich zunehmend an den Maßgaben inklusiver Bildungseinrichtungen zu orientieren. Die aktuellen Darstellungen des LFS zeigen, dass diese Annäherung intensiv fortgesetzt werden soll (z.B. Evaluationsbogen zur qualitativen Bewertung des Angebots) (vgl. ELSe 2012). Zweifellos wird die bestehende Struktur durch ausbleibende gesellschaftliche Veränderungen begrenzt. Allerdings limitieren auch innerstrukturelle Vorgänge, wie z.B. ausbaufähige Vernetzungsstrukturen und Standards, den weiteren Veränderungsprozess. Generell müssen regionsspezifische Besonderheiten beachtet werden, so dass der Anwendungstransfer des Schleswiger Modells auf das gesamte Bundesgebiet nicht möglich ist.

3.4 Aktuelle Tendenzen in der Blinden- und Sehbehindertenpädagogik

Angesichts der bildungspolitischen Prämisse muss sich auch die Blinden- und Sehbehindertenpädagogik mit *„der Teilhabe von Schülerinnen und Schülern mit Sehschädigung an Bildung unabhängig vom Beschulungsort"* auseinandersetzen (VBS 2011a, 4). Die statistische Analyse deutet an, dass der Förderschwerpunkt Sehen eine „Sonderrolle" einnimmt. Lediglich 1 % aller Schülerinnen und Schüler mit sonderpädagogischem Förderbedarf sind dem Förderschwerpunkt Sehen zuzuordnen, was bildungspolitisch nicht folgenlos bleibt. Im Rahmen der Überlegungen zur Schulqualität („Gute Schule") hat die VBS-Studie offengelegt, dass die spezifischen Belange blinder und sehbehinderter Schülerinnen und Schüler nicht berücksichtigt wurden[7] (vgl. DEGENHARDT 2008, 2009). Angesichts der gegenwärtigen Veränderungsprozesse besteht die Gefahr, dass sich diese Problematik wiederholt. Um zielgerichtete Anregungen für die Implementation eines inklusiven Bildungssystems, welches auch die Bedarfe von Schülerinnen und Schülern mit Sehschädigung berücksichtigt, zu geben, hat der VBS das Spezifische Curriculum verfasst (vgl. DEGENHARDT 2011; VBS 2011a). Damit wird die Fragestellung fokussiert, wie die Qualität schulischer Teilhabe (unabhängig vom Beschulungsort) gesichert werden kann. *„Ziel dieser Standortbestimmung und Standardbeschreibung ist es, den Entscheidungsträgern in den Ländern der Bundesrepublik Deutschland eine Grundlage für die länderspezifische Umsetzung und qualitative Bewertung des spezifischen Angebots zur Teilhabe blinder und sehbehinderter Schülerinnen und Schüler an schulischer Bildung vorzulegen"* (VBS 2011a, 4).

Die Bezeichnung Spezifisches Curriculum verweist auf die zusätzlichen Belange blinder und sehbehinderter Schülerinnen und Schüler, die unabhängig vom Kern- bzw. Regelcurriculum der jeweiligen Schulform bestehen. Der VBS formuliert wesentliche Grundzüge (vgl. hierzu VBS 2011a). Grundsätzlich orientiert sich das Spezifische Curriculum an den folgenden Standards (vgl. VBS 2011a, 5 f.):

1. Existenz des Spezifischen Curriculums für Schülerinnen und Schüler mit Sehschädigung,
2. Notwendigkeit professioneller Kräfte (Professionelle der Blinden- und Sehbehindertenpädagogik),
3. Notwendigkeit der nachvollziehbaren Prozessdokumentation,
4. Konzeptionelle Ausrichtung am individuellen Bedarf der Schülerinnen und Schüler und
5. Optionale Einbindung der Eltern.

Unabhängig von der Beschulungsform (Sonder- oder Regelangebot) müssen curriculare Inhalte gegeben sein, die Schülerinnen und Schülern mit Sehschädigung die schulische Teilhabe sichern. Die Inhalte des Spezifischen Curriculums sind in der Tab. 2 zusammengefasst. Weiterführende Erläuterungen zu den konkreten Inhalten, welche sich z. B. an der Schnittstelle von Diagnostik und Förderung des Sehens ergeben (1.1), sind im Papier des VBS ausführlich dargestellt (vgl. hierzu VBS 2011a).

Der VBS weist darauf hin, dass die entsprechende Umsetzung auf der Landesebene stattfinden muss (vgl. VBS 2011a, 4). *„In einem nächsten und letzten Schritt wurden die inhaltlichen Bestandteile des Spezifischen Curriculums in eine Modell-Leistungsberechnung überführt. Damit soll die Wahrscheinlichkeit bundesweit vergleichbarer Ressourcenzuweisungen erhöht werden"* (DEGENHARDT 2011, 163).

---

7 Dieser Missstand bestätigte sich auch für die Förderschwerpunkte „Hören", „Körperliche und Motorische Entwicklung", „Geistige Entwicklung" und Schülerinnen und Schüler mit schwerster Beeinträchtigung (vgl. DEGENHARDT 2009, 227).

Tab. 2:   Matrix des Spezifischen Curriculums

| | Ebenen der Umsetzung | | | | |
	Diagnostik	Inter-vention	Methodik	Ausstattung & Medien	Handelnde & Handlungsfelder
Förderung des Sehens	1.1	1.2	1.3	1.4	1.5
Wahrnehmung und Lernen	2.1	2.2	2.3	2.4	2.5
O&M; LPF; Bewegung	3.1	3.2	3.3	3.4	3.5
Technische Hilfen	4.1	4.2	4.3	4.4	4.5
Lebensplanung; Beruf & Freizeit	5.1	5.2	5.3	5.4	5.5
Soziale Kompetenz	6.1	6.2	6.3	6.4	6.5

(Zeilen: Bereiche des spezifischen Curriculums)

Quelle: VBS 2011a, 6

Auch die tabellarische Aufstellung verdeutlicht, dass eine hohe Spezifik für Schülerinnen und Schüler mit Sehschädigung erforderlich ist. Das Spezifische Curriculum verkörpert die notwendige Spezifik im Förderschwerpunkt Sehen. Auf den zweiten Blick wird deutlich, dass das Spezifische Curriculum auf die Expertise von Fachkräften, den Blinden- und Sehbehindertenpädagogen, angewiesen ist. Von herausragender Bedeutung sind speziell ausgebildete Lehrkräfte (Spezialisierung der Blinden- und Sehbehindertenpädagogik). Spezifische Inhalte, die im Curriculum formuliert sind, müssen vermittelt werden. Die Bedarfe müssen transportiert werden, was wiederum entsprechend Expertise seitens der Professionellen fordert.

3.5   Resümee der bisherigen Überlegungen

Mehrheitlich wird die Ratifizierung der UN-Konvention und die daraus resultierende bildungspolitische Prämisse, ein inklusives Bildungssystem für alle Schülerinnen und Schüler zu gestalten, bejaht. Bedenkenswert scheint die Frage nach den Veränderungsmöglichkeiten mit Blick auf die Gestaltung qualitativ hochwertiger Angebote für alle Schülerinnen und Schüler.

Zweifellos haben die UN-Konvention, insbesondere der Art. 24, und daraus abgeleitete juristische Festlegungen einen entscheidenden Reformprozess in der deutschen Bildungslandschaft bewirkt. Die historische Betrachtung, welche die jahrzehntelange Bildungstradition im FSP Sehen illustriert, deutet den enormen Einschnitt des Art. 24 für das deutsche Bildungswesen an. So bedarf es einer grundlegenden Neuausrichtung – weg von der ‚Schule für Ausgewählte‘ zur ‚Schule für Alle‘. Gleichzeitig liefert die historische Betrachtung erste Theorieansätze, warum das stark segregierende deutsche Bildungssystem äußerst schwerfällig zu verändern ist. Jedoch muss positiv angemerkt werden, dass sich viele Bundesländer auf den Weg gemacht haben – bedingt auch durch die gesellschaftliche Verpflichtung der signierten UN-Konvention. Mit Hilfe (inter-)nationaler Dokumente und öffentlicher Diskussionen konnten grundlegende Strukturelemente auf der definitorischen und strukturellen Ebene bestimmt werden. Auch theoretische Modellkonstruktionen sowie praktische Beispiele aus dem In- und Ausland, wie z. B. die Preisträgerschulen des Jakob-Muth-Preis oder die Evaluation des Rügener Inklusionsmodells, helfen zusehends, das Bild einer inklusiven Bildungslandschaft in der (Fach-)Öffentlichkeit zu präzisieren. Auch Anknüpfungspunkte und Problemfelder können schrittweise identifiziert werden.

Zweifellos muss die allgemeine Schule zum ersten Ansprechpartner der inklusiven Bemühungen gemacht werden, was mit einem subsidiären Verständnis der Sonderpädagogik einhergeht. Im Hinblick auf die gemeinsame Beschulung von sehenden und nicht sehenden Schülerinnen und Schülern können folgende Elemente als notwendig herausgestellt werden. Sowohl den betroffenen Kindern und Jugendlichen mit Sehschädigung als auch allen am Bildungsprozess beteiligten Akteuren muss ein entsprechendes Maßnahmenangebot zur Verfügung gestellt werden, das die wohnortnahe und qualitativ hochwertige Bildung und Erziehung möglich macht. Dieser Unterstützungs- und Beratungsprozess kann nur mit Hilfe sonderpädagogischer Experten, speziell Blinden- und Sehbehindertenpädagogen, sichergestellt werden. Diese qualifizierten Fachkräfte verfügen über das entsprechende Know-how, um die Kompetenzen der Schülerinnen und Schüler sowie ihre Lernerfordernisse einschätzen zu können. Gezielt wird dieses Know-how an das pädagogische Personal, welches in den Prozess der schulischen Teilhabe des blinden oder sehbehinderten Kindes eingebunden ist, weitergegeben.

Mehrheitlich werden Schülerinnen und Schüler mit Sehschädigung an speziellen Fördereinrichtungen in Deutschland beschult. Das hochdifferenzierte Unterstützungssystem, dass Schülerinnen und Schülern mit Sehschädigung die Teilhabe an qualitativ hochwertigen Bildungsprozessen sichert, ist historisch gewachsen. Dahingegen wird die schulische Teilhabe von Schülerinnen und Schülern an allgemeinen Schulen, wie bspw. in Schleswig-Holstein, nur vereinzelt getätigt. Auf Grund der Inklusionsverpflichtung, die Deutschland mit der Ratifizierung der UN-Konvention eingegangen ist, besteht erheblicher Handlungsbedarf. Schließlich haben Schülerinnen und Schüler mit Sehschädigung einen menschenrechtlichen Anspruch auf die schulische Teilhabe (unabhängig vom Beschulungsort). Von Seiten der Blinden- und Sehbehindertenpädagogik bejaht man die grundsätzliche Zielstellung der inklusiven Beschulung. Jedoch äußern die Vertreter massive Bedenken, was die qualitative Umsetzung der schulischen Teilhabe von Schülerinnen und Schülern im inklusiven Setting anbelangt. Als Handlungsempfehlung (handlungsweisend) wird daher das Spezifische Curriculum angesehen, in welchem die Bedarfe blinder und sehbehinderter Schülerinnen und Schüler festgehalten sind. Die Erfordernisse bleiben in der Bildungspolitik nebenrangig, bzw. werden ausgeblendet. Wenn man allerdings die Implementierung einer inklusiven Schullandschaft in Deutschland avisiert, müssen auch die Bedürfnisse von blinden und sehbehinderten Schülerinnen und Schülern Eingang in die gegenwärtige Debatte finden.

4   Die Bedeutung der (sonder-)pädagogischen Professionalität im inklusiven Bildungssystem

(Sonder-)Pädagogische Professionalität gilt als eine der wesentlichen Voraussetzungen, um sich der bildungspolitischen Verpflichtung – der Implementierung eines qualitativ hochwertigen und inklusiven Bildungssystems – schrittweise zu nähern (vgl. EA 2011, 5 f.; MOSER et al. 2010, 235; WOCKEN 2011, 233). *„Den Lehrerinnen und Lehrern kommt bei der Realisierung der Inklusionsverpflichtung zweifellos eine Schlüsselfunktion zu, denn die Befunde der Lehrerbildungsforschung zeigen übereinstimmend, dass die Qualität eines Schulwesens maßgeblich durch das Wissen und Können des Lehrpersonals bestimmt wird"* (LINDMEIER 2009, 417). Auch der Verband für Blinden- und Sehbehindertenpädagogik teilt die Einschätzung, dass für die barrierefreie Teilhabe von Schülerinnen und Schülern mit Sehschädigung an gemeinsamen Bildungsprozessen, qualifizierte Lehrkräfte erforderlich sind (vgl. VBS 2009; VBS 2011b). Im Art. 24 Abs. 4 wird die Relevanz qualifizierter Lehrerinnen und Lehrer für die nachhaltige Umsetzung der inklusiven Bestrebungen betont. Hierin wird gefordert, dass *„die Vertragsstaaten geeignete Maßnahmen (…) zur Schulung von Fachkräften sowie Mitarbeitern und Mitarbeiterinnen auf allen Ebenen des Bildungswesens"* zu treffen haben (UN 2006).

Allerdings stellt die Novellierung des Bildungssystems nicht nur neue Anforderungen an die Professionellen, sondern verlangt auch ein verändertes Rollenverständnis. Dementsprechend ist die reflektierte Auseinandersetzung mit der veränderten Berufsrolle für die erfolgreiche Weiterentwicklung der professionellen Expertise erforderlich. Es zeigt sich maßgebend, dass alle Lehrerinnen und Lehrer – unabhängig ihrer Zugehörigkeit zum Lehramt – von den bevorstehenden Veränderungsprozessen im Tätigkeitsprofil betroffen sind. Vorrangig gilt es, neue bzw. veränderte Kompetenzbereiche zu identifizieren, Konsequenzen für Aus- und Fort-/ Weiterbildung zu benennen und die Neuausrichtung der Berufsrolle zu fokussieren.

Ausgehend vom Professionsbegriff sowie von damit eng verbundenen Begrifflichkeiten (Professionalität, Professionalisierung) findet die begriffliche Annäherung an den Komplex der (sonder-)pädagogischen Professionalität statt. Weiterführend wird die aktuelle Debatte, die sich vorrangig auf das Feld der sonderpädagogischen Expertise beschränkt, in den Blick genommen. Daran schließen sich die Darstellungen von REISER und WOCKEN an, in welchen notwendige Veränderungen der sonder-pädagogischen Professionalität umrissen werden (vgl. REISER 1996, 1998; WOCKEN 2011). Auch die aktuellen Überlegungen in der Blinden- und Sehbehindertenpädagogik werden thematisiert (vgl. Kap. 4.2.2). Letztlich wird der Frage nachgegangen, welche Konsequenzen sich für die Lehrerbildung ergeben, um die notwendige Professionalisierung erreichen zu können. Hierzu werden die notwendigen Veränderungsprozesse struktureller und fachinhaltlicher Art näher erörtert.

4.1   Profession, Professionalisierung und Professionalität

Um sich der aktuellen Debatte zur (sonder-)pädagogischen Professionalität gezielt nähern zu können, muss die Begriffsklärung wesentlicher Termini vorangestellt werden (Profession, Professionalisierung und Professionalität). Primäre Überlegungen zum Professionsdiskurs stammen aus der (Berufs-)Soziologie der 1950er/1960er Jahre des 20. Jahrhunderts, auf welche im Nachfolgenden kurz eingegangen wird. In das Arbeitsfeld der Pädagogik hat der Diskurs etwa in den 80er Jahren des 20. Jahrhunderts Eingang gefunden (vgl. BAUER 2000, 55; TERHART 2010, 90).

Im Rahmen der gesellschaftlichen Ausdifferenzierung haben sich funktionelle Einheiten – die Professionen (lat. ‚professio‘: Betätigungsfeld) – herausgebildet, die sich durch entsprechende Merkmale (z. B. hoher Grad der Ausbildung, fachspezifisches Know-how, Verbandstätigkeit, öffentliche Diensttätigkeit, Berufscodex) auszeichnen (vgl. GREVING 2011, 17; REISER 1998, 46; WÜLLENWEBER 2007, 176). Die tradierte Festlegung von Berufen zu Professionen anhand der Zuweisung entsprechender Charakteristika hat ihren Ursprung im angelsächsischen Raum (vgl. REISER 1998, 46). Obgleich jede Profession einen Beruf repräsentiert, muss der Umkehrschluss dieser Aussage verneint werden. Nicht jeder Beruf stellt eine Profession dar (vgl. HORSTER et al. 2005, 9). Das notwendige Merkmalskonstrukt wird vorrangig von klassischen, akademischen Berufen, wie der Medizin oder Juristerei, erfüllt (vgl. TERHART 2010, 90). Resümiert unterstützt der Professionsbegriff die Bildung charakteristischer Einheiten, die mit der zunehmenden gesellschaftlichen Differenzierung einhergehen.

Daran anknüpfend geht die Professionalisierung auf das prozessuale Vorgehen ein, also das Werden zu einer Profession. *„Professionalisierung meint auf kollektiver Ebene den sozialen Durchsetzungsprozess des Hinaufsteigerns eines gewöhnlichen Berufs in den Status einer Profession; Berufe, die nur einige der o. g. Kriterien erfüllen, wurden vor dem Hintergrund als ‚semi-professions‘ bezeichnet (z. B. Krankenschwestern, Sozialarbeiter, Grundschullehrer bzw. Lehrer generell)"* (TERHART 2010, 90). In TERHARTS Ausführungen kommt es zur Gleichsetzung der Begriffe Profession und Professionalität, was jedoch weiterer Differenzierung bedarf. Ebenso ist zu beobachten (wenn auch lediglich vereinzelt), dass die Termini Professionalisierung und Professionalität gleichbedeutend eingesetzt werden (vgl. WÜLLENWEBER 2007, 178). *„Es gilt jedoch zu differenzieren. Professionalität bezieht sich auf bereichs- und berufstypische Kompetenzen, über die der einzelne Professionelle verfügt. Professionalisierung hingegen beschreibt mehr eine bestimmte Aufgabe, die im dargelegten Sinne zu einer lizensierten und beruflichen Tätigkeit bzw. einer Profession wird. Damit kann Professionalität auch als Ergebnis von Professionalisierung gesehen werden"* (WÜLLENWEBER 2007, 178). Folgerichtig stellt TERHART heraus, dass sich diese Beschreibung auf das „klassische" Professionenverständnis beschränkt (vgl. TERHART 2010, 90). *„Dieses klassische Professionenverständnis ist vielfach kritisiert worden und gilt heute, vor allem angesichts der realen Entwicklungen in den „klassischen" Professionen selbst, als veraltet: Die traditionellen Professionen haben sich in großen Teilen zu gewöhnlichen Berufen mit straffer organisatorischer Gängelung und typischer Angestelltenmentalität* *zurückentwickelt (Deprofessionalisierung), andere Berufe haben sich in neue Status-dimensionen hinein bewegt, die mit dem klassischen Professionenkonzept analytisch nicht zu fassen sind. Der ununterbrochene Wandel der Struktur und des Status von Be-rufen zwingt grundsätzlich zu einer ständigen Anpassung berufssoziologischer Modelle, Typenbildungen und Kategorisierungen"* (TERHART 2010, 90). Nachfolgend überträgt TERHART seine Ausführungen zum gegenwärtigen Trend in der Professionsforschung auf die pädagogischen Berufe. *„Deshalb wird seit längerem nach Ansätzen gesucht, die den professionellen Charakter von pädagogischen Berufen bzw. im engeren Sinne: von Lehrerarbeit aus den Eigenarten dieser Arbeit selbst zu bestimmen suchen, also ohne starren Blick auf das theoretisch und empirisch zunehmend obsolete klassische Professi-onenkonzept"* (TERHART 2010, 91).

Die Novellierung des Professionenkonzepts zeigt sich auch im Begriff Professionelles Handeln, der u. a. von BAUER und HELSPER geprägt wird (vgl. BAUER 2000; HELSPER 1996). *„Professionelles Handeln erfordert nicht die Bindung an Pro-fessionen, sondern kann handlungslogisch und kompetenztheoretisch gefasst werden"* (BAUER 2000, 68). In diesem Sinne ist die Professionalisierung durch den Erwerb von spezifischem Wissen und Know-how gekennzeichnet. Im Rahmen der Profes-sionsforschung in der Erziehungswissenschaft haben sich verschiedene Experten mit den grundsätzlichen Bedingungen der Professionalisierung auseinandergesetzt. TERHART stellt drei wesentliche Ansätze der neueren Professionsforschung heraus, welche sich vom alten Professionsverständnis abwenden (Kompetenztheoretische, Strukturtheoretische und Berufsbiographische Bestimmungsversuche) (vgl. TER-HART 2010, 91 ff.). Die Perspektive der neuen Ansätze konzentriert sich auf die Ab-leitung von Professionalität aus der beruflichen Struktur und resultierenden Anfor-derungen dieses Berufes. Der Kompetenztheoretische Bestimmungsversuch ist auf die Definition spezifischer Kompetenzen, die professionelle Akteure besitzen sollten, ausgerichtet. Somit ist die Lehrkraft als professionell zu betiteln, welche über die em-pirisch ermittelten Kompetenzen verfügt bzw. handlungsfähig ist. Demzufolge steigt die Professionalität mit zunehmenden Kompetenzen an. Der Strukturtheoretische Bestimmungsversuch konzentriert sich auf das Spannungsgefüge des Lehrerdaseins. Charakteristisch für das Lehrerdasein sind Spannungen, wie z. B. Nähe vs. Distanz zur Schülerin bzw. zum Schüler, mit welchen die Lehrerin bzw. der Lehrer im Schul-alltag umgehen muss. Dementsprechend gilt die Lehrkraft als professionell, welche die auftretenden Spannungen erfolgreich meistern kann. Im Berufsbiographischen Bestimmungsversuch wird Professionalität mit der eigenen Entwicklung in Verbin-dung gesetzt. Ausgehend von gelungenen und weniger gelungenen Lehrerbiografien werden wissenschaftliche Aussagen zur bestmöglichen Unterstützung der Ausbil-dung der Professionalität ermittelt. In Anknüpfung an die allgemeinen Befunde zur pädagogischen Professionalität wird die Betrachtung zur (sonder-)pädagogischen Professionalität im folgenden Kapitel fortgeführt.

4.2   (Sonder-)Pädagogische Professionalität

Im Rahmen der aktuellen Veränderungsprozesse – der Implementierung eines inklusiven Bildungssystems in Deutschland – wird auch die (sonder-)pädagogische Professionalität neu diskutiert. *„Zunehmend werden aber die relevanten Probleme des Faches und die Fragen des Faches an sich selbst unter dem Dach des Professionalisierungsdiskurses diskutiert, oder doch zumindest unter Bezug auf ihn"* (HORSTER et al. 2005, 8). Im Folgenden soll sich den unterschiedlichen Positionen und Schlussfolgerungen der Debatte genähert werden. Eingangs wird hierzu der Rückgriff auf die ursprüngliche Professionsdebatte vorgenommen. Auch wenn die „klassische" Betrachtungsweise in der aktuellen Professionsforschung an Bedeutung verloren hat, ergeben sich Folgerungen für die gegenwärtige Entwicklung. Daher bildet die historische Betrachtung den Einstieg, um die Eckpunkte der aktuellen Diskussion folgerichtig herausstellen zu können.

In der „klassischen" Professionsdebatte der Pädagogik hat die Sonderpädagogik stets eine Sonderstellung eingenommen. Abhängig vom Betrachter wurden der Sonderpädagogik spezifische Merkmale zugeschrieben. Vereinzelt hat dies zur Einordnung der Sonderpädagogik als Profession geführt. Typische Argumentationsstränge werden bspw. in dem Beitrag von REISER erörtert (vgl. REISER 1998, 46). Exemplarisch nimmt REISER Merkmale in den Blick, welche zur Beschreibung der Sonderpädagogik als Profession angeführt werden. Einerseits ist der hohe Akademisierungsgrad zu nennen, der im Gegensatz zu anderen Lehramtsstudiengängen frühzeitig erreicht wurde (vgl. Kap. 4.1). Andererseits beschränkt sich das Tätigkeitsfeld der sonderpädagogischen Experten auf das feststehende Ziel, die Versorgung von Schülerinnen und Schülern mit Beeinträchtigung zu garantieren. Damit zeichnet sich die Sonderpädagogik durch einen fest umrissenen Tätigkeitsbereich aus, was ein Alleinstellungsmerkmal im Vergleich zu anderen Teilbereichen der Pädagogik darstellt. Anhand dieser ausgewählten Argumente hat sich bei externen Beobachtern die Wahrnehmung manifestiert, dass die Sonderpädagogen als Fachleute mit ausgewiesener Expertise für Schülerinnen und Schüler mit Beeinträchtigung anzusehen sind (vgl. REISER 1998, 46). Ergänzend verweist REISER auf den theoretischen Ansatz von OEVERMANN. Als Unterscheidungsmerkmal zwischen Allgemein- und Sonderpädagogik stellt OEVERMANN die therapeutische Dimension heraus (vgl. OEVERMANN 1996, 151). Zugleich begründet sich hieraus OEVERMANNS Ausspruch, dass *„Tendenzen zur Professionalisierung pädagogischer Praxis am ehesten im Bereich der Sonder- und Heilpädagogik zu beobachten sind"* (OEVERMANN 1996, 151). Der Expertenstatus wurde mittels eigener Institutionen, Ausbildungsprozesse und Konzepte zusehends gefestigt. Maßgeblich weist REISER auf das resultierende Dilemma hin. Im Umkehrschluss – und das ist das heutige Problem – hat dies die Beschäftigung mit spezifischen Belangen als Aufgabengebiet der Allgemeinpädagogik ausgeschlossen. Die strikte Trennung zwischen Allgemein- und Sonderpädagogik wurde intensiviert.

Im gegenwärtigen Bestreben der ‚Schule für Alle' verliert das „klassische" Verständnis seine Gültigkeit. Das „klassische" Verständnis muss überarbeitet werden, um der bildungspolitischen Verpflichtung näher zu kommen. Dafür müssen die sonder- und allgemeinpädagogischen Aufgaben- und Tätigkeitsbereiche und damit verbundenen Kompetenzen angehender Sonder- und Regelschullehrkräfte neu bestimmt werden. Allgemeine Lösungsvorschläge zur Ausgestaltung der ‚Schule für Alle" sind nicht gegeben, was auch das Benennen konkreter Kompetenzen angehender Sonder- und Regelschullehrkräfte erschwert. Mehrheitlich wird die Forderung geäußert, dass die Regelschulpädagogen mit „allgemeiner" sonderpädagogischer Expertise auszustatten sind. Die zunehmende Vereinheitlichung der notwendigen Kompetenzen von Regelschul- und Sonderschullehrkräften stellt die bis dato existierende (sonder-)pädagogische Professionalität massiv in Frage. Die Novellierung erleben die Sonderpädagogen als Verlust der beruflichen Identität. Bisher gültige Merkmale ihrer beruflichen Existenz, wie z. B. die alleinige Zuständigkeit für Schülerinnen und Schüler mit Beeinträchtigung, verlieren ihre Gültigkeit.

Auf Grund der veränderten Tätigkeitsstruktur werden auch andere Kompetenzen (sogar veränderte und neue Berufe) notwendig, was letztlich die veränderte Ausbildungssituation in den Blick nehmen soll. Somit ist (sonder-)pädagogische Professionalität als die individuelle Ausstattung des Einzelnen mit professionellen Konzepten bzw. Kompetenzen, um professionell handeln zu können, zu betrachten. Die zentrale Fragestellung der (sonder-)pädagogischen Professionalität bezieht sich demnach auf das notwendige Wissen und Können angehender Lehrkräfte. Zweifellos befindet sich die Allgemein- wie auch die Sonderpädagogik in einem erheblichen Umbruch. Keinesfalls wird jedoch sonderpädagogische Professionalität überflüssig, wie vereinzelt propagiert wird. Vielmehr ist eine Neuorientierung von höchster Priorität. Folgt man der Definition von BAUER, ergibt sich die Professionalität des Lehrers nicht aus dem Gefüge, sondern entsteht (vgl. BAUER 2000, 68). Damit bleibt die Professionalität der Sonderpädagogen stets vorhanden, lediglich das Erleben gleicht der Deprofessionalisierung. Letztlich bedarf es der Ausgestaltung eines neuen Berufskonzeptes. Im Folgenden sollen daher aktuelle Konzepte und bildungspolitische Rahmenbedingungen vorgestellt werden. Ähnlich der pädagogischen Betrachtung hat sich auch die Betrachtungsweise in der Sonderpädagogik verändert. Stetig gewinnen spezielle Kompetenzen und Einstellungen an Bedeutung. Um die bevorstehenden Veränderungsprozesse abbilden zu können, wird das Kompetenzprofil zukünftiger Sonderpädagoginnen und Sonderpädagogen[8] fokussiert.

---

8 In der heutigen Zeit ist die geradlinige Berufstätigkeit – als Lehrerin bzw. Lehrer – immer seltener gegeben. Häufig wird das Lehrerdasein mit einer vorangehenden Ausbildung kombiniert oder der Start in den Lehrerberuf erfolgt durch den Quereinstieg. Die bereits erworbenen Kompetenzen bezieht die Person in ihre Berufstätigkeit als Lehrkraft mit ein. Diese Komplexität wird in der vorliegenden Abhandlung nicht abgebildet. Vereinfacht wird in der Darstellung von dem „Sonderschulpädagogen" und dem „Regelschulpädagogen" gesprochen, obgleich alle Personen unterschiedliche Kompetenzen in ihre Lehrertätigkeit mit einbringen.

4.2.1 Auswirkungen der bildungspolitischen Veränderungen auf das professionelle Lehrerhandeln

„Vor uns liegen neue Aufgaben, die neue Ansätze erfordern" kommentiert REISER den damaligen Umbruch in den 1990er Jahren (REISER 1996, 178)[9]. In der aktuellen Inklusionsdebatte kann dieser Ausspruch wiederholt werden. Statements und Publikationen aus dem In- und Ausland verdeutlichen, dass die (sonder-)pädagogische Professionalität einem starken Veränderungsprozess unterworfen ist. Von vorrangigem Interesse für die weitere Ausgestaltung von professionellem (Lehrer-)Handeln ist, welche Kompetenzen für das Gelingen inklusiver Strukturen als besonders relevant angesehen werden. Im Folgenden soll das Profil zukünftiger Sonderpädagogen und Regelschullehrkräfte näher skizziert werden. Im Rahmen der inklusiven Beschulung ist kooperatives Agieren von Regel- und Sonderschullehrkräften gefragt, was die Auseinandersetzung mit beiden Berufsgruppen bedingt. Die generelle Bedeutung von sonderpädagogischen Experten für das Gelingen qualitativ hochwertiger Bildungsangebote im GU wird nicht in Frage gestellt. Lediglich die Konsequenzen für das zukünftige Kompetenzprofil werden ausgeführt. Im Vorfeld der Beschreibung des veränderten Tätigkeitsprofils sollen die zukünftigen Arbeitsplätze von Sonderpädagoginnen und Sonderpädagogen (nach REISER) näher skizziert werden (vgl. REISER 1998). Letztlich besteht die Problematik, dass ohne die exakte Bestimmung des Tätigkeitsbereichs kein genaues Kompetenzprofil zukünftiger Sonderpädagoginnen und Sonderpädagogen zu definieren ist. Auf Grund der zunehmenden Diversifizierung im pädagogischen Tätigkeitsfeld variiert der Bedarf an Wissen und Können mit dem jeweiligen Einsatzbereich[10]. Da sich das pädagogische Tätigkeitsfeld im Umbruch befindet, können lediglich Überlegungen integrativer Bemühungen und Ideen aufgegriffen werden. Allen Überlegungen ist gemein, dass sich die kommende Generation der Sonderpädagoginnen und Sonderpädagogen am Subsidiaritätsprinzip orientieren soll (vgl. REISER 1996, 179). Damit einher geht die zunehmende Betrachtung der sonderpädagogischen Tätigkeit als Serviceangebot, wobei REISER zwischen drei Serviceleistungen differenziert: organisatorisch-separierende Serviceleistung, personalisierte additive Serviceleistung und die institutionalisierte sonderpädagogische Serviceleistung.

- *Organisatorisch-separierende Serviceleistung:* beschreibt die Tätigkeit der sonderpädagogischen Lehrkraft an einer Sondereinrichtung. Hoher Stellenwert hat hierbei der Service der Entlastung der allgemeinen Schule sowie die alleinige Zuständigkeit des Sonderpädagogen für die Schülerinnen und Schüler mit Sehschädigung.

---

9 Der Ausspruch stammt aus einem Beitrag anlässlich des 25-jährigen Bestehens des Instituts für Sonder- und Heilpädagogik der Johann-Wolfgang-Goethe-Universität zu Frankfurt am Main am 11. November 1995.

10 WOCKEN greift diese Problematik auf, indem er die *„Profession Sonderpädagoge (…) nur in der Mehrzahl"* verwendet (WOCKEN 2011, 205).

- *Personalisierte additive Serviceleistung*: sieht die Tätigkeit der sonderpädagogischen Lehrkraft an der allgemeinbildenden Einrichtung vor. Der Tätigkeitsbereich beschränkt sich auf zusätzliche Leistungen für das Kind bzw. den Jugendlichen mit Beeinträchtigung (personalisiert), die klar definiert sind. Dominant ist dabei, dass die Leistung additiv gesehen wird. Dementsprechend bleibt die Verzahnung mit allgemeinen Angeboten aus.
- *Institutionalisierte systembezogene Serviceleistung (veränderte Auslegung der personalisierten additiven Serviceleistung)*: Die Service-Leistungen sind institutionell gebunden, wobei sich zwei Umsetzungsformen unterscheiden lassen (Doppelbesetzung, mobile Unterstützungs- und Beratungsdienste). Im Team sind stets zwei Experten, der Allgemein- und der Sonderpädagoge, für die Unterrichtsbelange zuständig. Darüber hinaus ist die sonderpädagogische Lehrkraft für die Teilhabegestaltung der Kinder und Jugendlichen mit Beeinträchtigung verantwortlich.

Damit sind wesentliche Tätigkeitsfelder benannt, wobei auf Grund der zunehmenden Angebotspalette weitere Spezifikationen vorgenommen werden könnten. REISERS Modell ist geeignet, um das sich wandelnde Modell vom Rollenverständnis der Professionellen zu illustrieren. Ableitend von dieser Auffassung differierender Serviceangebote seitens der Sonderpädagoginnen und Sonderpädagogen, die sicherlich noch in weiterer Ausdifferenzierung stattfinden wird, sollen notwendige Kompetenzen angehender Sonderpädagoginnen und Sonderpädagogen abgeleitet werden. Letztlich kann nur ein allgemeiner Rahmen vorgegeben werden, da die konkrete Professionalisierung vom zukünftigen Tätigkeitsfeld abhängig ist.

Professionelle Kompetenzen[11] von Fachleuten aus der Sonder- und Regelpädagogik werden im Folgenden abgebildet. Um das Kompetenzprofil zukünftiger Professioneller im inklusiven Bildungssystem zu spezifizieren, wird auf die wissenschaftstheoretischen Überlegungen von REISER und WOCKEN zurückgegriffen (vgl. REISER 1996; WOCKEN 2011). Dies wird ergänzt durch das europäische Statement der EUROPEAN AGENCY FOR DEVELOPMENT IN SPECIAL NEEDS EDUCATION „Inklusionsorientierte Lehrerbildung in Europa", in welchem das Profil inklusiver Lehrkräfte sowie notwendige Empfehlungen für die Lehrerbildung formuliert werden (vgl. EADSNE 2011). Auf diese Weise können Einschätzungen von Experten aus dem europäischen Raum aufgenommen und verwendet werden.

Im Gegensatz zu REISER nimmt WOCKEN detaillierte Überlegungen vor (vgl. REISER 1996, 1998; WOCKEN 2011). Trotz der Schwerpunktsetzung auf die Arbeitsplatz- und Aufgabenbeschreibung der sonderpädagogischen Professionellen lassen sich

---

11 Um die Nachvollziehbarkeit der nachfolgenden Aussagen zu gewährleisten, wird WOCKENS definitorischer Ansatz ergänzend geschildert. *„Professionelle Kompetenz erweist sich in der qualifizierten Bewältigung von beruflichen Anforderungssituationen durch individuell verfügbare Handlungskompetenzen, sie ergibt sich also aus einer stimmigen Situation-Person-Relation. Wenn eine Person genau jene Fähigkeitspotentiale verfügbar hat und abrufen kann, die zur Meisterung bestimmter beruflicher Aufgaben erwartet werden und notwendig sind, dann ist sie kompetent"* (WOCKEN 2011, 203).

zielgerichtete Aussagen für beide Berufsgruppen treffen. Grundsätzlich ist man sich einig, dass alle Lehrkräfte in den Umgestaltungsprozess einbezogen werden müssen. Im europäischen Statement konzentrieren sich die Überlegungen auf die notwendigen Kompetenzen inklusiver Lehrkräfte. Die Unterscheidung zwischen Sonder- und Regelschulpädagogen wird aufgehoben.

Ausgangspunkt der Überlegungen auf beiden Seiten bildet die Abkehr von der medizinischen Sichtweise, was sowohl von REISER als auch WOCKEN proklamiert wird (vgl. REISER 1996, 178; REISER 1998, 52; WOCKEN 2011, 203). Die generelle Wertschätzung der Verschiedenheit sowie damit einhergehende Grundmerkmale (Ressourcenorientierung, Teilhabegestaltung für alle Schülerinnen und Schüler) werden von zukünftigen Lehrkräften im europäischen Statement gefordert. Damit zeigen sich ähnliche Forderungen, was die Grundeinstellung zukünftig agierender Lehrkräfte anbelangt (vgl. EADSNE 2011, 15 f.).

Tab. 3:   *Konstitutionsmodi des medizinischen und sozialen Modells*

	Medizinisches Modell	**Soziales Modell**
Konstruktion	Status- und Eigenschaftsorientierung	Prozess- und Situationsbeschreibung
Rekonstruktion	Defizit- und Defektorientierung	Barrieren- und Ressourcenorientierung
Dekonstruktion	Förder- und Fürsorgeorientierung	Assistenz- und Adaptionsorientierung

Quelle: WOCKEN 2011, 203

WOCKEN äußert sich nicht konkret zur Auffassung der Regelschulpädagogen. Hinsichtlich der (langfristigen) Zielstellung eines inklusiven Bildungssystems müsste diese Haltung auch auf die Regelschulpädagogen übertragen werden. Ressourcenorientierung, Etablierung assistiver Hilfen sowie Wertschätzung von Diversität sind auch die Prämissen, welche die EUROPEAN AGENCY FOR DEVELOPMENT IN SPECIAL NEEDS EDUCATION zu Grunde legt. Damit spiegelt sich ein einheitliches Bild wider.

In Anknüpfung an das sozialwissenschaftliche Grundverständnis beschreiben WOCKEN und REISER den zukünftigen Sonderpädagogen bzw. die zukünftige Sonderpädagogin als Moderator im Gestaltungsprozess schulischer Teilhabe. Im Vordergrund steht die „qualifizierte Hilfestellung" für die betroffene Schülerin bzw. den betroffenen Schüler wie auch das Umfeld. REISER hebt vier Kompetenzen explizit hervor, in dessen Zuge er von *„neuer Professionalität"* spricht:

- *„Mehrparteilichkeit"*: Dieses Schlagwort charakterisiert die notwendige Einstellung zukünftiger Sonderpädagoginnen/Sonderpädagogen näher. Nach REISERS Auffassung müssen diese in der Lage sein, sich mit allen Meinungen der beteiligten Personen auseinander zu setzen (Grundelement einer systemischen Haltung).
- *Professioneller Umgang mit Interventionskonzepten*: Zunehmend gewinnen Interventionskonzepte an Bedeutung (vgl. REISER 1996, 181). REISER stellt heraus, dass

die Entwicklung von Interventionsprogrammen für den Einsatz im Handlungs-feld Schule rasch angestiegen ist.[12]

- *Kooperationskompetenz:* Die aktuelle Entwicklung zeigt, dass die gemeinsame Zuständigkeit für die Belange von Schülerinnen und Schülern mit Beeinträchtigung (sowohl von Sonder- als auch Allgemeinpädagogen) handlungsleitend ist. Wichtige Voraussetzung für das erfolgreiche Agieren nach diesem Grundsatz ist gelingende Kooperation, was wiederum Kooperationskompetenz auf professioneller Seite erforderlich macht (vgl. REISER 1996, 181 f.).
- *Beratungskompetenz:* Resultierend aus der übergeordneten Tätigkeit als Moderator ergibt sich die Notwendigkeit, geeignete Maßnahmen mit allen am pädagogischen Prozess beteiligten Personen auszutauschen.

Der Erwerb von Handlungswissen in den Bereichen Beratung und Kooperation ist auch für WOCKEN von herausragender Wichtigkeit. Auch im europäischen Statement werden Kompetenzen im Bereich der Kooperation und Teamarbeit von den Lehrerinnen und Lehrern gefordert (vgl. EADSNE 2011, 10).

> *„In summary, the key competences highlighted by the majority of countries as most relevant to the development of inclusive practice typically include:*
> - *Reflecting on their own learning and continually seeking out information to overcome challenges and support innovative practice;*
> - *Attending to the well-being of learners, taking responsibility for meeting all learning and support needs and ensuring a positive ethos and good relationships;*
> - *Collaborating with others (professionals, parents) to assess and plan an engaging curriculum to meet the diverse needs of learners, attending to issues of equality and human rights;*
> - *Using a variety of ,inclusive' teaching methods and group and independent work appropriate for the aims of learning, the learners' age, and their abilities/stage of development and evaluating learning and the effectiveness of methods used;*
> - *Addressing language learning in multi-lingual contexts and valuing cultural diversity as a resource" (EADSNE 2012, 10).*

Ausführlich werden die Kompetenzbereiche inklusiver Lehrer in dem zusätzlichen Paper benannt (vgl. hierzu EADSNE 2012).

Es gilt zu berücksichtigen, dass die Überlegungen von REISER und WOCKEN an Erfahrungen und Tätigkeitsbeschreibungen integrativer Settings anknüpfen. Im Rahmen der voranschreitenden Ausgestaltung inklusiver Schulen kann auch die Relevanz weiterer Kompetenzen erfolgen (bzw. eine spezifische Gewichtung stattfinden). Demzufolge ist eine Erweiterung bzw. Anpassung nicht ausgeschlossen. Zielgerichtet gilt es die Bedeutsamkeit dieser „neuen" Tätigkeiten zu steigern (Transparenz in der Öffentlichkeit).

---

12 Der erhebliche Anstieg zeigt sich auch in der Notwendigkeit, geeignete Zusammenstellungen zur Evidenzbasierung der Interventionskonzepte bereit zu stellen (z. B. die grüne Liste).

4.2.2 Professionalitätsdiskurs im Förderschwerpunkt Sehen

Auch für die Experten in der Blinden- und Sehbehindertenpädagogik steht die Novellierung der Aufgaben- und Tätigkeitsbereiche aus (vgl. Kap. 4.2). Auf Grund des Strukturwandels sind existenzielle Nöte zu beobachten. Vertraute Gesetzmäßigkeiten, wie bspw. die Expertentätigkeit an einer Schule für blinde und sehbehinderte Schülerinnen und Schüler, werden zur Diskussion gestellt. Damit zeigen sich deutliche Parallelen zum allgemeinen Professionalitätsdiskurs. Unbestritten – und seitens der Fachverbände stark proklamiert – wird die Expertise der Blinden- und Sehbehindertenpädagoginnen und -pädagogen als unerlässlich bewertet. *„Eine barrierefreie Teilhabe sehgeschädigter Schülerinnen und Schüler bedarf einer fachlich fundierten Gestaltung des Unterrichts aus der Perspektive einer spezifisch sehgeschädigten-pädagogischen Didaktik. Dieser Unterstützungsbedarf muss auch zukünftig durch spezifisch ausgebildete Sehgeschädigtenpädagoginnen und -pädagogen gewährleistet sein"* (BÖING & KORF 2013, 37). Allerdings variieren die Modellvorstellungen, wie die Expertise zu den betroffenen Schülerinnen und Schülern gelangt (vgl. DEGENHARDT 2012, 166). Speziell in der Blinden- und Sehbehindertenpädagogik liegen nur vereinzelte Beiträge vor, wie die Expertise der Sehgeschädigtenpädagoginnen und -pädagogen in einer inklusiven Schule zu organisieren ist. In Anknüpfung an das europäische Vorbild in Andalusien (Spanien) schlägt DEGENHARDT folgende Konzeption vor (vgl. DEGENHARDT 2012, 162 f.).[13] Im Vergleich zu anderen Konzeptionen sticht die Pluralität an sonderpädagogischen Experten hervor. Im Organisationsmodell füllen die unterschiedlichen Professionellen (Sonderpädagogen) differierende Funktionsbereiche aus. Neben den „allgemeinen" Sonderpädagogen im Inklusionsteam stehen auch „spezielle" Sonderpädagogen als Ansprechpartner für blinde und sehbehinderte Schülerinnen und Schüler bereit. Dies ermöglicht nach DEGENHARDTS Einschätzung eine effektive Ressourcenverteilung.

In den meisten Darstellungen wird lediglich von dem Sonderpädagogen gesprochen. Auch die Entwicklung an den Hochschulen, z. B. durch die Einrichtung von Inklusionspädagogikstudiengängen, vermittelt den Eindruck, das hochdifferenzierte System an pädagogischer Expertise ablösen zu wollen. Erneut manifestiert sich das Problem der kleinen Population. In den Lösungsansätzen zur Gestaltung inklusiver Schulen konzentriert man sich auf Schülerinnen und Schüler mit Beeinträchtigungen im Lernen, Verhalten oder der Sprache. Diverse Fachverbände, wie z. B. der VBS, machen auf diesen Missstand aufmerksam. Mehrheitlich bleiben Überlegungen zur Gestaltung professioneller Lernsettings für Schülerinnen und Schüler mit SPF im Sehen aus. Die Veröffentlichungen zeigen, dass Schülerinnen und Schüler mit Sehschädigung (bzw. deren professionelle Versorgung) nicht avisiert werden.

---

13 Die Konzeption knüpft an DEGENHARDTS Idee von einer inklusiven Schule an (vgl. DEGENHARDT 2012).

4.2.3 Gegenwärtige Rahmenbedingungen zur Stärkung der (sonder-)pädagogischen Professionalität

Im Folgenden soll geprüft werden, inwieweit die Umprofessionalisierung in den gesetzlichen Vereinbarungen bereits dokumentiert ist. Der hohe Differenzierungsgrad des deutschen Bildungssystems setzt sich in der Lehrerbildung fort. Insgesamt sind sechs Lehramtstypen zu unterscheiden, denen jeweils entsprechende Rahmenvereinbarungen zu Grunde liegen[14] (vgl. KMK 2013a, 2013b, 2013c, 2013d, 2013e, 2013 f; LINDMEIER 2009, 417). Die Darstellung des bildungspolitischen Ist-Zustands stützt sich auf die bundesweiten Vorgaben (Rahmenvereinbarung für die Lehramtstypen, Standards für die Lehrerbildung, Vorgaben zur inklusiven Beschulung), die von der Kultusministerkonferenz als bundesweite Empfehlung abgegeben werden. Selbstverständlich finden sich auch detaillierte Beschreibungen in den Landesgesetzen, Studien- und Prüfungsordnungen der Hochschulen sowie in Einrichtungen der Aus- und Fortbildung, die auf Grund der Vielfalt außer Acht gelassen werden müssen.

Aktuelle strukturell-organisatorische Modifizierungen, wie bspw. die Umstellung der 1. Ausbildungsphase auf das Bachelor-Master-System und die Neustrukturierung des Referendariats, sind bereits in den Rahmenvereinbarungen aufgenommen. Dahingegen bleiben inhaltliche Festlegungen in den Rahmenvereinbarungen aus (vgl. KMK 2013a, 2013b, 2013c, 2013d, 2013e, 2013 f). Lediglich der Bedarf der kontinuierlichen Weiterentwicklung professioneller Kompetenz wird dezidiert hervorgehoben, wobei auf die Nennung spezieller Inhaltsbereiche verzichtet wird. Die Formulierungen bleiben sehr allgemein, um die Anpassung auf Länderebene zu ermöglichen. Direkte Verweise zur Gestaltung des GUs finden sich lediglich in der curricularen Beschreibung zu Lehramtstyp 6 (Lehramt an Sonderschulen). Insgesamt lässt sich feststellen, dass in den gegenwärtigen Rahmenvereinbarungen nicht auf das veränderte Kompetenzprofil im Rahmen der inklusiven Schule eingegangen wird. Die Standards für die Lehrerbildung sind für alle Lehramtstypen gültig (vgl. KMK 2004). Diese bilden die Basis für die Gestaltung der Ausbildung (bundesweit) und müssen somit ebenfalls berücksichtigt werden. Sie dienen der Qualitätssicherung hochwertiger Ausbildungsprozesse. Positiv ist jedoch zu benennen, dass Kompetenzen formuliert werden, die im inklusiven Unterricht von Bedarf sind (z. B. Umgang mit Heterogenität etc.).

Wichtige Ausnahme bildet der KMK-Beschluss zur „Inklusiven Bildung von Kindern und Jugendlichen mit Beeinträchtigungen in Schulen", welcher einen Schritt weiter geht. Gesondert wird auf die personelle Zusammensetzung im inklusiven

---

14 Die sechs Lehramtstypen setzen sich wie folgt zusammen: Lehramt Grundschule bzw. Primarstufe (Lehramtstyp 1), Lehramt für übergreifende Lehrämter der Primarstufe oder einzelner Schularten der Sekundarstufe I (Lehramtstyp 2), für ein Lehramt der Sekundarstufe I (Lehramtstyp 3), für ein Lehramt der Sekundarstufe II (allgemein bildende Fächer) oder für das Gymnasium (Lehramtstyp 4), für ein Lehramt der Sekundarstufe II (berufliche Fächer) (Lehramtstyp 5) und ein sonderpädagogisches Lehramt (Lehramtstyp 6). Länderübergreifend werden inhaltliche sowie administrative Grundsätze der Lehrerausbildung festgehalten.

Unterricht eingegangen, wobei die bestmögliche Qualifikation gefordert wird (vgl. KMK 2011, 20). Allerdings bleiben Konkretisierungen aus, wie derartige Veränderungen bei den Professionellen anzuregen bzw. dauerhaft zu implementieren sind.

„Ein inklusiver Unterricht setzt beim lehrenden und nicht lehrenden Personal entsprechende Einstellungen, Haltungen und Fähigkeiten voraus bzw. trägt dazu bei, diese zu entwickeln. Dies bezieht sich vor allem auf die Akzeptanz von Vielfalt und die Wahrnehmung von Verschiedenheit als Bereicherung und Herausforderung für eine erfolgreiche individuelle Entwicklung aller im Unterricht und im Schulleben. Dazu gehören didaktisch-methodische, diagnostische Kenntnisse und Fähigkeiten in einem Unterricht, in dem pädagogische und sonderpädagogische Kompetenzen miteinander verbunden sind, wie z. B. besondere Kenntnisse und Fähigkeiten in der Lern- und Entwicklungsbegleitung,

- *Individualisierung des Lernens auf diagnostischer Grundlage,*
- *Anleitung von Kindern und Jugendlichen beim Erwerb von Kompetenzen, den eigenen Lernprozess zu gestalten,*
- *Anpassung von Lernanforderungen im Zusammenhang mit den Vorgaben der Lehrpläne,*
- *Aufbereitung und Auswahl von Lernsituationen sowie von Lehr- und Lernmitteln,*
- *Planung und Differenzierung von Unterrichtsprozessen,*
- *Zusammenarbeit bei der gemeinsamen Gestaltung von Lernprozessen,*
- *Gestaltung der Lernumgebung,*
- *Zusammenarbeit mit außerschulischen Partnern" (KMK 2011, 20).*

Erste Anpassungen, wie z. B. aus dem Strategiepapier der KMK hervorgeht, sind formuliert. Allerdings bleibt die grundlegende Überarbeitung der gesetzlichen Rahmenvereinbarungen seitens der Kultusministerkonferenz aus. LINDMEIER fordert die KMK zum Handeln auf (vgl. LINDMEIER 2009, 418). Schließlich besteht die Chance, dass die Neuauflage auch eine stabilisierende Funktion erfüllen kann, in dem der Bedarf beider Berufsgruppen (Allgemein- und Sonderpädagogen) für die Implementierung einer inklusiven Schule festgelegt wird. Im Vergleich mit europäischen Statements zeigt sich, dass die bildungspolitischen Vorgaben nicht nur in Deutschland, sondern auch in Europa lückenhaft sind.

4.3 Aktuelle Herausforderungen und Problembereiche

Basierend auf der aktuellen Forschungslage offenbart der Diskurs über sonderpädagogische Professionalität folgende offene Forschungsdesiderate:

- *Die Grenzen zwischen Allgemein- und Sonderpädagogik müssen neu definiert werden.*
  Jahrzehntelang hat die Sonderpädagogik an ihrer Sonderstellung festgehalten. Althergebrachte Berufsmerkmale, wie z. B. die alleinige Zuständigkeit für Schülerinnen und Schüler mit Beeinträchtigung, aufzugeben, sind mit erheblichen Identitäts- und Verlustängsten bei den professionellen Kräften verbunden. Die

notwendige Annäherung erfordert den Einsatz aller Akteure. Die Sonderpädagogen sind aufgefordert, ihre Allmachtstellung gegenüber Schülerinnen und Schülern mit Beeinträchtigung aufzugeben. Stattdessen sind unterstützende Maßnahmen zur Sicherstellung der bestmöglichen Teilhabe von sehenden und nicht sehenden Schülerinnen und Schülern von höchster Priorität. Des Weiteren müssen die Regelschullehrkräfte aktiviert werden, ihren Verantwortungsbereich auf die Zielgruppe der Schülerinnen und Schüler mit Beeinträchtigung zu erweitern. Die endgültige Ausdifferenzierung der Berufsgruppen muss ausbleiben, so dass nachhaltige Befunde zum gegenwärtigen Zeitpunkt erschwert sind. Die Einteilung in Spezialisten und Generalisten reicht für die zielführende Debatte nicht aus (vgl. MOSER et al. 2010, 240).

- *Diese Fortentwicklung muss durch veränderte Einstellungen gestärkt werden (überarbeitetes Verständnis von Professionalität, Berufsidentität).*
  Das kompetenzorientierte Verständnis von Professionalität muss propagiert werden. In diesem Zuge kann es gelingen, dass die Lehrkräfte ein Bewusstsein dafür entwickeln, dass Professionalität nicht an Profession gebunden ist (so dass die Identitätskrise minimiert werden kann). Die veränderten Tätigkeiten gehen mit einer veränderten Rolle einher (Berufsrolle). Um diese gezielt ausüben zu können, muss das berufliche Selbstverständnis fortentwickelt werden. In diesem Zusammenhang stellen BASTIAN & HELSPER die Notwendigkeit von Fallwissen heraus (exemplarische Analyse), was bereits Eingang in die Lehrerbildung gefunden hat (vgl. BASTIAN & HELSPER 2000). *„Nur in Verbindung bildungspolitischer und schulischer Entscheidungen auf diesen Ebenen kann es zu umfassenden Professionalisierungen kommen, die tendenziell gleichgerichtet sind und sich gegenseitig stärken und flankieren"* (BASTIAN & HELSPER 2000, 185). Die Überlegungen von BASTIAN & HELSPER sind auch wichtig, um die Grenzen dieses Veränderungsprozesses durch die Lehrkräfte zu beschreiben.

- *Der Bedarf an sonderpädagogischer Expertise darf nicht in Frage gestellt werden.*
  Wie MOSER et al. herausstellen, zeigen erste europäische Entwicklungen, dass die sonderpädagogische Kompetenz gefährdet ist (vgl. MOSER et al. 2010, 239). Auch in Deutschland bestätigt sich dieser Entwicklungstrend, welcher den Fortbestand der hochdifferenzierten Sonderpädagogik bedroht. Die sonderpädagogische Expertise ist für die zukünftige Entwicklung unverzichtbar. Anstatt der Deprofessionalisierung muss die Umprofessionalisierung forciert werden.

- *Dringend sind weiterführende Forschungsbefunde von Nöten.*
  Erste Konkretisierungen zur Ausbildung einer professionellen Kompetenz sind kritisch zu betrachten, da empirische Befunde nicht vorhanden sind. *„Empirische Untersuchungen zum Qualifikationsniveau von Sonderpädagogen existieren schlichtweg nicht, deshalb sind subjektive Taxierungen unumgänglich"*, so beschreibt WOCKEN das bestehende Forschungsdilemma in der Lehrerbildung (WOCKEN 2011, 232). Auch weitere Experten, wie z. B. BLÖMEKE und MOSER,

weisen nachdrücklich auf das bestehende Forschungsdefizit hin (vgl. BLÖMEKE 2007, 14; MOSER et al. 2010, 239). Unter Bezugnahme auf das Forschungsfeld der Sonderpädagogik zeigt MOSER auf, dass die bisherigen Studien integrative Settings analysiert haben (Transferproblematik). Positiv muss jedoch herausgestellt werden, dass eine steigende Forschungstendenz zu beobachten ist, was auch für das Feld der Sonderpädagogik zutrifft (z. B. Gießener Forschungsprojekt, Rügener Modellprojekt). Dennoch limitiert die geringfügige Transfermöglichkeit auf Grund regionsspezifischer Forschungslage die Aussagekraft der weiterführenden Empirie. Daher sollte zukünftig BLÖMEKES Hinweis besondere Beachtung finden, in welchem sie zur systematischen Planung von Forschungsvorhaben rät (vgl. BLÖMEKE 2007, 28). Dringend sind weiterführende Analysen erforderlich, um gezielte Hinweise auf den tatsächlichen Bedarf ermitteln und konkrete Forderungen an bildungspolitische Entscheidungsträger herantragen zu können (möglichst evidenzbasierte Forschungsergebnisse). Endgültige Entscheidungen zum Kompetenzbedarf angehender Sonderpädagoginnen und Sonderpädagogen können zum jetzigen Zeitpunkt nicht getroffen werden.

- *Von entscheidenden Vertretern wird ein klarer Standpunkt zur bildungspolitischen Entwicklung sowie den Folgen nur unzureichend kommuniziert (z. B. VDS).*
  Das klare Bekennen für die inklusive Beschulung bleibt aus (im Hinblick auf die Konkretisierung der Rahmenbedingungen). Klare Forderungen, wie z. B. die Festlegung von Standards zur inklusiven Beschulung von Schülerinnen und Schülern im GU sowie die Notwendigkeit sonderpädagogischer Expertise, fehlen. Man nutzt die bestehende Diskrepanz zwischen wünschenswerten Zuständen und vorherrschenden Bedingungen. Die Funktion von Qualitätsstandards, um die Bedarfe von Schülerinnen und Schülern transparent zu machen, wird unzureichend genutzt.

4.4   Resümee: (Sonder-)Pädagogische Professionalität

Die Experten sind sich insgesamt einig, dass den professionellen Akteuren (Sonder- und Regelschullehrkräften), ihren Einstellungen und Kenntnissen eine immense Funktion hinsichtlich der Realisierung inklusiver Settings zukommt.[15] Seitens der

---

15 Grundsätzlich als positiv ist zu bewerten, dass das Bewusstsein für notwendige Veränderungsprozesse zunimmt. Besonders zu berücksichtigen ist hierbei, dass die letztliche Um- bzw. Ausgestaltung der Lehrerbildung von der tatsächlichen Struktur des inklusiven Bildungssystems abhängig ist. In Abhängigkeit von der tatsächlichen Ausprägung des inklusiven Schulsystems ergeben sich veränderte Anforderungen, die wiederum differierende Kompetenzen verlangen. Unabhängig von dieser dominierenden Problematik (hinsichtlich der tatsächlichen Umsetzung inklusiver Schule) steht außer Frage, dass die Sicherstellung der sonderpädagogischen Professionalität sowie ein verändertes Rollenverständnis von Regel- wie auch Sonderpädagogen als Grundbedingungen weiterführender Entwicklungen zu sehen ist.

Experten wird die Lehrerbildung, hier insbesondere die erste Phase der Lehrerbildung, als entscheidende „Stellschraube" in diesem Prozess herausgestellt.

Nach LINDMEIER und REISER müssen die erarbeiteten Anforderungen, die sich aus dem veränderten Setting ergeben, schnellstmöglich im Ausbildungscurriculum verankert werden (vgl. hierzu LINDMEIER 2009; REISER 1998, 2007). Die Experten stellen heraus, dass die veränderte Ausbildungs- bzw. Berufssituation ein verändertes Rollenverständnis manifestiert (vgl. LINDMEIER 2009, 424). Der Zusammenhang von beruflicher Identität und Ausbildungsinhalten, welcher von LINDMEIER und REISER betont wird, deutet einen klaren Handlungsauftrag an. Die Signifikanz der Überarbeitung der derzeitigen Ausbildungsstrukturen wird unerlässlich. Zweifellos kann es so gelingen, dass die Lehrkräfte mit Ausbildungsbeginn gezielter auf ihre neuen Tätigkeitsbereiche vorbereitet werden. Auf dem Weg zu einer inklusiven Schulstruktur kommt der Ausbildung eine hohe Bedeutung zu.

Im Weiteren befürworten LINDMEIER wie auch REISER die Diversifikation der Ausbildung (vgl. LINDMEIER 2009, 424; REISER 2007, 87 ff.). Die aktuelle Entwicklung zeigt den Bedarf zur Diversifikation auf, so dass den Experten beizupflichten ist. Dieser Bedarf resultiert aus der bevorstehenden Neuorganisation des Schulsystems, welcher variable Umsetzungsformen erforderlich macht. Die strukturelle Flexibilität des Schulsystems muss sich in der Flexibilität der Ausbildung fortsetzen (vgl. LINDMEIER 2009, 423). Neben den klassischen Kompetenzprofilen, z. B. des Sonderpädagogen, wird es zukünftig auch neue Kompetenzprofile, wie z. B. den Inklusionskoordinator, die Unterstützungs- und Beratungslehrkraft im mobilen Dienst, Rehabilitationsfachkraft und professionell Tätige am Förderzentrum, geben müssen. Der aktuelle Trend löst sich vom einheitlichen Berufsbild des Sonderpädagogen im Tätigkeitsfeld der Sonderschule bzw. vom Lehrer an der allgemeinen Einrichtung ab. Geeignete Voraussetzungen für die Flexibilisierung der Lehrerausbildung bietet die Modularisierung (modulare Organisationsweise) der Studieninhalte. Das Verhältnis von „Allgemein- und Spezialwissen" der zukünftigen Sonderpädagoginnen und Sonderpädagogen muss bestimmt werden. Um die Debatte zum vorläufigen Abschluss zu bringen, wird das veränderte Anforderungsprofil, wie es von LINDMEIER (in Anlehnung an REISER) beschrieben wird, skizziert. Maßgeblich bestimmt wird das Modell durch die bestehende Diskrepanz zwischen allgemeinem und speziellem Know-how und der damit zusammenhängenden Auflösung zwischen Sonder- und Allgemeinpädagogik (vgl. LINDMEIER 2009, 424 f.).

- In einer inklusiven Schule muss sonderpädagogisches Know-how von allen Lehrkräften erworben werden – zumindest in den Bereichen Lernen, Sprache und Verhalten. Lehrerinnen und Lehrer der allgemeinen Einrichtungen müssen für die neuen Anforderungen angemessen qualifiziert sein. Schließlich leisten sie zukünftig einen wesentlichen Beitrag zur Teilhabe von Schülerinnen und Schülern mit Beeinträchtigung. Hieraus folgt LINDMEIERS Forderung, dass alle Lehrkräfte mit sonderpädagogischen Kompetenzen ausgestattet werden, um didaktisches Know-how zur zielgerichteten Modifikation für die Unterrichtsteilhabe eigenständig initiieren zu können. Erste Probleme bei der studienorganisatorischen

Umsetzung zeigen sich bereits (vgl. Ostseezeitung 2013). Demzufolge haben universitäre Einrichtungen ohne sonderpädagogisches Institut enorme Schwierigkeiten beim Einwerben der fachlichen Expertise für ihre Seminare.

- In Abhängigkeit vom Tätigkeits- bzw. Arbeitsfeld ergeben sich unterschiedliche Kompetenzprofile für die sonderpädagogischen Fachkräfte. Dies spiegelt sich in den drei Kompetenzprofilen, die Lindmeier herausstellt, wider (vgl. Lindmeier 2009, 424 f.):
  - Sonderpädagogen für den Einsatz in der allgemeinen Schule mit Basisqualifikation (Ausbildung: Bachelorstudium),
  - Sonderpädagogen für den Einsatz in der allgemeinen Schule mit erweiterter Qualifikation (Ausbildung: Masterstudium),
  - Sonderpädagogen für den Einsatz im institutionellen Setting (Rehabilitationseinrichtungen) mit spezieller, sonderpädagogischer Qualifikation (Ausbildung: Masterstudium).

Damit appelliert Lindmeier an die zunehmende Diversifikation der Lehrerausbildung, was mit den Ausführungen von Degenhardt konform ist (vgl. Kap. 4.2.3). Allerdings greift Lindmeier die Funktion des Sonderpädagogen mit spezieller, sonderpädagogischer Qualifikation, z. B. in Form des Blinden- und Sehbehindertenpädagogen, nicht auf. Stattdessen wird die Einführung eines Sonderpädagogen mit spezieller, sonderpädagogischer Qualifikation gefordert, welcher sich den Bedarfen von Schülerinnen und Schülern mit komplexen Problemlagen annehmen kann. Angesichts der individuellen Problemlagen, die sich bei Schülerinnen und Schülern mit Beeinträchtigung ergeben können, bleibt fraglich, ob diese Diversifikation der Lehrerausbildung (nach Lindmeier) ausreichend ist.

Die Überlegungen zur Etablierung aktueller Veränderungsprozesse konzentrieren sich auf die erste Phase der Lehrerbildung. Grundsätzlich müssen die Überlegungen von Lindmeier und Reiser unterstützt werden (vgl. Lindmeier 2009; Reiser 2007). Allerdings muss berücksichtigt werden, dass nicht nur die erste Ausbildungsphase in den Blick genommen werden darf. Feststehende Ausbildungsstrukturen zu ändern, ist ein langwieriges Verfahren. Aus diesem Grund sollten zusätzliche Umsetzungsformen entwickelt werden (Multistrategie). Im Rahmen der Forderungen des lebenslangen Lernens müssen auch Angebote in der zweiten und dritten Phase der Lehrerbildung etabliert werden. Die Strategiepapiere spiegeln ein stimmiges Meinungsbild wider, dass die Regelschullehrkräfte mit sonderpädagogischem Know-how ausgestattet werden müssen. Allerdings zeigen die Organisationsmodelle auf, dass das Wissen neu verteilt werden muss. Gleichzeitig muss die Expertise der Sonderpädagogen effektiv organisiert werden (vgl. Kap. 4.2.2). Keinesfalls zweckmäßig ist es, dass alle Sonderpädagogen mit den Bedürfnissen von Schülerinnen und Schülern mit Sehschädigung vertraut gemacht werden. Es müssen Modelle geprüft werden, wie das Expertenwissen an die verantwortlichen Lehrkräfte weitergegeben werden kann. Spezialwissen abzugeben, wird auf Seiten der Sonderpädagogen wiederum als Gefährdung der eigenen Berufsidentität erlebt (Verteidigung der Sonderrolle).

Die Inklusionsverpflichtung, die Deutschland mit der Unterzeichnung der UN-Konvention eingegangen ist, hat den Umbruch des deutschen Bildungssystems ausgelöst. In Maßnahmenkatalogen werden Hinweise gegeben, wie der Übergang zu einem inklusiven Schulsystem gelingen kann (z. B. vgl. UN/IUP 2007, 85 [in Anlehnung an LINDMEIER *2009, 417]). Dabei wird die Wirkkraft der Lehrkräfte für den Erfolg der Implementierung eines inklusiven Schulsystems herausgestellt. Auf Grund der bevorstehenden Veränderungen sind auch Modifikationen im „feststehenden" Berufsbild von Sonder- und Allgemeinpädagogen erforderlich, die vor allem in Form der Neuorganisation der Lehrerausbildung diskutiert werden. Man ist sich hinsichtlich der Diversifikation des sonderpädagogischen Lehramts einig. Es gilt, dass konstruktiv an einem neuen Berufskonzept gearbeitet werden muss. Die Professionsforschung liefert einen Erklärungsansatz, warum die Veränderungen nur schwerfällig vonstatten gehen (z. B. Hemmungen bei den Sonderpädagogen). Den bis dato bestehenden Konzepten ist überein, dass die Allgemein- und Sonderpädagogen (mit Basisqualifikation) mit sonderpädagogischem Know-how versorgt werden müssen. Hier bedarf es auch des sehbehinderten- bzw. blindenpädagogischen Wissens. Es stellt sich die Frage, in welcher Form das Wissen zu den Professionellen gelangt. Nicht nur die erste Ausbildungsphase darf in diesen Prozess eingeschlossen werden, da eine Umstellung zu langwierig ist. Im Mittelpunkt steht die Diskrepanz von Allgemeinem und Besonderem.*

5 Der Einsatz von E-Learning zur Qualifizierung der Lehrkräfte im inklusiven Bildungssystem

Die inklusive Schule benötigt Lehrerinnen und Lehrer mit einem veränderten Berufsprofil (vgl. hierzu Kap. 4). Neben der Weitergabe von Basiswissen an die Regelschullehrerinnen und Regelschullehrer plädieren die universitären Vertreter für die Diversifikation der sonderpädagogischen Ausbildungsstruktur. Unabhängig von der konkreten Ausgestaltung der Ausbildungssituation steigt der Qualifikations- und Informationsbedarf der Professionellen an. Schließlich ist Know-how gefordert, um den individuellen Belangen aller Schülerinnen und Schüler in einer inklusiven Schule gerecht zu werden. Auch die Bedarfe kleiner Schülerpopulationen, wie z. B. von Schülerinnen und Schülern mit Sehschädigung, müssen präsent sein. Dieser Fortbildungsbedarf wird sowohl in der UN-Konvention als auch in weiterführenden Papieren angesprochen (vgl. UN 2006, Art. 24, Abs. 24; MASGFF 2010, 22; Hamburger Landesaktionsplan 2012, 56). Diesbezüglich gilt es, alle Kommunikations- und Interaktionsformen zu nutzen, um diesem Qualifikations- und Informationsbedarf zielgerichtet zu begegnen. Im weiteren Vorgehen müssen konkrete Fortbildungsangebote entwickelt werden.

In Deutschland setzt sich die Lehrerbildung, welche den *„Gesamtprozess der professionellen Entwicklung"* bezeichnet, aus drei Phasen zusammen (Blömeke 2011, 286). Demnach lässt sich die Lehrerbildung in die Phase der Erstausbildung (erste Phase), den Vorbereitungsdienst (zweite Phase) und die Phase der Lehrerfortbildung (dritte Phase) differenzieren. Mit der Verankerung der dritten Phase wird *„zum Ausdruck gebracht, dass die Ausbildung der Lehrer in den zwei vorhergehenden Phasen (Studium und Vorbereitungsdienst) für die längerfristige professionelle Berufsausübung nicht ausreicht"* (Keuffer 2011, 287). In seiner Definition zur Lehrerfortbildung stellt Keuffer gleichfalls heraus, dass *„Lehrerfortbildung (…) auf die Unterstützung, Beratung und professionelle Stärkung von Lehrerinnen und Lehrern gerichtet [ist]. Maßnahmen der Lehrerfortbildung beziehen sich auf den Erwerb zusätzlicher Kompetenzen (Lehrbefähigung in zusätzlichen Unterrichtsfächern, Schulstufen oder Schularten) oder auf besondere Qualifikationen in der Institution Schule (Schulleitung, Qualitätsmanagement, Schulentwicklung)"* (Keuffer 2011, 287). Trotz der Argumentation von Lindmeier und Reiser, welche die Phase der Erstausbildung als entscheidende „Stellschraube" herausstellen, muss das Vorgehen erweitert werden (vgl. Lindmeier 2009; Reiser 2007). Verschiedene Begründungsmuster zeigen, dass die professionelle Qualifizierung in der dritten Phase kontinuierlich an Bedeutung zunimmt (auch vor dem Hintergrund der Implementierung eines inklusiven Bildungssystems). Auf Grund der gesellschaftlichen Dynamik, die sich auf alle Lebensbereiche und somit auch den Bildungsbereich auswirkt, nimmt die Notwendigkeit stetiger Qualifizierungsangebote maßgeblich zu (vgl. KMK 2001; KMK 2011, 20 f.). Längst hat einmal erworbenes Wissen seine Lebenszeitgarantie verloren und lebenslanges Lernen wird erforderlich (Lifelong Learning). Auch neueste Befunde zur Wirksamkeit der Lehrerbildung, gerade in der dritten Phase, begünstigen diesen Entwicklungsprozess (vgl. FLORIAN 2008; 142 ff.). Darüber hinaus gestattet die längste Phase der Lehrerbildung die nachhaltige Implementierung umfassender Angebote. Stetige Reformbewegungen auf bildungspolitischer Ebene zeigen konkrete Beispiele für diesen Prozess und machen Umstrukturierungen nötig. Schließlich bedarf es spezieller Qualifizierungsangebote über die Ausbildungsphase hinaus, um auf Veränderungen zu reagieren. Die UN-Konvention (Konventionsforderungen) stellt eine dahingehende wesentliche Neuerung dar. In besonderem Maße ist dafür der tatkräftige Einsatz der Lehrerinnen und Lehrer gefordert, der für das stetige Umsetzen dieser Reformvorhaben wesentlich ist. Unumstritten ist der Impulscharakter der Lehrerfortbildung für innovative Veränderungsprozesse im Bildungswesen (vgl. FLORIAN 2008, 18). ALTRICHTER beschreibt die Funktion der Lehrerfortbildung als Unterstützungssystem des Bildungswesens (vgl. ALTRICHTER 2010). Jedoch betont er gleichermaßen, dass der Fortbildungsapparat wiederum Bestandteil des Bildungswesens ist, womit dieser ebenso Veränderungsprozessen ausgesetzt ist (vgl. ALTRICHTER 2010, 30).

- *Deutlich ist zu erkennen, dass dieser Prozess zielgerichtet durch den Einsatz von digitalen Medien unterstützt werden kann.*
  Wie auch die Schule gesellschaftlichen Veränderungsprozessen ausgesetzt ist, hat sich auch die Lehrerfortbildung (Lehrerweiterbildung) in den letzten Jahrzehnten verändert. Neben einer neuen inhaltlichen Ausrichtung (u.a. Mediennutzung, Aufbau eines inklusiven Beratungs- und Unterstützungssystems) haben sich neue Konzepte (z.B. Blended Learning, Online-Szenarien) herausgebildet (vgl. FLORIAN 2008, 9). Grundsätzlich kann Lehrerfortbildung divers ausgestaltet sein, was eine präzise, universell gültige Definition erschwert. Sowohl die Lektüre von Fachzeitschriften, der Besuch eines Fachseminars als auch das Gespräch mit Kolleginnen und Kollegen kann dem Phänomen der Lehrerfortbildung zugeordnet werden. Betrachtet man die Gesamtheit der Angebotsstruktur, lässt sich zwischen institutionellen, individuellen und informellen Maßnahmen differenzieren.
- *Das informelle Lernen, was das selbstgesteuerte Lernen vorsieht, wird von der KMK massiv gefördert* (vgl. KMK 2001). E-Learning-Vorhaben können diese eigenständigen Lernprozesse in besonderer Weise unterstützen.

Absolut erforderlich ist die spezielle Ausformung der Lehrerfortbildung an der Einrichtung (regions-, schul- bzw. bundeslandspezifische Maßgaben). Konkurrierende Zielvorstellungen, z.B. aus dem bildungspolitischen, individuellen und gesellschaftlichen Feld, machen Lehrerfortbildung zu einem kontrovers agierenden Gefüge (vgl. FLORIAN 2008, 7). Nicht außer Acht gelassen werden darf, dass auch finanzielle, organisatorische und strukturelle Bedingungen die Lehrerfortbildung in ihrer Ausprägung beeinflussen.

In der historischen Betrachtung wird deutlich, dass Lehrerfortbildung vermehrt die Aktivierung der Lehrerinnen und Lehrer in den Vordergrund stellt (vgl. ALTRICHTER 2010, 21). Damit wird das selbstregulierte Lernen hervorgehoben. *„Nur wer selbst und eigenständig lernen kann, ist den zukünftigen Anforderungen gewachsen.“* Auch in der KMK heißt es, dass selbstgesteuertes Lernen zukünftig an Bedeutung gewinnen soll. Gerade in diesem Umformungsprozess kommt neuen Medien eine besondere Funktion zu, da durch ihren Einsatz diesen Forderungen nachgekommen werden kann. Obwohl vermehrt E-Learning-Angebote in der Lehrerfortbildung verfügbar sind (vgl. hierzu Tab. 4, 52), ist der Einsatz begrenzt. Allgemein ist zu beobachten, dass E-Learning vorrangig in Wirtschaftsunternehmen mit steigender Tendenz eingesetzt wird. Mangelnde Lösungskonzepte zur Vermittlung von Softskills, unzureichende Expertise und ausbleibende Forschungsvorhaben können als Ursachen angeführt werden (vgl. DITTLER 2002, 17, 19, 99).

Im Vorhaben soll die Chance neuer Medien erprobt werden, um dem formulierten Fortbildungsbedarf gerecht zu werden. Das vorliegende Forschungsvorhaben setzt neue Medien ein, damit die eigenständige Auseinandersetzung mit den spezifischen Bedürfnissen blinder und sehbehinderter Schülerinnen und Schüler stattfinden kann. Auf Grund der Charakteristika, wie orts- und zeitunabhängiges Arbeiten, wird die Ausbildung von inklusiven Strukturen begünstigt (Weitergabe von Fachwissen) (vgl. EADSNE 2011, 22).

5.1   Definition E-Learning

Erstmals in den 60er/70er Jahren des 20. Jahrhunderts ermöglichte der technische Fortschritt neue Formen des Lehrens und Lernens (z. B. Einsatz von Lernmaschinen, Telelernen u. ä.). Begrenzte technische Lösungen sowie deren Verfügbarkeit und fehlende Wissenschaftsbefunde zur tatsächlichen (Lern-)Wirksamkeit dieser Umsetzungen schränkten die weitere Fortentwicklung ein, so dass lediglich kostenintensive Einzelmaßnahmen für einen speziellen Nutzerkreis hervorgebracht wurden (vgl. MEIER 2006, 40). Dank der Entwicklung des Computers zum Massenmedium, ergänzt durch neue IT-Lösungen in Form von Multimedia in den 80er/90er Jahren des 20. Jahrhunderts, erlebten die Lernprogramme ihren Höhepunkt (z. B. Sprachlern- oder Computerlernprogramme). Auf Grund mangelhafter methodisch-didaktischer Aufbereitungen und technischer Schwierigkeiten blieb der nachhaltige Erfolg aus (vgl. MEIER 2006, 42). In den 90er Jahren des 20. Jahrhunderts leiteten neue Technologien (Internet, E-Mail usw.) und damit verbundene Anwendungsmöglichkeiten und Eigenschaften, wie bspw. die einfache Handhabung, einen Umbruch ein (vgl. KLIMSA & ISSING 2011, 13 f.). In dieser Zeit findet sich auch der Ursprung des Terminus E-Learning. Gegenwärtig ist der Einsatz von E-Learning mit stetigem Wachstum zu beobachten, was in engem Zusammenhang mit der rasanten Weiterentwicklung neuer Optionen des World Wide Web steht. Neuartige Bezeichnungen, wie Web 2.0 oder „Mit-Mach-Web", signalisieren die neuen Gestaltungsmöglichkeiten, bei welchen der Nutzer durch den Einsatz von Onlinewerkzeugen, wie Podcast, Blog und Wiki zum eigenständigen Gestalter wird. *„Dieses Netz mit seinen vielen Anwendern nicht nur zu nutzen, um zu surfen, zu chatten, online zu shoppen oder E-Mails zu verschicken, sondern auch, um Bildungsprozesse zu ermöglichen, ist ein naheliegender Gedanke"* (MEIER 2006, 43).

Die Begrifflichkeit E-Learning (auch E-Learning, eLearning oder elearning), Abkürzung von electronic learning, wird gemäß der englischen Übersetzung oftmals als *„elektronisch gestütztes Lernen"* bezeichnet (HORNBOSTEL 2007, 13; PFEFFER-HOFFMANN 2007, 22). Auf Grund der rasanten Fortentwicklung neuer Technologien sowie der vielfältigen Einsatz- und Anwendungsmöglichkeiten ist eine definitorische Klärung des Begriffs E-Learning bisher ausgeblieben (vgl. HORNBOSTEL 2007, 13 f.; PFEFFER-HOFFMANN 2007, 22). Auch die Neuartigkeit des Begriffs hat noch zu keiner einheitlichen Festlegung geführt. Im Alltag ist zu beobachten, dass unterschiedlichste (Lern-)Angebote mit dem Etikett E-Learning ausgestattet werden, was auch durch die vorrangig positive Konnotation begünstigt wird (vgl. MEIER 2006, 44).

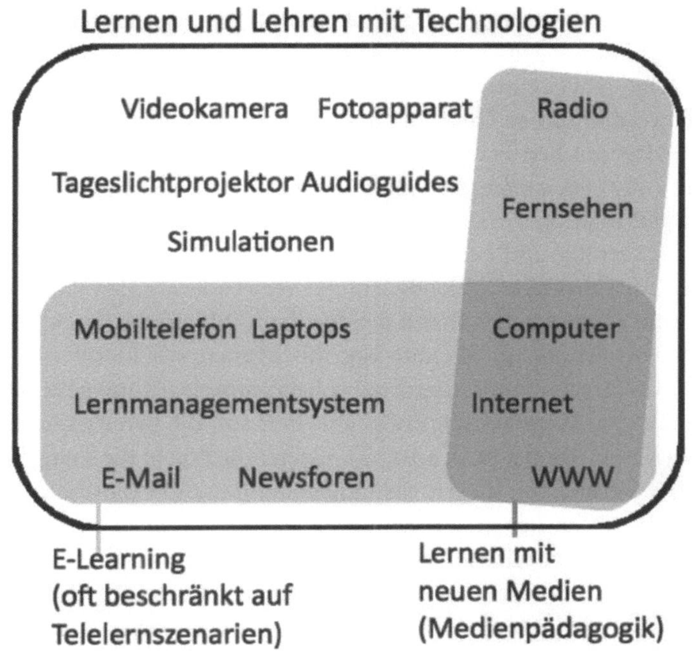

Abb. 5: Differenzierung der Begrifflichkeiten anhand der Medienwahl (Quelle: EBNER et al. 2011, 11)

Im Rahmen der weiteren Annäherung an den Terminus wird die Abgrenzung gegenüber nahstehenden Fachwörtern notwendig. Vermehrt wird mit Fachausdrücken, wie Lernen und Lehren mit Technologien, Technologiegestütztes Lernen oder Lernen mit neuen Medien etc., operiert, so dass die alleinige Betrachtung der Begrifflichkeit E-Learning nicht mehr ausreicht. Im Beitrag von EBNER et al. wird herausgestellt, dass alle Begrifflichkeiten das „Lehren und Lernen mit Technologien" („Technology-Enhanced Learning") eint (vgl. Abb. 5). *„Immer, wenn in einer Lern- oder Lehrsituation Technologien zum Einsatz kommen, kann vom technologiegestützten oder technologisch gestützten Lernen gesprochen werden"* (EBNER et al. 2011, 10). Im weiteren Vorgehen wird das gewählte Lernmedium zum wesentlichen

Unterscheidungsmerkmal. So wird die Bezeichnung E-Learning gewählt, wenn der Einsatz spezifischer Technologien, wie bspw. Computer, Internet oder World Wide Web, gemeint ist. Diese Annahme bestätigt sich auch in der Fachliteratur (vgl. Abb. 5; hierzu auch KLIMSA & ISSING 2011). Im Gegensatz zu den traditionellen Formen des E-Learning, wie Telelernen, CBT (Computer Based Training) und später WBT (Web Based Training), bezieht sich die gegenwärtige Ausführung auf das Lernen mit dem Computer und dem Internet (bzw. mobilen Endgeräten mit Internetanbindung). *„Wird von E-Learning gesprochen, beschränkt sich das Verständnis häufig auf Lern- und Lehrsituationen des Fernunterrichts und des verteilten Lernens im Internet oder mit anderen vernetzten Geräuschen wie den Mobiltelefonen"* (EBNER et al. 2011, 11). Dieses Merkmal kommt auch in der beliebten Unterscheidung von Online- und Offline-Szenarien zum Ausdruck (vgl. KLIMSA & ISSING 2011, 14). Gleichzeitig begründet dies, warum Online-Lernen als Synonym für E-Learning verwendet wird. Wie die Abbildung zeigt, gibt es eine weitere Schnittstelle mit dem Terminus „Lernen mit neuen Medien", welcher seinen Ursprung in der Medienpädagogik hat. Entsprechend der medienpädagogischen Perspektive sind mit neuen Medien *„Kanäle oder Systeme gemeint, über die Daten oder Informationen gespeichert, übertragen oder vermittelt werden"* (EBNER et al. 2011, 11). Anschaulich wird gleichzeitig deutlich, dass die Begrifflichkeit E-Learning und Lernen mit Medien bzw. Lernen mit Technologien in den weiteren Ausführungen gleichbedeutend verwendet werden kann. Zwar gelingt es hiermit, eine Abgrenzung anhand der Medienwahl vorzunehmen, jedoch bleibt die begriffliche Schärfung aus. Weitere Begrifflichkeiten, wie mobiles Lernen, Online-Lernen oder CSCL (computer supported collaborative learning) geben einen Einblick in die vielfältigen Ausgestaltungsmöglichkeiten auf, die bereits spezifische Anwendungen fokussieren (EBNER et al. 2011, 12). Letztendlich geht die mangelhafte Eindeutigkeit dieses Terminus mit diesen vielfältigen Ausgestaltungsformen einher. Im Folgenden sollen die wesentlichen Formen und Nutzenpotentiale dargestellt werden, um die ausbleibende Trennschärfe herzustellen.

Um Irritationen in der vorliegenden Forschungsarbeit zu vermeiden, wird der omnipräsente Begriff E-Learning (nach KLIMSA & ISSING) verwendet. KLIMSA und ISSING fassen unter E-Learning *„alle Formen von Lernen, bei denen digitale Medien für die Distribution und Präsentation von Lernmaterialien einschließlich der Unterstützung zwischenmenschlicher Kommunikation in Lernprozessen zum Einsatz kommen"* (KLIMSA & ISSING 2011, 14). Damit konzentriert sich die vorliegende Definition auf den Lernvorgang sowie dessen bestmögliche Unterstützung mittels digitaler Medien. Die angedeutete – und im Nachfolgenden auch exemplarisch verdeutlichte – Mannigfaltigkeit von E-Learning begründet, dass eine spezifischere Definition ausbleiben muss.

5.1.1 Nutzenpotentiale von E-Learning

Beim Einsatz von E-Learning zur Qualifizierung der Professionellen in einem inklusiven Unterstützungs- und Beratungssystem sind verschiedene Nutzenpotentiale zu erwarten. Um sich dem besonderen Potential von Informations- und Kommunikationstechnologien in der Weiterbildung[16] zu nähern, wird auf die fünf wesentlichen Funktionen digitaler Medien (nach REINMANN) eingegangen (vgl. REINMANN 2005, 76 ff.).

- *Distributionsfunktion:* Der Einsatz von E-Learning-Elementen ermöglicht den vereinfachten Zugriff auf Informationen, womit das orts- und zeitunabhängige Arbeiten unterstützt wird. Vor allem im Hinblick auf die Gestaltung beruflicher Weiterbildung eröffnet diese Funktion besondere Chancen für die organisatorische und strukturelle Öffnung bestehender Angebote.
- *Repräsentationsfunktion:* Im Vergleich zu herkömmlichen Ratgebern, wie bspw. Skripten und Broschüren zum gemeinsamen Unterricht von sehenden und nicht sehenden Schülerinnen und Schülern, können die fachlichen Inhalte mittels mannigfaltiger Darstellungsoptionen (Text, Bild, Video, Audio …) für den interessierten Lehrer bzw. die interessierte Lehrerin aufbereitet und präsentiert werden. Auch die Anpassung des Informationsangebots an die Bedürfnisse des Lerners wird möglich, was wiederum die eigenständige Auseinandersetzung mit sehgeschädigtenspezifischen Fragestellungen positiv beeinflussen kann.
- *Explorationsfunktion:* Auch die aktive Auseinandersetzung mit fachspezifischen Inhalten, z. B. in Form von Planspielen und Simulationen, ist gegeben. Möglichst realitätsnah kann die Aneignung fachspezifischen Know-hows organisiert werden.
- *Kommunikations- und Interaktionsfunktion:* Charakteristisch ist die Einbindung von Kommunikations- und Interaktionsmitteln, was bspw. den kollegialen Austausch der Regelschullehrerinnen und Regelschullehrer begünstigen kann. Nicht nur der Austausch der Regelschullehrkräfte untereinander wird möglich, sondern auch der fachliche Dialog mit Sonderpädagogen kann gewährleistet werden. Asynchrone und synchrone Tools können zum Einsatz kommen.
- *Kollaborationsfunktion:* Hieran schließt sich die Kollaborationsfunktion, die als Erweiterung des Kommunikationsaspekts anzusehen ist. Demzufolge bieten E-Learning-Anwendungen den Vorteil, dass die Professionellen zu einer Problemstellung gemeinsame Lösungsansätze und Ideen entwickeln können (z. B. Ideensammlung zur sozialen Inklusion von Schülerinnen und Schülern mit Sehschädigung).

Trotz genannter Vorzüge und dem stetigen Anstieg elektronischer Anwendungen im Alltag ist zurückhaltendes Verhalten ausgeprägt (vgl. GRASMÜCK et al. 2010, 266). GRASMÜCK et al. stellen heraus, dass *„der bis jetzt zögerliche Einsatz von E-Learning im Unterricht nicht nur auf institutionelle Rahmenbedingungen, sondern auch auf*

---

16 In der vorliegenden Forschungsarbeit werden die Begriffe Fort- und Weiterbildung gleichbedeutend verwendet. Sowohl FLORIAN als auch KEUFFER weisen darauf hin, dass die synonyme Verwendung keinesfalls bundesweit gegeben ist (vgl. FLORIAN 2008, 11 ff.; KEUFFER 2011, 287).

ablehnende Einstellungen und mangelnde Kenntnisse von Lehrerinnen und Lehrern zurückzuführen ist. Weitere Hinderungsgründe betreffen didaktisch oft schlecht aufbereitetes Material im Netz und Probleme von Nutzerinnen und Nutzern im Umgang mit virtuellen Lernumgebungen" (GRASMÜCK et al. 2010, 262). Damit knüpft das Forschungsvorhaben auch an die Überlegungen des Expertenteams von GRASMÜCK et al. an, welche den nachhaltigen Erfolg in der schrittweisen Einführung derartiger Angebote begünstigt sehen. Parallel zur Auseinandersetzung mit fachlichen Inhalten, wird der Umgang mit neuen Medien gefördert. Im optimalen Fall folgt dem Medieneinsatz, dass die Professionellen das Potential neuer Medien für die eigene Berufstätigkeit schätzen lernen (GRASMÜCK et al. 2010, 262).

5.1.2 Formen des E-Learning

„eLearning ist bis heute kein fester Begriff für ein eindeutiges Phänomen" (SCHULMEISTER et al. 2008, 10). Die ausbleibende definitorische Einigkeit begründet sich auch in der Vielfalt an Ausprägungsformen, in welchen E-Learning auftreten kann. Um einen Einblick in diese Mannigfaltigkeit zu geben, wird mit Hilfe der sechsstufigen Skala aus dem *„Referenzrahmen zur Qualitätssicherung und -entwicklung von eLearning-Angeboten"* eine Einordnung ausgewählter E-Learning-Angebote vorgenommen (vgl. SCHULMEISTER et al. 2008). Ursprünglich wurde der Referenzrahmen zur Klassifikation vorhandener E-Learning-Angebote an den Hamburger Hochschulen entwickelt, um die Anwenderzahlen von E-Learning-Tools in der Hochschule nachhaltig zu steigern. Unter Bezugnahme auf die Zielstellung der vorliegenden Forschungsarbeit werden praktische Beispiele aus dem Handlungsfeld Schule, speziell aus dem Fort- und Weiterbildungsbereich, gewählt, um die Möglichkeitsspanne in diesem Einsatzfeld zu illustrieren. Mit Hilfe der einfachen Struktur können mit diesem Kategorisierungsmodell schnell Unterschiede einzelner E-Learning-Anwendungen aufgezeigt werden, was zugleich die Entscheidung für dieses Modell begründet. Darüber hinaus existieren weitere Kategorisierungsmodelle, wie z. B. das dreidimensionale Kategorisierungsmodell (nach BAUMGARTNER & PAYR 1994; BAUMGARTNER et al. 2002b, 21) oder das technologiebasierte Kategorisierungsmodell (nach BACK et al. 1998), mit jeweiligen Schwerpunktsetzungen, auf welche im Einzelnen nicht näher eingegangen wird (vgl. hierzu REINMANN 2005, 104 ff.).

Nachfolgend findet die skizzenhafte Beschreibung des Hamburger Referenzrahmens statt (vgl. SCHULMEISTER et al. 2008). Im Rahmen der wissenschaftlichen Auseinandersetzung zur Beschreibung universitärer E-Lehr- und E-Lernsettings haben sich folgende sechs Kriterien oder Dimensionen zur näheren Bestimmung von E-Learning-Angeboten als geeignet herausgestellt.

- Grad der Virtualität: E-Learning-Angebote unterscheiden sich nach dem Grad der Virtualität. Demzufolge zeichnen sie sich durch einen hohen Grad an Virtualität aus, wenn sie vorrangig bzw. ausschließlich virtuell organisiert werden (nicht physische Funktionalität) (Maximum der Virtualität/Minimum der Präsenz). Das

Gegenstück stellen Veranstaltungen im Weiterbildungsbereich dar, die mit physischer Präsenz stattfinden und elektronische Kommunikationsmöglichkeiten, wie E-Mail- oder Forennutzung, virtuelle Anwendungen integrieren (Minimum der Virtualität/Maximum der Präsenz). Blended-Learning-Veranstaltungen sind eine Mischung aus Veranstaltungen, die Face-to-Face und virtuell ablaufen.

- Gruppengröße: Sowohl für Groß- und Kleingruppen als auch für Einzelpersonen können E-Learning-Angebote konzipiert sein.
- Grad der Medialität: Abhängig von den eingebundenen Medien lassen sich E-Learning-Angebote voneinander unterscheiden. So zeichnet sich eine Fortbildungsveranstaltung mit einem Begleitheft zum Download durch geringfügige Medialität aus, während einem E-Learning-Angebot, das auf Simulationen, Interaktionen mit den Nutzern und Videoaufnahmen basiert, ein hoher Grad an Medialität zu Grunde liegt.
- Grad der Synchronizität: Der Grad der Synchronizität trifft eine Aussage hinsichtlich der temporären Organisationsweise. Als asynchron gelten Anwendungen, die ein zeitunabhängiges Arbeiten gestatten, wie z. B. Foren und E-Mail-Funktionen. Dahingegen laufen Chats und Virtual Classrooms synchron ab, weil das gleichzeitige Arbeiten gefordert ist. Im E-Learning-Vorhaben können auch beide Anwendungen platziert sein.
- Anteil Content vs. Kommunikation: Diese Dimension beurteilt, ob die Auseinandersetzung mit den Lernmaterialien ohne bzw. mit dem gezielten Kommunikationsaustausch realisiert wird.
- Grad der Aktivität: In dieser Kategorie wird eine Aussage hinsichtlich der Fragestellung getroffen, inwieweit die Lernmaterialien lediglich rezeptiv vermittelt oder aktiv gelernt werden.

E-Learning-Angebote können in jeder Dimension individuellen Modifizierungen unterliegen. Basierend auf den Dimensionen lassen sich die Praxisbeispiele folgendermaßen klassifizieren (vgl. Tab. 4, 52). Zu berücksichtigen ist hierbei, dass Einzelvorhaben, wie z. B. Fortbildung Online, eine Palette von E-Learning-Anwendungen zusammenfassen.

Tab. 4:   Ausgewählte E-Learning-Angebote der Blinden- und Sehbehindertenpädagogik

Projektname (Leitung bzw. Ansprechpartner)	**SchAUGENuss von A bis Z (Odilien-Institut, Graz)**	**Distance Education programme for specialist teachers of children with visual impairment (University of Birmingham, UK)**	**Fortbildung Online (IQSH, Schleswig-Holstein; Rheinland-Pfalz)**
Kurzbeschreibung des Projekts	Interaktiv gibt die DVD „SchAUGENuss" einen informativen Überblick über das „Blinden- und Sehbehindertenwesen".	An der Universität Birmingham ist das Studium der Blinden- und Sehbehindertenpädagogik als Fernstudienangebot organisiert. Neuerdings wird das Selbstlernangebot durch die Integration von Problembased-Scenarios (PBS) ergänzt.	Entsprechend dem Namen handelt es sich um Fortbildungsangebote zu diversen Themenstellungen aus dem pädagogischen Handlungsfeld, die online organisiert sind.
Grad der Virtualität	*Stufe III*: Das Informationsmaterial ist auf einer DVD zusammengestellt (Lernsoftware), so dass alle Materialien mittels ausschließlich virtueller Auseinandersetzung angeeignet werden.	*Stufe II*: Das Angebot findet im regelmäßigen Wechsel von Online- und Präsenzphasen statt. Es dominiert die virtuelle Anwendung.	*Stufe III*: Die Fortbildungsangebote finden online statt (Verwendung eines virtuellen Klassenraums: Adobe Connect).
Größe der Gruppen	*Stufe I*: „SchAUGENuss" ist für das selbständige Lernen konzipiert.	*Stufe II bis III*: Im Rahmen des Studiums sind alle Teilnehmerinnen und Teilnehmer in das Angebot eingebunden (etwa 60 TN pro Semester). Allerdings werden Aktivitäten, z. B. die Teilnahme an den Übungen (PBS), in Kleingruppen durchgeführt (etwa 10 Teilnehmerinnen und Teilnehmer).	*Stufe II bis III*: Abhängig vom jeweiligen Veranstalter und den Kursaktivitäten kann die Kursgröße variieren, i. d. R. handelt es sich um Gruppengrößen von 10 bis 40 Teilnehmern (eher selten: Großgruppen).

Projektname (Leitung bzw. Ansprechpartner)	SchAUGENuss von A bis Z (Odilien-Institut, Graz)	Distance Education programme for specialist teachers of children with visual impairment (University of Birmingham, UK)	Fortbildung Online (IQSH, Schleswig-Holstein; Rheinland-Pfalz)
Grad der Medialität	*Stufe III*: Vielfältige Medien, wie z. B. Flash-Animationen, Videos und interaktive Grafiken, werden eingesetzt, um die interaktive Auseinandersetzung mit den Informationsmaterialien zu fördern.	*Stufe III*: Der Einsatz diverser Medien ist gegeben. Sowohl einfache Skripts als auch komplexe Videoszenarien (PBS) kommen zum Einsatz.	*Stufe I bis III*: Der Grad der Medialität variiert von Kursangebot zu Kursangebot. Das Fortbildungsangebot nutzt die Software Adobe Connect (virtueller Klassenraum), so dass generell interaktive Übungen möglich sind (abhängig vom Veranstalter bzw. Moderator).
Grad der Synchronizität	*Stufe I*: Der Teilnehmer kann zeitlich unabhängig agieren.	*Stufe II*: Sowohl synchrone als auch asynchrone Arbeitsphasen sieht das Angebot vor (z. B. die Teilnahme an kollaborativen Diskussionsangeboten ist gefordert).	*Stufe III*: Der Grad der Synchronizität ist hoch, da alle Teilnehmerinnen und Teilnehmer gleichzeitig online sein müssen.
Anteil Content vs. Kommunikation	*Stufe I*: Gemäß der Zielstellung von „SchAUGENuss" ist der Inhalt von außerordentlicher Relevanz. Die multimediale Lösung (Lernsoftware) bietet keine Möglichkeit der Kommunikation über die Inhalte.	*Stufe I bis III*: Das Verhältnis von Content vs. Kommunikation lässt sich nur schwer beurteilen. Nach Einschätzung der Literatur scheint ein ausgeglichenes Verhältnis angestrebt zu werden.	*Stufe I bis III*: Sowohl einführende Veranstaltungen, in welchen die Vermittlung grundlegender Fachinhalte im Mittelpunkt steht, als auch die Vertiefung mittels gemeinsamer Auseinandersetzung kann zentrales Anliegen der Kursangebote sein.
Grad der Aktivität	*Stufe I*: In „SchAUGENuss" dominiert der rezeptive Charakter.	*Stufe II bis III*: Durch die Weiterentwicklung des Angebots ist eine Steigerung der Aktivitäten eingetreten (vom rezeptiven zum aktiven Charakter).	*Stufe I bis III*: Der Lehrer kann die alleinige Rolle des Zuhörers ausführen, aber auch Chat- und Forendiskussionen (z. B. Umfragen) zeigen die Optionen für die Umsetzung aktiver Arbeitsformen.

Quelle: vgl. Fortbildung Online 2013; McLinden et al. 2006a, 2006b, 2007, 2010; Odilieninstitut & Bundessozialamt Landesstelle Steiermark 2009

Die klassifizierten Online-Anwendungen stehen stellvertretend für das verfügbare E-Learning-Angebot in der Blinden- und Sehbehindertenpädagogik (vgl. Tab. 4., 52 f.). Im Bereich der Stärkung von Regelschullehrkräften hinsichtlich blinden- und sehbehindertenpädagogischer Informationen für den gemeinsamen Unterricht ist das deutschlandweite Angebot auf ISaR (**I**nclusive **S**ervices **a**nd **R**ehabilitation)[17] begrenzt. Die Wissensplattform ISaR wird vom Fachbereich Rehabilitationswissenschaften der Technischen Universität Dortmund betrieben. Charakteristisch für ein virtuelles Wissensportal generiert das Angebot themenspezifische Informationen (z. B. methodische und didaktische Hinweise zum GU, konkrete Unterrichtsideen). Diverse Dienste, wie eine Literaturdatenbank, Such- und Newsletterfunktion, unterstützen das Wissensmanagement. Kooperative und interaktive kommunikative Elemente fehlen. Der zunehmende Anstieg der Anwender verdeutlicht die steigende Wertschätzung derartiger Projekte, was zu einem internationalen Auftritt von ISaR geführt hat.

Im europäischen Raum sind weitere Beispiele für den erfolgreichen Einsatz von Online-Konzeptionen in der Blinden- und Sehbehindertenpädagogik zu finden (z. B. eduvip in den Niederlanden). Aus Großbritannien liegen Befunde über den Einsatz von Blended-Learning-Szenarien in der Ausbildung von Blinden- und Sehbehindertenpädagoginnen und -pädagogen vor (vgl. McLinden et al. 2006a, 2006b, 2007, 2010). Verstärkt wird auf digitale Medien zurückgegriffen, um Lehrkräfte über die besonderen Lernvoraussetzungen von blinden und sehbehinderten Schülerinnen und Schülern zu informieren.

5.2 Lerntheoretische Annahmen

Im Mittelpunkt von E-Learning stehen das Gestalten von Lernprozessen und die Wissensvermittlung. Dementsprechend dürfen lerntheoretische Annahmen bei der Ausgestaltung von E-Learning-Angeboten nicht unberücksichtigt bleiben.

Einführend werden wesentliche Annahmen allgemeiner Lerntheorien thematisiert (Behaviorismus, Kognitivismus und Konstruktivismus), insbesondere die Anregungen für das Lernen mit digitalen Medien werden fokussiert (vgl. Reinmann 2005, 148 f.). Hierzu werden die grundlegenden Differenzen der Theorieansätze in Bezug auf den verwendeten Lernbegriff, die Vorgänge beim Lernen sowie die Tätigkeitsbeschreibungen der Beteiligten näher skizziert. Schließlich wirkt sich das wissenschaftliche Lernkonzept des Autors auf die endgültige Gestaltung des Angebots aus (Menschenbildannahmen etc.) (vgl. Reinmann 2011a, 90). *„Allerdings haben Lerntheorien keine ‚unmittelbar‘ handlungspraktische Relevanz“* (Reinmann 2011a, 90). Darauf aufbauend findet die konzeptionelle Erweiterung hinsichtlich essentieller Annahmen zum Lernen mit Multimedia sowie didaktischer Überlegungen statt.

---

17 Ursprünglich stand die Abkürzung ISaR für Integration von Schülerinnen und Schülern mit Sehschädigung an Regelschulen.

5.2.1 Allgemeine Lerntheorien – Lernbegriff

Interdisziplinär findet die Auseinandersetzung mit dem Phänomen des Lernens und damit in Verbindung stehenden Prozessen (Lernprozessen) statt; so sind Terminologien philosophischen, pädagogischen und psychologischen Ursprungs auszumachen. Grundsätzlich wird die Fähigkeit des Lernens allen Lebewesen zugesprochen. Jedoch zeichnet sich das menschliche Lernen durch besondere Funktionen, wie z. B. die Fähigkeit zum kulturellen Lernen, also die Weitergabe des erworbenen Wissens an die nachfolgenden Generationen, aus. Damit wird an die lerntheoretische Annahme angeknüpft, dass der Mensch sich verändert (Wissenszuwachs). Die Wissenserweiterung bzw. -vertiefung zählt somit zum vorrangigen Ziel des Lernens (zumindest im alltäglichen Sprachgebrauch). Derzeitig ist der vielgestaltige Diskurs in der Erziehungswissenschaft zu beobachten, der sich mit der Spezifikation eines pädagogischen Lernbegriffs auseinandersetzt (vgl. LEDL 2011, 301; siehe dazu auch GÖHLICH & ZIRFAS 2007). Ausdrücklich weisen auch GÖHLICH & ZIRFAS auf den Umstand hin, dass die Auseinandersetzung mit dem pädagogischen Lernbegriff notwendig ist (vgl. GÖHLICH & ZIRFAS 2007). Schließlich bildet die Fähigkeit des Lernens die Grundlage für die Bildungs- und Erziehungsprozesse. *„Aus pädagogischer Sicht ist der Lernbegriff auch mit dem Begriff des Lehrens eng verknüpft. Dies gilt nicht nur für den Unterricht, sondern auch für alle außerschulischen pädagogischen Tätigkeiten, in denen Pädagogen Situationen schaffen müssen, die Klientel zum Lernen anzuregen. Hier ist der große Bereich der Didaktik und des Lehrens und Lernens angesprochen"* (KRON 2009, 55). Letztlich ist keine einheitliche Definition verfügbar. Um die Facetten des Lernbegriffs abzubilden, werden stets verschiedene Dimensionen fokussiert (vgl. auch GÖHLICH & ZIRFAS 2007; REINMANN 2011a). Anstatt der vertieften Auseinandersetzung mit dem Lernbegriff sollen die lerntheoretischen Ansätze in den Blick genommen werden. *„Lerntheorien konzentrieren sich darauf, eine möglichst globale Beschreibung und Erklärung dafür abzugeben, wie Lernen generell ‚funktioniert"* (REINMANN 2011a, 90). Wiederholt versucht man die Vorgänge beim Lernen modellhaft zu beschreiben, wobei man auf psychologische Modelle zurückgreift (Behaviorismus, Konstruktivismus und Kognitivismus). *„Die jeweils vorherrschende oder auch präferierte Lerntheorie prägt die Lehr-Lernauffassung von Didaktischen Designern bzw. Lehrenden (aber auch Lernenden)"* (REINMANN 2011a, 90). Um sich dem Lernbegriff zu nähern, werden wesentliche Modelle (erfolgreich im Rahmen des E-Learning) eingesetzt. Anfänglich anhand äußerer Zustandsveränderungen werden zunehmend innere Abläufe (neurophysiologische Erklärungen) in den Blick genommen. Heutzutage legen die Neurowissenschaften mit ihren Erkenntnissen zur Funktionsweise der Hirnstrukturen an Bedeutung zu.

5.2.1.1 Behaviorismus

Im Behaviorismus wird davon ausgegangen, dass *„Lernen eine beobachtbare Verhaltensänderung darstellt, die als Reaktion auf Umweltreize erfolgt"* (REY 2009, 32).

Abb. 6:   Stimulus-Response-Modell

Der behavioristische Ansatz beruht auf dem Stimulus-Response-Modell (S-R). Demzufolge ruft ein äußerer Reiz (Stimulus) eine bestimmte Reaktion (Response) hervor (vgl. hierzu Abb. 6). Das Reaktionsverhalten wiederum stellt eine angeborene bzw. erworbene Verhaltensweise dar, die beobachtet werden kann (Reiz-Reaktions-Ketten). Nach dem behavioristischen Theoriemodell wird die dauerhafte Veränderung der herkömmlichen Reiz-Reaktionskette als Lernen bezeichnet. Absolut vernachlässigt bleiben hierbei die innerpsychischen Vorgänge, worauf die gängige Bezeichnung des Menschen als „Black Box" zurückzuführen ist (vgl. REINMANN 2011a, 93).

Der Ursprung findet sich in der klassischen Konditionierung. *„Beim klassischen Konditionieren wird ein an sich neutraler Reiz zeitlich mit einem reflexauslösenden Reiz gekoppelt, sodass der erstere später auch allein den Reflex (die Reaktion) auslöst"* (REINMANN 2011a, 93). In seinen Experimenten zeigt der russische Wissenschaftler PAWLOW, dass der reflexive Speichelfluss beim Hund (objektiv beobachtbares Verhalten) nicht nur durch den angeborenen Reiz (Appetit) sondern auch – durch entsprechende Konditionierung – durch einen neutralen Reiz (z. B. Glockenspiel) ausgelöst werden kann (vgl. PAWLOW 1928, zitiert nach REINMANN 2011a, 93). Weitere Vertreter der klassischen Konditionierung, wie WATSON und RAYNER, untersuchten demnach die Assoziation von zwei zuvor unabhängigen Reizen (WATSON & RAYNER 1920, zitiert nach REINMANN 2005, 150).

Der Verhaltensbiologe SKINNER setzte in den 60er Jahren des 20. Jahrhunderts seine Erkenntnisse mittels neuer Tierexperimente fort (vgl. SKINNER 1954, zitiert nach REINMANN 2011a, 94). Im Mittelpunkt stand nun die Kombination eines Umweltreizes mit einer erworbenen Verhaltensreaktion. Daran anknüpfend wurde aufgezeigt, dass mittels positiver (Lob) bzw. negativer Verstärkung (Strafe) gewünschtes und unerwünschtes Verhalten trainiert werden konnte. Das Resultat waren wesentliche Erweiterungen, die unter dem Terminus „Operantes Konditionieren" und „Instrumentelles Lernen" in den Wissenschaftsdiskurs eingingen.

Auch das Modelllernen von BANDURA weist behavioristische Grundzüge auf. Allerdings beinhaltet es erste Ansätze, die sich dem lerntheoretischen Modell des Kognitivismus zuordnen lassen (BANDURA 1970, zitiert nach REINMANN 2005, 149). Es beruht auf dem Lernen durch Beobachtung, was ebenfalls Verhaltensänderungen bedingt (vgl. hierzu auch REINMANN 2011a, 94). Gerade auch bei blinden Schülerinnen und Schülern ist wirkungsvoll zu beobachten, welche Auswirkung das Fehlen bzw. die Beeinträchtigung des visuellen Sinns auf das Imitations- bzw. Nachahmungslernen hat.

Die grundsätzlichen Annahmen des Behaviorismus haben die Entwicklung von Lernprogrammen, vornehmlich in den 50er und 60er Jahren, wesentlich beeinflusst (vgl. ARNOLD 2005, 6). Zu den wesentlichen Aufbauprinzipien der ersten Programme – meist CBT (Computer Based Training) genannt – zählten: kleinschrittiges Vorgehen, eine stark ausgeprägte Feedbackkultur (positive Verstärkung) und intensive Steuerung der Teilnehmerin bzw. des Teilnehmers. Noch heute, jedoch zunehmend seltener, werden lerntheoretische Überzeugungen aus dem Behaviorismus den E-Learning-Angeboten zu Grunde gelegt (z. B. Sprachprogramme, Programme zum Trainieren von Rechenfertigkeiten) (vgl. ARNOLD 2005, 7; MEIER 2006, 82).

5.2.1.2 Kognitivismus

Neue Theorieannahmen, welche die Denkprozesse und die kognitiven Strukturen in den Mittelpunkt stellen, bekräftigen in den 60er Jahren des 20. Jahrhunderts die „kognitive Wende" (vgl. Göhlich & Zirfas 2007, 24). Im Kognitivismus wird „Lernen (…) als Informationsverarbeitungsprozess verstanden, bei dem Wahrnehmungs-, Denk- und Gedächtnisprozesse Berücksichtigung finden" (Rey 2009, 33). Zur expliziten Beschreibung der ablaufenden Vorgänge beim Lernen wird der funktionale Vergleich mit der Arbeitsweise eines Computers vorgenommen.[18] In diesem Sinne wird dem Lernenden informatives Lernmaterial angeboten (Input), das mit Hilfe der vorhandenen kognitiven Strukturen aufgenommen wird. Die entsprechende Verarbeitung kann nur erfolgen, wenn die Kompatibilität mit den vorhandenen Strukturen gegeben ist. In Folge des erfolgreichen Verarbeitungsvorgangs können sich neue kognitive Strukturen herausbilden. Wirksam hat der Wissenserwerb stattgefunden (Output). Somit stehen drei wesentliche Prozesse im Mittelpunkt der Betrachtung: die Informationsaufnahme, Informationsverarbeitung sowie der Informationsabruf (vgl. REINMANN 2011a, 97). Bestmöglich gilt es diese Prozesse zu unterstützen, um den Lernprozess effektiv zu gestalten. Dies verdeutlicht den engen Zusammenhang zur Organisation von Lehr- und Lernprozessen. Mit Hilfe von eigens aufbereitetem Lernmaterial, das gemäß den individuellen Strukturen und Bedürfnissen des Lernenden konzipiert wurde, kann eine gezielte Begleitung erfolgen (z. B. Optimierung der Informationsaufnahme). Diese Auffassung ist an wesentliche Ausgangsbedingungen gekoppelt. So werden bei den Lernenden grundlegende Fähigkeiten, wie z. B. Aktivität und Problemlösekompetenzen, vorausgesetzt. Motivationale, soziale sowie emotionale Faktoren bleiben vernachlässigt. *„Alle Aspekte menschlichen Lernens*

---

18 Im aktuellen Diskurs weicht man von der Illustration der Lernvorgänge mit Hilfe des Computers ab. Die neueren Vorstellungen *„orientieren sich inzwischen stärker an der neurowissenschaftlichen Forschung und lassen sich vom menschlichen Gehirn als Vorbild inspirieren"* (REINMANN 2011a, 96).

werden auf Informationsverarbeitungsprozesse reduziert – auch Fragen der Motivation und der Emotion; das subjektive Erleben bleibt außen vor" (REINMANN 2005, 162). *„Das Menschenbild im Kognitivismus ist weniger mechanistisch als im Behaviorismus, weil man dem Menschen auch zielgerichtetes Handeln und nicht nur reaktives Verhalten unterstellt* (REINMANN 2011a, 98).

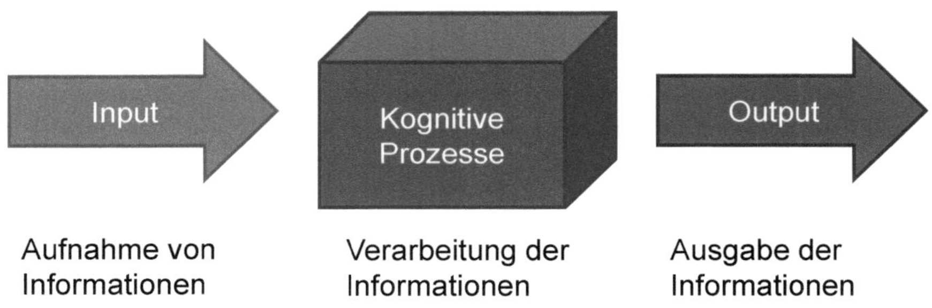

Abb. 7:   Kognitivismus

Theoretische Konzeptionen zum multimedialen Lernen basieren auf wesentlichen Prinzipien der kognitivistischen Lerntheorie (vgl. hierzu Kap. 5.3.2), deren Auffassungen bei der Konstruktion von E-Learning-Vorhaben zum Tragen kommt (vgl. REINMANN 2005, 152). Im Weiteren sind die Ansätze zum Instruktionsdesign hervorzuheben. Diese Angebote vereinen eine systematische Darstellung der Inhalte, die auf grundsätzlichen Erkenntnissen aus der neueren Forschung zur Verarbeitung und Speicherung von Informationen beruhen (vgl. ARNOLD 2005, 7 f.). Hierbei stehen Gestaltungsprinzipien, wie Vernetzung der Inhalte zur Verbesserung der unmittelbaren Bezüge der Lerninhalte, Ausbau der Feedbackkultur durch entsprechende Erläuterungen, Erweiterung der Wahlmöglichkeit (individuelle Anpassungen können genutzt werden), Bevorzugung von realitätsgetreuen Darstellungen (Simulationen), Bereitstellung angemessener Hilfen (gemessen am Bedürfnis der Teilnehmerin bzw. des Teilnehmers) mit dem vordringlichen Ziel der effektiven Lernsteuerung im Mittelpunkt. Die Optimierung derartiger Umsetzungen, welche sich dieser primären Zielstellung annehmen, wird stetig durch technische Innovationen gestärkt.

5.2.1.3 Konstruktivismus

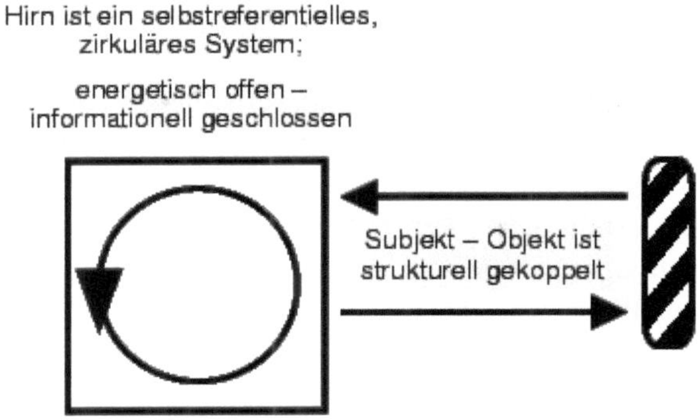

Abb. 8:   Konstruktivistische Perspektive (Quelle: BAUMGARTNER & PAYR 1994, 108)

In den 90er Jahren des 20. Jahrhunderts hat der konstruktivistische Ansatz seinen Ursprung, was erneut eine paradigmatische Wende auslöst. Der Konstruktivismus übernimmt grundsätzliche Annahmen des Kognitivismus, wie z. B. die prioritäre Betrachtung der innerpsychischen Vorgänge. Jedoch steht nun nicht mehr die Informationsverarbeitung im Mittelpunkt, sondern die individuelle Konstruktion der Informationen. *„Wahrnehmen, Erkennen und Lernen sind demzufolge keine Informationsverarbeitungs-, sondern Konstruktionsprozesse"* (GÖHLICH & ZIRFAS 2007, 25).

Zu den wichtigsten Vertretern des Konstruktivismus zählen: MATURANA & VARELA, VON FÖRSTER, VON GLASERSFELD und PIAGET. In diesem Bereich kommen unterschiedliche Strömungen zueinander, die teils widersprüchliche Aussagen beinhalten. Die abgeschlossene Theoriebildung ist bisher ausgeblieben, so dass grundsätzliche Gemeinsamkeiten für die vorliegende Darstellung herangezogen werden.

Konstruktivistische Lerntheorien fassen den Lernprozess als aktiven Konstruktionsprozess auf. Ausgehend vom Autopoiesekonzept von MATURANA und VARELA lässt sich folgende Feststellung machen (vgl. MATURANA & VARELA 1984, zitiert nach REINMANN 2005, 156): *„Lebende Systeme agieren im Unterschied zu nicht lebenden autopoietisch, d. h. selbst-organisiert und strukturell geschlossen. Information bzw. Sinn wird vom System selbst im Anschluss an sich selbst erzeugt"* (GÖHLICH & ZIRFAS 2007, 25). Damit wird Wissen *„nicht als unmittelbares Ergebnis einer Wissensübertragung innerhalb eines Lehrprozesses gesehen, sondern als eigenständige Konstruktion der Lernenden"* (ARNOLD 2005, 5). Demnach *„beruht jeder Wahrnehmungs-, Erkenntnis- und Denkprozess auf den Konstruktionen seines Beobachters"* (REINMANN 2011a, 99). Im Weiteren ist das Verhältnis der äußeren Welt zum Beobachter zu betrachten. *„Das Verhältnis zwischen uns und der Außenwelt ist das einer strukturellen Kopplung: Trotz der Eigenkonstruktionen muss ein Minimum an Entsprechung zwischen den mentalen Konstrukten einer Person und der Umwelt vorhanden sein, damit menschliches Handeln viabel (nützlich) ist"* (REINMANN 2011a, 99)[19].

---

19 Verwandte Begriffe, wie strukturelle Kopplung, deuten den Zusammenhang zur Systemtheorie an.

Konstruktivistische Ansätze haben entscheidend die Konzeption von Lernumgebungen in den zurückliegenden Jahren beeinflusst. *„Digitale Medien dienen nicht der Wissensrepräsentation und somit auch nicht als Transportmedien für deklaratives Wissen, sondern stellen kognitive Werkzeuge für die aktive Wissenskonstruktion der Lernenden dar. Lehrenden kommt in konstruktivistischen E-Learning-Angeboten keine steuernde und kontrollierende, sondern vielmehr eine beratende bzw. unterstützende Funktion zu"* (ARNOLD 2005, 10). Von dieser grundlegenden Annahme ausgehend, können folgende Gestaltungsprinzipien benannt werden: Konstruktion möglichst komplexer Problemlagen, Förderung der Eigenaktivität des Lernenden, Schaffung individueller Entfaltungsmöglichkeiten, Transfermöglichkeiten der Ausgangsproblematik, Kommunikations- und Kooperationsmöglichkeiten sowie reflektorische Handlungsmöglichkeiten des Lernenden zulassen.

5.3   Spezielle Lerntheorien im Hinblick auf die E-Learning-Vorhaben

Die vorangehende Auseinandersetzung mit den lerntheoretischen Konzepten (Behaviorismus, Konstruktivismus und Kognitivismus) ermöglicht nur eingeschränkte Aussagen für die bevorstehende Realisierung des Vorhabens. Das zugrundeliegende Menschenbild des Forschungsvorhabens, das sich vorrangig an den konstruktivistischen Grundannahmen orientiert, ist für die vorläufige Ausrichtung des Vorhabens entscheidend. Jedoch gilt es im Weiteren, konkrete Aspekte zu identifizieren, die für die konkrete Angebotsgestaltung relevant sind. Abhängig von der Ausrichtung des Informationsangebots werden spezielle (Lern-)Anforderungen und Kompetenzen von den teilnehmenden Lehrkräften vorausgesetzt. Wesentliche Elemente des vorliegenden Angebots sind selbstreguliertes Lernen und das Lernen mit multimedialen Bedienelementen. In der weiteren Planung sind die diesbezüglichen, lerntheoretischen Annahmen zu analysieren; erste Grundannahmen beeinflussen die weitere Ausgestaltung des Angebots. Um das endgültige Angebot zu definieren, sind theoretische Überlegungen einzubeziehen. Anhand lerntheoretischer Ableitungen (Selbstgesteuertes Lernen und Lernen mit Multimedia) werden erste Gestaltungsempfehlungen formuliert.

5.3.1   Selbstreguliertes Lernen

Das selbstregulierte oder auch selbstgesteuerte Lernen gewinnt zunehmend an Bedeutung, auch im Weiterbildungsbereich von Lehrerinnen und Lehrern. Anknüpfend an die bildungspolitische Zielvereinbarung des lebenslangen Lernens stellt das selbstregulierte Lernen einen inhaltlichen Schwerpunkt in den aktuellen KMK-Empfehlungen zur Weiterbildung dar (vgl. KMK 2000a, 2001). Demzufolge sind die Weiter- und Fortbildungsangebote für Lehrinnen und Lehrer vermehrt so zu konstruieren, dass selbstgesteuertes Lernen der Teilnehmerinnen und Teilnehmer unterstützt wird. Rasch wandelnde Strukturen, der erhöhte Bedarf an individuellen Fortbildungsangeboten (auch im Kontext der inklusiven Schule), Kosten- und Nutzeneffizienz sowie zunehmende Kooperationsbemühungen erfordern den Ausbau der institutionellen Bedingungen, so dass der einzelne Lernende in der selbständigen Qualifizierung unterstützt wird (vgl. KMK 2000a, 1). In diesem Zusammenhang sind die Nutzenpotentiale von Informations- und Kommunikationstechnologien, wie bspw. orts- und zeitunabhängiges Arbeiten, als besonders hilfreich zu bewerten (vgl. KMK 2000a, 1; KMK 2001, 7). Hieraus leitet sich die Notwendigkeit ab, sich mit den theoretischen Grundzügen sowie praktischen Konsequenzen für die Weiterbildungsorganisation auseinander zu setzen.

Allgemein wird selbstreguliertes bzw. selbstgesteuertes Lernen als die eigenständige Aneignung des Lernstoffs durch den Lernenden bezeichnet. Da Lernen nie fremdbestimmt organisiert werden kann (vgl. Kap. 5.2.1), steht die explizite Bestimmung des Verhältnisses zwischen selbst- zu fremdreguliertem Lernen im Mittelpunkt. Somit bildet das selbstregulierte Lernen den Schwerpunkt dieser Form des Lernprozesses. Da die nachfolgenden Überlegungen auf dem Theoriemodell des selbstregulierten Lernens nach SCHIEFELE & PEKRUN basieren, wird die zugrundeliegende Definition genutzt (vgl. SCHIEFELE & PEKRUN 1996, zitiert nach NIEGEMANN 2008, 66). Gemäß SCHIEFELE & PEKRUN ist das selbstregulierte Lernen *„eine Form des Lernens, bei der eine bestimmte Person in Abhängigkeit von der Art der Lernmotivation selbstbestimmt eine oder mehrere Steuerungsmaßnahmen (kognitiver, metakognitiver, volitionaler oder verhaltensmäßiger Art) ergreift und den Fortgang des Lernprozesses selbst überwacht"* (SCHIEFELE & PEKRUN 1996, 258, zitiert nach NIEGEMANN 2008, 66). Abgesehen von den unterschiedlichen Schwerpunktsetzungen in den Erläuterungen zum selbstregulierten Lernen eint alle Definitionen das zugrundeliegende Menschenbild, welches den Lernenden als aktiven Gestalter seines Lernprozesses versteht (vgl. NIEGEMANN 2008, 65). Hieran knüpft die einheitliche Überzeugung an, dass der Lernende mit ausgewählten Eigenschaften ausgestattet sein muss, um die erforderlichen Prozesse ausführen zu können. Auf Grund der steigenden Bedeutung eigenständiger Lernprozesse steht eine Vielzahl von Theoriemodellen zur Verfügung, wie z. B. „Drei-Schichten-Modell des selbstregulierten Lernens" nach BOEKAERTS oder die „Sozialkognitive Perspektive" nach ZIMMERMAN (vgl. BOEKAERTS 1999; ZIMMERMAN 1998, 2000, zitiert nach NIEGEMANN 2008, 67 ff.). Stellvertretend für diverse Modelle wird das „Integrative Rahmenmodell des fremd- und selbstgesteuerten Lernens" (nach SCHIEFELE & PEKRUN) näher skizziert, da dieses Modell besonders ausdifferenziert ist (vgl. SCHIEFELE & PEKRUN 1996, zitiert nach NIEGEMANN 2008, 69 f.). Ausführlich widmet sich das Modell dem Gefüge von internen und externen Faktoren, welche den Lernprozess mitsteuern. Diese Faktoren dürfen auch hinsichtlich der Gestaltung des vorliegenden Forschungsvorhabens nicht außer Acht gelassen werden.

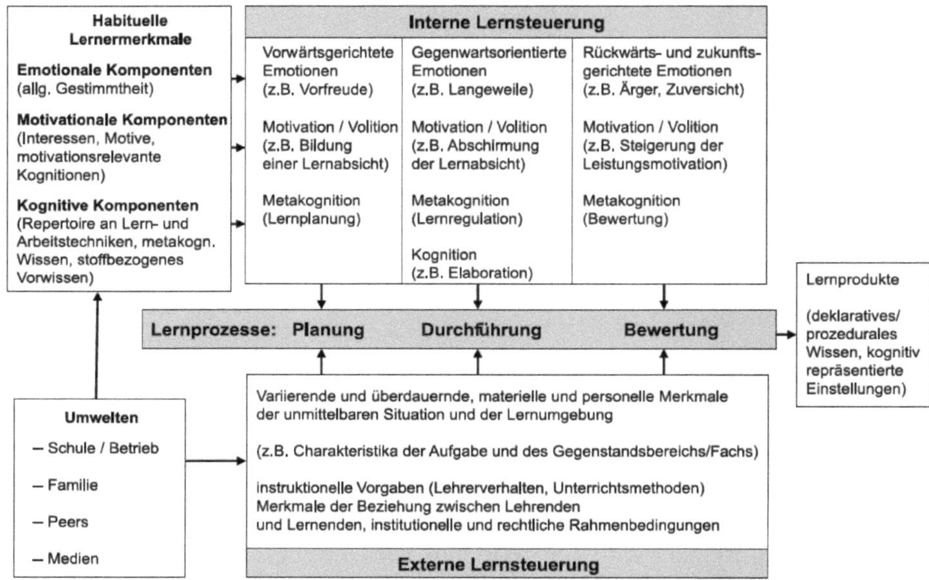

Abb. 9:   Modell zum selbstgesteuerten Lernen (nach SCHIEFELE & PEKRUN) (Quelle: NIEGEMANN 2008, 70)

Nach SCHIEFELE & PEKRUN verfügt jeder Lernende über eine spezifische Grundausstattung, welche den Ablauf der internen Lernprozesse beeinflusst (vgl. Abb. 9). Darüber hinaus weisen SCHIEFELE & PEKRUN auf die Bedeutung der externen Faktoren hin, welche sowohl auf die internen Merkmale als auch auf die weiterführenden Lernprozesse entsprechenden Einfluss ausüben (vgl. SCHIEFELE & PEKRUN 1996, zitiert nach NIEGEMANN 2008, 69). Vereinfacht dargestellt, gliedert sich der Lernprozess in die schrittweise Abfolge von Planung, Durchführung und Bewertung. Diesbezüglich betonen SCHIEFELE & PEKRUN, dass keinesfalls eine strikte Linearität dieser Abfolge gegeben ist, sondern immer wieder Abweichungen im Alltagsgeschehen auftreten können (vgl. SCHIEFELE & PEKRUN 1996, zitiert nach NIEGEMANN 2008, 70). In den jeweiligen Phasen finden unterschiedliche Arbeitsschritte statt. Demzufolge ist der Lernende in der Planungsphase dazu aufgefordert, alle notwendigen Vorbereitungen für das eigenständige Lernen zu treffen. Im Weiteren müssen geeignete Lernstrategien ausgewählt werden, die zum Einsatz kommen. Abschließend erfolgt die Einschätzung des Erlernten, was wiederum Rückschlüsse auf bevor- und ausstehende Prozesse offenbart. Im Anschluss an den erfolgreichen Ablauf liegt das Resultat in Form von deklarativem, prozeduralem Wissen vor. Letztendlich entscheidet sich an den internen und externen Faktoren das Resultat – also Eigenschaften, wie Umfang, Tiefe und Anwendbarkeit. Dem Lernen selbst werden Lernstrategien zu Grunde gelegt. *„Selbstreguliertes Lernen kann nur erfolgreich sein, wenn Lernende über ein umfassendes Repertoire an Lernstrategien verfügen und wissen, wann sie welche Lernstrategie einsetzen müssen"* (NIEGEMANN 2008, 71).

Tab. 5:   Grundlegende Lernstrategien

Lernstrategie	Definition (NIEGEMANN 2008)
Kognitive Strategien	*„Kognitive Strategien sind Informationsverarbeitungsstrategien, die der unmittelbaren Aufnahme, Verarbeitung und Speicherung von Informationen dienen. Dazu zählen sowohl oberflächenorientierte Strategien, wie z. B. Wiederholungsstrategien, als auch tiefenorientierte Strategien wie Organisations- und Elaborationsstrategien sowie Strategien der Wissensnutzung"* (NIEGEMANN 2008, 72).
Metakognitive Strategien	*„Metakognitive Strategien dienen der eigentlichen Regulation des Lernprozesses. Dazu gehören Selbstregulations- und Selbstkontrollstrategien wie Planen, Überwachen und Bewerten. Im Idealfall versetzen Kenntnisse metakognitiver Strategien den Lernenden in die Lage, den Lernprozess ohne fremde Hilfe zu steuern"* (NIEGEMANN 2008, 73).
Motivational-emotionale Stützstrategien	Wesentliche Voraussetzung für die Anwendung bereits genannter Lernstrategien ist die individuelle Motivation und emotionale Verfassung des Lerners, was gerade beim selbstgesteuerten Lernen von hoher Bedeutung ist. Der Besitz/die Anwendung derartiger Strategien zeigt sich bspw. in der Lernausdauer bzw. generellen Lernbereitschaft (vgl. NIEGEMANN 2008, 74).
Kooperative Lernstrategien	*„Lernprozesse finden häufig im sozialen Kontext statt, nicht nur in Schulklassen oder Seminaren, sondern auch in multimedialen Lernumgebungen"* (NIEGEMANN 2008, 74). Um dies erfolgreich zu meistern, sind kooperative Lernstrategien vonnöten.
Ressourcenorientierte Strategien	Ressourcenorientierte Strategien *„umfassen Lerneraktivitäten, die auf eine Optimierung der zur Verfügung stehenden Ressourcen abzielen"* (NIEGEMANN 2008, 75). Hierzu zählen bspw. Strategien des eigenen Zeitmanagements.

Quelle: Vgl. FRIEDRICH UND MANDL 2006, zitiert nach NIEGEMANN 2008, 72 ff.

Folglich muss der Lernende über entsprechende Lernstrategien verfügen bzw. diese anwenden können, um selbstreguliert zu lernen (vgl. NIEGEMANN 2008, 71). Bei Nichtvorhandensein entsprechender Strategien muss die Ausbildung gefördert werden. Diesbezüglich stehen verschiedene Ansätze zur Verfügung.

5.3.2   Theorien zum multimedialen Lernen

Nachfolgend werden Theoriemodelle, die sich speziell mit dem Lernen mit Multimedia auseinandersetzen, fokussiert. Mehrheitlich wird Lernen mit Multimedia (engl. multimedia learning) als Lernen *„from words (e. g. spoken or printed text) and pictures (e. g. illustrations, photos, maps, graphs, animation, or video)"* definiert (MAYER 2005a, ix.).

„People can learn more deeply from words and pictures than from words alone" stellt eine der wesentlichen Ausgangsthesen dar. Die wissenschaftstheoretischen Überlegungen gehen von der Grundannahme aus, dass der Lerneffekt durch die gleichzeitige Wiedergabe eines Sachverhalts auf der Wort- und Bildebene gesteigert werden

kann. Im vorliegenden Beispiel beruht die empirisch geprüfte Effektsteigerung u. a.
auf der Tatsache, dass durch die Form der medialen Aufbereitung zwei Aufnahmeka-
näle aktiviert werden (Quantität der Präsentation). Demzufolge setzen sich die Theorien zum multimedialen Lernen, welche u. a. auf Forscher wie MAYER, SWELLER und
PAVIO zurückgehen, intensiv mit der Zielstellung auseinander, wie die multimediale
Präsentation von Informationen bestmöglich individuelle Lernprozesse unterstützen
kann (learning approaches). *„The case of Multimedia is based on the idea that instructional messages should be designed in light of how the human mind works"* (MAYER
2005a, 1). Lediglich die Tatsache, dass durch die multimediale Präsentation ein möglicher Mehrwert entstehen könnte, genügt nicht (Qualität der Präsentation). Auch
empirische Befunde zum Lernen mit Bildern, Sprache und Wörtern werden erörtert.
Im Rahmen der Forschung zum Lernen mit Multimedia wird empirisch geprüft, in
welcher Art und Weise bestmögliches Lernen mit multimedialen Umsetzungen stattfindet. Die Cognitive Load Theory (CLT) und die Cognitive Theory of Multimedia
Learning (CTML) liefern wichtige Gestaltungshinweise zum Design multimedialer
Lernumgebungen. Beide Theorien sind im Kognitivismus verankert, denn beide
Theoriekonzepte basieren maßgeblich auf dem Wissen über die menschlichen Kognitionsprozesse (vgl. SWELLER 2005, 19). Dies bietet zusätzliche Rückschlüsse für
die effektive Ausgestaltung des E-Learning-Vorhabens zur Weiterqualifizierung von
Regelschullehrerinnen und Regelschullehrern für die besonderen Lernbedürfnisse
von Schülerinnen und Schülern mit Sehschädigung. Zentrale Begrifflichkeiten dieser
Theorien werden aufgegriffen. Diese Theoreme liefern entscheidende Befunde für
die praktische Anwendung.

5.3.2.1 Cognitive Load Theory

Die Cognitive Load Theory geht auf das Wissenschaftlerteam um JOHN SWELLER zurück. Verortet im Kognitivismus sind die zugrunde gelegten Annahmen zur Struktur
der menschlichen Kognitionsprozesse von wesentlicher Bedeutung für das Theorie-
gefüge (vgl. SWELLER 2005, 19).

Gemäß der CLT sind alle Menschen mit einem Arbeits- und Langzeitgedächtnis
ausgestattet. Entscheidend für die CLT ist das Verhältnis von Arbeits- und Langzeitgedächtnis. Beide Strukturen zeichnen sich durch spezifische Eigenschaften aus.
Im Langzeitgedächtnis, das über ein hohes Speichervolumen verfügt, sind die erworbenen Kenntnisse gespeichert. Demnach wird *„Lernen (…) als Veränderung im
Langzeitgedächtnis definiert"* (REY 2009, 36). Die Aussage von SWELLER: *„If nothing
has altered in long-term memory nothing has been learned"* bildet den Umkehrschluss
(SWELLER 2005, 20). Primäres Ziel ist es also, in diesem kognitiven Bereich Veränderungen auszulösen, also Lernprozesse zu aktivieren. Dieser Lernprozess des Lang-
zeitgedächtnisses basiert auf der Konstruktion von Schemata. *„Ein Schema stellt in
der CLT ein kognitives Konstrukt dar, welches Informationen zur Speicherung in das
Langzeitgedächtnis organisiert. Schemata dienen dazu, Mechanismen für die Organisation von Wissen und deren Speicherung bereitzustellen"* (REY 2009, 40). *„In all*

cases, that ability to appropriately categorise information requires immense numbers of schemas held in long-term memory" (SWELLER 2005, 21).

Dahingegen sind der Aufnahme von Informationen durch das Arbeitsgedächtnis temporäre sowie kapazitive Grenzen gesetzt. „*MILLER (1956) indicated that working memory is only able to hold about seven elements of information. It can probably process in the sense of combine, contrast, or manipulate no more than about 2–4 elements. On these numbers, the capacity of working memory when dealing with new information is severely constrained. PETERSON and PETERSON (1959) found that without rehearsal, almost all the contents of working memory are lost within about 20 seconds"* (SWELLER 2005, 21 f.). Zu Gunsten des individuellen Lernerfolgs müssen diese Begrenzungen in den Blick genommen werden.

Von entscheidender Bedeutung für das theoretische Gefüge ist der Cognitive Load, was die Arbeitsbelastung näher definiert. Insgesamt unterscheidet man zwischen drei Ladungsformen (Cognitive Load).

(1) Intrinsic Load

In Abhängigheit vom Lernmaterial variiert der Intrinsic Load. So nimmt mit steigender Interaktivität auch der Intrinsic Load zu. Schließlich muss für die gleichzeitige Verarbeitung von Informationen auf mehreren Kanälen stärkere Aufmerksamkeit aufgebracht werden.

(2) Extraneous Load

Im Unterschied zum Instrinsic Load, der als unveränderbar gilt, kann der Extraneous Load verändert werden. So können ungeeignete Darstellungen bewirken, dass das Arbeitsgedächtnis mit unnötigen Verarbeitungsvorgängen blockiert wird. Dieser Vorgang wird als Cognitive Overload bezeichnet.

(3) Germane Load

Diese Zustandsform wird angestrebt, da sie optimale Belastung bzw. Auslastung des Arbeitsgedächtnisses signalisiert. Ist diese Form erreicht, können Schemata aufgebaut werden. Somit findet Lernen statt.

„*Intrinsic, Extraneous und Germane Load sind additiv. Lernangebote, insbesondere solche mit anspruchsvollem Inhalt, sollten so konzipiert sein, dass Extraneous Load weitgehend vermieden wird, um das Arbeitsgedächtnis für den Germane Load frei zu halten"* (UNTERBRUNER 2007, 156).

5.3.2.2 Cognitive Theory of Multimedia Learning

Die Cognitive Theory of Multimedia Learning, begründet durch RICHARD E. MAYER et al., liefert Erklärungsansätze zum Lernen mit neuen Medien (vgl. MAYER 2005b; UNTERBRUNER 2007, 153).

Im Mittelpunkt der CTML, wie auch bereits bei der CLT, steht die Erforschung menschlicher Denkprozesse. Hierfür werden bereits formulierte Gesetzmäßigkeiten aus der Cognitive Load Theory (nach SWELLER et al.) und der Theorie der dualen Codierung (nach PAIVIO) in das theoretische Konstrukt eingefügt (vgl. PAIVIO 1983; SWELLER 1999, zitiert nach UNTERBRUNER 2007, 153).

RICHARD E. MAYER et al. stellen folgende Annahmen der menschlichen Informationsverarbeitung heraus (vgl. MAYER 2001, zitiert nach UNTERBRUNER 2007, 154):

1. Die Informationsverarbeitung wird mittels zweier Kanäle organisiert: dem visuell-bildhaften und dem auditiv-verbalen Kanal (Doppelte Kodierungstheorie).
2. Die Informationsverarbeitung in den beiden Kanälen ist begrenzt.
3. Außerdem wird vom Lernenden eine spezifische Haltung vorausgesetzt. MAYER et al. gehen von einer aktiven Auseinandersetzung des Lernenden mit dem Lernmaterial aus.

Weitere konkrete Gestaltungsempfehlungen resultieren aus dem Ablauf der Informationsverarbeitung, die im Folgenden kurz dargestellt wird.

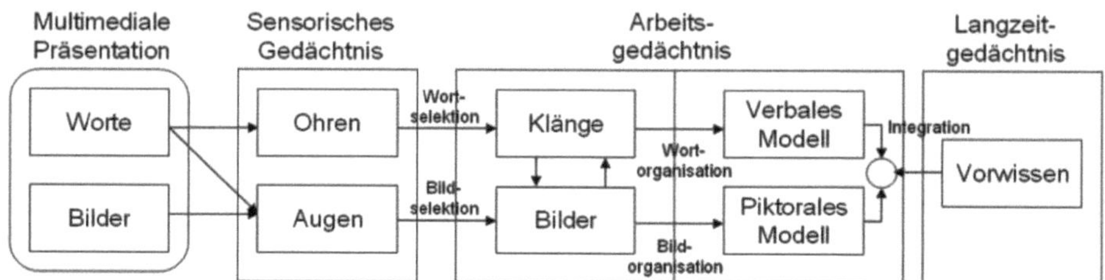

Abb. 10: *Cognitive Theory of Multimedia Learning (nach MAYER) (Quelle: UNTERBRUNER 2007, 154)*

Insgesamt sind drei Gedächtnisspeicher (sensorische Speicher, Arbeits- und Langzeitgedächtnis), die sich durch charakteristische Eigenschaften bzw. Arbeitsweisen auszeichnen, zu unterscheiden. Der Prozess setzt mit der Aufnahme von akustischen Informationen (Wörtern) und visuellen Informationen (Bildern) mit den Sinnesorganen (Augen und Ohren) ein. Im sensorischen Speicher erfolgt die vorläufige Speicherung. Entscheidend tragen Wahrnehmungsprozesse (Selektionsprozesse) dazu bei, welche Informationen vom Lernenden ausgewählt und aufgenommen werden. So werden bspw. visuelle Informationen (Bilder, Videos) mit dem Sehorgan aufgenommen, womit automatisch die erste Verarbeitung im visuellen Kanal generiert wird. Parallel hierzu findet der Verarbeitungsprozess akustischer Informationen im gleichnamigen Kanal statt. Lediglich die Sprache bildet einen Sonderfall. In Abhängigkeit vom Präsentationsmodus – geschrieben oder gesprochen – entscheidet sich, welcher Kanal aktiviert wird. Nach der einzelnen Informationsaufnahme treten die beiden Systeme im weiteren Prozessverlauf in engen Austausch miteinander. Im Arbeitsgedächtnis, das durch limitierte Datenspeicherung charakterisiert ist, findet die wesentliche Informationsverarbeitung statt. Im Weiteren laufen folgende Prozesse ab:

1. Es erfolgt die *Auswahl der Informationen.* Ausgelöst durch die Kapazitätsgrenze des Arbeitsgedächtnisses muss die gesteuerte Auswahl geeigneter Informationen stattfinden. Zielgerichtet muss die Datenflut reduziert werden.
2. Die *Selektionsauswahl wird neu organisiert.* Sowohl auf der Bild- als auch auf der Wortebene wird die selektive Auswahl organisiert (Vernetzung). Bedeutend für diesen Prozess ist erneut die Relevanz geeigneter Zusammenhänge (Was macht Sinn?).
3. Im Arbeitsgedächtnis wird vorheriges Wissen hinzugezogen. Dies stellt einen entscheidenden Vorgang dar, in dessen Folge neues Wissen generiert werden kann. Dieses wird an das Langzeitgedächtnis zur Speicherung weitergeleitet.

Im Langzeitgedächtnis ist das Vorwissen gespeichert. Des Weiteren zeichnet es sich durch lange und hohe Speicherkapazitäten aus. „Mayer (2001, *2005b) betont, dass diese Informationsverarbeitungsprozesse bei der Produktion von multimedialen Lernangeboten zu berücksichtigen sind und bedeutungsvolles Lernen eher stattfinden kann, wenn die ‚kognitive Architektur‘ der Lerner beachtet wird"* (Unterbruner 2007, 155).

5.3.3 Prinzipien multimedialen Lernens

Basierend auf den geschilderten Wissenschaftsannahmen der CLT und CTML (sowie ergänzenden Theoriemodellen) können erste Konsequenzen für die Gestaltung entsprechender Anwendungen formuliert werden. In empirischen Studien wurde die Mehrheit dieser Gestaltungsempfehlungen bereits überprüft, was u.a. gezeigt hat, dass der Lernerfolg durch den überlegten Einsatz von multimedialen Elementen gestärkt werden kann (vgl. Niegemann 2008, 41).

Wesentliche Schlussfolgerung aus der CLT ist, dass eine mögliche Überbelastung der kognitiven Strukturen (Cognitive Overload) verhindert werden muss. Empfehlenswert sind hinreichende Kenntnisse zum Vorwissen der Lernenden, um den Intrinsic Load passgenau zu bestimmen. Dies kann bspw. durch adäquate Sequenzierung bzw. Segmentierung des Kursangebots realisiert werden. Die Anpassung an den Kenntnisstand der Lernenden findet sich auch in den didaktischen Überlegungen wieder (vgl. hierzu Kap. 5.4). Auch die Unterstützung der Ausbildung von Schemata lässt sich aus den theoretischen Annahmen ableiten, was durch den Einsatz von authentischen Beispielen gefördert werden kann (vgl. Niegemann 2008, 49).

Im Rahmen der Überlegungen zur CTML lässt sich ableiten, dass auf ein ausgewogenes Gleichgewicht der Inanspruchnahme beider Verarbeitungskanäle zu achten ist. Weder die Verwendung von nur einem Kanal noch die dauerhafte Beanspruchung beider Kanäle ist empfehlenswert. Zu den wesentlichen Schlussfolgerungen aus dem Theoriekonstrukt der CTML zählen die fünf Designprinzipien, die laut Mayer bei der Konstruktion von elektronischen Lernressourcen zu berücksichtigen sind (vgl. Niegemann 2008, 54; Unterbruner 2007, 157 f.):

1. *Multimedia-Prinzip:* Das Multimedia-Prinzip trifft die Aussage, dass die doppelte Codierung der Information (Text und Bild) einen positiven Effekt auf den Lernprozess haben kann. Allerdings bedeutet nicht jede Form von visueller Umsetzung einen Mehrwert für den Lernenden. Um lernförderliche Effekte zu bewirken, sind spezifische Regelungen (Aufbau, Struktur) einzuhalten.

2. *Kontiguitätsprinzip* (angelehnt an den Split-Attention-Effekt): Das Kontiguitätsprinzip bestimmt die räumliche und zeitliche Text- und Bildorganisation näher. Die adäquate Organisation von Bild und Ton kann die Gefahr einer möglichen Überbelastung verhindern, was wiederum das Risiko des Extraneous Load minimiert. *„Demnach sollte eine Abbildung nahe der dazugehörigen Textpassage positioniert werden, oder noch besser, die zentralen Sätze sollten in die Abbildung integriert werden"* (UNTERBRUNER 2007, 157).

3. *Modalitätsprinzip:* Zentrales Ziel ist es hierbei, dass möglichst alle Kanäle gleichermaßen angesprochen werden. Diesem Ansatz folgend, kann bspw. der gesprochene – statt geschriebene – Kommentar zu einer Abbildung vorteilhaft sein. Die Doppelbelastung, also die Aufnahme der Bildinformationen und des schriftlichen Kommentars, bleibt aus. Die nur „einseitige" Wissenspräsentation (visuelle Präsentation) kann sich negativ auf den Lernprozess auswirken.

4. *Redundanzprinzip:* Das Redundanzprinzip sagt aus, dass die Umsetzung identischer Informationen in visueller und akustischer Form zu vermeiden ist. Es besteht die Gefahr des erhöhten Extraneous Load.

5. *Kohärenzprinzip:* Ergänzende Informationen, die für den eigentlichen Lernprozess nicht relevant sind, müssen vermieden werden. Damit soll die Beschränkung auf das Wesentliche unterstützt werden.

Von motivationssteigernder Wirkung kann auch das persönliche Ansprechen der Lerner sein, was auch als Personalisierungsprinzip bezeichnet wird.[20] Letztendlich bleibt das Individuum gefordert, das für den Wissensaufbau verantwortlich ist. Der aktive Wissensaufbau bzw. die Wissenskonstruktion (= Verständnis) setzt verschiedene Fähigkeiten voraus.

5.4 Didaktische Vorbetrachtung

Im vorherigen Abschnitt standen grundlegende Annahmen zum menschlichen Lernen im Mittelpunkt. Damit lag der Fokus auf der Organisation individueller Lernprozesse, was für die Ausgestaltung von E-Learning-Vorhaben bedeutsam ist. Allerdings muss diese Perspektive, welche sich vorrangig auf den individuellen An-

---

20 Im Rahmen der lerntheoretischen Auseinandersetzung muss stets berücksichtigt werden, dass den Theorien zum Lernen mit Multimedia das Modell des Kognitivismus zu Grunde liegt. Die Auseinandersetzung mit den Möglichkeiten der Speicherung führt zu einer eher „einseitigen" Betrachtung, was durch lerntheoretische Annahmen, wie theoretische Ansätze des selbstregulierten Lernens, ergänzt wird. Selbstverständlich können erweiterte Überlegungen, wie der Einfluss motivationaler Aspekte, nicht vernachlässigt werden.

eignungsprozess des Lerners konzentriert, erweitert werden. Insbesondere Rahmenbedingungen, wie die Zusammensetzung der Zielgruppe, die Bestimmung von Lernzielen sowie finanzieller Ressourcen, gilt es näher zu bestimmen, was im Rahmen des didaktischen Feldes verortet ist. In diesem Sinne sind didaktische Überlegungen für das weitere Vorgehen von hoher Relevanz. Mit Hilfe von didaktischen Ansätzen wird es gewährleistet, dass die lernerspezifische „Aufbereitung" des Materials stattfindet. Diesem liegen lerntheoretische Annahmen zu Grunde (Erkenntnisse zu der Art und Weise des Lernens sind diesen Annahmen vorauszusetzen), welche wiederum die theoretischen Modelle beeinflusst haben. Natürlich hat die Art und Weise der Sicht auf das Lernen, die Gestaltung von Unterricht (und damit die didaktischen Modelle) stets beeinflusst (kombinierte Darstellung findet sich bei REINMANN 2011a, 106 ff.).

Der Fachbegriff Didaktik leitet sich vom griechischen Wort didáskin ab, was mit „lehren" übersetzt wird. In der Definition von KLAFKI, welcher zu den populärsten Didaktikforschern des 20. Jahrhunderts zählt, wird Didaktik *als übergreifende Bezeichnung für erziehungswissenschaftliche Forschung, Theorie- und Konzeptbildung im Hinblick auf alle Formen intentionaler (zielgerichteter), in irgendeinem Grade reflektierter Lehre (…) und auf das im Zusammenhang mit solcher Lehre sich vollziehende Lernen verwendet"* (KLAFKI 2007, 158 f.). Kurz zusammengefasst ist es möglich, die Didaktik als „Wissenschaft vom Lehren und Lernen" zu bezeichnen.

Zweifellos sind didaktische Überlegungen für die weitere Ausgestaltung des E-Learning-Angebots erforderlich. Auf Grund der unterschiedlichen Optionen werden daher ausgewählte Ansätze in den Blick genommen. In diesem Kontext stellt sich die Frage, ob eine spezielle E-Didaktik eingesetzt werden muss. BAUMGARTNER konstatiert, dass *„es keine eigene E-Learning Didaktik braucht"* (BAUMGARTNER 2003, 1). Vielmehr herrscht weitgehend Einigkeit diesbezüglich, dass man bei der Gestaltung von Projektvorhaben auf bestehende Didaktik-Modelle zurückgreifen kann. Es ist keine spezielle Didaktik erforderlich. Auf Grund zurückliegender Forschungsarbeiten lässt sich die Notwendigkeit einer eigenständigen Didaktik verneinen. Die bestehenden Befunde aus der Didaktikforschung bleiben gültig. Vielmehr müssen sie durch Modifikationen, die sich aus dem Einsatz unterschiedlicher Medien ergeben, auf das veränderte Umfeld (E-Learning) abgestimmt werden. BAUMGARTNER konstatiert diesbezüglich, dass lediglich der Grad der Komplexität zunimmt. Diesbezüglich muss die gestaltungsorientierte Mediendidaktik (nach KERRES) beachtet werden (vgl. KERRES 2012). Diese *„orientiert sich an Überlegungen des Pragmatismus und stellt eine grundsätzliche Präferenz für ein didaktisch-methodisches Arrangement, wie z. B. einen fallbasierten oder problembasierten Ansatz, infrage. (…) Jede Lernsituation erfordert eine spezielle Lösung"* (KERRES 2012, 67).

Folglich müssen sowohl allgemeindidaktische als auch spezielle, mediendidaktische Ansätze, wie z. B. die gestaltungsorientierte Mediendidaktik, fokussiert werden. Basierend auf der Darstellung dieser Ansätze sollen wesentliche Elemente herausgestellt werden, die für die konzeptionelle Entwicklung multimedialer Lernplattformen handlungsleitend sind.

5.4.1 Ansätze der allgemeinen Didaktik

In der didaktischen Forschung haben sich verschiedene Modelle herausgebildet. *„Die Entwicklung didaktischer Modelle spiegelt immer auch die sich wandelnden gesellschaftlichen Aufgaben von Unterricht wider und somit auch gesellschaftliche Veränderungen"* (PELE 2006, 6). Zweifellos können didaktische Modelle aussagekräftige Befunde zur Konzeption von E-Learning-Vorhaben abgeben. Basierend auf oftmals unterschiedlichen Ausrichtungen differieren auch die inhaltlichen Konstrukte, so dass die Eignung zur Konzeptgestaltung erörtert werden muss. Gegenwärtig sind zahlreiche didaktische Modelle für die praktische Anwendung verfügbar.

Die historischen Anfänge gehen auf das Modell der bildungstheoretischen Didaktik (1962 bis ca. 1985), vertreten durch KLAFKI, WENIGER und KRAMP, zurück. KLAFKI hat herausgestellt, dass sich die Didaktikmodelle durch zwei Schwerpunktsetzungen voneinander differenzieren lassen. Entweder konzentrieren sich die Modelle auf wissenschaftstheoretische Erkenntnisse zur systematischen Abfolge der Lernprozesse oder die Spezifikation der Inhalte (Curriculumsdiskussion) steht im Zentrum der theoretischen Auseinandersetzung (vgl. KLAFKI 2007, 158 f.). Letzteres ist zentral für die bildungstheoretische Didaktik. Auch als kritische Entgegnung auf den theoretischen Rahmen folgte das Modell der lern- bzw. lehrtheoretischen Didaktik (1965–1980), das wesentlich durch die Anschauungen von HEIMANN, OTTO sowie SCHULZ geprägt wurde (vgl. HEIMANN et al. 1965). Man distanziert sich von der wissenschaftstheoretischen Diskussion zum Bildungsbegriff; handlungsleitend ist der Lernbegriff. Jedoch stehen nicht lerntheoretische Annahmen im Vordergrund, sondern die Notwendigkeit der Analyse weiterer Entscheidungsfelder (Struktur- und Faktorenanalyse), wie z. B. des Einsatzes von Medien. Zugleich bietet dies einen ersten Bezugspunkt zum Umgang mit Informations- und Kommunikationstechnologien. Im Weiteren sind der lernzielorientierte Unterricht (1965–1970) und der handlungsorientierte Unterricht (ab 1980) als entscheidende didaktische Modelle des 20. Jahrhunderts zu nennen. Gemäß der Namen sind diese Modelle folgendermaßen zu beschreiben. Der lernzielorientierte Unterricht nimmt die präzise Bestimmung von Lernzielen vor, während die handlungsorientierte Didaktik, aus welchem der offene Unterricht hervorgegangen ist, die Kompetenzen beschreibt (vgl. REINMANN 2011a, 111).

Trotz der intensiven Anbindung des lehrtheoretischen Modells an die Institution Schule bildet dieses didaktische Modell die didaktischen Bedürfnisse, nämlich eine möglichst genaue Analyse aller Faktoren, am besten ab. Im Vergleich zu anderen Modellen greift es in besonderem Maße die Komplexität unserer Gesellschaft auf (in Anlehnung an FEND) und nimmt darüber hinaus die unterschiedlichen Ebenen in den Blick (vgl. FEND 2008a, 2008b). Dieses Modell bietet den notwendigen theoretischen Rahmen, so dass im Folgenden die nähere Auseinandersetzung hiermit folgt. Damit vereint es wesentliche Eigenschaften, die bei der Konzeption des zu erarbeitenden Angebots zum Tragen kommen. In erster Linie schließt es vor allem keine Medien aus.

Exkurs: Das Modell der (Lern- bzw.) Lehrtheoretischen Didaktik

HEIMANN (1901–1967) gilt als Begründer des Modells der Lern- bzw. Lehrtheoretischen Didaktik, welches wegen seiner damaligen Berufstätigkeit an einer Berliner Hochschule auch als „Berliner Modell" betitelt wird (vgl. HEIMANN 1976, 105; JANK & MEYER 1994, 182).

> *„Didaktisches Handeln zielt auf eine Verständigung der primär Lehrenden (L – L) (auch untereinander) mit den primär Lernenden (S – S) (auch untereinander) über die Handlungsmomente, über:*
> - *die Unterrichtsziele (UZ)*
> - *die Ausgangslage (AL), auf die sie sich beziehen,*
> - *die Vermittlungsvariablen (VV), die Methoden und Medien, mit deren Hilfe von der Ausgangslage zur jeweils vorläufigen Endlage gelangt werden soll,*
> - *die Erfolgskontrollen (EK), die Schülern wie Lehrern die Selbststeuerung in der unterrichtlichen Kommunikation ermöglichen (SCHULZ 2006, 39)."*

Demnach stellt die „feine" Analyse (Intentionalität, Thematik, Methodik, Medien) den theoretischen Kern des Theoriemodells (nach HEIMANN) dar. In Bezug auf die Unterrichtsdurchführung ist der Professionelle, also der Lehrende, zur Entscheidung aufgefordert. Charakteristisch ist die enge Anbindung des Konzepts an die Institution Schule. Insgesamt setzt sich dieser Entscheidungsprozess aus einem zweiphasigen Verfahren (Reflexionsebenen) zusammen: der Struktur- und Faktorenanalyse. Im Rahmen der Strukturanalyse gilt es, die speziellen Strukturen in den vier benannten Entscheidungsfeldern zu fokussieren. Keinesfalls werden Handlungsempfehlungen abgegeben. Gleichzeitig verweist HEIMANN darauf, dass dieser Entscheidungsprozess durch zwei Bedingungsfelder determiniert wird (anthropogene Voraussetzungen, z. B. Alter, und soziokulturelle Voraussetzungen, z. B. Rahmenlehrplan). Hierbei sind alle Faktoren als gleichwertig zu betrachten. Es besteht eine enorme Interdependenz zwischen den einzelnen Faktoren (Interdependenzthese). HEIMANN setzt seine Überlegungen mit der Faktorenanalyse fort. Im Gegensatz zur Strukturanalyse, die eine neutrale Analyse der Entscheidungsfelder fokussiert, ist die kritische Betrachtung in der Faktorenanalyse gewünscht. Explizit soll die kritische Reflektion über individuelle Werte und Einstellungen stattfinden.

Mit Hilfe der Fülle an notwendigen Tätigkeiten (Analysieren, Planen, Beraten etc.), die ausgeführt werden müssen, verdeutlicht HEIMANN die Komplexität didaktischen Handelns.

Wesentliche Erweiterungen hat SCHULZ vorgenommen, die mit dem Titel „Hamburger Modell" zusammengefasst werden (vgl. hierzu auch SCHULZ 1980; SCHULZ 2006). SCHULZ nimmt eine grundsätzliche Veränderung der Ausrichtung vor. Im Mittelpunkt steht die Herausgabe eines Modells, das die Lehrerinnen und Lehrer bei der Unterrichtsaus- bzw. -durchführung maßgeblich unterstützt. Die Schwerpunktsetzung auf die Analyse wird aufgegeben, so dass eine Weiterentwicklung vom Entscheidungs- zum Handlungsmodell stattfand.

5.4.2 Die gestaltungsorientierte Mediendidaktik (nach KERRES)

Die oftmals fehlende Passung zwischen anfänglicher Zielstellung (Bildungsproblem) und tatsächlicher Umsetzung ist eine häufig beobachtbare Problematik. Unglücklicherweise bedingt dies, dass die tatsächlichen Effekte von E-Learning ausbleiben/ nicht wirksam werden. Laut Kerres soll dieser Problematik mit dem Ansatz der gestaltungsorientierten Mediendidaktik entgegnet werden. Mit Hilfe einer Analyse der diversen Faktoren des didaktischen Feldes kann der wohlüberlegte Einsatz erzielt werden. *„Didaktische Entscheidungen lassen sich jedoch nicht auf die Frage der „richtigen" Methodik reduzieren, es handelt sich vielmehr um einen komplexen Prozess, der Variablen, wie Zielgruppen, Lerninhalte und -ziele, Rahmenbedingungen (Projektziele, Kosten, Ressourcen, Erwartungen etc.) berücksichtigen muss",* so KERRES über sein mediendidaktisches Konzept. Diese Aussage zeigt die theoretische Verankerung der gestaltungsorientierten Mediendidaktik im didaktischen Planungsmodell (nach HEIMANN) an. Auch hier ist die Interdependenz der Faktoren gegeben. Den wesentlichen Ausgangspunkt der gestaltungsorientierten Mediendidaktik wiederum bildet das „Magische Viereck mediendidaktischer Innovation" (nach KERRES); ebenso ein Abbild der Komplexität an Tätigkeiten.

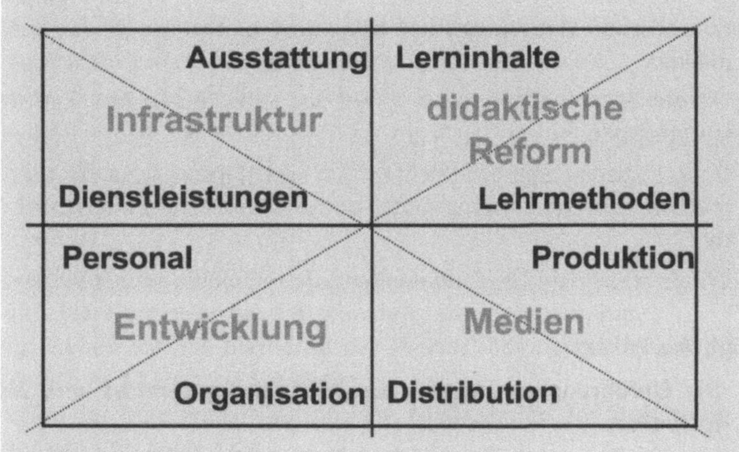

Abb. 11: Magisches Viereck (Quelle: KERRES 2012, 485)

Dieses Konzept baut auf der Aussage auf, dass für eine nachhaltige Implementierung vier Handlungsfelder (Infrastruktur, Didaktik, Entwicklung, Medien) zu avisieren sind. Im Weiteren gibt KERRES an, dass sich alle vier Ebenen durch Gleichwertigkeit auszeichnen. Im Hinblick auf die Ausführung wird es als unabdinglich betrachtet, dass die zeitliche Durchführung auf allen Ebenen parallel realisiert wird. Es folgen die Details zu den jeweiligen Bausteinen.

I. Baustein: Infrastruktur

Es muss eine adäquate Infrastruktur gegeben sein. Angefangen von der technischen Grundausstattung bis zu ergänzenden Serviceleistungen, wie z. B. Supportmaßnahmen, müssen die technischen Rahmenbedingungen für eine grundlegende Arbeitsstruktur zur Verfügung stehen.

II. Baustein: Entwicklung

Daran anknüpfend ergibt sich die Notwendigkeit, dass Angebote zur Weiterentwicklung von eingebundenen Personen und Organisationen geregelt sein müssen (Auseinandersetzung mit dem bestmöglichen Einsatz und Nutzen der geschaffenen Infrastruktur).

III. Baustein: Didaktik

Im Rahmen der didaktischen Reform sind geeignete Lerninhalte (Materialien) zu bestimmen. Darauffolgend lassen sich grundsätzliche Entscheidungen bezüglich der Vermittlung (Lehrmethoden) treffen.

IV. Baustein: Medien

In Abhängigkeit von der konzeptuellen (End-)Ausrichtung des Angebots sind passgenaue Medien auszuwählen.

Die multikausale Betrachtungsweise ist der entscheidende Vorteil dieser Anschauung. Zustimmend lässt sich sagen, dass lediglich durch eine möglichst eingehende Analyse der genannten Bausteine innovative und nachhaltige Produkte hervorzubringen sind.

Die gestaltungsorientierte Mediendidaktik basiert auf der eingehenden Analyse des didaktischen Feldes. Folgende Faktoren bilden die wesentlichen Bestandteile dieses Vorgangs:

- Zielgruppe
- Ziele und Inhalte
- Didaktische Struktur
- Eigenschaften der Lernsituation
- Eigenschaften der Medien

Entscheidend ist, dass auch KERRES benennt, dass diese Faktoren in einem engen Abhängigkeitsverhältnis zueinander stehen (vgl. Interdependenz bei HEIMANN).

Der Vorteil dieser Theorie ist, dass kein Alleinanspruch an eine Lerntheorie gestellt wird. Vielmehr verbindet der Ansatz zur gestaltungsorientierten Mediendidaktik (nach KERRES) verschiedene lerntheoretische Ansätze miteinander, was die zeitgemäße Ausgestaltung positiv unterstützt.

5.5 Resümee der lerntheoretischen und didaktischen Auseinandersetzung

Sowohl definitorische, lerntheoretische als auch didaktische Annäherungen zeigen auf, dass E-Learning ein vielgestaltiges Konstrukt ist. Vielfältige Umsetzungen sind möglich, so dass das Lernen mit digitalen Medien dem Präsenzlernen in nichts nachstehen muss.[21] Damit verbundene Vorteile, wie die schnelle Einbindung von Informationen oder auch die Möglichkeiten des orts- und zeitunabhängigen Arbeitens, deuten das Innovationspotential für den Einsatz von E-Learning zur Qualifizierung von Lehrkräften im inklusiven Unterstützungs- und Beratungssystem an (speziell im pädagogischen Handlungsfeld des FSP Sehens). Die Ausführungen zum Lernen mit digitalen Medien unterstreichen, dass bei der zielgerichteten Gestaltung von E-Learning-Angeboten entscheidende Maßgaben zu beachten sind (vgl. Kap. 5.3; 5.4).

Die vertiefte Auseinandersetzung mit den lerntheoretischen Grundannahmen ermöglicht erste Schlussfolgerungen für das bevorstehende Vorhaben. Ohne Frage müssen lerntheoretische Annahmen bekannt sein. Sie stellen die Voraussetzung dar, die für die Gestaltung grundlegender Lehr- und Lernprozesse benötigt werden. Gleichzeitig muss auf die eingeschränkte Gültigkeit von allgemeinen, lerntheoretischen Auffassungen für die nachfolgende Realisierung verwiesen werden. Richtungsweisend ist das zugrundeliegende Menschenbild, das den Lerner als eigenen Konstrukteur seiner Entwicklung charakterisiert. Dies begründet die Schwerpunktsetzung des Angebots zu Gunsten des selbstgesteuerten Lernens (s. auch massive Forderung in der KMK). Adäquate, technische Lösungsvarianten müssen gefunden werden, die selbstgesteuertes Lernen unterstützen. Unter Rückbezug auf die Grundsätze des selbstgesteuerten Lernens erhalten die motivationalen Faktoren eine hohe Bedeutung. Damit einhergehende Überlegungen, die das selbstgesteuerte Lernen der Professionellen fördern (z. B. motivationale Faktoren etc.), sind zu tätigen.

Die weiterführenden Überlegungen zum didaktischen Feld offenbaren, dass ein fundiertes Konzept zur didaktischen Umsetzung von hoher Relevanz ist. Außerdem ist zu prüfen, inwieweit die vorgestellten Bedingungen von BAUMGARTNER präzisiert werden können. Schließlich steht nicht der Einsatz von neuen Medien im Vordergrund, sondern die gezielte Aufbereitung fachlicher Inhalte mittels technischer Anwendungen. Ohne Frage müssen didaktische Überlegungen getätigt werden. Damit sind erste Grundpfeiler im weiteren Vorgehen gesetzt.

Die erfolgreiche Umstrukturierung des deutschen Bildungssystems setzt qualifizierte Fachkräfte voraus. Um die Weitergabe essentiellen Know-hows an die Professionellen zu sichern, ist der Einsatz neuer Medien geplant. Im Gegensatz zur „typischen" Weiterbildung am Pädagogischen Landesinstitut o. ä. bietet die Neuorganisation der Fortbildung entscheidende Vorteile. Das orts- und zeitunabhängige Arbeiten ermöglicht es, dass der Anteil der Lehrerinnen und Lehrer an der Auseinandersetzung mit sehgeschädigtenspe-

---

21 Auch die aktive Teilnahme an dem Weiterbildungsangebot *„Train-the-E-Trainer"* hat Einblicke in die vielfältigen Umsetzungsformen vermittelt (organisiert von der Arbeitsstelle für wissenschaftliche Weiterbildung (AWW), Hamburg).

zifischen Fragestellungen profitieren kann. Der Anteil der Lehrerinnen und Lehrer ist nicht definiert, kann aber unbegrenzt erweitert werden. Neben dem hohen Innovationspotential sind auch Risiken erkennbar, da bisherige Forschungsergebnisse rar sind. Erste Erfahrungen im Einsatz von E-Learning in der Weiterbildung von Lehrkräften liegen vor. In der Blinden- und Sehbehindertenpädagogik sind nur vereinzelte Befunde verfügbar. Die Auseinandersetzung mit lerntheoretischen und fachdidaktischen Grundannahmen zeigt auf, welche Voraussetzungen zu klären sind.

6   Die wesentlichen Forschungsfragen

Zweifellos hat die UN-Konvention einen entscheidenden Impuls zur Wende in der deutschen Bildungslandschaft bewirkt. Bereits realisierte wie auch mehrheitlich geplante Vorhaben zu Gunsten einer inklusiven Schule zeigen den weiteren Handlungsbedarf auf (vgl. BMAS 2011). Längst steht fest, dass grundlegende Veränderungsprozesse auf mehreren Ebenen einsetzen müssen, um dem bildungspolitischen Ideal einer inklusiven Schule langfristig näher zu kommen. Als wichtige Voraussetzung zur Implementierung eines inklusiven Bildungssystems wird der Bedarf professioneller Lehrkräfte angeführt (vgl. Kap. 4). Um dem steigenden Bedarf an Expertise gezielt zu begegnen, müssen flexibel handhabbare Qualifizierungsangebote für die Regelschul- und Sonderschullehrkräfte platziert werden. Schließlich soll auch Schülerinnen und Schülern mit dem Förderschwerpunkt Sehen der Zugang zu qualitativ hochwertigen Bildungsangeboten ermöglicht werden. Gemäß DEGENHARDT und LINDMEIER muss ein Angebot umgesetzt werden, dass beide Berufsgruppen bedient (vgl. hierzu DEGENHARDT 2012; LINDMEIER 2009). Angesichts der Prognosen zur Neuorganisation der (sonder-)pädagogischen Professionalität ist davon auszugehen, dass zunehmend sonderpädagogische Lehrkräfte – ohne sehgeschädigtenspezifische Expertise – mit den Belangen von Schülerinnen und Schülern mit Sehschädigung konfrontiert werden (vgl. Kap. 4). Auf Grund der spezifischen Gegebenheiten im Förderschwerpunkt Sehen müssen alternative Formen der Fortbildung, bspw. via E-Learning, erprobt werden, weil flächendeckende Fortbildungsangebote zu kostenintensiv sind.

Diesem Aspekt nimmt sich die vorliegende Forschungsarbeit an. Es soll geprüft werden, inwiefern Informations- und Kommunikationstechnologien zur Qualifizierung der Professionellen (und damit zum Aufbau der inklusiven Schule) eingesetzt werden können. Ausgehend von diesem Grundanliegen ist die primäre Zielstellung der Untersuchung, ein Onlineangebot für Regelschul- und Sonderschullehrkräfte zu konzipieren, das die Lehrerinnen und Lehrer im inklusiven Schulsetting unterstützt. Das Forschungsprojekt ist im Förderschwerpunkt Sehen verortet, so dass es auf die Stärkung der inklusiven Beschulung von Kindern und Jugendlichen mit SPF im Bereich Sehen ausgerichtet ist.

Demzufolge stellen folgende Hypothesen (Annahmen) den Ausgangspunkt der wissenschaftlichen Arbeit dar:

I. E-Learning kann als geeignetes Instrument zur selbständigen Qualifizierung von Lehrkräften aus dem Sonder- und Regelschulbereich eingesetzt werden.
   Auf Grund der spezifischen Ausgangslage im FSP Sehen muss die Effizienz herkömmlicher Fortbildungen für die Qualitätssteigerung des gemeinsamen Unterrichts angezweifelt werden. Es soll geprüft werden, welche positiven Effekte durch den Einsatz technischer Lösungen festzustellen sind.

II. Das Instrument ermöglicht, dass die spezifischen Bedarfe von Schülerinnen und Schülern mit Sehschädigung transparent werden.

In der Fachdiskussion zur inklusiven Schule werden die Bedarfe von blinden und sehbehinderten Schülerinnen und Schülern vernachlässigt. Der uneingeschränkte Zugang zu wesentlichen Informationen unterstützt die Einbindung von Schülerinnen und Schülern mit Sehschädigung in das inklusive Schulsystem.

Aus der vordringlichen Konzeptidee, ein flexibles Informationsangebot für Professionelle der allgemeinen Schule zu etablieren, resultieren folgende Fragestellungen:

I. Wie muss das Angebot inhaltlich und medial konzipiert sein, damit es die Nutzerinnen und Nutzer für die besonderen Bedürfnisse blinder und sehbehinderter Kinder sensibilisiert (inhaltliche/technische Ebene)?
II. Kann E-Learning als Element der quantitativen und qualitativen Stärkung des gemeinsamen Unterrichts und für die Entwicklung eines inklusiven Schulsystems genutzt werden?

Daraus ergeben sich weiterführende Arbeitsschwerpunkte:

III. Welche Faktoren sind für die Implementierung dieser Lehr- und Lernprozesse in Deutschland besonders förderlich bzw. hinderlich?
IV. Wie kann ein derartiges Produkt im inklusiven Serviceangebot bestmöglich platziert werden?
V. Welche Gesetzmäßigkeiten lassen sich für nachfolgende Entwicklungen formulieren?

Anknüpfend an diese wesentlichen Ziel- und Aufgabenstellungen der Untersuchung, welche den grundlegenden Ausgangspunkt für den weiteren Entscheidungsprozess bilden, konnte folgendes Vorgehen herausgestellt werden.

6.1   Forschungsdesign

Wie aus der Übersichtsskizze zum Forschungsdesign hervorgeht, handelt es sich um einen mehrphasigen Forschungsprozess, in welchem sowohl qualitative als auch quantitative Forschungsmethoden zum Einsatz kommen. Im Folgenden wird nun erläutert, welche Vor- und Nachteile das kombinierte Vorgehen bietet.

Auch personelle, finanzielle und temporäre Ressourcen müssen berücksichtigt werden, da diese den Forschungsprozess limitiert haben. Dies hat wiederum Auswirkungen auf die Gestaltungsmöglichkeiten in MIT BISS.

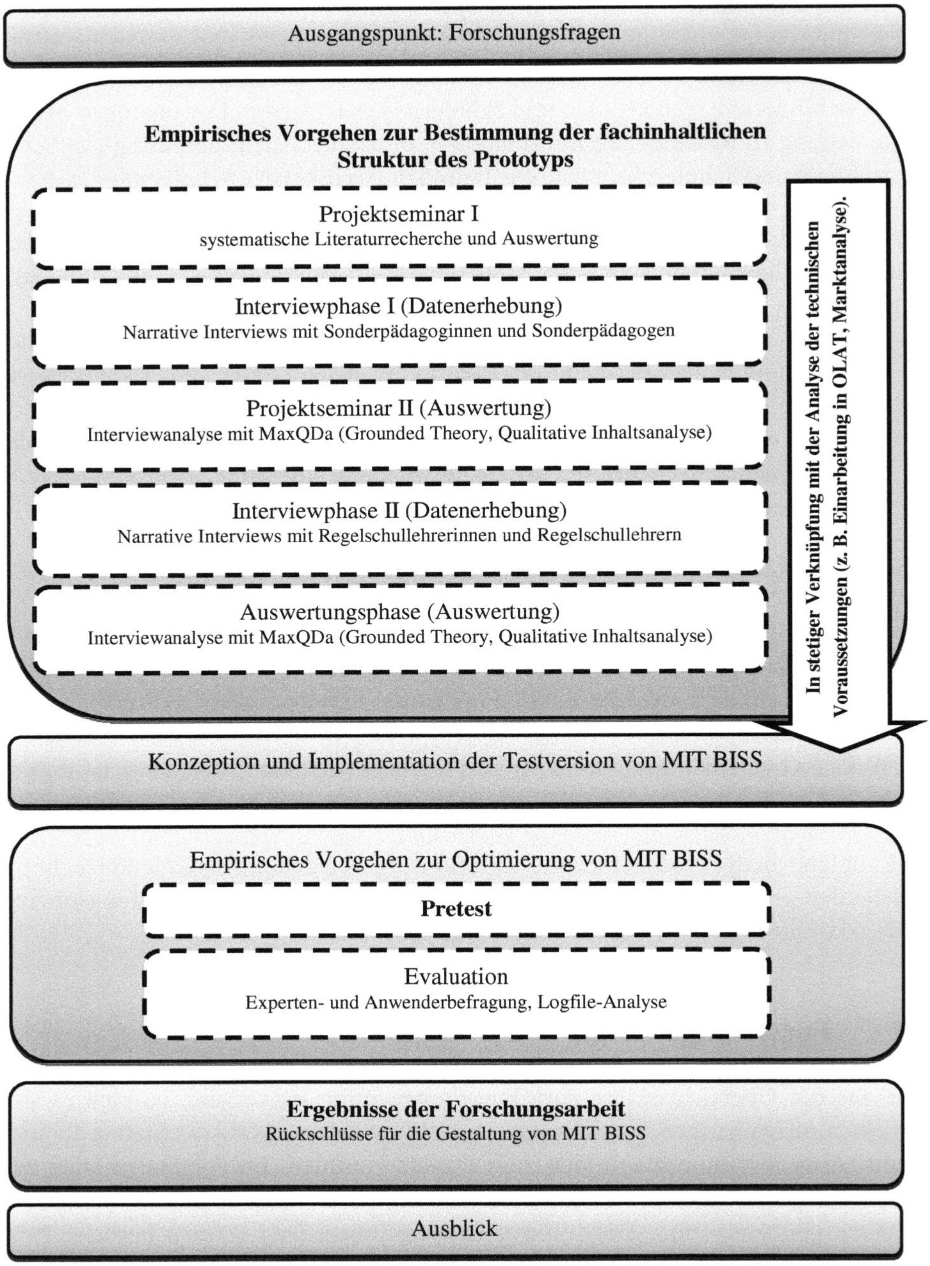

Abb. 12: Forschungsdesign

6.2   Begründung des methodischen Vorgehens

Gezielt wird in der vorliegenden Arbeit eine Mixed-Methods-Strategie angewendet. Auf diese Weise können die Vorzüge der qualitativen und quantitativen Methoden für den Forschungsprozess genutzt werden.

Seit den 70er Jahren des 20. Jahrhunderts steigt das Interesse zur Anwendung qualitativer Forschungsmethoden in Deutschland stetig an (vgl. FLICK et al. 2009, 26). Dieser Trend ist interdisziplinär auszumachen, wobei die Erziehungswissenschaft zu den stärksten Fachvertretern dieser Entwicklung zählt. Dabei distanziert man sich zusehends von der Auffassung, dass der Einsatz qualitativer und quantitativer Forschungsmethoden einer strikten Trennung unterliegen muss (Forschungsparadigma). Trotz differierender Grundannahmen zeigen aktuelle Forschungsprojekte und Studien, dass quantitative und qualitative Forschungsmethoden zweckmäßig kombiniert werden können (vgl. KELLE & ERZBERGER 2009, 301). Längst hat man erkannt, dass abhängig von der Forschungsfrage geeignete Methoden und Instrumente auszuwählen sind (vgl. FLICK et al. 2009, 24).

Im Vergleich zur quantitativen Sozialforschung, mit welcher lediglich punktuelle Aussagen über ausgewählte Phänomene getroffen werden können, gestatten die Methoden der qualitativen Sozialforschung offene Fragestellungen, die eine ganzheitliche Abbildung ermöglichen (vgl. hierzu Charakteristika qualitativer Forschung in FLICK et al. 2009, 24). Darüber hinaus sind qualitative Forschungsmethoden geeignet, um subjektive Beschreibungen festzuhalten. In der ersten Phase des Forschungsvorhabens gilt es, subjektive Äußerungen von Professionellen zur Ausgestaltung des Angebots zu bestimmen. Durch den Einsatz quantitativer Methoden, wie z. B. einer standardisierten Befragung, könnten lediglich Aussagen hinsichtlich definierter Problemlagen getroffen werden. Damit ist es höchstens möglich, die grundsätzliche Zustimmung bzw. Ablehnung bezüglich fachinhaltlicher Ideen zu ermitteln. Mittels qualitativer Methoden, hier speziell qualitativer Interviews, können subjektive Äußerungen zur notwendigen Ausgestaltung des Angebots eingeholt werden (ohne suggerierenden Charakter). Ausgehend von dieser grundsätzlichen Einstellung werden die qualitativen Methoden zu Beginn des Forschungsprozesses eingesetzt. Dies generiert komplexes Datenmaterial, das im anschließenden Verfahren – hier quantitativ – verifiziert bzw. falsifiziert werden kann. Damit begründet sich, warum die vorliegenden Fragestellungen mit einer Mixed-Methods-Strategie zu erforschen sind.

Generell sind verschiedene Formen der Methodenintegration zu unterscheiden, wobei diese Untersuchung auf das Phasenmodell von BARTON und LAZARSFELD zurückgreift (vgl. BARTON & LAZARSFELD 1955/1984). Dieses sieht die qualitative Erhebung als Ausgangspunkt vor, woran sich eine quantitative Erhebung zur Hypothesenprüfung anschließt.

Damit folgt die Dissertation dem allgemeinen Trend, welcher sich durch den vermehrten Einsatz qualitativer Verfahren sowie die Kombination qualitativer und quantitativer Verfahren auszeichnet.

6.3 Konsequenzen für den Forschungsprozess

Das zweiphasige Forschungsdesign nach BARTON und LAZARSFELD macht es erforderlich, dass stets die Spezifika beider Forschungstraditionen im Arbeitsprozess zu reflektieren sind. Neben der Auseinandersetzung mit grundsätzlichen Fragestellungen, wie dem Einsatz geeigneter Verfahren zur Datenerhebung und Auswertung, muss die Qualität der Studie gesichert werden. Mittels der Beurteilung von Kriterien, wie Objektivität, Reliabilität und Validität, kann die Qualität quantitativer Verfahren bestimmt werden. In Bezug auf den Einsatz von Kriterien in der qualitativen Forschung sind gemäß STEINKE drei Standpunkte auszumachen. Diese Positionen reichen von der Anwendung quantitativer Kriterien über die anwendungsspezifische Neuausrichtung dieser Kriterien bis zur generellen Ablehnung von Kriterien im qualitativen Forschungsbereich (vgl. STEINKE 2009, 319 ff.). Hierzu gilt es sich entsprechend zu positionieren. Schließlich bleibt der Anspruch auf eine qualitativ hochwertige Forschung bestehen. Im Rahmen des vorliegenden Forschungsvorhabens wird den Ausführungen von STEINKE zugestimmt, welche den Einsatz von Kriterien zur Qualitätssicherung des Forschungsprozesses befürwortet, jedoch die „reine" Übernahme von Kriterien aus der quantitativen Forschung ablehnt. Schließlich ist das hohe Maß der Standardisierung mit den Grundannahmen der qualitativen Forschung unvereinbar. Intersubjektive Nachvollziehbarkeit, Indikation des Forschungsprozesses, empirische Verankerung, Limitation, Kohärenz, Relevanz und reflektierte Subjektivität stellen mögliche Kriterien dar, nach welchen qualitative Forschung ausgerichtet werden kann (vgl. STEINKE 2009, 324 ff.). Im Weiteren verweist STEINKE auf die Notwendigkeit, adäquate Kriterien aus diesem Angebot (Kriterienkatalog) auszuwählen. Da die Eignung der Kriterien vom Forschungsgegenstand abhängig ist, können keine generellen Aussagen getroffen werden. Auch im vorliegenden Forschungsvorhaben werden Gütekriterien eingesetzt, um die bestmögliche Qualität der Ergebnisse sicherzustellen. Die Verwendung ausgewählter Gütekriterien wird an den entsprechenden Stellen im Forschungsverlauf dokumentiert.

Langfristig muss geklärt werden, wie die Neuorganisation der Expertise stattfinden kann. Nicht nur die Regelschullehrkräfte, sondern auch die sonderpädagogischen Experten sind auf Fachwissen angewiesen, um die Schülerinnen und Schüler mit Sehschädigung im Schulalltag begleiten zu können. Die vorliegende Forschungsarbeit geht von der Annahme aus, dass E-Learning als Lösungsvariante fungieren kann. Daran schließen sich die wesentlichen Forschungsfragen an, welche die Ausgestaltung und Implementierung des Angebots näher spezifizieren. Auf Grund der Fragestellungen sieht das Forschungsdesign ein Mixed-Methods-Verfahren vor, in welchem quantitative und qualitative Forschungsmethoden miteinander verknüpft werden.

7 Das Vorgehen zur Bestimmung der fachinhaltlichen Struktur von MIT BISS

Im Folgenden wird das methodische Vorgehen zur Bestimmung der fachinhaltlichen Struktur von MIT BISS[22] erörtert. Die detaillierte Schilderung stellt die Nachvollziehbarkeit für den Leser sicher, was wiederum das Kriterium der intersubjektiven Nachvollziehbarkeit (nach STEINKE) erfüllt.

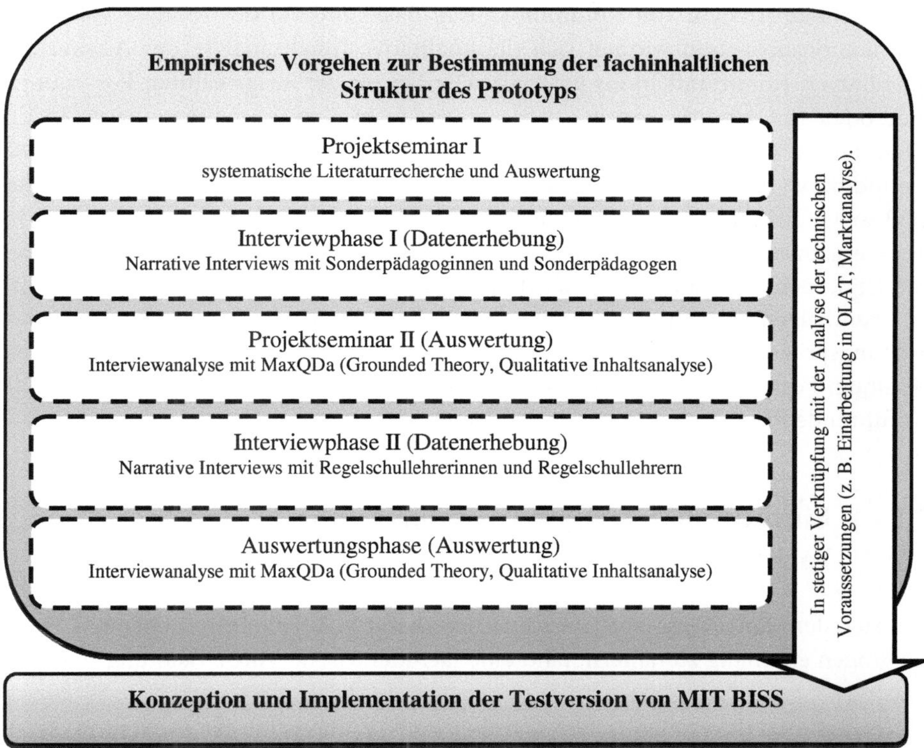

Abb. 13: Ausschnitt aus dem Forschungsdesign – Qualitative Forschung

Einführend ist die Auseinandersetzung mit wesentlichen Ideen des Forschungsverständnisses erforderlich. Im Feld der qualitativen Forschung haben sich verschiedene Ansätze und Theorien herausgebildet, die eine Analyse des qualitativen Datenmaterials gestatten. Im vorliegenden Forschungsvorhaben (Schwerpunkt Qualitative Forschung) kam es zur Verknüpfung von theoretischen Grundlagen aus der *Grounded Theory* (STRAUSS & CORBIN) und der Methode der *qualitativen Inhaltsanalyse* nach MAYRING (vgl. MAYRING 2010; STRAUSS & CORBIN 2010). Zusätzlich wird der Theorierahmen durch Erkenntnisse aus der *computergestützten Auswertung qualitativer*

---

22 Das Qualifizierungsangebot trägt den Kurztitel MIT BISS, was für „Methodisches • Informatives • Theoretisches – Basics zur inklusiven Beschulung sehgeschädigter Schülerinnen und Schüler" steht.

Daten ergänzt. Sowohl die Grounded Theory als auch die qualitative Inhaltsanalyse haben sich in den 60er/70er Jahren des 20. Jahrhunderts herausgebildet. Der Entstehungszeitpunkt signalisiert ein Umdenken in der damaligen Forschungstradition (vgl. Kap. 6.2). Die Grounded Theory steht für die Generierung von theoretischen Konzepten aus qualitativem Datenmaterial. Ebenso verortet als Methodologie, wird im Rahmen der Dissertation lediglich die Grounded Theory als Auswertungsstrategie fokussiert. Dahingegen konzentriert sich die qualitative Inhaltsanalyse, welche ebenfalls für die Auswertung qualitativer Daten verwendet werden kann, auf die zielgerichtete Analyse von Kommunikation. Basierend auf der Analyse von Kommunikationsprozessen widmet sich die qualitative Inhaltsanalyse der Auswertung qualitativen Kommunikationsmaterials. Die Folgen der ausgewählten Forschungsmethoden für den Auswertungsprozess werden in Kap. 7.4.1 thematisiert. In der Dissertation ist eine weitere Gemeinsamkeit von wesentlichem Forschungsinteresse: die induktive Kategorienbildung. Das theoretische Codieren (nach Grounded Theory) sowie die Techniken der qualitativen Inhaltsanalyse geben entscheidende – jedoch ergänzende – Impulse für den Auswertungsprozess. Beide Methoden haben vorrangig den qualitativ ausgerichteten Forschungsprozess beeinflusst, was hiermit in Grundzügen verdeutlicht werden soll. Obwohl die Methoden vor allem im Auswertungsprozess zum Einsatz gekommen sind, können die Konsequenzen für den gesamten Forschungsprozess nicht abgestritten werden. Hieraus begründet sich die einführende Präsentation der Forschungsmethoden.

7.1 Einführende Analyse vorhandener Sach- und Fachliteratur

Um sich dem Forschungsvorhaben und den damit in Verbindung stehenden Fragestellungen erstmalig zu nähern, fand eine fachliterarische Vorbetrachtung statt (vgl. Kap. 6.1).

Im Rahmen des studentischen Lehrangebots (Wintersemester 2008/2009) setzte sich eine Gruppe Studierender des Förderschwerpunkts „Beeinträchtigungen des Sehens" (Universität Hamburg) mit der konzeptionellen Gestaltung des Qualifizierungsangebots erstmalig auseinander. Dies geschah unter der kooperativen Leitung von Prof. Degenhardt und Marie-Luise Schütt. Vorrangige Zielstellung des Seminars war es, erste Konzeptideen für die fachinhaltliche Aufbereitung des Onlineangebots zu formulieren. Mittels der eingehenden Analyse vorhandener Ratgeber für Regelschullehrerinnen und Regelschullehrer aus dem nationalen wie auch internationalen Raum wurden erste Inhaltsbereiche bestimmt. Empfohlene Ratgeberliteratur von den Unterstützungs- und Beratungslehrkräften für Regelschullehrkräfte waren von zentralem Interesse. Schließlich ist davon auszugehen, dass es sich hierbei um relevantes Informationsmaterial für die Regelschullehrkraft handelt. In der tabellarischen Zusammenstellung sind die extrahierten Inhaltsbereiche festgehalten.

Im Weiteren war es vorteilhaft, dass auf das Know-how vorangehender Seminare aufgebaut werden konnte. In regelmäßigen Abständen zählte es zum Lehrangebot, dass die Studierenden der Blinden- und Sehbehindertenpädagogik (Universität Hamburg) einen Ratgeber für Regelschullehrerinnen und Regelschullehrer konzipieren. Diese Resultate konnten in die ersten Überlegungen mit aufgenommen werden.

Tab. 6:   Vorläufiges Resultat der Literaturrecherche

Inhaltliche Schlussfolgerung	Literatur (Ratgeber mit entsprechendem Thema)
Definitionen	
Blindheit/Sehbehinderung	APPELHANS & KREBS 1985, 13 f.; [APPELHANS & RATH 1985, 15]; BOWMAN et al. 2001, 157 f.; DBSV 2009, 10; GRUBER & HAMMER 2002, 9–12; HAGELSTEIN 1999, 4, 6; HAGELSTEIN 2005, 6 f., HÖLSCHER 1999, 1; DBSV 2004, 41 f.; LIEBRECHT & THEISS-KLEE 1999, 15 f.; SPUNGIN & MCNEAR 2002, 7 ff.
Aktuelle Situation in Deutschland: Zahlen und Fakten	RUSSOTTI & SHAW 2004, 9–11; SCHULZE 2003, 15–18
Verweis auf aktuelle nationale und internationale Vorgaben (WHO, ICF, ICD-10)	LIEBRECHT & THEISS-KLEE 1999, 8 f.; DBSV 2004, 42 f.; GRUBER & HAMMER 2002, 10
Bildungs- und Sozialgesetze (Sozialrecht, Schulrecht, gesetzliche Grundlagen etc.)	FLUSS-PROJEKT 2003, C 1–2 [Internationale Verlautbarungen]
Physiologisches Sehen vs. Funktionales Sehen	FLUSS-PROJEKT 2003, C 2–1 [rechtliche Grundlagen GU], C 2–2 [Benachteiligungsverbot, Auszüge Schulrecht], C 2–8 – C 2–13 [Voraussetzungen für GU]; RUSSOTTI & SHAW 2004, 4; SPUNGIN & MCNEAR 2002, 5
Medizinische Grundlagen	
Basiswissen aus der Ophthalmologie zu Funktionen und Strukturen des Sehens (z. B. Anatomie des Auges bzw. der Sehbahnen)	LIEBRECHT & THEISS-KLEE 1999, 13 ff.; DBSV 2004, 7 f.; HAGELSTEIN 2005, 8–12; HÖLSCHER 1999, 24–30; BOWMAN et al. 2001, 9–28; MILLER 1996, 21 ff.; GRUBER & HAMMER 2002, 27–47
Vermittlung von Kenntnissen aus dem Bereich Pathologie (Augenerkrankungen)	LIEBRECHT & THEISS-KLEE 1999, 17 f.; DBSV 2004, 15–40
Erläuterung der Fehlsichtigkeiten (Übersicht zu Korrekturmöglichkeiten)	HAGELSTEIN 1999, 7–16; SPUNGIN & MCNEAR 2002, 75; BOWMAN et al. 2001, 29–37, 57–117; MILLER 1996, 23–33; APPELHANS & KREBS 1985, 17–34; GRUBER & HAMMER 2000, 49–86, weiter 87 (in Verb. mit Hinweisen zur Diagnostik); SCHULZE 2003, 13 f.; FLUSS-PROJEKT 2003, D 1–1 – D 1–4

Inhaltliche Schlussfolgerung	Literatur (Ratgeber mit entsprechendem Thema)
Grundlagen zur Diagnostik des Sehens	
Diagnostik des physiologischen und des funktionalen Sehens (Erläuterung der Mess- und Testverfahren: Sehschärfe, Kontrast- und Farbsehen, räumliches Sehen, Gesichtsfeld, Gesichtererkennung)	HAGELSTEIN 1999, 5; HÖLSCHER 1999, 3 f.; BOWMAN et al. 2001, 38–53; MILLER 1996, 34–44, 47; APPELHANS & KREBS 1985, 112–117
Musterbogen zur Diagnostik des Sehens (Einschätzung des Sehens in unterschiedlichen Alltagssituationen)	KÖHLER-KRAUSS et al. 2003, 22 f.; GRUBER & HAMMER 2002, 92–102; FLUSS-PROJEKT 2003, B 2–3
Beobachtung des Verhaltens (Tipps zur Erkennung von Sehbehinderung)	RUSSOTTI & SHAW 2004, 91 f., 112 ff.; MILLER 1996, 41, 43 f.; HÖLSCHER 1999, 4 f.; MILLER 1996, 23–33 [Tipps]; APPELHANS & KREBS 1985, 15 [35 ff.]; GRUBER & HAMMER 2000, 11 f.; SCHULZE 2003, 56
Tipps zur Raum- und Arbeitsplatzgestaltung	
Grundlagen aus dem Bereich der barrierefreien Gestaltung der (räumlichen) Umwelt	BOWMAN et al. 2001, 123–126;
Überblick über die verschiedenen Kontextfaktoren (Licht/Beleuchtung, Farb- und Kontrastgestaltung, Vergrößerung etc.)	FLUSS-PROJEKT 2003, D 2–5 [Beleuchtung]
Konkrete Hinweise zur Optimierung der Raum- und Arbeitsplatzgestaltung	HAGELSTEIN 1999, 16 f.; HAGELSTEIN 2005, 33 ff.; BOWMAN et al. 2001, 123–130; APPELHANS & KREBS 1985, 38 f., 120; MILLER 1996, 53; SCHULZE 2003, 33 f., 39–42
Einführung in rehabilitative Maßnahmen	
Definition der Arbeitsbereiche: LPF und O&M	LIEBRECHT & THEISS-KLEE 1999, 20 f.; DBSV 2004, 43 f.; HAGELSTEIN 2005, 20–24; RUSSOTTI & SHAW 2004, 28 f., 71 f.; SPUNGIN & McNEAR 2002, 14, 39–49; GRUBER & HAMMER 2000, 161–168; MILLER 1996, 60–71; SCHULZE 2003, 30 [Geld], 35 f., 47 ff., 66–69 [Beispiele aus dem LPF-Bereich]; SCHULZE 1999, 36–40 [Allgemeine Orientierungsratschläge], 49 ff. [Tipps zum Essen], 58 ff.; FLUSS-PROJEKT 2003, H 1–1, H 1–4 – H 1–7
Vermittlung von praktischen Grundkenntnissen, wie z. B. Techniken der sehenden Begleitung	RUSSOTTI & SHAW 2004, 60 ff.; SPUNGIN & McNEAR 2002, 42 f.; MILLER 1996, 63 f.; FLUSS-PROJEKT 2003, H 1–2 – H 1–3, H 1–8 – H 1–20
Übersicht über regionale Beratungsstellen (Verzeichnis)	
Verweis auf Monokulartraining	ZEUN 2003; (APPELHANS & KREBS 1985, 53 f.)

Inhaltliche Schlussfolgerung	Literatur (Ratgeber mit entsprechendem Thema)
Tipps und Tricks für die Orientierung im Klassenraum, im Schulgebäude und auf dem Pausenhof/Sporthalle	HAGELSTEIN 1999, 30; RUSSOTTI & SHAW 2004, 63 f.; SPUNGIN & MCNEAR 2002, 45–49; APPELHANS & KREBS 1985, 47 f.; MILLER 1996, 60–71; SCHULZE 1999, 27–34 [Achtung: bezogen auf ältere Menschen, Änderung]; FLUSS-PROJEKT 2003, F 2–1 – F 2–2
Kennzeichnungspflicht (rechtliche Rahmenbedingungen)	SCHULZE 1999, 36
Überblick über Möglichkeiten der Orientierungshilfen	
Individuelle Hilfsmittel	
Überblick über optische, elektronische und nicht elektronische Hilfsmittel für blinde und sehbehinderte Menschen	LIEBRECHT & THEISS-KLEE 1999, 23 f.; DBSV 2004, 46 ff.; HAGELSTEIN 1999, 26–29; RUSSOTTI & SHAW 2004, 77–89; SPUNGIN & MCNEAR 2002, 63–74 ; (BOWMAN et al. 2001, 126–137); APPELHANS & KREBS 1985, 51–67, [96–105]; GRUBER & HAMMER 2000, 169 f.; SCHULZE 1999, 25 [eher aus dem Bereich LPF]; FLUSS-PROJEKT 2003, D 2–1 – 2–5, D 2–7, F 3–11 – F 3–14
Basiskenntnisse für einen Umgang mit diesen Hilfsmitteln in pädagogischen Kontexten (Beispiele aus der Praxis)	HÖLSCHER 1999, 9 f.; RUSSOTTI & SHAW 2004, 87; SPUNGIN & MCNEAR 2002, 18–37; BOWMAN et al. 2001, 126–145; APPELHANS & KREBS 1985, 51–67
Berücksichtigung relevanter Definitionen (z. B. Vergrößerung u. v. a.)	KÖHLER-KRAUSS et al. 2003, 33 f. [allgemein: Ressourcen]
Schriftsysteme	
Einführung in die Brailleschrift (Alphabet mit kürzenden Zeichen): Aufbau	LIEBRECHT & THEISS-KLEE 1999, 31; HAGELSTEIN 2005, 13 ff.; RUSSOTTI & SHAW 2004, 41; MILLER 1996, 49 f.; GRUBER & HAMMER 2000, 153–156; SCHULZE 1999, 17–19; FLUSS-PROJEKT 2003, G 3–1 – G 3–5
Historischer Exkurs (Louis Braille)	GRUBER & HAMMER 2000, 153 f.; FLUSS-PROJEKT 2003, G 3–3
Erläuterung zur Kurzschrift	GRUBER & HAMMER 2000, 156 f.
Verweis auf 8-Punktbraille, Eurobraille, Latex, Fremdsprachen, Chemie etc.	GRUBER & HAMMER 2000, 157–160
Schwarzschrift (Überblick über die Möglichkeiten der Differenzierung: Schriftarten, Schriftgröße, Qualität der Schrift und Bilder, Lineaturen)	HAGELSTEIN 1999, 18–25; RUSSOTTI & SHAW 2004; BOWMAN et al. 2001, 126 f.; APPELHANS & KREBS 1985, 110; SCHULZE 2003, 34 [Zeilenhilfe]; FLUSS-PROJEKT 2003, F 3–1 – F 3–10 [inkl. Hinweise zur Arbeitsblattgestaltung]

Inhaltliche Schlussfolgerung	Literatur (Ratgeber mit entsprechendem Thema)
Didaktische und methodische Grundlagen	
Einführung in die Planung und Gestaltung konkreter didaktischer und methodischer Interventionen auf Grundlage des Wissens über das physiologische Sehen des Kindes	LIEBRECHT & THEISS-KLEE 1999, 30–38; HAGELSTEIN 1999, 32–38; HAGELSTEIN 2005, 30 ff.; LAEMERS & IGGESEN 2004; HÖLSCHER 1999, 14 f.; RUSSOTTI & SHAW 2004, 19–22, 35–39; SPUNGIN & McNEAR 2002, 9 ff., 18–37; APPELHANS & KREBS 1985, 39–46 [Hinweise zu einzelnen Fächern, 71–89]; KÖHLER-KRAUSS et al. 2003, 26 ff.; MILLER 1996, 54 f.; FLUSS-PROJEKT 2003, F 1–1 – F 2–8, G 1–1 – G 1–9 [Mathematik], G 2–1 – G 2–8 [Hinweise zur Herstellung von Lernmaterialien], G 4–1 – G 4–3 [Ästhetische Erziehung], H 2–1 – H 2–14 [Sport]
Anregungen für die Gestaltung gemeinsamer Lernaktivitäten (für die Beschulung sehender und nicht sehender Schüler) Ergänzung: Darstellung der Inhalte des dualen Curriculums	RUSSOTTI & SHAW 2004, 47–51; SPUNGIN & McNEAR 2002, 51–61
Freizeitaktivitäten (im Rahmen der Institution Schule)	
Hinweise für die Durchführung von Klassenfahrten / Exkursionen / Ferienfreizeiten (Erwartungen, Voraussetzungen O&M & LPF)	RUSSOTTI & SHAW 2004, 65 f.; APPELHANS & KREBS 1985, 49 f.
Chancen der Klassenfahrt (Kommunikation, Soziale Kompetenz, Selbständigkeit, Umweltwissen, Begriffsbildung, psychische Verfasstheit)	RUSSOTTI & SHAW 2004, 69–75; APPELHANS & KREBS 1985, 35 ff.; SCHULZE 1999, 41 ff. [Hinweise für ältere Menschen – Modifikation nötig]; FLUSS-PROJEKT 2003, E 1–1 – E 1–8, E 2–1, E 4–1 – E 4–4
Informationen zur Historie der Blindenpädagogik	
	LIEBRECHT & THEISS-KLEE 1999, 6 f.; GRUBER & HAMMER 2000, 15–18; FLUSS-PROJEKT 2003, C 1–4 [Historie GU]
Einstellungen (Vorurteile)	
	LIEBRECHT & THEISS-KLEE 1999, 10 f.; HAGELSTEIN 2005, 25 ff.; RUSSOTTI & SHAW 2004, 57, 93 ff.; GRUBER & HAMMER 2000, 19–26, 142 ff. [Stereotypien]; SCHULZE 2003, 24 f.; FLUSS-PROJEKT 2003, E 3–1 [Stereotypien]

Inhaltliche Schlussfolgerung	Literatur (Ratgeber mit entsprechendem Thema)
Tipps zur Freizeitgestaltung	
Reisen	LIEBRECHT & THEISS-KLEE 1999, 39–43, 48 f.; DBSV 2009, 59 ff.; SCHULZE 2003, 41 ff., 50–54; SCHULZE 1999, 13 f. [Allgemeines], 60 ff.
Sport für Blinde und Sehbehinderte (Sportvereine / Leistungssport / Paralympics)	
Sport im Verein – inklusiv betrachtet	
Hinweise für kulturelle Veranstaltungen	SCHULZE 2003, 23 [Blindenhörbücherei]; SCHULZE 1999, 64 ff.; FLUSS-PROJEKT 2003, F 4-1 – F 4-5 [Spiele], F 5-1 [Filme, Audiodeskritpion]
Selbsthilfe	
Präsentation des DBSV (inkl. Landesverbände)	LIEBRECHT & THEISS-KLEE 1999, 47; DBSV 2004, 49 f.; SCHULZE 2003 [Nachteilsausgleich, Rechte], 19 f.; SCHULZE 1999, 13
Vorstellung des DVBS (Erläuterung der Aufgaben, Selbstverständnis, Jugendarbeit)	SCHULZE 1999, 69 f.
Überblick über das Schulsystem	
Frühförderung	LIEBRECHT & THEISS-KLEE 1999, 24 ff., 46; GRUBER & HAMMER 2000, 149–152; SCHULZE 2003, 26
Schule (GU etc.), schulische Förderung, Adressen, Beratung- und Unterstützungsstellen	HAGELSTEIN 1999, 39; HÖLSCHER 1999, 7 f.; APPELHANS & KREBS 1985, 90–95; FLUSS-PROJEKT 2003, C 1–1, 1–2
Informationen über Berufsmöglichkeiten	
Praktikum (Hinweise zu Bewerbung, Begleitung und Auswertung des Praktikums,)	LIEBRECHT & THEISS-KLEE 1999, 12, 28 f., 39, 50; HAGELSTEIN 2005, 29
Vorstellung des BBWs	
Studium	
Wissenswertes zum Nachteilsausgleich und Prüfungen	
Definition (Möglichkeiten des Nachteilsausgleichs)	DBSV 2009, 76 f.; APPELHANS & KREBS 1985, 43 ff.; KÖHLER-KRAUSS et al. 2003, 28
Beispiele für vielfältige Umsetzung (z. B. Art und Weise der Aufbereitung von Aufgaben: BRAILLE-Umsetzung, Grafiken, Änderung der Aufgabenstellung)	
Arbeit des Zentralen Medienausschusses	
Beispiele aus der Arbeit im Bundesland	

Inhaltliche Schlussfolgerung	Literatur (Ratgeber mit entsprechendem Thema)
Glossar (mit den notwendigen Begriffs-erklärungen)	
	RUSSOTTI & SHAW 2004, 97–102; BOWMAN et al. 2001, 146–156; MILLER 1996, 47
Literaturverzeichnis	
Verweis auf Fachliteratur, Trivialliteratur	direkt oder indirekt in allen Handbüchern vorhanden (Minimum: eigenes Literaturver-zeichnis)
Tipps aus Film und Fernsehen	

Vereinfacht dargestellt, konnten neun Themenbereiche herausgestellt werden, die mehrheitlich in den Ratgebern angesprochen werden (vgl. Tab. 6). Damit bilden die Themenbereiche eine erste, grobe Struktur der fachinhaltlichen Konzeption von MIT BISS ab, welche im weiteren Verfahren ausdifferenziert bzw. überprüft werden muss.

- Definitionen
- Medizinische Grundlagen
- Didaktische und methodische Grundlagen
- Raum- und Arbeitsplatzgestaltung
- Individuelle Hilfsmittel
- Rehabilitative Maßnahmen
- Diagnostik
- Schriftsysteme
- Freizeit

7.2 Datenerhebung: Qualitative Befragung

Basierend auf dem Resultat der systematischen Literaturrecherche, wurde der Forschungsprozess mit der Bedürfnisanalyse der Professionellen fortgesetzt. Im Rahmen der qualitativen Befragung waren sowohl zukünftige Nutzerinnen und Nutzer (Regelschullehrkräfte) als auch Vertreter aus dem Unterstützungs- und Beratungssystem (Sonderschullehrkräfte) aufgefordert, ihre inhaltlichen Wünsche und Forderungen an das zukünftige Informations- und Kommunikationsangebot zu formulieren. Demzufolge gliedert sich die Datenerhebungsphase in zwei Teilschritte:

- Interviewphase I: Befragung der sonderpädagogischen Experten
- Interviewphase II: Befragung der Regelschullehrkräfte

Damit wird die Sichtweise der Berufsgruppen erfasst, welche primär an der Gestaltung schulischer Teilhabeprozesse von Schülerinnen und Schülern mit Sehschädigung (im GU) beteiligt sind. Einerseits kann die Expertise der sonderpädagogischen

Lehrkräfte, die im mobilen Dienst aktiv sind und somit mit den Belangen des Schüler- und Lehrerklientels in besonderem Maße vertraut sind, für die inhaltliche Konkretisierung des Angebots genutzt werden (Interviewphase I). Andererseits können die individuellen Wünsche und Bedürfnisse der Regelschullehrkräfte, die im GU tätig sind, an dieses Angebot fixiert werden (Interviewphase II). Die zeitnahe Einbindung der Professionellen stellt zudem sicher, dass die Akzeptanz des Informations- und Kommunikationsangebots von Anfang an gestärkt wird.

In beiden Teilprozessen wurde auf das Interview als Technik zurückgegriffen. Interviews gehören zu den beliebten Methoden in der qualitativen Sozialforschung. Hierbei fasst der Oberbegriff qualitative Interviews äußerst differierende Typen zusammen, die bspw. hinsichtlich ihrer Struktur – teilstandisiert bis offen – voneinander zu unterscheiden sind. Basierend auf den wissenschaftstheoretischen Grundannahmen der qualitativen Forschung sind qualitative Interviews geeignet, um individuelle Sicht- und Denkweisen zu bestimmen (vgl. HOPF 2009, 350)[23]. LAMNEK stellt diesen Vorzug folgendermaßen heraus: *„Gerade im qualitativen Interview hat der Befragte die Möglichkeit, seine Wirklichkeitsdefinitionen dem Forscher mitzuteilen"* (LAMNEK 2010, 317). Damit ist die Passung zwischen Forschungsgegenstand und methodischem Verfahren hergestellt. Im Folgenden wird nun die Technik des narrativen Interviews näher bestimmt.

7.2.1 Die Techniken der Datenerhebung: Das narrative Interview

Das narrative Interview stellt eine besondere Form der qualitativen Befragung dar, welche von dem Soziologen Fritz Schütze in den 70er Jahren des 20. Jahrhunderts etabliert wurde (vgl. KÜSTERS 2009, 18). Besonders populär ist die Anwendung dieser Methode in der Biografieforschung, wo sich auch teilstandardisierte Einsatzformen beobachten lassen. Charakteristisch ist jedoch das Stegreiferzählen, *„d. h. des spontanen, unvorbereiteten Erzählens von Geschichten in face-to-face-Situationen"*, was durch einen Erzählstimulus ausgelöst wird (KÜSTERS 2009, 17).

Um die typischen Merkmale des narrativen Interviews herauszustellen, wird im Folgenden die klassische Abfolge (nach HOPF) präsentiert (vgl. HOPF 2009, 356). Lediglich das Vorgespräch wurde nach der Aufstellung von KÜSTERS ergänzt (vgl. KÜSTERS 2009, 54–66).

(1) Gemäß KÜSTERS führt das Vorgespräch in das bevorstehende Interview ein. In dieser Phase wird der Befragte über den allgemeinen Ablauf sowie die Besonderheiten des Gesprächs in Kenntnis gesetzt (in Form einer freien Erzählung).

---

23 Das grundlegende Forschungsinteresse in der qualitativen Forschung wird an den wesentlichen Zielstellungen deutlich. Nach FLICK sind dies *„erstens die Erfassung subjektiver Sichtweisen, zweitens die Erforschung der interaktiven Herstellung sozialer Wirklichkeiten und drittens die Identifikation der kulturellen Rahmungen sozialer Wirklichkeiten"* (FLICK 1996, 28 ff.). Zugleich ist das Fokussieren dieser Aspekte für das vorliegende Forschungsvorhaben bedeutsam.

Auch administrative Hinweise, wie z. B. die digitale Aufzeichnung des Gesprächs, finden statt. Im Idealfall trägt dies zu einer angenehmen Atmosphäre bei, was wiederum positive Effekte für den gesamten Interviewverlauf haben kann (Vertrauensbildung). Diese Phase fungiert als Vorbereitungsphase; jedoch bedingt sie wesentliche Klärungen für einen erfolgreichen Verlauf des Gesprächs.

(2) Entscheidender Ausgangspunkt des narrativen Interviews bildet die ausformulierte Erzählaufforderung. Diese muss sorgfältig vorbereitet sein, so dass der Befragte bestmöglich zum freien Erzählen stimuliert wird. Daher ist eine sorgfältige Ausarbeitung der Einstiegsfrage erforderlich (vgl. KÜSTERS 2009, 44).

(3) Daran schließt sich die Phase der freien Erzählung an, welche auch als Phase der Haupterzählung betitelt wird. Hier findet der entscheidende Austausch über den Sachverhalt statt. Während der Befragte zum freien Erzählen aufgefordert ist, nimmt der Interviewer die Position des aufmerksamen Zuhörers ein. Mit Hilfe von verbalen und nonverbalen Äußerungen signalisiert er dem Befragten das Interesse an der Gesprächssituation. Störungen und Interruptionen des Befragten sind möglichst zu vermeiden.

(4) Im Anschluss an die Haupterzählung sind dezidierte Rückfragen, die sich sowohl auf Notizen als auch weiterführende Fragestellungen gründen können, durch den Interviewer möglich. Im Idealfall sind diese als Impuls zum Weitererzählen formuliert. Vor allem widersprüchliche Aussagen können in dieser Phase des Interviews geklärt werden.

(5) Zur Beendigung des Interviews ist eine zusammenfassende Bilanzierung bzw. ein Resümee wichtiger Interviewpassagen möglich.

Wichtiges Merkmal der qualitativen Forschung ist, dass keine strikte Trennung zwischen Erhebungs- und Auswertungsphase besteht. So kann bspw. der Erzählstimulus angepasst werden, um die Qualität der Interviewresultate zu verbessern. Mögliche Gefahren, wie ungünstig formulierte Rückfragen mit suggestivem Charakter (z. B. Kommentare), Unerfahrenheit des Interviewers und fehlende Geduld, können nicht ausgeschlossen werden (vgl. FLICK et al. 2008, 359). Daher sollte die kritische Reflexion möglicher Fehlerquellen den Forschungsprozess begleiten.

7.2.2 Die Dokumentation der Datenerhebung und Zielgruppenbeschreibung

In chronologischer Reihenfolge wird der zeitliche Rahmen der Datenerhebung geschildert. Diesbezüglich wird der interviewte Personenkreis näher vorgestellt.

Tab. 7:   Zeitrahmen der Datenerhebung

Interviewphase I: Befragung der sonderpädagogischen Experten
Zeitraum: Februar 2009 bis Juni 2009 (Mai 2010)   Zielgruppe: N 9 (3 weiblich, 6 männlich)
Interviewphase II: Befragung der Regelschullehrkräfte
Zeitraum: August 2009 bis August 2010   Zielgruppe: N 15 (11 weiblich, 4 männlich)

Interviewphase I: Befragung der sonderpädagogischen Experten

Die Befragung der sonderpädagogischen Experten fand im Zeitraum von Februar 2009 bis Juni 2009 statt (vgl. Tab. 7). Außerplanmäßig entstand im Mai 2010 ein zusätzliches Interview mit einer Unterstützungs- und Beratungslehrkraft aus Mecklenburg-Vorpommern, welches zu Gunsten der Stichprobenerweiterung in den Forschungsprozess eingegangen ist. Insgesamt wurden neun Experten der Blinden- und Sehbehindertenpädagogik, die im speziellen Tätigkeitsfeld der Unterstützung und Beratung von Kolleginnen und Kollegen der allgemeinen Schulen tätig sind, interviewt. Mehrheitlich waren die Befragten in leitender Funktion tätig (z. B. Abteilungsleiter im Bereich der Unterstützung und Beratung bzw. Mobiler Dienst, GU etc.), so dass von der fachlichen Erfahrung im Forschungsvorhaben profitiert werden konnte. Gezielt wurden die Experten per Mail- oder Telefonanfrage kontaktiert.

Um die bundeslandspezifischen Besonderheiten und daraus (möglicherweise) resultierenden Differenzen im Meinungsbild erfassen zu können, wurde auf eine hinreichende Verteilung im deutschen Bundesgebiet geachtet. Folglich wurden jeweils zwei Interviews mit Vertretern aus Schleswig-Holstein und Baden-Württemberg, bzw. jeweils ein Interview mit Vertretern aus Hamburg, Mecklenburg-Vorpommern, Nordrhein-Westfalen, Sachsen-Anhalt und Thüringen geführt.

Interviewphase II: Befragung der Regelschullehrkräfte

Im August 2009 wurde die Datenerhebung mit der Befragung der Regelschullehrkräfte fortgesetzt (vgl. Tab. 8). Die zweite Interviewphase konnte im August 2010 erfolgreich beendet werden.

Insgesamt 15 Lehrerinnen und Lehrer aus der Regelschule bilden die Stichprobe, wobei 13 Lehrerinnen bzw. Lehrer mit Erfahrung und zwei Lehrerinnen ohne Erfahrung befragt wurden. Allerdings ist den Lehrkräften ohne Erfahrung gemein, dass sie perspektivisch im GU mit sehenden und nicht sehenden Schülerinnen und Schülern tätig sind (Vorbereitungsphase).

Tab. 8:   Zusammensetzung der befragten Regelschullehrkräfte

	Geschlecht	**Schulart**	**Bundesland**
Interview_1	w	Gymnasium	Schleswig-Holstein
Interview_2	w	Grundschule	Niedersachsen
Interview_3	w	Hamburg	Hamburg
Interview_4	w	Grundschule	Niedersachsen
Interview_5	w	Grundschule	Niedersachsen
Interview_6	m	Gymnasium	Niedersachsen
Interview_7	w	Grundschule	Schleswig-Holstein
Interview_8	w	Grundschule	Niedersachsen
Interview_9	w	Realschule	Niedersachsen
Interview_10	w	Grundschule	Niedersachsen
Interview_11	w	Gesamtschule	Schleswig-Holstein
Interview_12	m	Gymnasium	Nordrhein-Westfalen
Interview_13	m	Gymnasium	Nordrhein-Westfalen
Interview_14	w	Gymnasium	Sachsen-Anhalt
Interview_15	m	Gymnasium	Mecklenburg-Vorpommern

Erneut wurde darauf geachtet, dass die Interviewgruppe hinsichtlich Schulart und Bundesland variiert, um ein möglichst breites Spektrum an Bedürfnissen und Erfahrungen erfassen zu können. Insgesamt wurde an die regionale Vielfalt aus der ersten Phase angeknüpft (Bundesspezifität), um die regionsspezifischen Besonderheiten zu integrieren. Im Vergleich zur ersten Interviewphase dominiert die Befragung von Regelschullehrkräften aus Niedersachsen. Einerseits resultiert dies aus der Einbindung von drei Interviews, die im Rahmen einer Examensarbeit erhoben wurden (vgl. ROTHER 2010). Andererseits konnte in den Bundesländern Thüringen und Baden-Württemberg keine Befragung erfolgen. In Thüringen konnte trotz großer Bemühungen der Unterstützungs- und Beratungslehrkraft keine Lehrkraft für die Befragung akquiriert werden. In Baden-Württemberg wurde die Mitarbeit an dem Forschungsvorhaben eingestellt, so dass die Vermittlung potentieller Regelschullehrkräfte ausblieb. Insgesamt stellte sich der Prozess der Vermittlung von Befragten als langwierig heraus. Die direkte Ansprache war nicht möglich, so dass die Gespräche von der erfolgreichen Vermittlung der Unterstützungs- und Beratungslehrkräfte abhängig waren.

Mit Hilfe einer erzählgenerierenden Aufforderung waren die sonderpädagogischen Experten und Regelschullehrkräfte aufgefordert, ihre persönliche Meinung mitzuteilen. Im Anschreiben war die Fragestellung vorformuliert, um die vorangehende Auseinandersetzung mit der Thematik zu ermöglichen. Sowohl die Interviews mit den Sonderpädagoginnen und Sonderpädagogen als auch die Interviews mit den Regelschullehrkräften wurden Face-to-Face organisiert. Auf Grund terminlicher Differenzen wurden die Interviews mit den Vertretern aus Nordrhein-Westfalen (Interviewphase II) am Telefon durchgeführt. Der Interviewort wurde von den Befragten selbst bestimmt, was eine vertrauensvolle Erzählatmosphäre garantieren sollte (vgl. PRZYBORSKI & WOHLRAB-SAHR 2010, 100). Vorrangig fand die Befragung am Arbeitsort statt, wo ungestört im Lehrer- bzw. Beratungszimmer agiert werden konnte. Nur selten traten Störungen, z. B. durch Kolleginnen oder Kollegen, auf.

7.3   Datenaufbereitung

Alle Interviews wurden mit einem digitalen Diktiergerät aufgezeichnet. Anschließend wurde das Datenmaterial – gemäß der Transkriptionsanweisung – transkribiert. Die schriftlich fixierte Form gestattet die Weiterbearbeitung der Interviews. Nach den Empfehlungen von KUCKARTZ wurde bei der Transkription auf die einfache Systematik (nach DRESING) zurückgegriffen, da die Charakteristika der computergestützten Auswertung berücksichtigt werden (DRESING et al. 2006; zitiert nach KUCKARTZ 2007, 43 f.).

Tab. 9:   Transkriptionssystematik (nach DRESING et al. 2006, zitiert nach KUCKARTZ 2007, 43 f.)

1. *„Es wird wörtlich transkribiert, also nicht lautsprachlich oder zusammenfassend. Vorhandene Dialekte werden nicht mit transkribiert.*

2. *Die Sprache und Interpunktion wird leicht geglättet, d. h. an das Schriftdeutsch angenähert. Bspw. wird aus ‚Er hatte noch so'n Buch genannt' ▶ ‚Er hatte noch so ein Buch genannt'.*

3. *Alle Angaben, die einen Rückschluss auf eine befragte Person erlauben, werden anonymisiert.*

4. *Deutliche, längere Pausen werden durch Auslassungspunkte (…) markiert.*

5. *Besonders betonte Begriffe werden durch Unterstreichungen gekennzeichnet.*

6. *Zustimmende bzw. bestätigende Lautäußerungen der Interviewer (Mhm, Aha etc.) werden nicht mit transkribiert, sofern sie den Redefluss der befragten Person nicht unterbrechen.*

7. *Einwürfe der jeweils anderen Person werden in Klammern gesetzt.*

8. *Lautäußerungen der befragten Personen, die die Aussage unterstützen oder verdeutlichen (etwa Lachen oder Seufzen), werden in Klammern notiert.*

9. *Absätze der interviewenden Person werden durch ein ‚I', die der befragten Person(en) durch ein eindeutiges Kürzel, z. B. ‚B4', gekennzeichnet.*

10. *Jeder Sprecherwechsel wird durch zweimaliges Drücken der Enter-Taste, also einer Leerzeile zwischen den Sprechern deutlich gemacht, um die Lesbarkeit zu erhöhen"* (KUCKARTZ 2007, 43).

Quelle: DRESING et al. 2006, zitiert nach KUCKARTZ 2007, 43

Vorteilhaft können auch Systematiken, wie z. B. von KALLMEYER/SCHÜTZE, sein, die explizit auf die sprachlichen Äußerungen eingehen. Im Fall von MIT BISS konzentriert sich das Auswertungsinteresse auf die inhaltliche Dimension, so dass sprachliche Auffälligkeiten, wie Wortauslassungen, Betonungen oder phonetische Veränderungen, nebenrangig sind. Daher reicht die Systematik (nach DRESING) aus (vgl. KUCKARTZ 2007, 45).

Abschließend wurden die transkribierten Interviews im RTF-Format gespeichert, um eine Einspeisung in MaxQDa zu ermöglichen.

7.4 Auswertungsprozess

Maßgebliche Zielsetzung der Auswertung ist es, die erforderlichen Themenschwerpunkte aus dem Rohmaterial für die zielgerichtete Konstruktion der Kommunikations- und Informationsplattform herauszustellen. Dementsprechend steht die Extraktion der Themenfelder aus dem qualitativen Material im Vordergrund, wofür grundsätzlich verschiedene Auswertungsmethoden geeignet sind (vgl. KUCKARTZ 2007, 71).

In diesem Fall steht fest, dass die Daten aus dem ermittelten Datenmaterial hervorgebracht werden, so dass eine induktive Herangehensweise vorliegt. Im Folgenden werden die zwei wichtigsten Verfahren vorgestellt. Beiden Verfahren ist gemein, dass die inhaltlichen Auszüge mit Hilfe von Kategoriensystemen abgebildet werden, deren Konstruktionsvorgang primär induktiven Ursprungs ist (vgl. KUCKARTZ 2007, 71)[24]. Somit wird näher auf die einzelnen Methoden und Verfahren eingegangen, die eine induktive Kategorienbildung forcieren (Grounded Theory und qualitative Inhaltsanalyse). Ergänzt wird das Auswertungsvorgehen durch den Einsatz computergestützter Analyseverfahren. Um letztlich die Entscheidung für das gewählte Vorgehen plausibel herauszustellen, erfolgt eine kritische Bestandsaufnahme der inhaltlichen Grundzüge der Verfahren. Im Anschluss an die Methodenreflexion werden die Auswertungsschritte dokumentiert.

7.4.1. Spezifika der Analysemethoden – Codierungsvorgang

Die nachfolgende Betrachtung beschränkt sich auf die Ansätze des theoretischen Codierens (in Anlehnung an die Grounded Theory) sowie die qualitative Inhaltsanalyse (nach MAYRING), hier speziell die zusammenfassende Inhaltsanalyse (vgl. MAYRING 2009, 2010). Beim Einsatz der Forschungsmethoden lässt sich folgende temporäre Abfolge verdeutlichen:

Im ersten Arbeitsschritt – also beim Einstieg in den Forschungsprozess – fand die explorative Annäherung an den Forschungsgegenstand statt (Grounded Theory). Die ersten Resultate wurden im zweiten Schritt durch ein zielgerichtetes Vorgehen, orientiert an den Grundsätzen der zusammenfassenden Inhaltsanalyse, systematisiert (vgl. JENSEN 2008, 265 ff.). In diesem Schritt war die Datenreduktion von zen-

---

24 Im vorliegenden Fall dienen das Begriffspaar Induktion – Deduktion der näheren Beschreibung der Kategorienbildung. Die Kategorien können aus dem Material hervorgehen (induktive Kategorienbildung) oder die Kategorien werden aus wissenschaftstheoretischen Auseinandersetzungen im Vorfeld an das Material herangetragen und darauf angewendet (deduktive Kategorienbildung). KUCKARTZ verweist auf die oftmals nicht mögliche, strikte Trennung zwischen induktivem und deduktivem Vorgehen. Dieses wechselseitige Vorgehen (induktive – deduktive Kategorienbildung) wird in der Grounded Theory betont. Im vorliegenden Forschungsvorhaben wird daher hervorgehoben, dass vorrangig induktiv gearbeitet wurde (sicherlich sind bestehende Kategorien, z. B. aus dem Prototyp der systematischen Literaturanalyse, mit eingegangen).

tralem Interesse (Konsistenzprüfung). Alle Tätigkeiten wurden durch den Einsatz computergestützter Verfahren ergänzt, was den Forschungsprozess geprägt hat.

Den Ausführungen von KUCKARTZ folgend, werden die Auswertungsstrategien nur ausschnitthaft skizziert, weil nicht alle Annahmen und Theoreme wegen ihrer theoretischen Fülle in dieser Forschungsarbeit behandelt werden können (vgl. KUCKARTZ 2007, 71 ff.).

7.4.1.1 Theoretisches Codieren (in Anlehnung an die Grounded Theory)

In der qualitativen Forschung erfreut sich die Grounded Theory großer Beliebtheit (vgl. KUCKARTZ 2007, 72; STRÜBING 2008, 7). *„Grounded Theory lässt sich als gegenstandsbegründete oder -verankerte Theorie übersetzen. Sie erlaubt auf der Basis empirischer Forschung in einem bestimmten Gegenstandsbereich, eine dafür geltende Theorie zu formulieren, die aus vernetzten Konzepten besteht und geeignet ist, eine Beschreibung und Erklärung der untersuchten sozialen Phänomene zu liefern“* (BÖHM 2009, 476). Diesbezüglich muss strikt zwischen der Methode Grounded Theory und der gleichnamigen Methodologie differenziert werden. Das vorliegende Forschungsvorhaben soll von der Methode Grounded Theory profitieren. Einleitend werden die wesentlichen Grundannahmen der Grounded Theory erläutert, um ihre Funktion für den Forschungsprozess ableiten zu können.

In den 60er Jahren des 20. Jahrhunderts liegen die Ursprünge der Grounded Theory (vgl. PRZYBORSKI & WOHLRAB-SAHR 2010, 186). Seitdem hat sich der Forschungsansatz weiterentwickelt, wobei sich die nachfolgenden Ausführungen auf den Theorierahmen von STRAUSS und CORBIN beziehen (vgl. STRAUSS & CORBIN 2010). Charakteristisch für die Grounded Theory sind nachfolgende Überlegungen:

- „All is data“: Nicht nur narrative Interviews, wie in der vorliegenden Forschungsarbeit, sondern weiteres Datenmaterial, wie Diskussionen, Beobachtungen, können für die Theoriegenerierung genutzt werden. Keinesfalls ist die Bindung an eine bestimmte Form der Datenerhebung notwendig. Vielmehr plädieren die Erfinder der Grounded Theory für einen möglichst vielfältigen Einsatz verschiedener Datenformate (vgl. PRZYBORSKI & WOHLRAB-SAHR 2010, 189).
- „Kopplung von Datengenerierung und Forschungsprozess“: Das zirkuläre Vorgehen in der Grounded Theory, welches einen stetigen Prozesswechsel von empirischer Datenerhebung und Theoriebildung vorsieht, ist von immenser Bedeutung im Forschungsprozess (vgl. PRZYBORSKI & WOHLRAB-SAHR 2010, 189).

Basierend auf diesen Überlegungen, sind fünf Prinzipien der Grounded Theory zu unterscheiden (vgl. BÖHM 2009, 476; PRZYBORSKI & WOHLRAB-SAHR 2010, 193 ff.):

I. *Theoretisches Sampling: „Das Sampling ist vielmehr – wie alles andere in der Grounded Theory – an der Entwicklung von Konzepten und Kategorien orientiert“* (PRZYBORSKI & WOHLRAB-SAHR 2010, 194). Ausgehend von der explorativen

Annäherung an das Datenmaterial nimmt die zielgeleitete Auseinandersetzung mit dem Datenmaterial im Forschungsprozess zu. Schließlich findet die Auswahl bestimmter Daten statt. Zu diesem Zeitpunkt rückt die Bestätigung und Weiterentwicklung ermittelter Theoriekonzepte in den Mittelpunkt (vgl. BÖHM 2009, 476).

II. *Theorieorientiertes Codieren:* „*Codieren im Rahmen der Grounded Theory ist theoretisches Codieren, d. h. auf eine Theorie hin arbeitendes Codieren*" (KUCKARTZ 2007, 77). Im Vordergrund der Forschungstätigkeit stand die aktive Konstruktion des Kategoriensystems.

III. *Orientierung am permanenten Vergleich:* Der Vergleich ist ein wichtiges Werkzeug für den Forscher. Durch den wiederholten Vergleich von Kategorien, Konzepten und Phänomen findet die Theorieentwicklung statt. „*Ohne Vergleich ist keine Theorieentwicklung möglich!*" (PRZYBORSKI & WOHLRAB-SAHR 2010, 200)

IV. *Schreiben theoretischer Memos:* Das fortdauernde Schreiben von Memos, mit deren Hilfe die konzeptionelle Weiterentwicklung erfolgen soll, zählt zu den grundlegenden Werkzeugen in der Grounded Theory.

V. *Relationierung von Erhebung, Codieren und Memoschreiben:* „*Die Grounded Theory geht nicht von einem linearen Forschungsprozess aus, sondern davon, dass die verschiedenen Arbeitsschritte sich wechselseitig beeinflussen und stimulieren und immer wieder Rückgriffe auf vorherige Schritte und Revisionen angestoßen werden*" (PRZYBORSKI & WOHLRAB-SAHR 2010, 203).

STRAUSS benennt acht Arbeitsschritte, die von PRZYBORSKI & WOHLRAB-SAHR an einem Beispiel demonstriert werden (vgl. STRAUSS 1991, 44 ff.; PRZYBORSKI & WOHLRAB-SAHR 2010, 206).

Schritt 1: „*Stellen generativer Fragen* im Zuge des Nachdenkens über die Forschungsfrage und der Untersuchung ersten Datenmaterials

Schritt 2: *Herstellung vorläufiger Zusammenhänge durch Kodierung*

Schritt 3: *Verifizieren der Theorie* durch Überprüfung der vorläufigen Zusammenhänge

Schritt 4: *Verknüpfung von Kodierung und Datenerhebung* (Theoretical Sampling)

Schritt 5: *Integration der Theorie* (Herausarbeitung der Schlüsselkategorie)

Schritt 6: *Ausbau der Theorie mit Hilfe von Theoriememos*

Schritt 7: *Berücksichtigung des temporalen und relationalen Aspekts ‚der Triade der analytischen Operation, nämlich Daten erheben, Kodieren, Memo schreiben'*

Schritt 8: *Füllen von Lücken in der theoretischen Integration beim Schreiben des Forschungsberichtes*" (STRAUSS 1991, zitiert nach PRZYBORSKI & WOHLRAB-SAHR 2010, 206).

Die Abfolge signalisiert die Relevanz des Codierens im Auswertungsprozess, was sich auch im vorliegenden Vorgehen bestätigt. „*Im Zentrum des Analysestils der Grounded Theory steht das sorgfältige Codieren der Daten, d. h. die Formulierung von Konzepten und die Zuordnung von Codes zu bestimmten Phänomenen im Datenmaterial*"

(KUCKARTZ 2007, 74)[25]. Nach STRAUSS und CORBIN sind drei wesentliche Formen des Codierens (in Anlehnung an die Grounded Theory) zu unterscheiden (vgl. STRAUSS & CORBIN 2010).

- Offenes Codieren: *„Das offene Codieren ist als der Prozess des Aufbrechens, Untersuchens, Vergleichens, Konzeptualisierens und Kategorisierens von Daten definiert"* (KUCKARTZ 2007, 75). In KUCKARTZ' Beschreibung zeigt sich der explorative Charakter dieser Tätigkeit. Dieser Effekt wurde auch in der vorliegenden Forschungsarbeit genutzt, um sich dem Forschungsgegenstand zu nähern.
- Axiales Codieren: Beim axialen Codieren, welches i. d. R. auf das offene Codieren folgt, werden erste Gemeinsamkeiten und Unterschiede der Kategorien herausgestellt. Das Beziehungsgeflecht der Kategorien untereinander wird bestimmt. Dies öffnet neue Handlungsmöglichkeiten, wie z. B. die Neubenennung oder Verknüpfung einzelner Kategorien.
- Selektives Codieren: Das selektive Codieren schließt den Codiervorgang ab, in dem Kern- bzw. Zielkategorien festgelegt werden. *„Die Daten werden gruppiert, Ziel ist das Aufdecken von Mustern durch Betrachtung der dimensionalen Ausprägungen der Kategorien"* (KUCKARTZ 2007, 76).

Im Allgemeinen ist die Grounded Theory für junge Forscherinnen und Forscher geeignet, da entsprechende Voraussetzungen, wie geringes Vorwissen und eine offene Haltung gegenüber dem Forschungsgegenstand, gegeben sind. Allerdings wird dem ungeübten Forscher die Anwendung der Grounded Theory erschwert, weil auf gezielte Vorgaben zum Forschungsvorgang verzichtet wird. Dies fordert die Kreativität und Reflexivität des Forschers heraus, was wiederum positiv zu bewerten ist. Um die notwendige Anwendungssicherheit zu erlangen, kann die Teamarbeit besonders hilfreich sein. So kann bspw. der Codiervorgang in kooperativer Arbeitsform organisiert werden.

Als weiteres Argument für den Einsatz der Grounded Theory ist die Fragestellung des Forschungsvorhabens anzuführen. Mit Hilfe der narrativen Befragung wurde erhoben, welche inhaltlichen Wünsche und Vorschläge für das Onlineangebot seitens der Unterstützungs- und Beratungslehrkräfte bzw. Regelschullehrkräfte bestehen. Damit knüpft die Befragung an das Alltagswissen der Befragten an (vgl. KRIEGER 2005, 36). Die Grounded Theory begünstigt den Umgang mit alltagsnahem Datenmaterial. *„Bei den Daten, mit denen dieser methodische Ansatz operiert, handelt es sich um vorgefundene oder im Forschungskontakt gemeinsam-interaktiv hervorgebrachte Produkte aus konkreten Handlungsfeldern und spezifischen Sub-/Kulturen (Felddokumente, teilnehmende Beobachtungen, Gespräche/Interviews)"* (BREUER 2010, 39).

---

25 Besonders zu beachten ist, dass die Begrifflichkeiten (bei STRAUSS und CORBIN) nicht mit den gewählten Definitionen (bei KUCKARTZ) gleichgesetzt werden können.

7.4.1.2 Qualitative Inhaltsanalyse (nach MAYRING)

Ebenso beeinflusst wurde der Forschungsprozess – vorrangig die Auswertung des qualitativen Datenmaterials – durch die sozialwissenschaftliche Methode der qualitativen Inhaltsanalyse. Im Gegensatz zur Grounded Theory handelt es sich um ein Verfahren, das lediglich zur Auswertung eingesetzt wird. Die enge Verzahnung von Datenerhebung und Datenauswertung, wie in der Grounded Theory, ist hier nicht vorgesehen. Die qualitative Inhaltsanalyse wird erst mit erfolgreicher Datenerhebung angeschlossen, was wiederum Konsequenzen für den Forschungsprozess hat (vgl. KUCKARTZ 2007, 92).

Parallel zur Grounded Theory hat sich die qualitative Inhaltsanalyse in den 60er Jahren des 20. Jahrhunderts herausgebildet, was mit dem zunehmenden Interesse an qualitativen Forschungsmethoden zu begründen ist (vgl. MAYRING 2010, 17). Dabei ist die qualitative Inhaltsanalyse aus der quantitativen Inhaltsanalyse hervorgegangen (vgl. KUCKARTZ 2007, 91).

Die einführende Deskription bezieht sich auf die Forschungsbeiträge von MAYRING, den führenden Vertreter der qualitativen Inhaltsanalyse im deutschen Sprachraum (vgl. MAYRING 2009, 2010). Diesbezüglich werden Gemeinsamkeiten und Differenzen mit der theoriebildenden Methode der Grounded Theory herausgestellt. Die qualitative Inhaltsanalyse ermöglicht die systematische Auswertung von Text- bzw. Kommunikationsmaterial mittels geeigneter Verfahren (vgl. KUCKARTZ 2007, 91; MAYRING 2009, 468). Die theoretischen Grundzüge aus sozialwissenschaftlicher Perspektive werden skizziert, um das Verständnis gezielt zu erweitern. MAYRING verweist auf vier Merkmale der qualitativen Inhaltsanalyse, welche zugleich die theoretische Rahmung bilden (vgl. KUCKARTZ 2007, 91; MAYRING 2009; MAYRING 2010, 12 f.).

- Die qualitative Inhaltsanalyse basiert auf der *systematischen Analyse von Kommunikationsmaterial,* was neben Textmaterial auch die Analyse weiterer Materialien, die zur Kommunikation eingesetzt werden (Bilder, Symbole, Musik), einschließt. Gemäß den Grundprinzipien in der Kommunikationswissenschaft muss das Material in den Kommunikationskontext eingebettet werden. Im Analyseprozess kommt Kommunikation in schriftlich fixierter Form zur Anwendung.
- Typisch für das Vorgehen in der qualitativen Inhaltsanalyse ist das *hohe Maß an Systematik,* was den grundsätzlichen Unterschied zu dominant interpretativen Verfahren darstellt. Hieran knüpfen die *Prinzipien der Regel- und Theoriegeleitetheit* an. Das Prinzip der Regelgeleitetheit beinhaltet, dass sich das Vorgehen an einem festen Regelwerk orientiert. Dahingegen steht der Begriff Theoriegeleitetheit dafür, dass der gesamte Analyseprozess – von der Erhebung bis zur Auswertung – stets in enger Verbindung mit dem theoretischen Gefüge zu betrachten ist.
- Entscheidender Bestandteil dieses Vorgehens ist die *Darstellung der Inhalte in Kategorien* (Kategorienaufbau).
- *Gütekriterien* sind auch in der qualitativen Inhaltsanalyse von hohem Interesse. Die Auswertung soll so erfolgen, dass die Nachvollziehbarkeit der Ergebnisse gegeben ist.

Grundsätzlich gilt, dass *„die Inhaltsanalyse (...) kein Standardinstrument [ist], das immer gleich aussieht; sie muss an den konkreten Gegenstand, das Material angepasst sein und auf die spezifische Fragestellung hin konstruiert werden"* (MAYRING 2010, 49). Insgesamt subsumiert die qualitative Inhaltsanalyse drei Verfahren zur systematischen Auswertung von qualitativem Datenmaterial. In Abhängigkeit von der Forschungsabsicht sind: die zusammenfassende, die explizierende und die strukturierende Inhaltsanalyse zu wählen. Die grundlegenden Zielstellungen der Techniken sind der Publikation von MAYRING zu entnehmen (vgl. MAYRING 2010, 65).

Im Hinblick auf das vorliegende Forschungsvorhaben beschränkt sich die nachfolgende Dokumentation auf die zusammenfassende qualitative Inhaltsanalyse. Wesentliches Ziel ist es hierbei, *„das Material so zu reduzieren, dass die wesentlichen Inhalte erhalten bleiben, durch Abstraktion einen überschaubaren Corpus zu schaffen, der immer noch Abbild des Grundmaterials ist"* (MAYRING 2010, 65). Insgesamt setzt sich die Technik der zusammenfassenden qualitativen Inhaltsanalyse aus sieben Arbeitsschritten zusammen:

„1. Bestimmung der Analyseeinheiten

2. Paraphrasierung der inhaltstragenden Textstellen (Z1-Regeln)

3. Bestimmung des angestrebten Abstraktionsniveaus, Generalisierung der Paraphrasen unter diesem Abstraktionsniveau (Z2-Regeln)

4. Reduktion durch Selektion, Streichen bedeutungsgleicher Paraphrasen (Z3-Regeln)

5. Reduktion durch Bündelung, Konstruktion, Integration von Paraphrasen auf dem angestrebten Abstraktionsniveau (Z4-Regeln)

6. Zusammenstellung der neuen Aussagen als Kategoriensystem

7. Rücküberprüfung des zusammenfassenden Kategoriensystems am Ausgangsmaterial" *(KUCKARTZ 2007, 92).*

Ergänzend weist MAYRING darauf hin, dass die Arbeitsschritte zwei bis fünf zusammengefasst werden können, um das Arbeiten mit großen Datenmengen zu erleichtern. Exemplarisch erläutert MAYRING die Handhabung der Z-Regeln (Z1 bis Z3) (vgl. MAYRING 2010). Der Prozess kann beliebig wiederholt werden, bis der gewünschte Abstraktionsgrad erreicht ist. In Anknüpfung an die theoretische Schwerpunktsetzung ist ein strukturiertes und regelgeleitetes Vorgehen festgelegt. Dieses sieht folgendermaßen aus (vgl. Abb. 14).

MAYRING grenzt die qualitative Inhaltsanalyse zur Grounded Theory wie folgt ab: *„Innerhalb der qualitativen Inhaltsanalyse lässt sich dieser Kategorienbildungsprozess nun aber systematischer beschreiben, indem die gleiche Logik, die gleichen reduktiven Prozeduren verwendet werden, die in der zusammenfassenden Inhaltsanalyse eingesetzt werden"* (MAYRING 2010, 84). Die zusammenfassende, qualitative Datenanalyse ermöglicht die systematische, inhaltliche Reduktion des qualitativen Datenmaterials. Auf diese Weise können die Kategorien, welche in die Konstruktion von MIT BISS einfließen müssen, gezielt aus dem umfangreichen Datenmaterial herausgelöst werden. Das Verfahren ist gut geeignet, da es sich *„sehr eng an die Texte [hält] und auf eine sorgfältige und methodisch kontrollierte Zusammenfassung und Kategorienbil-*

dung [abzielt]" (KUCKARTZ 2007, 95). Damit unterstützt die Methode das zielgeleitete Vorgehen im Forschungsprozess bestmöglich. Die Bedeutung „latenter Sinngehalte" im Interpretationsverfahren wird außer Acht gelassen. Vielmehr beschränkt sich das Forschungsvorhaben auf die Bedeutung des regelgeleiteten Vorgehens und die Reduktion wesentlicher Inhaltsaspekte. Trotz der methodologischen Grundlegung, sich der Auswertung qualitativer Daten zu widmen, sind quantitative Aussagen möglich.

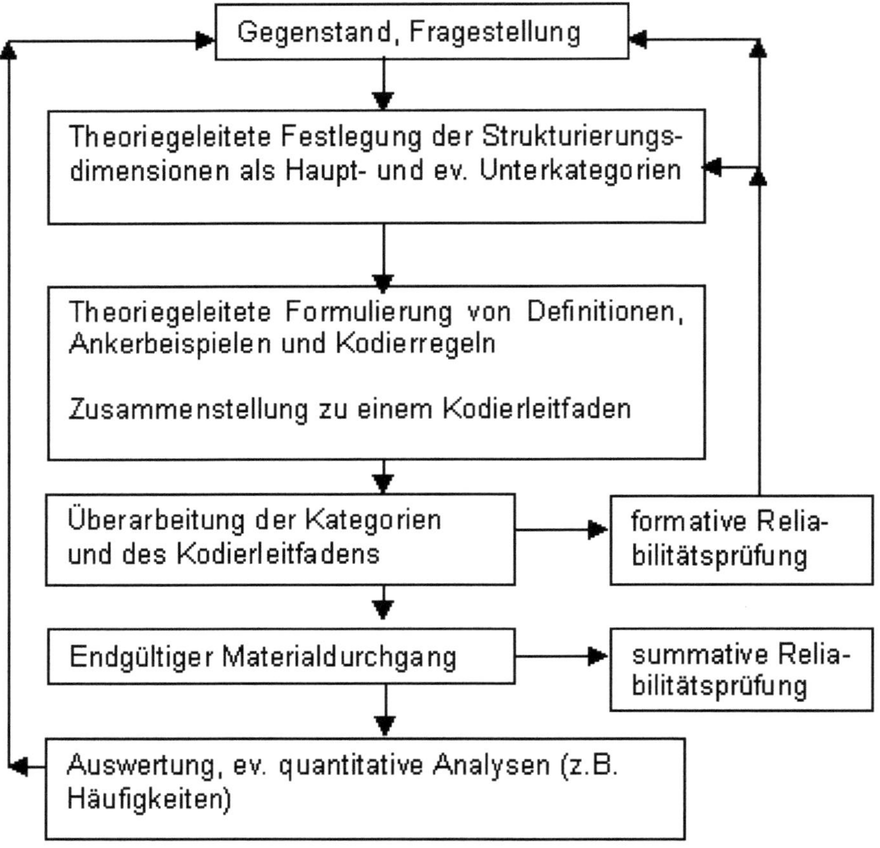

Abb. 14: Ablaufmodell der induktiven Kategorienbildung (nach MAYRING*) (Quelle:* MAYRING 2010, 84*)*

Dahingegen widerspricht die qualitative Inhaltsanalyse der explorativen Annäherung, welche die Grounded Theory bietet. Gerade für die erste Annäherung an das Material erscheint diese Funktion von hoher Bedeutung. *„Allerdings lassen sich auch hier Kombinationen denken, die in einzelnen Analysedurchgängen offenere und inhaltsanalytische Verfahren miteinander verschränken"* (MAYRING 2009, 474). Die Kombination von Exploration und Systematik wird im Forschungsvorhaben eingesetzt.

100

7.4.1.3   Computergestützte Auswertung qualitativer Daten

Beide Methoden – Grounded Theory/Qualitative Inhaltsanalyse – lassen den Einsatz computergestützter Verfahren zu, um die Arbeitsschritte möglichst effizient zu gestalten. Im Auswertungsverfahren der vorliegenden Forschungsarbeit wurde die Software MaxQDa zur Analyse des qualitativen Datenmaterials eingesetzt. MaxQDa regt kein spezielles, methodisches Vorgehen an, sondern unterstützt den Forschungsprozess. Allerdings beeinflusst der Einsatz von technischen Hilfen den Analyseprozess, was reflektiert werden muss (vgl. KUCKARTZ 2007, 13).

Seit den 80er Jahren des 20. Jahrhunderts wird technisches Equipment zur effizienten Auswertung des qualitativen Datenmaterials eingebunden (vgl. KELLE 2009, 486). Im Zuge des technischen Fortschritts haben auch diese Softwareprogramme ihren Funktionsumfang stetig erweitert, so dass die heutigen Produkte mit weitreichenden Funktionalitäten, wie z. B. der grafischen Aufbereitung der Daten, ausgestattet sind. Nach Prüfung der technischen Lösungen, die derzeitig auf dem Markt verfügbar sind, fiel die Entscheidung auf MaxQDa. Neben den erforderlichen Funktionsbereichen bietet die Software weitere Visualisierungsfunktionen an, welche dem Forschungsverständnis entsprechen (vgl. ebd., 487 f.).

Im Vergleich zur manuellen Handhabung bieten die technischen Lösungen diverse Vorteile. *„More accurate, reliable, more transparent, easier“*, fasst GIBBS die Vorzüge der QDA-Software treffend zusammen (GIBBS 2002, 10). Mit Hilfe der Strukturierungs- und Gestaltungsfunktionen gewinnt der Analyseprozess an Übersichtlichkeit. Mittels einiger Funktionalitäten, wie z. B. Visual Tools, können auch quantitative Analyseformen genutzt und anschaulich aufbereitet werden. Dies stellt die gezielte – und in diesem Punkt sinnvolle – Kombination qualitativer und quantitativer Verfahren sicher. Ähnlich anderer technisch gestützter Verfahren, wie z. B. SPSS, übernimmt die Software keinerlei Auswertungsprozesse. Vielmehr wird der allgemeine Analyseprozess durch die übersichtliche Organisation des Datenmaterials positiv unterstützt. Besonders vorteilhaft ist die Vereinfachung der Textverwaltung. Die Grenzen der Datenauswertung, vor allem bei großen Datenmengen, sind bei der ursprünglichen Form der Papierdokumentation schnell erreicht. Außerdem verbleibt die extrahierte Textstelle im Datenmaterial, so dass die stetige Rückkopplung zum Ausgangsmaterial gegeben ist. In Handarbeit erfordern derartige Umsetzungen einen hohen Aufwand und ein unglaubliches Organisationsgeschick. Die technischen Anwendungen bieten entsprechende Entlastung.

7.4.2   Deskription der Auswertungsschritte

Im Folgenden werden die einzelnen Arbeitsschritte, welche zur Auswertung des qualitativen Datenmaterials erforderlich sind, veranschaulicht. Dabei wird illustriert, wie die Grounded Theory mit inhaltsanalytischen Verfahren erfolgreich kombiniert wurde (in Verbindung mit der Computersoftware MaxQDa).

Die Schrittfolge dokumentiert den mehrphasigen Prozess der Datenerhebung. Insbesondere die Interviewphase I und II zeichnen sich in der Abfolge ab. Dementsprechend beziehen sich die ersten Auswertungsschritte auf die Befragung der sonderpädagogischen Experten. Dahingegen beziehen sich die Auswertungsschritte 7 bis 10 vorrangig auf die Auswertung des qualitativen Datenmaterials aus der Befragung der Regelschullehrkräfte.

In der Auswertung der ersten Interviewphase sind sechs Arbeitsschritte zu unterscheiden.

- Schritt 1: *Annäherung an das qualitative Datenmaterial – Einführung der Teilnehmerinnen und Teilnehmer des Projektseminars (SoSe 2009) in das Forschungsvorhaben und die Software MaxQDa*
  Um qualitativ hochwertige Ergebnisse zu erreichen, wurden Studierende der Blinden- und Sehbehindertenpädagogik[26] in die Datenauswertung eingebunden. Die kooperative Annäherung an das qualitative Datenmaterial schützt vor möglichen Auswertungsschwächen, wie z. B. einer stark subjektiv geprägten Auswertung des Datenmaterials (vgl. Kap. 6.3). Um bestmögliche Ausgangsbedingungen für die aktive Beteiligung der Studierenden zu schaffen, fand die ausführliche Verständigung über grundlegende Prämissen und Fragestellungen des Forschungsvorhabens statt. In diesem Zusammenhang wurde das Forschungsmaterial näher definiert. Damit waren die Voraussetzungen geschaffen, um in den Codierungsprozess zu starten (vgl. MAYRING 2010, 84 f.). Mit Hilfe des Tutoriums zur Einführung in den Umgang mit MaxQDa fand eine Schulung zum Umgang mit der Software statt[27] (vgl. Tutorium basiert auf dem Handbuch VERBI SOFTWARE 2011). Am Beispiel wurde das Arbeiten mit der Auswertungssoftware geübt, was gleichzeitig den Umgang mit dem Datenmaterial stärken sollte.

- Schritt 2: *Codierungsversuch in 2er-Teams – Theoretisches Codieren*[28] *(gemäß der Grounded Theory)*
  Exploration kennzeichnet den Einstieg in den Auswertungsprozess (in Anknüpfung an wesentliche Prämissen der Grounded Theory). Mit Hilfe des offenen Codierens fand die explorative Auseinandersetzung mit dem Forschungsgegenstand statt. Unter stetigem Rückbezug auf die wesentlichen Forschungsfragen wurden die Texteinheiten bestimmt, die für die weitere Codierung von Interesse waren. Erste Codierungen, Ideen und Konzepte wurden aus dem Material entwickelt.

---

26 An dem Forschungsprozess konnten nur Studierende höherer Fachsemester der Blinden- und Sehbehindertenpädagogik teilnehmen. Dies hat sichergestellt, dass notwendige Vorbedingungen für den erfolgreichen Umgang mit dem Datenmaterial, wie z. B. fachspezifisches Wissen, erfüllt sind.

27 Neben dem Handbuch sind Video-Tutorials verfügbar, welche die Aneignung basaler und weiterführender Kenntnisse zu MaxQDa unterstützen können (vgl. MAXQDA 2012).

28 In Anlehnung an KUCKARTZ wird der Terminus Codieren als *„die Zuordnung von Kategorien zu relevanten Textpassagen bzw. die Klassifikation von Textmerkmalen bezeichnet"* (KUCKARTZ 2007, 57).

Explizit wurde ein Tandem von Studierenden mit der Weiterarbeit an zwei Interviews beauftragt, um erste Kategorien zu bilden.

- Schritt 3: *Vergleich der Kategorien – Definition der Kategorien*
  In der Folgesitzung wurden die ermittelten Kategorien der einzelnen Tandempaare gegenübergestellt (Permanenter Vergleich). Im Plenum einigte man sich auf Ober- und Unterkategorien, legte Codes für die einzelnen Kategorien fest und erarbeitete einen Codierleitfaden mit Ankerbeispielen (vgl. KUCKARTZ 2007, 90 f.). Grundlegende Prinzipien, wie bestmögliche Trennschärfe der Kategorien oder Vermeidung von Feingliedrigkeit, unterstützten die Entscheidungsprozesse. Der fachliche Dialog über das Reduktions- bzw. Abstraktionsmaß wurde geführt. Dieser Arbeitsschritt endete mit der Beschreibung eines vorläufigen Kategoriensystems (bzw. Codierleitfadens).

- Schritt 4: *Testphase des ermittelten Kategoriensystems (Revision) – Präzisierung des Kategoriensystems (bzw. Codierleitfadens)*
  Auf der Grundlage des ermittelten Kategoriensystems wurde die Auswertung der Interviews fortgesetzt. In diesem Arbeitsschritt der Auswertung wurde das Kategoriensystem auf seine Vollständigkeit hin geprüft (Revision). Es wurde vermehrt mit Code-Memos gearbeitet, um bspw. notwendige Veränderungen des Kategoriensystems für alle beteiligten Codierer transparent zu machen.

- Schritt 5: *Codierung mit abschließendem Vergleich (Diskussion)*
  Mit Hilfe des aktualisierten Kategoriensystems (inkl. Codierleitfaden) wurde die Bearbeitung der Interviews abgeschlossen. Dank der Teamarbeitsfunktionen von MaxQDa war die unabhängige Bearbeitung der Interviews möglich. Im Plenum wurden nicht eindeutige Codierungen geprüft.

- Schritt 6: *Kategorienbasierte Auswertung – Inhaltliche Reduktion der Resultate*
  Nachdem alle Interviews aus der ersten Interviewphase bearbeitet waren, musste das Datenmaterial reduziert werden. Hierbei wurde auf das systematische Verfahren der qualitativen Inhaltsanalyse zurückgegriffen. Wesentliches Ziel war es, „das Material so zu reduzieren, dass die wesentlichen Inhalte erhalten bleiben, durch Abstraktion einen überschaubaren Korpus zu schaffen, der immer noch Abbild des Grundmaterials ist" (MAYRING 2010, 54). Entsprechend fanden die formulierten Arbeitsschritte (nach MAYRING) ihre Anwendung. Die Paraphrasierung und Reduktion der inhaltlichen Aussagen wurde mit Hilfe von Excel organisiert.

Nach der erfolgreichen Durchführung der zweiten Erhebungsphase fand der Wiedereinstieg in den Auswertungsprozess statt.

- Schritt 7: *Auswertung erster Interviews im Rahmen der wissenschaftlichen Abschlussarbeit – Anwendung des ermittelten Kategoriensystems auf die Interviews (Interviewphase II)*
  Um erneut die größtmögliche Objektivität der Ergebnisse zu erreichen, fand die wissenschaftliche Zusammenarbeit mit einer Examenskandidatin statt. Insgesamt neun Interviews wurden von der Examenskandidatin ausgewertet. Im Umgang mit dem neuen Datenmaterial wurden die Arbeitsschritte 1 bis 4 wiederholt. Der explorative Einstieg zeigte den Bedarf neuer Kategorien auf. In stetiger Rückkopplung mit dem Kategoriensystem aus Interviewphase I wurde ein vorläufiges Kategoriensystem für Interviewphase II ermittelt. Es wurde nur minimal verändert, um die Vergleichbarkeit der Kategoriensysteme zu gewährleisten.

- Schritt 8: *Wiederholung des Auswertungsvorgangs (bzw. Fortsetzung) – Vergleich der Resultate*
  Die Codierung der Interviews wurde mit dem überarbeiteten Codierleitfaden fortgesetzt. Auch die Umbenennung ausgewählter Kategorien fand statt.

- Schritt 9: *Kategorienbasierte Auswertung – Datenreduktion*
  Die schriftliche Auswertung aller Interviews wurde fortgesetzt. Wie bereits in der ersten Interviewphase fand die Reduktion des Datenmaterials statt. Erneut wurde das Datenmaterial (unter Anwendung der Techniken der Paraphrasierung, Generalisierung und Reduzierung) auf den wesentlichen Sinngehalt reduziert.

- Schritt 10: *Abschließender Bericht*
  In einer schriftlichen Zusammenfassung wurden die Resultate, also die inhaltlichen Anforderungen an MIT BISS, fixiert.

7.5   Resultat der qualitativen Befragung

Die Auswertung des qualitativen Datenmaterials hat zwei Kategoriensysteme (Interviewphase I/II) mit jeweils vier Hauptkategorien als vorläufiges Ergebnis hervorgebracht.

Tab. 10:   Die vier Hauptkategorien der Kategoriensysteme

Interviewphase I – Experten	Interviewphase II – Regelschullehrkräfte
I. Softskills der Regelschullehrkräfte	I. Wünsche und individuelle Haltungen
II. Inhalte der E-Learning-Plattform	II. Inhalte der E-Learning-Plattform
III. Umsetzungsideen für die E-Learning-Plattform	III. Umsetzungsideen für die E-Learning-Plattform
IV. Pro/Kontra E-Learning-Plattform	IV. Pro/Kontra E-Learning-Plattform

Insbesondere die Hauptkategorie *Inhalte der E-Learning-Plattform* (und damit zusammenhängende Codierungen) ist für die weiterführende Betrachtung von vorrangigem Interesse. Im nächsten Arbeitsschritt wurde das Verfahren der zusammenfassenden Inhaltsanalyse angewendet, um das Ausgangsmaterial weiter zu reduzieren und damit die Kernaussagen zur fachinhaltlichen Gestaltung von MIT BISS zu verdichten (vgl. Mayring 2010, 85).

Einführend werden die Ergebnisse aus der qualitativen Expertenbefragung deskriptiv dargestellt. Die Ergebnispräsentation wird mit den Kernaussagen der Regelschullehrkräfte fortgesetzt. Abschließend werden die Äußerungen der beiden Zielgruppen miteinander verglichen, um die inhaltlichen Anforderungen an MIT BISS zu präzisieren.

7.5.1 Interviewphase I – Ergebnisse aus der qualitativen Befragung der sonderpädagogischen Experten

Mit Hilfe des Kategoriensystems, das aus den fachinhaltlichen Nennungen der sonderpädagogischen Experten hervorgegangen ist, können wichtige Schlussfolgerungen für die fachliche Aufbereitung von MIT BISS getätigt werden. Erste Inhaltsbereiche des Angebots, wie z.B. informative Hinweise zu individuellen Hilfsmitteln, können definiert werden.

Jedoch reicht diese Darstellung für den weiteren Arbeitsprozess nicht aus. Damit die konkreten Nennungen in den weiteren Arbeitsprozess eingehen können, wurden die zugeordneten Interviewaussagen paraphrasiert (Paraphrasierung), generalisiert (Generalisierung) und auf ihre jeweilige Kernaussage reduziert (Reduzierung). Effektiv konnte das Datenmaterial organisiert werden, um bspw. wiederholende Aussagen zu streichen.

Im Folgenden werden die wesentlichen Ergebnisse aus der Befragung der sonderpädagogischen Experten vorgestellt. Wie dem Kategoriensystem zu entnehmen ist, lassen sich die Äußerungen der Sonderpädagogen vier Oberkategorien zuordnen (I. personale Fähigkeiten/Eigenschaften; II. fachliche Inhaltsbereiche/Sachinformationen; III. Wünsche hinsichtlich der medialen Ausgestaltung; IV. Lob und Kritik am Angebot). Alle Haupt- und Unterkategorien, die grau abgebildet sind, finden sich nicht im Kategoriensystem der Interviewphase II wieder (vgl. Abb. 15). Zusätzlich ermöglicht der Code-Matrix-Browser (MaxQDa) die Visualisierung aller Nennungen in den einzelnen Kategorien[29]. Auf diese Weise können Themenfelder, auf welche alle befragten Unterstützungs- und Beratungslehrkräfte (UB_1 bis UB_9) näher eingegangen sind, illustriert werden. Die quantitative Häufigkeit einzelner Themenfelder offenbart die inhaltliche Brisanz für die thematische Verankerung in MIT BISS. In chronologischer Reihenfolge werden die Ober- und Unterkategorien (mit ihren Inhalten) im Abschlussbericht präsentiert. Am Beispiel wird zunächst ausführlicher auf die Ergebnisse eingegangen, um die Vorgehensweise zu verdeutlichen. Vor allem in

---

29 Identische Aussagen von einem Interviewpartner werden nur einmal kodiert. Wenn mehrere Nennungen eines Befragten in eine Kategorie eingeordnet werden können, wird das Themenfeld präzisiert.

der Oberkategorie *Inhalte der E-Learning-Plattform* wird dieses Vorgehen verkürzt, um die Kernaussagen prägnant zusammenzufassen[30].

I. Softskills (des Regelschullehrers)
    positive Einstellung/Empathievermögen
    offene Idee vom eigenen Unterricht
II. Inhalte der E-Learning-Plattform
    Definition Blindheit-Sehbehinderung
    Diagnostik und Förderung des Sehens
        Physiologisches Sehen
        Funktionales Sehen
    Rechtliche Rahmenbedingungen
    Organisation der sonderpädagogischen Förderung
    II. 1. Duales Curriculum
        Berufliche Perspektiven
        Kompensatorische Fertigkeiten
        Soziale Aspekte
        Rehabilitative Maßnahmen - LPF, O&M
    II. 2. Methodik
        spezifische Unterrichtsgestaltung - Methodik
            blindenspezifische Methodiken
            Modifizierung von Fachdidaktiken
    II. 3. Medien
        Herstellung spezifischer Materialien/Medien
        Adaptation allgemeiner Materialien/Medien
        Gestaltung des Lehr- und Lernraums
        Schrift
            Schrift rezipieren
            Schrift produzieren
        Individuelle Hilfsmittel
III. Umsetzungsideen für die E-Learning-Plattform
    Binnenstruktur
    Veranschaulichung
IV. Pro/Kontra E-Learning-Plattform
    Pro
    Kontra
        Individualität
        Eigenerfahrung
        weitere Problemfelder

Abb. 15: Kategoriensystem der Interviewphase I

1. Oberkategorie: Personale Voraussetzungen der Regelschullehrkräfte

Nach Meinung der sonderpädagogischen Experten sind nicht nur Fachwissen, sondern auch persönliche Voraussetzungen, wie Empathievermögen, beim Agieren im

---

30 In der Oberkategorie *Inhalte der E-Learning-Plattform* werden Fakten von den Experten und Regelschullehrkräften genannt, so dass die tabellarische Form der Aufzählung geeignet ist. Dahingegen sind in den weiteren Oberkategorien zusätzliche Erklärungen notwendig, so dass die Darstellungsform deskriptiv bleibt.

GU gefordert[31]. Die zugeordneten Beiträge sind in der Oberkategorie *Softskills (der Regelschullehrkräfte)* zusammengefasst, wobei sich die Nennungen wiederum in zwei Subkategorien namens *positive Einstellung/Empathievermögen* und *offene Idee vom eigenen Unterricht* trennen lassen. Damit benennen die Unterstützungs- und Beratungslehrkräfte notwendige Eigenschaften tätiger Regelschullehrkräfte, die für die erfolgreiche Durchführung des GU sowie für die gezielte Auseinandersetzung mit relevanten Fragestellungen in diesem Zusammenhang erforderlich sind.

Codesystem	UB_1	UB_2	UB_3	UB_4	UB_5	UB_6	UB_7	UB_8	UB_9
I. Softskills (des Regelschullehrers)									
positive Einstellungen/ Empathievermögen	5	1	1	4		3	1	1	
offene Idee vom eigenen Unterricht	2		1	2		2		2	

Abb. 16: Interviewphase I – Oberkategorie Softskills (des Regelschullehrers)

Die Beiträge in der Subkategorie *positive Einstellung/Empathievermögen* zeigen die grundsätzliche Auffassung, dass die Regelschullehrerinnen und Regelschullehrer vorrangig mit individuellen Eigenschaften, wie Einfühlungsvermögen und Bereitschaft, ausgestattet sein sollten. Dahingegen wird fachinhaltliches Wissen mehrheitlich als zweitrangig angesehen. Auch stark polarisierende Meinungen werden vertreten. Nach Auffassung der Expertin ist nicht fachspezifisches Know-how, sondern allein der Wille von entscheidender Bedeutung für das erfolgreiche Agieren im GU. In der Zusammenschau erachten die befragten Unterstützungs- und Beratungslehrkräfte folgende Eigenschaften bzw. Fähigkeiten als besonders wesentlich, mit welchen die Regelschullehrerin bzw. der Regelschullehrer ausgestattet sein sollte. Dabei werden die Eigenschaften gemäß der Schwerpunktsetzung von Seiten der Unterstützungs- und Beratungslehrkräfte benannt. Ausschlaggebend ist *(1)* der *Wille* bzw. die *innere Bereitschaft* für das Tätigkeitsfeld GU, wobei hinsichtlich der Bereitwilligkeit seitens der Lehrkraft, des Kollegiums und der Institution Schule differenziert wird. Daran anknüpfend wird *(2) Empathievermögen* von den Regelschullehrerinnen und Regelschullehrern gefordert. Nach Auffassung der Unterstützungs- und Beratungslehrkräfte sind eine positive Einstellung sowie Einfühlungsvermögen essentiell, um sich für die individuellen (Lern-)Voraussetzungen und (Lern-)Bedürfnisse der Schülerin bzw. des Schülers und hieraus resultierende, spezifische Fragestellungen öffnen bzw. diese zum Ausdruck bringen zu können. Erst das Einfühlen in die spezifische Lage ermöglicht das selbständige Identifizieren von (möglichen) Problemfeldern und beugt gleichzeitig Missverständnissen vor. Zusammengefasst machen die Unterstützungs- und Beratungslehrkräfte deutlich, dass ohne die erforderliche Bereitschaft kein Einfühlen und damit kein Erfassen der spezifischen Problemlage stattfinden kann. Einzelne Äußerungen erweitern das Spektrum der Äußerungen und benennen

---

31 Angesichts der Fragestellung, wie ein Angebot zur Qualifizierung von Regelschullehrkräften zu organisieren ist, muss auch die Bedeutung personaler Voraussetzungen reflektiert werden.

(3) *Reflexionskompetenz*[32] und (4) *Kooperations- und Teamfähigkeit* als weitere, notwendige Eigenschaften der Regelschullehrerinnen und Regelschullehrer, was bereits den fließenden Übergang zur Subkategorie *offene Idee vom eigenen Unterricht* bildet.

In der Subkategorie *Offene Idee vom eigenen Unterricht* sind erforderliche Eigenschaften der Regelschullehrkräfte fixiert, welche sich auf die Unterrichtspraxis beziehen. Erstens wird gefordert, dass sich Regelschullehrerinnen und Regelschullehrer zur (1) *langfristigen Unterrichtsplanung* bereit machen müssen. Und (2) muss *der offene/flexible Umgang mit neuen Unterrichtsmaterialien und Unterrichtsmethoden* gegeben sein, um im gemeinsamen Unterricht von sehenden und nicht sehenden Schülerinnen und Schülern erfolgreich zu sein.

2. Oberkategorie: Fachliche Inhaltsbereiche/Sachinformationen

An die sozialen Kompetenzen, die von den Unterstützungs- und Beratungslehrkräften als notwendig erachtet werden, schließen sich die Beiträge zur fachinhaltlichen Spezifizierung des Angebots an. Im Folgenden sind die fachspezifischen Äußerungen zusammengefasst, die nach Meinung der Unterstützungs- und Beratungslehrkräfte von dem Onlineangebot MIT BISS erfüllt werden müssen. Auf Grund der Fülle an Beiträgen in dieser Hauptkategorie erfolgt die deskriptive Auswertung exemplarisch. Anhand der Beispielkategorien *Definition Blindheit – Sehbehinderung* und *Diagnostik und Förderung des Sehens* wird das Vorgehen veranschaulicht. Die nachfolgende tabellarische Aufstellung ermöglicht das sofortige Erfassen der inhaltlichen Dimension.

Häufig werden Basisinformationen, wie z. B. die Definition grundlegender Begriffe, zu Interviewbeginn von den Befragten benannt. In der Kategorie *Definition Blindheit – Sehbehinderung* geben zwei Unterstützungs- und Beratungslehrkräfte an, dass die Lehrerinnen und Lehrer in das Themengebiet *Blindheit und Sehbehinderung* eingeführt werden sollen (vgl. Abb. 17).

Codesystem	UB 1	UB 2	UB 3	UB 4	UB 5	UB 6	UB 7	UB 8	UB 9
Definition Blindheit-Sehbehinderung						3	4		

Abb. 17: *Interviewphase I – Definition Blindheit – Sehbehinderung*

In der aktiven Auseinandersetzung mit grundlegenden Begrifflichkeiten und Terminologien, was auch die definitorische Abgrenzung von Blindheit und Sehbehinderung (bzw. verschiedener Formen von Sehbehinderung) und daraus resultierenden Konsequenzen (bspw. auf der juristischen Ebene) beinhaltet, soll dies realisiert werden. Nach Auffassung der sonderpädagogischen Experten muss betont werden,

---

32 Ausgehend von den veränderten Anforderungen im GU wird die Reflexionskompetenz als die Fähigkeit zum professionellen Umgang mit dem veränderten Tätigkeitsfeld (bzw. der novellierten Berufsrolle) und hieraus resultierenden fachlichen Fragestellungen verstanden.

dass jede Sehbeeinträchtigung in ihrer Ausprägung individuell ist. Im Weiteren wird geäußert, dass der gegenwärtige Wandel im Handlungsfeld Schule, insbesondere die Veränderung des Schülerklientels[33] sowie daraus resultierende Konsequenzen der lernzieldifferenten Unterrichtsgestaltung, dezidiert herausgestellt werden muss. Auch die Chancen zum interdisziplinären Austausch in diesem Themenbereich, speziell über digitale Medien, werden von einem Vertreter aus dem Unterstützungs- und Beratungssystem genannt. Insgesamt soll das Verständnis für die Zielgruppe, also die Schülerinnen und Schüler mit Beeinträchtigungen im Sehen, gefördert werden. Es soll ein möglichst authentisches Bild dieser Schülerinnen und Schüler vermittelt werden, um das Urteilsvermögen der Regelschullehrkräfte zu schulen (und Über- bzw. Unterforderung vorzubeugen). Zusätzlich wird vorgeschlagen, dass Regelschullehrerinnen und Regelschullehrer zur eigenständigen Identifizierung möglicher Sehprobleme befähigt werden sollten (z. B. Inventar zum Erkennen einer Sehschädigung).

Die Mehrheit der Unterstützungs- und Beratungslehrkräfte (55,5 %) fordert, dass die Regelschullehrkräfte über das Sehvermögen der Schülerschaft eingehend informiert werden (*Diagnostik und Förderung des Sehens*) (vgl. Abb. 18). Schließlich bilden diese Kenntnisse die wesentliche Voraussetzung für weiterführende Entscheidungen auf der unterrichtspraktischen Ebene.

Codesystem	UB 1	UB 2	UB 3	UB 4	UB 5	UB 6	UB 7	UB 8	UB 9
Diagnostik und Förderung des Sehens									
Physiologisches Sehen			2		1	2	2		1
Funktionales Sehen			1		2	3	1		1

Abb. 18: Interviewphase I – Diagnostik und Förderung des Sehens

Grundsätzlich sind Beiträge zu unterscheiden, die grundlegendes Know-how im Bereich des physiologischen (auch funktionellen) Sehens und Kenntnisse im Bereich des funktionalen Sehens fordern. Dies begründet die kategoriale Teilung in die Subkategorien: *Physiologisches Sehen* und *Funktionales Sehen*.

In der Subkategorie *Physiologisches Sehen* sind die Äußerungen der Unterstützungs- und Beratungslehrkräfte zusammengefasst, welche sich auf die Notwendigkeit von medizinischen Fachinformationen beziehen. Mehrheitlich erachten die Unterstützungs- und Beratungslehrkräfte medizinisches, speziell ophthalmologisches Know-how, als relevant für das Agieren des Regelschullehrers bzw. der Regelschullehrerin. Insbesondere medizinische Erläuterungen, die konkret auf die gesundheitliche Problematik der Schülerin bzw. des Schülers abgestimmt sind, werden als empfehlenswert eingeschätzt. Konkret wird eine kurze Definition der vorliegenden Augenerkrankung bzw. Sehschädigung und damit zusammenhängender Symptome, die Erläuterungen medizinischer Termini sowie die Einordnung der Sehschädigung in den medizinischen Gesamtkontext gefordert. Vereinzelt wird auch der direkte Verweis auf spezielle Augenerkrankungen verlangt, insbesondere Hinweise

---

33 Schülerinnen und Schüler mit additiven Beeinträchtigungen, neben der Beeinträchtigung des Sehens, nehmen vermehrt an der Teilhabe am GU teil.

zu Optikusatrophie, Albinismus, AMD (Altersbedingte Makuladegeneration) und Fehlsichtigkeiten (Kurz- und Weitsichtigkeit) werden als hilfreich angesehen. Die Subkategorie *Funktionales Sehen* bezieht sich auf das notwendige Know-how zum Sehvermögen der Schülerinnen und Schüler im pädagogischen Kontext. Die Unterstützungs- und Beratungslehrkräfte geben an, dass die Regelschullehrkräfte an der Beschreibung des funktionalen Sehvermögens ihres Schülers bzw. ihrer Schülerin interessiert sind. Insbesondere Aussagen zum Sehen in der Nähe, Sehen in der Ferne, zum individuellen Vergrößerungsbedarf und zur Fähigkeit der Wahrnehmung von Kontrasten, werden eingefordert. Daran anknüpfend wird die Darstellung von pädagogischen Konsequenzen, wie z. B. dem Einsatz von Kontrasten und Anwendungsmöglichkeiten der Vergrößerung, benannt. Einige Äußerungen beziehen sich auch auf definitorische Abgrenzungen. Zusätzlich muss der Hinweis erfolgen, dass das Sehen durch Faktoren, wie z. B. der Tagesform sowie den Seherfahrungen des Schülers bzw. der Schülerin, beeinflusst wird.

Tab. 11: Die fachlichen Inhaltsbereiche in der Gesamtschau – Interviewphase I

Rechtliche Rahmenbedingungen

Codesystem	UB 1	UB 2	UB 3	UB 4	UB 5	UB 6	UB 7	UB 8	UB 9
Rechtliche Rahmenbedingungen	3	2	2	2	1	5	3	1	

Abb. 19: Interviewphase I – Rechtliche Rahmenbedingungen

- Juristische Verankerung des GU ((inter-)nationale Vereinbarungen, Einbettung des GU im Schulgesetz der Bundesländer, Funktion des sonderpädagogischen Gutachtens)
- Rechtliche Konsequenzen auf der schulpraktischen Ebene: Nachteilsausgleich (Definition, Umsetzungsmöglichkeiten mit praktischen Beispielen, Auswirkungen auf das soziale Klassengefüge); Informative Hinweise zu Pflichten/Vorschriften der Professionellen (Kennzeichnungspflicht, Verhalten bei Ausflügen, Sportunterricht); Sachinformationen zu gesetzlichen Leistungsansprüchen der Schülerinnen und Schüler mit Sehschädigung (z. B. auf Sach- und Hilfsmittel) sowie Möglichkeiten der Inanspruchnahme (Benennung potentieller Ansprechpartner und Beantragungen, Erläuterung der Funktion des Schwerbehindertenausweises)

Organisation der sonderpädagogischen Förderung

Codesystem	UB 1	UB 2	UB 3	UB 4	UB 5	UB 6	UB 7	UB 8	UB 9
Organisation der sonderpädagogischen Förderung	3	1	2		1	1	4	1	

Abb. 20: Interviewphase I – Organisation der sonderpädagogischen Förderung

Informative Hinweise zum Unterstützungs- und Beratungsnetzwerk:

- Informationen zum Personenkreis, der am pädagogischen Prozess beteiligt ist (Sonderpädagogen: Beschreibung des Tätigkeitsprofils, Ressourcenmanagement; Eingliederungshilfe/Assistenzkraft: Beschreibung des Tätigkeitsprofils, Hinweis auf die Grenzen der Tätigkeit im pädagogischen Arbeitsfeld; Regelschullehrkräfte: Mitarbeiterpflicht am Gutachten)
- Informationen zu institutionellen Strukturen: Funktion des Medien- und Beratungszentrums
- Faktoren für erfolgreiche Netzwerkarbeit: Bedeutung des kontinuierlichen Fachaustauschs

Duales Curriculum

Codesystem	UB_1	UB_2	UB_3	UB_4	UB_5	UB_6	UB_7	UB_8	UB_9
II. 1. Duales Curriculum		1							

Abb. 21:   Interviewphase I – Duales Curriculum

- Inhalte des dualen Curriculums (s. nachfolgende Kategorien)

Berufliche Perspektiven

Codesystem	UB_1	UB_2	UB_3	UB_4	UB_5	UB_6	UB_7	UB_8	UB_9
Berufliche Perspektiven		1					1		

Abb. 22:   Interviewphase I – Berufliche Perspektiven

- Sachinformationen zur Lebensperspektive von Schülerinnen und Schülern mit Blindheit/ hochgradiger Sehbehinderung (Partnerschaft, Eigenständigkeit in der Lebensführung)
- zusätzlich: Orientierung auf den Aspekt der beruflichen Qualifizierung: Spezialangebote der beruflichen Orientierung, Chancen auf dem Arbeitsmarkt, Maßnahmen der Berufsausbildung

Kompensatorische Fertigkeiten

Codesystem	UB_1	UB_2	UB_3	UB_4	UB_5	UB_6	UB_7	UB_8	UB_9
Kompensatorische Fertigkeiten	2	3						1	

Abb. 23:   Interviewphase I – Kompensatorische Fertigkeiten

- Besonderheiten des taktilen und auditiven Lernens (Hinweis auf Unterschiede zum visuellen Lernen, methodische Konsequenzen)
- Begriffsbildung

Soziale Aspekte

Codesystem	UB_1	UB_2	UB_3	UB_4	UB_5	UB_6	UB_7	UB_8	UB_9
Soziale Aspekte	1	2		2	1	2	1	1	1

Abb. 24:   Interviewphase I – Soziale Aspekte

- Bedeutung der sozialen Integration als entscheidendes Kriterium der gelingenden Teilhabe im GU
- Einfluss der Sehschädigung auf die soziale Kompetenz: (Kommunikation(sprobleme), Blindismen bzw. auffällige Körperhaltung, Verweigerung von Hilfsmitteln)
- Möglichkeiten zur Förderung des sozialen Miteinanders: Stärkung der Kompetenz des Umfelds (gegenseitiges Verständnis) und der betroffenen Schülerin bzw. des betroffenen Schülers (Ausbau der behindertenspezifischen Kompetenz, Umgang mit Sehbeeinträchtigung)

Rehabilitative Maßnahmen

Codesystem	UB_1	UB_2	UB_3	UB_4	UB_5	UB_6	UB_7	UB_8	UB_9
Rehabilitative Maßnahmen	1	1			1				

Abb. 25:   Interviewphase I – Rehabilitative Maßnahmen

- Lebenspraktische Fähigkeiten (= Techniken zur Alltagsbewältigung wie Kochen und Putzen): Kurzbeschreibung
- Orientierungs- und Mobilitätstraining (= Techniken zur sicheren Fortbewegung): Kurzbeschreibung, Techniken der sehenden Begleitung, Kompetenz zur Einschätzung der Fähigkeiten des Schülers im Bereich O&M

Spezifische Unterrichtsgestaltung

Codesystem	UB_1	UB_2	UB_3	UB_4	UB_5	UB_6	UB_7	UB_8	UB_9
spezifische Unterrichts-gestaltung - Methodik		1	1	1	1	1		1	
blindenspezifische Methodiken		1	1	2	2	3	2	6	
Modifizierung von Fachdidaktiken	1	2	1	5	2	10	3	4	

Abb. 26:   Interviewphase I – Spezifische Unterrichtsgestaltung

Spezifische Unterrichtsgestaltung

- Position 1: Tipps für die Einbindung des Schülers in den Unterricht (orientiert an der gewohnten Unterrichtsgestaltung)

- Position 2: Tipps zur Gestaltung des GUs (Gruppen- oder Partnerarbeit, Visualisierung)

- Interesse an Unterrichtsbeispielen mit Transferfunktion für den eigenen Unterricht

Blindenspezifische Methodiken

- Differenz an Umwelterfahrungen zwischen sehenden und nicht sehenden Schülerinnen und Schülern (mit zunehmender Sehbeeinträchtigung): Konsequenzen für das Unterrichtsgeschehen

- Begriffsbildung (auch als Folge differierender Umwelterfahrungen)

- Evtl. veränderte Kommunikationsprozesse zwischen Lehrer – Schüler bzw. Schüler – Schüler (z. B. Einschränkung der nonverbalen Kommunikation): Alternativen der Kommunikation (Körperlichkeit, Namensnennung etc.)

- Konsequenzen des taktilen Lernens (Inhaltsreduktion, Rückfragen zum Verständnis, Zeitfaktor, Lösungsoffensiven für den GU, Arbeiten mit der Braillezeile (Organisation auf dem Arbeitsblatt), Bedeutung von Originalobjekten)

- Verbalisierung, z. B. beim Einsatz von Medien (z. B. Tafel) und Materialien (Abbildungen); Kriterien für zielgerichtetes Vorgehen (klare Sprache); Schulung von allen Beteiligten (Lehrer – Schüler)

Modifizierung der Fachdidaktiken

Unterrichtsfach	Wünsche/häufige Fragestellungen
Naturwissenschaften Mathematik Physik Chemie Biologie	• Informationen zur Unterrichtsgestaltung in den naturwissenschaftlichen Fächern (vorrangig relevant für Sek. II) • Unterrichtsthemen: Handhabung von Versuchen im naturwissenschaftlichen Bereich (Alternativen) • Umgang mit dem grafischen Taschenrechner • Geometrie (Körperdarstellung) • Einsatz von Computerprogrammen (Geometrie) • barrierefreier Zugang zu Messdaten • Versuche • Mikroskopieren
Geografie	• Schülerinnen und Schüler mit Blindheit: Einsatz taktiler Abbildungen • Schülerinnen und Schüler mit Sehbehinderung: Hinweise zum Kartenlesen

Unterrichtsfach	Wünsche/häufige Fragestellungen
Ästhetische Fächer Kunst Musik	• Hinweis zum Einsatz alternativer Materialien • Hinweise zur Leistungsbewertung • Musiknotenschrift • Hinweis auf spezielle Computerprogramme
Sport	• Eurythmie • Beratung hinsichtlich sportlicher Möglichkeiten und Grenzen • Bewertung der Leistung im Sportunterricht • Spielideen für den GU • Mannschaftssportarten
Sprachen Deutsch Fremdsprache	• Schreibschrift (Handschrift – Schreibschrift Diskussion) • Alternative Unterrichtsmethoden (Vermeidung von Techniken der Visualisierung)

Herstellung spezifischer Materialien/Medien

Codesystem	UB 1	UB 2	UB 3	UB 4	UB 5	UB 6	UB 7	UB 8	UB 9
Herstellung spezifischer Materialien	1			3	2			1	

Abb. 27:   Interviewphase I – Herstellung spezifischer Materialien/Medien

- Allgemein: Regelschullehrkräfte benötigen allgemeine Informationen zu den grundlegenden Optionen der Herstellung geeigneter Unterrichtsmaterialien

- Spezifische Hinweise: Kenntnis hinsichtlich bestimmter Materialien, z. B. Fuserkopie, Zeichenpapier und Typhlografien (und daraus folgende Konsequenzen beim Einsatz)

- Typhlografien (Gefahr der 1:1-Transfers von visueller und taktiler Abbildung, Hinweis auf Selbsttestmöglichkeit von taktilen Grafiken, klarer Aufbau und Struktur, Reduktion der Informationen auf das Wesentliche mit im Bedarfsfall Gliederung der Typhlografie in Teilprozesse)

Adaptation spezifischer Materialien/Medien

Codesystem	UB 1	UB 2	UB 3	UB 4	UB 5	UB 6	UB 7	UB 8	UB 9
Adaptation allgemeiner Materialien/Medien	1	1	1	3	2	1		1	

Abb. 28:   Interviewphase I – Adaptation spezifischer Materialien/Medien

- Auseinandersetzung von veränderten Einsatzmöglichkeiten von Tafel & Co: Hinweise zum richtigen Tafeleinsatz, Einsatz von Overheadprojektoren, Abbildungen und Filmen (Bedingungen zum Einsatz von Filmen)

- Einsatzmöglichkeiten von Materialien: 3D-Modelle

- Personelle Bedarfe: Bindung der Modifikationen an spezifische Berufsgruppen (Umsetzungsgrenzen: personelle vs. materielle Ressourcen)

Codesystem	UB_1	UB_2	UB_3	UB_4	UB_5	UB_6	UB_7	UB_8	UB_9
Gestaltung des Lehr- und Lernraums	1		3		1	3			

Abb. 29: Interviewphase I – Gestaltung des Lehr- und Lernraums

	Lichtverhältnisse	Barrierefreiheit	Struktur/ Kennzeichnung
Institution Schule	Optimale Voraussetzungen	Herstellung der Barrierefreiheit, optimaler Platzbedarf	
Klasse		Garantie der Barrierefreiheit	Klare Struktur des Klassenraums
persönlicher Arbeitsplatz	Beleuchtung	Platzbedarf	

- Tipps zur Organisation am Arbeitsplatz, z. B. Verweis auf Ordnungssysteme

Schrift

Codesystem	UB_1	UB_2	UB_3	UB_4	UB_5	UB_6	UB_7	UB_8	UB_9
Schrift								2	
Schrift rezipieren	2	3		2	2				
Schrift produzieren	1	2		2	2	5	1	2	1

Abb. 30: Interviewphase I – Schrift

Schrift

- Basisinformationen zum Schriftsystem der Schülerinnen und Schüler mit Blindheit (insbesondere Mathematikschrift)

Schriftrezeption

- Schriftrezeption bei Schülerinnen und Schülern mit Blindheit (Punktschriftleser):
  - (Wahrnehmungs-)Vorgang beim taktilen Lesen
  - Hilfsmittel bei der Schriftrezeption (insbesondere Braillezeile): Konsequenzen für das Erlernen des Lesens mit dem Computer (Textnavigation, Textstrukturierung, methodische Alternativen), Besonderheiten beim Lesenlernen mit dem Computer
  - Konsequenzen für den GU: Leseprozess im Vergleich mit sehenden Schülerinnen und Schülern (Zeitfaktor, Nachteilsausgleich)
  - Besonderheiten für den Erstlese- und Schriftspracherwerb (Buchstabenfolge, Fördermaterialien für Schülerinnen und Schüler mit Blindheit: Buchstabendifferenzierung, Vorübungen)
  - erforderliche Punktschriftkompetenzen der Regelschullehrkraft
- Schriftrezeption bei Schülerinnen und Schülern mit Sehbehinderung (von sekundärer Bedeutung): Sensibilisierung für die visuellen Bedürfnisse (Schriftgröße entsprechend des Vergrößerungsbedarfs und notwendige Konsequenzen)

Schriftproduktion

- Schülerinnen und Schüler mit Blindheit:
  - Gütekriterien für das Erstellen von Texten, Tabellen in digitaler Form (Markierungen, Differenz Punktschriftpapier vs. Schwarzschriftpapier, Relevanz der professionellen Erstellung durch den RS), Erläuterung des Schreibens mit Computer (Braillezeile)
- Schülerinnen und Schüler mit Sehbehinderung:
  - Standards der Arbeitsblatterstellung (Aufzählung einzelner Kriterien, wie z. B. Schriftgröße, Differenz der eigenen Arbeitsblatterstellung und der bloßen Formatvergrößerung), Schriftspracherwerb (Schreibschrift vs. Druckschrift, Lineaturen, Stiftwahl, Einstieg in die Arbeit am Computer, Abweichung von der Norm – Sehbehinderung oder Unsauberkeit!?)
- Allgemein: Sonderpädagoge bzw. Sonderpädagogin (BU-Lehrer) steht für Digitalisierung zur Verfügung

Individuelle Hilfsmittel

Codesystem	UB_1	UB_2	UB_3	UB_4	UB_5	UB_6	UB_7	UB_8	UB_9
Individuelle Hilfsmittel	1	3	2		3	5	1	3	1

Abb. 31: Interviewphase I – Individuelle Hilfsmittel

- Position: Know-how (Funktionsweise/Einsatzmöglichkeiten) zu den speziellen Hilfsmitteln des konkreten Kindes bzw. Jugendlichen (Abgrenzung zu anderen verfügbaren HM): Hilfsmittel zum Lesen/Schreiben/Rechnen sowie zum Kamera-Lese-System, Lupen, grafischer Taschenrechnerersatz Maple, sehbehinderten- bzw. blindengerechte Lineale/Taschenrechner
- Position: Auf dem Hilfsmittelmarkt verfügbare Hilfe für blinde und sehbehinderte Nutzerinnen und Nutzer werden im Überblick, also ohne konkreten Bezug, dargestellt.
- Zusätzlich: Befürwortung eines Informationsangebots über die neuesten Trends und Entwicklungen auf dem Hilfsmittelmarkt
- Hinweise zur zielgerichteten Einbindung von Hilfsmitteln in den Unterricht
- notwendige Fördermaßnahmen zum vermehrten Einsatz der Hilfsmittel

3. Oberkategorie: Wünsche hinsichtlich der medialen Ausgestaltung

Im Rahmen der Bedürfnisanalyse der inhaltlichen Struktur haben die Befragten verschiedene Vorschläge zur Ausgestaltung von MIT BISS geäußert. Diese Gestaltungsideen, die in die Unterkategorien *Binnenstruktur, Blended Learning und Veranschaulichung* ausdifferenziert werden können, wurden ebenfalls erfasst. Schließlich soll die Konstruktion des Angebots an den Vorstellungen der Nutzerinnen und Nutzer ausgerichtet werden, um die größtmögliche Akzeptanz zu erreichen.

Codesystem	UB_1	UB_2	UB_3	UB_4	UB_5	UB_6	UB_7	UB_8	UB_9
III. Umsetzungsideen für die E-Learning-Plattform									
Binnenstruktur	3		1		3	4		1	
blended learning	1		2						
Veranschaulichung	3		1	1	1				1

Abb. 32: Interviewphase I – Oberkategorie Umsetzungsideen für die E-Learning-Plattform

In dieser Oberkategorie haben sich sieben von neun Sonderschullehrkräften (rund 80 % der befragten Experten) zu Wort gemeldet (vgl. Abb. 32).

In der Subkategorie *Binnenstruktur* können die Statements in zwei Gruppen klassifiziert werden. Erstens werden Ideen benannt, welche sich auf die Darstellung der Textmaterialien beziehen. Zweitens werden Empfehlungen zum strukturellen Aufbau und notwendigen Funktionen des E-Learning-Angebots abgegeben (vgl. Tab. 12).

Tab. 12: Gestaltungsempfehlungen der sonderpädagogischen Experten in der Subkategorie Binnenstruktur

1. Empfehlungen zur Gestaltung der Sachverhalte

- kurze, prägnante Texte
- möglichst konkreter Bezug zur formulierten Problematik
- schnelle Navigation durch die Inhalte (evtl. mittels Stichwortkatalog)
- Link- und Literaturliste
- Verweis auf relevante Problemfelder

2. Empfehlungen zum Aufbau des Angebots

- Faszination der Punktschrift nutzen („Opener" für weitere Themenbereiche)
- Einbindung eines FAQ-Instrumentariums
- Anwendung von asynchronen und synchronen Kommunikationstools (Foren, Chats, Austauschbörse zum Materialaustausch, auch Face-to-Face)
- Optionen zum Erfahrungsaustausch

Insgesamt zwei von neun Unterstützungs- und Beratungslehrkräften raten, dass MIT BISS als Blended-Learning-Angebot[34] umgesetzt werden sollte. Vor allem der Bedarf zum direkten Austausch mit erfahrenen Kolleginnen und Kollegen sowie Simulationsübungen (zum Erfahren der Sehbehinderung) werden als Argumente angeführt. Zusätzliche Chancen zur Vertiefung von Fachwissen und die Möglichkeit zur Teilhabe an Fortbildungsangeboten über größere Entfernungen werden als weitere Vorteile herausgestellt.

Gemäß ihrem Titel *Veranschaulichung* beinhaltet die nachfolgende Subkategorie alle Anmerkungen, die auf die gestalterische Aufbereitung der fachinhaltlichen Informationen zielen. Insbesondere die gezielte Verwendung von Bildern, Bewegtbildern (Video, Animation) und Materialien aus der Schulpraxis wird thematisiert. Erstens wird angemerkt, dass Fotos bzw. authentisches Bildmaterial benutzt werden sollen, um den Regelschullehrkräften den Einblick in die Schulpraxis zu gestatten. Empfohlen werden Fotos von individuellen Arbeitsplatzlösungen für Schülerinnen und Schüler mit Sehschädigung, originalgetreue Abbildungen von qualitativ hochwertigen Typhlografien sowie Muster von sehbehindertengerechten Bildmaterialien zum Einsatz im GU (ggf. durch den Einsatz von Negativbeispielen). Zweitens wird die Einbindung von Videos in MIT BISS angeregt, um multiperspektivische Erfahrungsberichte oder methodisch-didaktische Tipps zu veranschaulichen. Drittens

---

34 *„Blended Learning ist ein Lehr-/Lernkonzept, das eine didaktisch sinnvolle Verknüpfung von Präsenzveranstaltungen und virtuellem Lernen auf der Basis neuer Informations- und Kommunikationsmedien vorsieht" (vgl. E-TEACHING 2014a).*

werden Materialien aus der Schulpraxis favorisiert, die unterrichtsfachbezogene Beispiele demonstrieren.

4. Oberkategorie: Lob und Kritik am Angebot

Mittels der vierten Oberkategorie *Pro/Kontra E-Learning-Plattform* und den damit verbundenen Kategorien konnten die Argumente, die für bzw. gegen das Forschungsvorhaben MIT BISS sprechen, dokumentiert werden.

Codesystem	UB_1	UB_2	UB_3	UB_4	UB_5	UB_6	UB_7	UB_8	UB_9
IV. Pro/Kontra der E-Learning-Plattform									
Pro	1	1				8			
Kontra									
Individualität	1		2	1	2	1			1
Eigenerfahrung	2		1	1	1				
weitere Problemfelder	11	3	1		1				1

Abb. 33: Interviewphase I – Oberkategorie Pro/Kontra E-Learning-Plattform

Insgesamt ein Drittel der sonderpädagogischen Experten hat Argumente angeführt, die das Vorhaben in besonderer Weise unterstützen.

- Das zeit- und ortsunabhängige Arbeiten ermöglicht, dass die fachdidaktische Expertise eingebracht werden kann. Gegenwärtig ist die Unterstützung und Beratung im GU so organisiert, dass lediglich eine Unterstützungs- und Beratungslehrkraft mit ihrem Fachwissen zur Verfügung steht. Demzufolge können fachdidaktische Fragestellungen nur eingeschränkt behandelt werden. Mit Hilfe eines onlinebasierten Instruments wäre der Informations- und Kommunikationsaustausch mit weiteren Unterstützungs- und Beratungslehrkräften gegeben. Gleichzeitig ermöglicht dies, dass spezifische Themen, welche nur für eine minimale Zahl von Regelschullehrkräften interessant sind, bundesweit angeboten werden können (z. B. Umgang mit dem grafischen Taschenrechner Maple in der Sek. II).
- Insgesamt wird die additive Funktion von MIT BISS befürwortet. Besonders wird begrüßt, dass relevante Themenstellungen im GU wiederholt vorgebracht werden können. Der kontinuierliche Zugriff auf Basisinformationen wird als wichtige Komponente erachtet, um den Regelschullehrer im sicheren Umgang mit dem betroffenen Schüler bzw. der betroffenen Schülerin zu stärken.
- Auch die Erweiterung des Angebots wird thematisiert. Zweckmäßig erscheint der Einsatz durch sonderpädagogische Experten, die neu in das Arbeitsfeld der mobilen Unterstützung und Beratung von Schülerinnen und Schülern mit Sehschädigung einsteigen.
- Ebenfalls positiv wird beurteilt, dass MIT BISS den Umgang mit digitalen Medien stärkt. Erfahrungsgemäß ist für alle Berufsgruppen, die am GU beteiligt sind,

technisches Know-how, z. B. für den Umgang mit technischen Hilfsmitteln, von höchster Priorität.

Hieran schließt sich die Betrachtung der Problemfelder an, welche in der Subkategorie *Kontra* zusammengefasst sind. Neben den konkreten Problemfeldern *Individualität* und *Eigenerfahrung* sind *weitere Problemfelder* in der gleichnamigen Kategorie erfasst.

In der Subkategorie *Individualität* sprechen mehr als die Hälfte der sonderpädagogischen Experten an, dass die Regelschullehrkräfte konkrete Sachinformationen zum Kind bzw. Jugendlichen für das Agieren im GU benötigen. Der Bedarf an konkreten Hinweisen zu dem Schüler bzw. zu der Schülerin, wie bspw. zum funktionalen Sehvermögen, ist für die schulische Teilhabegestaltung von entscheidender Bedeutung. Auf Grund differierender personeller, institutioneller und finanzieller Rahmenbedingungen ergeben sich individuelle Lern-Lehr-Settings, denen nur mit konkreten Informationen begegnet werden kann. Es wird betont, dass die individuellen Belange nicht durch ein E-Learning-Vorhaben bewerkstelligt werden können. Allgemeine Ratschläge sind nicht zielführend.

Nach Meinung von vier der neun befragten Experten sind die Regelschullehrkräfte auf eigene Erfahrungen angewiesen, um im GU angemessen handeln zu können. Dies wird in der Subkategorie *Eigenerfahrung* thematisiert. Die Experten warnen vor einer „rein" virtuellen Umsetzung des Onlineangebots, weil die Chance zur praktischen Erfahrung ausgeschlossen wird[35]. Eigenen Erfahrungen im Umgang mit Schülerinnen und Schülern mit Sehschädigung (bzw. Simulationsübungen) wird ein hoher Stellenwert zugesprochen. Nach Ansicht der Experten sind praktische Erfahrungen von Nöten, um die aus der Sehbeeinträchtigung resultierende Problemlage zu verstehen. Außerdem ist der Rückbezug auf praktische Erfahrungen entscheidend, um relevante Fragen gegenüber dem Experten zu formulieren.

Darüber hinaus werden folgende *weitere Problemfelder* in der gleichnamigen Subkategorie benannt:

- *Mangel an bundesweiten Standards:* In Deutschland bestehen keine Standards, welche die Bedarfe von Schülerinnen und Schülern mit Sehschädigung im gemeinsamen Unterricht beschreiben[36]. Dies bedingt regionale Besonderheiten, so dass die bundesweite Ausdehnung des Angebots erschwert ist. Zum Beispiel werden unterschiedliche Ordnungsstrukturen verwendet, so dass diverse Lösungsvorschläge nebeneinander demonstriert werden müssten.

---

35 Dieser Standpunkt bezieht sich auf die Überzeugung, dass die virtuelle Lösung von MIT BISS alle bisherigen Fortbildungsangebote ersetzt. MIT BISS wird nicht als additives Fortbildungsinstrument betrachtet.
36 Im Rahmen der inklusiven Bestrebungen hat der VBS die ersten Standards formuliert. Diese beziehen sich auf schulorganisatorische Rahmenbedingungen.

- *Zweifel an Angebotsnutzen:* Alle essentiellen Informationen, die zu integrieren sind, können auch schnell erklärt werden. Damit Probleme unmissverständlich geklärt werden können, ist die Face-to-Face-Beratung besser geeignet.
- *Missbrauchsgefahr:* Die Experten äußern erhebliche Bedenken, dass Sachinformationen von den Teilnehmerinnen und Teilnehmern fehlerhaft interpretiert und umgesetzt werden könnten.
- *Allwissenheit des Moderators:* Deutschlandweit kann kein Experte die Moderatorenfunktion übernehmen, da hohes Spezialwissen in den einzelnen Themenbereichen (GU) gefordert ist.
- *Notwendigkeit an praktischer Anschauung (Schul- und Klassenstruktur):* Die notwendige Sensibilisierung der Schule/Klasse für die spezifischen Belange der betroffenen Schülerinnen und Schüler darf nicht ausbleiben, was nicht online realisiert werden kann.
- *Geringfügiges Interesse der potentiellen Nutzerinnen und Nutzer:* Auf Grund ihrer Erfahrung im GU prophezeien die Unterstützungs- und Beratungslehrkräfte, dass das Onlineangebot wegen ungenügenden Interesses auf Seiten der Regelschullehrkräfte nicht genutzt werden wird.
- *Sparmodell des gemeinsamen Unterrichts:* Die Experten weisen auf die Gefahr hin, dass das Onlineangebot den bisherigen Unterstützungs- und Beratungsservice ersetzt.

7.5.2   Interviewphase II – Ergebnisse aus der qualitativen Befragung der Regelschullehrkräfte

Die kategoriale Darstellung der Ergebnisse aus Interviewphase II basiert auf dem Kategoriensystem der sonderpädagogischen Experten (vgl. Abb. 34). Die Aufnahme der kategorialen Ordnungsstruktur ermöglicht die vergleichende Auswertung des Datenmaterials. Zudem hat die wiederholt explorative Annäherung an das qualitative Datenmaterial (Interviewphase II) bestätigt, dass der Rückgriff auf die bestehenden Kategorien realisierbar ist. Entsprechend der Beiträge der Regelschullehrkräfte wurden die bestehenden Kategorien auf ihre Zweckmäßigkeit geprüft. Auch erforderliche Veränderungen am Kategoriensystem wurden vorgenommen. Daraus folgt, dass die Beiträge der Regelschullehrerinnen und Regelschullehrer den vier Oberkategorien (I. Wünsche und individuelle Haltungen; II. fachliche Inhaltsbereiche/Sachinformationen; III. Wünsche hinsichtlich der medialen Ausgestaltung; IV. Lob und Kritik am Angebot) zugewiesen werden können.

I. Wünsche und individuelle Haltungen
    Erfahrung/Sensibilisierung
    Ängste
II. Inhalte der E-Learning-Plattform
    Definition Sehbehinderung - Blindheit
    Diagnostik und Förderung des Sehens
    Rechtliche Rahmenbedingungen
    Organisation der sonderpädagogischen Förderung
    II. 1. Duales Curriculum
        Berufliche Perspektiven
        Kompensatorische Fertigkeiten
        Soziale Aspekte
    II. 2. Methodik
        spezifische Unterrichtsgestaltung - Methodik
            blindenspezifische Methodiken
            Modifizierung von Fachdidaktiken
    II. 3. Medien
        Herstellung spezifischer Materialien
        Adaptation allgemeiner Materialien/Medien
        Gestaltung des Lehr- und Lernraums
        Schrift rezipieren und produzieren
        Individuelle Hilfsmittel
III. Umsetzungsideen für die E-Learning-Plattform
    Binnenstruktur
    Tools zur Kommunikation
IV. Pro/Kontra E-Learning-Plattform
    Pro
    Kontra
        Individualität
        weitere Problemfelder

Abb. 34: Kategoriensystem der Interviewphase II

In chronologischer Reihenfolge werden die wesentlichen Äußerungen der Regelschullehrkräfte dargestellt, wobei an das deskriptive Verfahren aus Interviewphase I angeknüpft wird.

1. Oberkategorie: Wünsche und individuelle Haltungen

Codesystem	1	2	3	4	5	6	7	8	9	10	11	12	13	14	15
I. Wünsche und individuelle Haltungen															
Erfahrung/ Sensibilisierung	1	1	3	1		2	1		2	1		3	2		
Ängste	1			1	5							1			

Abb. 35: Interviewphase II – Oberkategorie Wünsche und individuelle Haltungen

In der Oberkategorie *Wünsche und individuelle Haltungen* werden persönliche Wünsche der Regelschullehrkräfte zum GU erfasst, welche über die inhaltliche Dimension hinausgehen. Diese Oberkategorie setzt sich aus den zwei Subkategorien *Erfahrung/ Sensibilisierung* und Ängste zusammen.

In der ersten Subkategorie *Erfahrung/Sensibilisierung* teilen 10 von 15 Regelschullehrkräften den Wunsch mit, ihre praktischen Erfahrungen im Umgang mit sehgeschädigten Schülerinnen und Schülern gezielt stärken zu können. Daran geknüpft ist das Bedürfnis, sich über die Erlebnisse und Erfahrungen auszutauschen. Grundsätzlich werden zwei Standpunkte vertreten, welche dieses Bedürfnis näher definieren:

Position 1: Regelschullehrkräfte, die zu einem aktiven (Erfahrungs-)Austausch motiviert sind. Diese Regelschullehrkräfte suchen das direkte Gespräch mit betroffenen Kolleginnen und Kollegen sowie Experten. Die Themenvorstellungen reichen von spezifischen Problemstellungen, wie z. B. dem Einsatz von taktilen Modellen und Unterrichtsentwürfen, bis zum generellen Austausch über das tägliche Arbeiten im GU.

Position 2: Regelschullehrerinnen und Regelschullehrer, welche an einem eher passiven (Erfahrungs-)Austausch interessiert sind. Nicht der direkte Austausch wird gefordert, sondern bspw. das Lesen und Hören von Erfahrungsberichten werden favorisiert.

Hieran knüpft sich das Anliegen der befragten Regelschullehrerinnen und Regelschullehrer, eine *integrative/inklusive Kompetenz*, also die Fähigkeit, möglichst autark mit den Anforderungen im GU umgehen zu können, auszubilden. Im Großen und Ganzen werden zwei Fähigkeiten in Verbindung gebracht:

- größtmögliche Eigenständigkeit im (täglichen) Umgang mit der Schülerin bzw. dem Schüler (z. B. eigenständiges Erkennen von notwendigen Maßnahmen),
- bestmögliche Einschätzung/Beurteilung der Leistungsfähigkeit für passgenaue Gestaltung der Anforderungen.

Hinsichtlich des praktischen Erfahrungsgewinns und der Ausbildung spezifischer Kompetenzen wird das eigenständige „Erfahren der Sehschädigung" als essentiell bewertet. Simulationsübungen bzw. Übungen mit spezifischen Materialien unter der Simulationsbrille wird ein hoher Stellenwert beigemessen (für das eigene Tun wie auch die Gemeinschaft im Klassenverband).

Die zweite Subkategorie Ängste resümiert die Beiträge, in welchen die Regelschullehrkräfte persönliche Unsicherheiten benennen[37]. Die Vorbehalte beziehen sich sowohl auf die Unzufriedenheit mit der gesamten (Schul-)Situation (GU, Integrative Maßnahme) als auch auf spezifische Aspekte des Schulalltags (z. B. Angst vor Misslingen der sozialen Integration). Gemäß den Äußerungen der Lehrkräfte resultiert das Erleben der persönlichen Unzulänglichkeit aus dem Informationsdefizit (GU), was gerade zu Beginn der integrativen Maßnahme besteht (keine Kenntnisse über die Aufgabenbereiche und mögliche Konsequenzen). Im Hinblick auf die veränderten Anforderungen (im GU) erleben sich die Regelschullehrerinnen und Regelschullehrer als nicht angemessen vorbereitet (Ausbildungsmängel). Mehrheitlich äußerten

---

37 Im Idealfall kann dieses Wissen verwendet werden, um die Unsicherheiten durch adäquate Informationsangebote abzubauen.

die Regelschullehrkräfte, den Lernbedürfnissen der betroffenen Schülerinnen und Schüler nicht gerecht werden zu können.

2. Oberkategorie: Inhalte der E-Learning-Plattform

Im Folgenden werden die inhaltlichen Forderungen, die seitens der Regelschullehrkräfte als wesentlich erachtet werden, zusammengefasst.

Tab. 13: Die fachlichen Inhaltsbereiche in der Gesamtschau – Interviewphase II

Definition Blindheit – Sehbehinderung

Codesystem	1	2	3	4	5	6	7	8	9	10	11	12	13	14	15
Definition Blindheit-Sehbehinderung			1									1			

Abb. 36: Interviewphase II – Definition Blindheit – Sehbehinderung

- Darstellung der Besonderheiten/Differenzen bei angeborener und erworbener Sehschädigung (sowie Folgen für den schulischen Teilhabeprozess, wie bspw. Einschränkung des räumlichen Denkens)
- Wunsch nach Kompetenz im Bereich Diagnostik: Identifizierung von Schülerinnen und Schülern mit Sehproblemen im eigenen Unterricht

Diagnostik und Förderung des Sehens

Codesystem	1	2	3	4	5	6	7	8	9	10	11	12	13	14	15
Diagnostik und Förderung des Sehens		2						1	2	1	1				

Abb. 37: Interviewphase II – Diagnostik und Förderung des Sehens

- Ophthalmologische Basisinformationen über die Sehbeeinträchtigung des speziellen Kindes bzw. Jugendlichen: Wunsch nach bestmöglicher Aufklärung über die medizinische Diagnose (Erklärung von Fachtermini, wie z. B. Gesichtsfeld)
- Einführende Informationen zum Sehorgan bzw. Sehvorgang (inkl. Ursachen von Sehschädigungen, Verlauf von Seherkrankungen etc.).
- Beschreibung der Sehfähigkeiten der Schülerin/des Schülers und daraus ableitende pädagogische Maßnahmen (wie bspw. Auswirkung guter Beleuchtung, Einsatz von Hilfsmitteln)

Rechtliche Rahmenbedingungen

Codesystem	1	2	3	4	5	6	7	8	9	10	11	12	13	14	15
Rechtliche Rahmenbedingungen	1		2					1	1	1		1			

Abb. 38: Interviewphase II – Rechtliche Rahmenbedingungen

- Rechtliche Konsequenzen auf der schulpraktischen Ebene: Nachteilsausgleich (Definition, Umsetzungsbeispiele aus der Praxis, Formen des Nachteilsausgleichs, z. B. Zeitzugabe); Leistungsbewertung (Beispiele, Leitlinien und Informationen zum Gestaltungsrahmen der Lehrkräfte)
- (Rechts-)Anspruch der Schülerin/des Schülers auf individuelle Hilfen: Möglichkeiten der Assistenz durch einen Schulbegleiter bzw. eine Schulbegleiterin
- Wunsch nach versicherungsrechtlichen Hinweisen: Pflichten/Vorschriften, z. B. auf Ausflügen und in Unterrichtssituationen mit erhöhtem Verletzungsrisiko (Sportunterricht)

Organisation der sonderpädagogischen Förderung

Codesystem	1	2	3	4	5	6	7	8	9	10	11	12	13	14	15
Organisation der sonderpädagogischen Förderung	1		3		1	1	1		1		1	1	3		

Abb. 39:   Interviewphase II – Organisation der sonderpädagogischen Förderung

- Wunsch nach allgemeinen Informationen: Aufklärung über die Fördermöglichkeiten
- Individueller Bezug: Auswirkungen des GUs auf die eigenen Aufgaben- und Tätigkeitsbereiche (Folgen für das eigene Tun, Kompetenzerwerb…); Nachfrage nach ergänzenden Unterstützungsmöglichkeiten, wie z.B. Ansprechpartner zum Bezug von Materialien und Hilfsmitteln (Medienzentrum); Betonung der Bedeutung der Kooperation mit den Eltern im integrativen Prozess (Vorteile für die Regelschullehrkraft) sowie die räumlichen Bedingungen, die geschaffen werden müssen

Berufliche Perspektiven

Codesystem	1	2	3	4	5	6	7	8	9	10	11	12	13	14	15
Berufliche Perspektiven												1			

Abb. 40:   Interviewphase II – Berufliche Perspektiven

- Informationen über die Berufswahlmöglichkeiten von Schülerinnen und Schülern mit Blindheit (insbesondere Rechtsanspruch auf Unterstützungsleistungen zur Teilhabe am 1. Arbeitsmarkt)

Kompensatorische Fertigkeiten

Codesystem	1	2	3	4	5	6	7	8	9	10	11	12	13	14	15
Kompensatorische Fertigkeiten						1						2			

Abb. 41:   Interviewphase II – Kompensatorische Fertigkeiten

- Informationen zu den Besonderheiten der Wahrnehmung, insbesondere der taktilen Wahrnehmung (taktile vs. visuelle Wahrnehmung)
- Kenntnisse zu speziellen Lerntechniken

Soziale Aspekte

Codesystem	1	2	3	4	5	6	7	8	9	10	11	12	13	14	15
Soziale Aspekte	1		1		1			3	1	1					3

Abb. 42:   Interviewphase II – Soziale Aspekte

I. von höchster Priorität sind Kenntnisse zur Stärkung des Klassenverbunds mit dem vorrangigen Ziel des bestmöglichen Lernens aller Schülerinnen und Schüler
- Bedeutung der sozialen Integration für das Gelingen von GU
- Allgemeine Tipps für den GU: Aufbau gegenseitigen Verständnisses; möglichst offener Umgang miteinander (Transparenz auf Schüler- und Mitschülerseite: thematisieren der Beeinträchtigung sowie Diskutieren über notwendige „Bevorteilungen" des betroffenen Schülers bzw. der betroffenen Schülerin wie z.B. Sonderregelungen wie Vorgehen zur Tafel)
- Fördermöglichkeiten des sozialen Miteinanders in der Klasse (z.B. Mitschüler bzw. Mitschülerinnen als Assistent bzw. Assistentin)

II. sekundär: Förderung der sozialen Kompetenz/der Eigenständigkeit der betroffenen Schülerin bzw. des betroffenen Schülers

Methodik

Codesystem	1	2	3	4	5	6	7	8	9	10	11	12	13	14	15
II. Methodik															
spezifische Unterrichtsgestaltung		1			2	1		1			1		2		
Blindenspezifische Methodiken					1	1		1	1			1	2		
Modifizierung von Fachdidaktiken		1			9	1			1	1	1	2			

Abb. 43:   Interviewphase II – Methodik

Spezifische Unterrichtsgestaltung – Methodik
- Pädagogische/Methodische Hinweise zur Gestaltung der schulischen Teilhabe aller Schülerinnen und Schüler (z. B. Handreichung mit praktischen Tipps).
- Besonders gefordert sind Alternativen zu stark visuell geprägten Unterrichtsmethoden (Erhöhung der Anschaulichkeit für Schülerinnen und Schüler mit Sehschädigung, Einsatz von Visualisierungskonzepten, wie z. B. MindMap in der Sek. II). Hinzu kommt die Forderung nach Tipps zur Durchführung von offenen Unterrichtskonzeptionen (Nennung von Vertreterinnen und Vertretern aus dem Primarbereich). Beispiele mit möglichem Transfer (Ausgangsproblematik) sind für die weiterführende und gemeinsame Auseinandersetzung mit Kolleginnen und Kollegen gewünscht.

Blindenspezifische Methodiken
- Wunsch nach Know-how zu alternativen Lerntechniken zum visuellen Lernen (in diesem Zusammenhang: Informationen zu visuellen, taktilen und auditiven Lerntechniken)
- Bewusstsein für die Bedeutung der Verbalisierung bei allen Regelschullehrkräften:
  - Relevanz der Bildbeschreibung (z. B. Fibel): Kriterien einer guten Beschreibung (z. B. klare Sprache), gewünscht wird zusammenfassende Darstellung (in Form einer Anleitung); Betonung der Bedeutung der Ausführung von allen Beteiligten (Lehrer – Schüler), aber auch die Vorteile dieser konsequenten Umsetzung im Unterricht
- Zeitfaktor: Differenzen zwischen Schüler bzw. Schülerin mit/ohne Sehschädigung

Modifizierung der Fachdidaktiken

Unterrichtsfach	Wünsche/häufige Fragestellungen
Primarbereich	
Naturwissenschaften Sachunterricht	Hinweis zum Einsatz geeigneter Materialien zur Erhöhung der Anschaulichkeit
Mathematik	Hinweis auf Einsatzmöglichkeiten alternativer Materialien (mit dem Ziel: Erhöhung der Anschaulichkeit bei abstrakten, mathematischen Sachverhalten)
Sprachen Deutsch	Hinweis auf Einsatzmöglichkeiten von Materialien für den Erstlese- und Erstspracherwerb Hinweise zum Einsatz der Fibel
Religion	Hinweis auf alternative Unterrichtsmethoden (Vermeidung von visuell-orientierten Aufgaben, wie z. B. Malen)

Unterrichtsfach	Wünsche/häufige Fragestellungen
Sekundarbereich	
Naturwissenschaften Chemie	Strukturformeln (Veranschaulichung und Erläuterung)
Physik	Hinweis zum Umgang mit Lerneinheiten zur Optik (Spektralzerlegung, Optik, Fotoeffekt und Farben)
Informatik	Zugangsmöglichkeiten zu nicht barrierefreien Lernprogrammen
Sprachen Deutsch	Möglichkeiten, den Zugang zu Lernmaterialien auf vielfältige Weise sicherzustellen
Primar- und Sekundarbereich	
Sport	Spielideen für den GU Hinweis auf praktische Materialien und Utensilien (Schellenkränze, Klingelbälle) Beratung hinsichtlich sportlicher Möglichkeiten und Grenzen (physische Belastungsgrenze)
Ästhetische Fächer Kunst	Hinweis zum Einsatz von Materialien Hilfsmittel Alternative Gestaltungsmöglichkeiten

Medien

Codesystem	1	2	3	4	5	6	7	8	9	10	11	12	13	14	15
III. Medien															
Herstellung spezifischer Materialien												1	1		
Adaptation allgemeiner Materialien/Medien	1	1		1	1			2	1			2			
Gestaltung des Lehr- und Lernraums	1	2		2				4	1	1	2				1
Individuelle Hilfsmittel		1					1	3		1					2
Schrift rezipieren und produzieren		1	1					2		1					

Abb. 44:   Interviewphase II – Medien

Herstellung spezifischer Materialien

- Interesse an Informationen zum Themenfeld: Herstellung taktiler Unterrichtsmaterialien für Schülerinnen und Schülern mit Blindheit (insbesondere Empfehlungen, Standards für die Produktion)
- Einsatzmöglichkeiten und Nutzenpotentiale von Hörbüchern für das selbständige Arbeiten von Schülerinnen und Schüler mit Blindheit (Deutschunterricht, Sek. II).

Adaptation allgemeiner Materialien/Medien

- Allgemein: Verwendung von Materialien im GU (Kriterien für die gesteuerte Auswahl von Materialien, wie z.B. Sicherstellung der Anschaulichkeit für den Schüler/die Schülerin mit Sehschädigung)

- Konkrete Hinweise zum Einsatz bestimmter Materialien/Medien:
  - Einsatz von Medien: Hinweise zum Tafeleinsatz (Schriftgröße, Farbauswahl der Kreide, Tipps zum Tafelwischen für die Klasse); Einsatz des Overheadprojektors (Blendungsgefahr, Alternativen für die Schülerinnen und Schüler mit Sehschädigung, wie z. B. Extrafolie, Supportmöglichkeiten durch Mitschülerinnen und Mitschüler); Einsatz von Powerpoint-Präsentationen
  - Weiteres: Adaptationsmöglichkeiten für Fibeln, sehgeschädigtenspezifische Umsetzung von Tabellen und Grafiken für den GU, Arbeitsblätter (Kopiermöglichkeiten, Reduktion in inhaltlicher und struktureller Art und Weise, Veränderungsmöglichkeiten der Abbildung)
  - Gestaltung des Lehr- und Lernraums

Ebene/Kriterium	Lichtverhältnisse	Barrierefreiheit	Struktur/Kennzeichnung
Institution Schule			
Klasse	Vermeidung von Blendung (z. B. Anbringen von Gardinen)		Beschriftung der Materialien (in der Klasse/am Arbeitsplatz)
persönlicher Arbeitsplatz	Arbeitsplatzbeleuchtung, höhenverstellbarer Tisch	Tafelentfernung, Positionierung im vorderen Raumbereich	

Individuelle Hilfsmittel
- Vorrangig: Sachkenntnisse zum technischen Equipment der betroffenen Schülerin bzw. des betroffenen Schülers (z. B. Hilfsmittel zum Lesen)
- Nebenrangig: Überblick über das existierende Angebot bis zur Vorstellung individueller Hilfsmittel für die betroffene Schülerin bzw. den betroffenen Schüler sowie die exemplarische Vorstellung von Gerätschaften (hier: Bildschirmlesegerät)

Schrift rezipieren und produzieren
- Hinweise zum Erstlese- und Schriftspracherwerbsprozess der betroffenen Schülerinnen und Schüler
- Konsequenzen aus dem veränderten Lese- und Schreibprozess (Lesetempo, veränderte Texterfassung, Wissenswertes zu notwendigen Hilfen, Tipps zum verbesserten Abschreiben von der Tafel u. ä.)
- Gestaltung von Arbeitsblättern (Kriterien wie z. B.: Papierfarbe)

3. Oberkategorie: Umsetzungsideen für die E-Learning-Plattform

Insgesamt 11 der 15 Regelschullehrkräfte haben Ideen für die Gestaltung des Angebots formuliert, deren inhaltliche Schwerpunktsetzungen in den Subkategorien *Binnenstruktur* und *Tools zur Kommunikation* abgebildet werden.

Codesystem	1	2	3	4	5	6	7	8	9	10	11	12	13	14	15
III. Umsetzungsideen für die E-Learning-Plattform															
Binnenstruktur		1	2	1	1	3	1	1	2			3		1	
Tools zur Kommunikation	2			1		4		1				1			

Abb. 45: *Interviewphase II – Oberkategorie Umsetzungsideen für die E-Learning-Plattform*

In der Subkategorie *Binnenstruktur* wünschen sich die Regelschullehrkräfte, dass die fachlichen Inhalte mit Beispielen aus der Schulpraxis verknüpft werden. Die Überlegungen reichen vom Lernen am Beispiel bis zur Einbindung von simplen Beispielen in die Sachinhalte (Unterrichtsbeispiele, Muster von taktilen Modellen). Die Aussagen machen deutlich, dass besonders hohes Interesse an Darstellungen besteht, welche sich auf die wesentlichen Überlegungen beschränken. Des Weiteren sollten diese Informationen schnell zugänglich und handhabbar sein (z. B. durch den Einsatz von Checklisten). Ergänzend wird geäußert, dass die Adressen potentieller Ansprechpartner verfügbar sein sollten.

Die Subkategorie *Tools zur Kommunikation* geht auf das Bedürfnis der Regelschullehrkräfte nach einer Steigerung der Kommunikation untereinander sowie mit Experten ein. Einige Regelschullehrkräfte benennen sogar spezielle Anwendungen, wie z. B. Chat- und Forenfunktionen. Die Beweggründe für den fachlichen Dialog unterscheiden sich bei den Befragten. Während einige der Befragten den Austausch im Expertennetzwerk wünschen, um fachspezifische Fragestellungen zu diskutieren, sind andere Regelschullehrkräfte am speziellen Erfahrungsaustausch interessiert (z. B. Erfahrungen im Umgang mit taktilen Modellen und Unterrichtsmethoden). Ebenfalls angesprochen wird die zukünftige Gelegenheit, mit den Teilnehmerinnen und Teilnehmern von MIT BISS in Kontakt zu treten (Visitenkartenfunktion), um vom Expertenreichtum des vertretenen Fachkollegiums zu profitieren.

4. Oberkategorie: Lob und Kritik am Angebot

Codesystem	1	2	3	4	5	6	7	8	9	10	11	12	13	14	15
IV. Pro/Kontra E-Learning Plattform															
Pro				1		2	2	1	2			1		1	
Kontra															
Individualität			3		1									2	
weitere Problemfelder			1				1					4		2	

Abb. 46: *Interviewphase II – Oberkategorie Lob und Kritik am Angebot*

Auch die Regelschullehrerinnen und Regelschullehrer bringen Argumente für den Einsatz von MIT BISS als additives Informations- und Kommunikationsangebot vor. Die befragten Regelschullehrkräfte geben an, dass MIT BISS für den Einstieg in den GU gut geeignet ist. Wenn Regelschullehrkräfte erstmalig mit dem GU in Kontakt kommen, sind schnell verfügbare Angebotsstrukturen von hoher Bedeutung. Außerdem wird die Attraktivität von Online-Lösungen für die jüngste Lehrergeneration hervorgehoben (sowie das Interesse an diesen Fragestellungen). Die Interviewten bewerten die Möglichkeit zum orts- und zeitunabhängigen Arbeiten als positiv. Neben der flexiblen Organisationsweise von Fortbildungsmaßnahmen, wird die Option zur selbständigen Aneignung eröffnet.

Nicht nur Vorteile, sondern auch Nachteile wurden von den Befragten formuliert. Die Kategorie *Kontra* teilt sich in die zwei Subkategorien *Individualität* und *weitere Problemfelder* auf.

Das Problemfeld *Individualität* hat sich bereits bei den Interviews mit den Unterstützungs- und Beratungslehrkräften herausgestellt. Die Regelschullehrkräfte betonen, dass individuelle Unterstützungs- und Beratungsprozesse im GU nicht durch virtuelle Beratungsstrukturen ersetzt werden können. Die konkreten Informationen zu den Fähigkeiten und Möglichkeiten der Schülerin bzw. Schülers sind von höchster Priorität. Dahingegen werden allgemeine Hinweise – ohne individuellen Bezug – als wenig hilfreich klassifiziert.

In der Subkategorie *weitere Problemfelder* kommt es ebenso zu Überschneidungen zwischen den Äußerungen der Experten und den GU-Einsteigern. Auch die Regelschullehrkräfte äußern sich zur potentiellen Gefahr, dass das Angebot von bildungspolitischer Seite als Sparmodell der inklusiven Beschulung eingesetzt wird. Diesbezüglich befürchtet man problematische Konsequenzen für das bestehende Unterstützungs- und Beratungsangebot. Im Weiteren werden zusätzliche Problemfelder benannt, die von den Experten noch nicht skizziert worden sind. Es zeigt sich, dass eine Abneigung gegenüber virtuellen Lösungen vorhanden ist. Einerseits, weil die Informationsaufnahme im Internet als zeitintensiv erlebt wird. Andererseits, weil die visuelle Aufbereitung der Informationen (Bewegtbild, Bilder etc.) im engen Widerspruch zur inhaltlichen Ausrichtung des Angebots steht (visuell ausgerichtet, aber Blindheit/Sehbehinderung ist im Fokus), und des Weiteren, weil die notwendigen Selbsterfahrungseinheiten mit dem Tool nicht realisiert werden können, was an die Notwendigkeit praktischer Anschauung anschließt (vgl. Kap. 5.2.5.1). Außerdem wird darauf verwiesen, dass die technische Ausstattung enge Grenzen bietet. Der erforderliche Austausch, z. B. von taktilen Materialien, ist nicht in 3D-Form gegeben.

7.5.3 Vorläufiges Fazit: Gemeinsamkeiten und Differenzen im qualitativen Datenmaterial

Die Datenauswertung hat wesentliche Erkenntnisse zur fachinhaltlichen Gestaltung des Onlineangebots hervorgebracht. Insbesondere die Äußerungen der Regelschul- und Sonderschullehrkräfte mit hoher Übereinstimmung müssen avisiert werden. In der tabellarischen Aufstellung sind alle fachinhaltlichen Kernaussagen stichwortartig festgehalten, die sich sowohl in den Interviews der sonderpädagogischen Experten als auch der Regelschullehrkräfte bestätigt haben. Unabhängig voneinander haben beide Gruppen die angegebenen Inhalte benannt, so dass diese Fachinhalte im zukünftigen Angebot unbedingt zu verankern sind. Damit repräsentiert die tabellarische Zusammenstellung das inhaltliche Minimalangebot von MIT BISS.

Tab. 14: Kernaussagen der sonderpädagogischen Experten und Regelschullehrkräfte (Interviewphase I/II)

Inhaltliche Gemeinsamkeiten – Aufbereitung des Angebots

Definition Sehbehinderung – Blindheit
- Differenzen/Besonderheiten bei angeborener und erworbener Sehschädigung
- Maßnahmenkatalog zum eigenständigen Erkennen von Schülerinnen und Schülern mit Sehschädigung

Diagnostik des Sehens
- Informationen zum physiologischen Sehens des Schülers bzw. der Schülerin (möglichst mit konkretem Bezug auf das Kind bzw. den Jugendlichen)
- Grundlagenwissen aus der Ophthalmologie/Medizin: Klärung unbedingt erforderlicher Fachtermini, häufige Ursachen der Sehschädigung, Sehvorgang
- Hinweise zum funktionalen Sehvermögen des Schülers bzw. der Schülerin (inkl. pädagogische Maßnahmen)

Rechtliche Rahmenbedingungen
- Nachteilsausgleich (inkl. Umsetzungsbeispiele aus der Schulpraxis, Themenschwerpunkt: Leistungsbewertung)
- Gültige Rechtslage zum GU (vorrangiges Interesse an der Landesebene, evtl. ergänzt durch Bundesebene)
- Rechtsansprüche auf besondere Leistungen (Unterstützung durch persönliche Assistenz)
- Rechtsgrundlage bei schulischen Aktivitäten mit erhöhtem Risiko (Versicherung)

Organisation der sonderpädagogischen Förderung
- Struktur der sonderpädagogischen Förderung
- Aufgaben- und Tätigkeitsbeschreibung aller professionell Tätigen im GU

Berufliche Perspektiven
- Berufschancen von Schülerinnen und Schülern mit Blindheit (inkl. Möglichkeiten der Berufsberatung)

Kompensatorische Techniken
- (Wahrnehmungs-)Besonderheiten des taktilen Lernens (Abgrenzung zum visuellen Lernen)

Soziale Aspekte
- Bedeutung der sozialen Integration
- Fördermöglichkeiten des stabilen Miteinanders (Förderung des gegenseitigen Verständnisses)
- Optionen zur Stärkung der sozialen Kompetenz der betroffenen Schülerin bzw. des Schülers

Auch die Differenzen im Antwortverhalten (bzw. in den Kategoriensystemen) dürfen nicht außer Acht gelassen werden. Mehrheitlich resultieren die Unterschiede aus berufsgruppenspezifischen Schwerpunktsetzungen.

Beispielhaft für das differierende Antwortverhalten der befragten Berufsgruppen ist die Subkategorie *Diagnostik des Sehens*. Die Aussagen der Regelschullehrerinnen und Regelschullehrer beziehen sich auf die einzelne Schülerin bzw. den einzelnen Schüler sowie auf daraus resultierende Barrieren im Schulalltag. Selten werden – losgelöst von der eigenen Situation – Themeninhalte verallgemeinert, die im Berufsalltag zukünftiger Kolleginnen und Kollegen von Interesse sind. Zweifellos liegt die Ursache dieses Phänomens im Aufgaben- bzw. Tätigkeitsbereich der beiden Berufsgruppen. Grundsätzlich muss geprüft werden, ob die individuelle Sichtweise im Onlineangebot berücksichtigt werden kann. Diesbezüglich sind formale Vorgaben, wie z. B. die Gewährleistung der Datenanonymität, einzuhalten. Der Zugang zu medizinischen Fachinformationen ist nur einzelnen, am pädagogischen Prozess beteiligten Personen vorbehalten. Daran knüpft auch die Beobachtung an, dass sich die Regelschullehrkräfte besonders ausführlich in den Kategorien mit hohem Praxisbezug geäußert haben (z. B. *Gestaltung des Lern- und Lehrraums*). Hier konnten die Regelschullehrkräfte auf Erfahrungen aus der eigenen Praxis zurückgreifen, was ihnen das Äußern von allgemeinen Tipps erleichtert hat. Dieses Phänomen trifft auch auf die Subkategorie *Didaktik/Methodik* zu, die untrennbar mit dem Handlungsfeld Schule verknüpft ist. Zugleich zeigt sich, dass dieses Themenfeld von besonderem Interesse für die Lehrkräfte ist. Schließlich muss die hohe Anzahl an Mitteilungen als Indikator für das Interesse der Regelschullehrkräfte an diesem Themenbereich gewertet werden. Dahingegen zeichnet sich das Antwortverhalten der sonderpädagogischen Experten durch einen hohen Differenzierungsgrad innerhalb der fachlichen Beschreibung aus. Zum Beispiel bleibt die fachspezifische Auftrennung in der Subkategorie *Diagnostik des Sehens* im Kategoriensystem der Regelschullehrkräfte aus. Insgesamt wurden in den sonderpädagogischen Interviews 32,5 Codierungen (pro Interview) und in den Interviews der Regelschullehrkräfte 13,5 Codierungen (pro Interview) vorgenommen. Damit bestätigt sich eine quantitative Differenz, welche das bestehende Expertenwissen auf Seiten der Sonderpädagogen signalisiert. Die Kategorien *Berufliche Perspektiven* und *Schriftspracherwerb* (Interviewphase I) verdeutlichen, dass ein erhöhtes Interesse an gezielten Informationen zu Schülerinnen und Schülern mit Blindheit existiert. Dieser Bedarf bestätigt sich bei den Regelschullehrkräften nicht (Interviewphase II). Mehrheitlich werden Schülerinnen und Schüler mit Sehbehinderung integrativ beschult, so dass die Aussagen zu den Bedürfnissen dieser Zielgruppe überwiegen. Im GU bilden Schülerinnen und Schüler mit Blindheit eher die Ausnahme. Da rehabilitative Maßnahmen (Orientierungs- und Mobilitätstraining, Lebenspraktische Fähigkeiten) für Schülerinnen und Schüler mit geringer Sehbeeinträchtigung in den meisten Fällen nicht erforderlich sind, wird dieser Themenkomplex von den Regelschullehrkräften ausgelassen. Trotzdem sollte das Onlineangebot essentielle Kurzinformationen bereitstellen. Gerade das Vernachlässigen dieses Themenblocks könnte ein Indiz für das fehlende Bewusstsein dieser Informationen sein.

In der tabellarischen Zusammenstellung der wichtigsten (Fach-)Inhalte aus beiden Interviewphasen sind die Gemeinsamkeiten mit dem Spezifischen Curriculum unverkennbar (vgl. Tab. 14). Die Bereiche des Spezifischen Curriculums werden in den Kategoriensystemen abgebildet (z. B. Bereich *Technische Hilfen* vs. Kategorie *Individuelle Hilfsmittel*) (vgl. hierzu auch Tab. 2). Zweifellos resultieren die Übereinstimmungen aus der einheitlichen Zielstellung, die Bedarfe von Schülerinnen und Schülern mit Blindheit und Sehbehinderung für den GU zu beschreiben. Diese Analogien sollten in der weiterführenden Ausgestaltung von MIT BISS beachtet werden.

Nicht nur die fachinhaltlichen Überlegungen liefern wesentliche Erkenntnisse für die Angebotsgestaltung, sondern auch die Resultate aus den weiteren Oberkategorien müssen berücksichtigt werden. Mit Hilfe der Auswertung der weiteren Oberkategorien sind gezielte Aussagen darüber möglich, wie die Akzeptanz des Angebots gesteigert werden kann. In der Oberkategorie *Wünsche und individuelle Haltungen*, die nur im Kategoriensystem der Regelschullehrkräfte verortet ist, geben die Befragten ihre persönlichen Bedenken an. Aktiv sollte auf die Ängste und Bedenken eingegangen werden, um das Onlineangebot zu stärken. Im Rahmen des GU sind fachliche Informationen für die Regelschullehrkräfte von oberster Priorität. Erfolgreich kann diesem Wunsch mit einem Onlineangebot wie MIT BISS begegnet werden. Angesichts der Realisierung von Onlineangeboten müssen die Bedenken der sonderpädagogischen Experten diskutiert werden (vgl. Kap. 4).

Beide Berufsgruppen äußern Gestaltungsideen zu MIT BISS, wobei folgende Gemeinsamkeiten deutlich werden (vgl. Tab. 15).

Tab. 15: Kongruente Umsetzungsideen von Sonder- und Regelschullehrkräften

1. Empfehlungen zur Gestaltung der Sachinhalte

- möglichst hoher Praxisbezug
- schnelle/zielgerichtete Navigation durch die Fachinhalte
- Link- und Literaturliste (insbesondere mit Hinweis auf potentielle Ansprechpartner)

2. Empfehlungen zum Aufbau des Angebots

- Einbindung von asynchronen und synchronen Kommunikationstools (Foren, Chats)
- Möglichkeiten zum Erfahrungsaustausch

Die Realisierung bestimmter Ideen, wie z. B. die Einbindung der Chat- und Forenfunktion, stellt spezifische Anforderungen an das Learning-Management-System. Demnach muss geprüft werden, welche Ideen tatsächlich umsetzbar sind.

In der Pro- und Kontraargumentation der Befragten spiegeln sich die berufsgruppenspezifischen Erwartungen und Befürchtungen wider. Alle Aussagen müssen mit kritischer Distanz bewertet werden, da die Kommentare an persönliche, lerntheoretische Überzeugungen und Erfahrungen (insbesondere E-Learning) anknüpfen. Der Einsatz eines „allwissenden Moderators" ist zu keinem Zeitpunkt avisiert worden. In Hinblick auf die Verankerung von MIT BISS als hilfreiches Instrument im GU ist es zweckmäßig, die Argumentationsmuster in den einzelnen Berufsgruppen zu kennen. Vorteilhaft kann der Rückgriff auf ausgewählte Pro-Argumente in der Werbe- und Implementationsphase sein. Besonders optimistisch äußern sich die Regelschullehrkräfte zu dem Vorhaben. Im direkten Vergleich mit den sonderpädagogischen Experten werden weniger Problemfelder vorgebracht, obwohl die Zahl der Befragungsteilnehmer (Interviewphase II) höher ist. Die kritische Haltung der sonderpädagogischen Experten zeigt Parallelen zur Professionalitätsdebatte in der Sonderpädagogik (vgl. hierzu Kap. 4). Beide Berufsgruppen wünschen sich auch in Zukunft die Möglichkeit, praktische Erfahrungen und direkten Austausch erleben zu können. Dies spiegelt das Meinungsbild wider, dass MIT BISS von den befragten Regelschul- und Sonderschullehrkräften als additives Angebot gewünscht wird.

Insgesamt muss kritisch festgestellt werden, dass der Einzelfall in dieser deskriptiven Darstellung kaum Berücksichtigung gefunden hat. Die Sicht- bzw. Denkweise des einzelnen Professionellen geht verloren. Um die Einstellungen und Haltungen der befragten Professionellen herauszustellen, müssten weitere Verfahren, wie z. B. die dokumentarische Methode, angewendet werden. Mit Fokus auf die wissenschaftliche Fragestellung wurde die individuelle Sichtweise vernachlässigt. Damit lässt sich die Auswertungsstrategie als ergebnisorientiert charakterisieren.

7.6 Resümee: Die Gestaltungsempfehlungen für MIT BISS

Im Folgenden werden die Empfehlungen zusammengefasst, die bei der Konstruktion des E-Learning-Angebots zu berücksichtigen sind. Diese leiten sich aus der qualitativen Befragung der Professionellen ab.

- *Die virtuelle Anwendung muss die Inhaltspräsentation gezielt unterstützen.*
  Der inhaltliche Grundkonsens der Professionellen wurde bereits näher herausgestellt (Inhaltsdimension) (vgl. Kap. 7.5.3). Damit ist die inhaltliche Dimension von MIT BISS definiert. Bestmöglich sollte die Inhaltspräsentation an den Bedürfnissen der Regelschul- und Sonderschullehrkräfte orientiert sein (bspw. zielgerichtete Navigation im Onlineangebot). Integrierte Anwendungen, wie eine Stichwortsuche, könnten hilfreich sein. Praxisnahe Anwendungen müssen ergänzt werden (evtl. durch die Einbindung von Video- und Bildmaterialien).

- *Die Einbindung von Tools zur Kommunikation und Interaktion ist empfehlenswert.*
  Grundsätzlich wird in den Interviews deutlich, dass die Professionellen am Austausch mit Kolleginnen und Kollegen interessiert sind. Daher ist es ratsam, entsprechende Anwendungen, wie z. B. Foren- und Chatfunktionen, einzubinden, welche die Austauschprozesse in synchroner oder asynchroner Form ermöglichen.

- *Die Anwendung muss flexibel organisiert sein.*
  Vorteilhaft ist eine Anwendung, die beliebig erweitert werden kann (modularer Aufbau). E-Qualifizierungsangeboten sind Grenzen gesetzt. Sowohl seitens der Regelschullehrer als auch der sonderpädagogischen Experten wird die Auseinandersetzung mit der Sehschädigung (in Form der Simulation) als gewinnbringende Erfahrung für den Umgang mit der betroffenen Schülerschaft eingeschätzt. Im Gegensatz zu den handlungspraktischen Simulationsübungen, z. B. dem eigenständigen Lösen einer typischen Schüleraufgabe unter der Simulationsbrille, sind am Computer nicht zu realisieren. Zudem empfiehlt sich die fachmännische Begleitung, um direktes Feedback und Assistenz zu bieten. Ähnliches trifft auf das Bedürfnis der Regelschullehrkräfte zu, möglichst individuell auf die Belange der Schülerin bzw. des Schülers und der Klassensituation zugeschnittene Informationen zu erhalten (vgl. *Diagnostik des Sehens*). Dies unterstreicht noch einmal den dominierenden additiven Charakter des Angebots.

Entscheidend ist die Marktanalyse, um MIT BISS gegenüber bestehenden Angeboten abzugrenzen. Statt an bereits bestehende Anwendungen, wie z. B. ISaR, anzuknüpfen, müssen neue Formen der Angebotsgestaltung entdeckt werden. Unter Bezugnahme auf die Überlegungen von KERRES sind ergänzende Analysen, wie z. B. Zielgruppen- und Lernzielanalysen, vorzunehmen, um das Angebot adäquat auszudifferenzieren (vgl. Kap. 8.1).

Die methodische Herangehensweise hat die bedürfnisorientierte Befragung der Regelschul- und Sonderschullehrkräfte erfolgreich unterstützt. Darüber hinaus hat die Befragung zwei wesentliche Erkenntnisse hervorgebracht.

Erstens ist die Existenz von MIT BISS gerechtfertigt. Die Befragung der Regelschullehrkräfte offenbart, dass ein Instrument wie MIT BISS von diesen gewünscht wird.

Zweitens verweisen die fachinhaltlichen Erkenntnisse auf das Know-how, das im GU mit sehenden und nicht sehenden Schülerinnen und Schülern erforderlich ist. Die Rolle von MIT BISS bei der gezielten Bekanntmachung dieser Bedarfe in der Öffentlichkeit muss geklärt werden.

8   Konzeption und Implementation von MIT BISS

An die anwenderorientierte Bedürfnisanalyse schließt sich die Ausdifferenzierung des didaktischen Designs an. In Anlehnung an die gestaltungsorientierte Mediendidaktik (nach KERRES) sowie Theoriemodelle zur Strukturierung von Lernangeboten sind systematische Vorbetrachtungen vorzunehmen (vgl. u. a. KERRES 2001; 2012; MAYER 2005b; NIEGEMANN 2008; SWELLER 2005; UNTERBRUNER 2007). Ausgehend von der vordringlichen Zielstellung des Vorhabens – ein hilfreiches Tool zur eigenständigen Auseinandersetzung mit der schulischen Teilhabe von sehenden und nicht sehenden Schülerinnen und Schülern zu entwickeln – muss der konzeptionelle Rahmen des Angebots spezifiziert werden. Insbesondere die Zielgruppen-, Inhalts- und Zielanalyse gilt es vorzunehmen, um die grundlegenden Angebotsstrukturen näher bestimmen zu können (vgl. Kap. 5.4.2; 5.5). Schließlich ermöglicht das schrittweise Vorgehen, dass der Einsatz digitaler Medien reflektiert wird.

> *„Der Einsatz digitaler Medien führt keineswegs automatisch zu irgendwie besseren Lösungen als konventionelle Angebote. Im Gegenteil – ihr unüberlegter Einsatz führt oft genug zu Ergebnissen, die geringe Akzeptanz bei Lernenden, geringe Lernerfolge und Effizienz mit sich bringen"* (KERRES 2001, 85).

Einführende Schilderungen zur (medien-)didaktischen Umsetzung elektronischer Lernangebote sind in Kapitel 5 zusammengestellt. In Anknüpfung an die wissenschaftstheoretischen Resultate sind praktische Umsetzungsideen zu entwickeln. Nicht zu vernachlässigen ist hierbei der Einbezug weiterer Rahmenbedingungen, wie finanzieller und personeller Ressourcen, welche die Realisierungsmöglichkeiten stark beeinflussen.

Im Folgenden wird das didaktische Feld von MIT BISS näher analysiert. Die wesentlichen Schlussfolgerungen, die für die Konstruktion von MIT BISS gültig sind, werden abgeleitet. In einer zusammenfassenden Darstellung wird die geplante Erscheinungsform des Prototyps vorgestellt. Diese Struktur wird am Beispiel präzisiert.

8.1   Vorüberlegungen – Analyse des didaktischen Feldes (nach KERRES)

Im Folgenden wird auf das Rahmenmodell der gestaltungsorientierten Mediendidaktik von KERRES zurückgegriffen, um nachhaltige Befunde für die multimediale Umsetzung des Angebots zu gewinnen. Im Mittelpunkt der gestaltungsorientierten Mediendidaktik steht die systematische Betrachtung des didaktischen Feldes. *„Diese Analyse umfasst folgende Faktoren, die grundsätzlich bei der didaktischen Planung zu berücksichtigen sind:*

- *Merkmale der Zielgruppe*
- *Spezifikation von Lehrinhalten und -zielen*

- *didaktische Methode: didaktische Transformation und Strukturierung der Lernangebote*
- *Merkmale der Lernsituation und Spezifikation der Lernorganisation*
- *Merkmale und Funktionen der gewählten Medien und Hilfsmittel"* (KERRES 1999, 10; KERRES et al. 2011, 267).

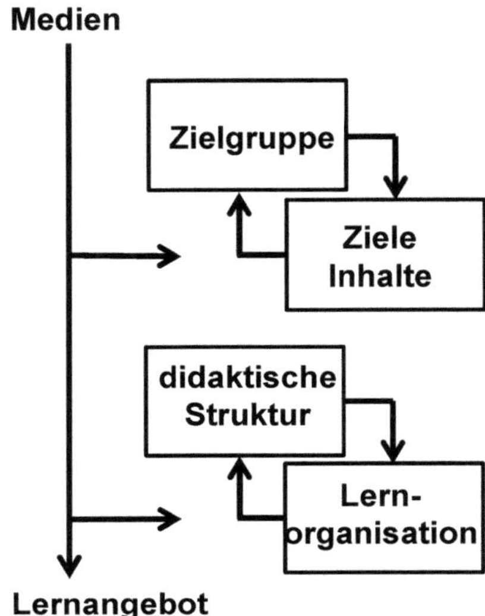

Abb. 47: Mediendidaktische Analyse- und Entscheidungsfelder (Quelle: nach KERRES 1999, 2001)

Die Abbildung illustriert das mehrschrittige Vorgehen, welches sich einerseits aus der Benennung des Bildungsproblems und andererseits aus der konzeptionellen Struktur sowie Lernorganisation zusammensetzt. Gleichzeitig wird das bestehende Bedingungsgefüge („Interdependenz") zwischen den Analyse- und Entscheidungsfeldern anschaulich. Im Folgenden wird diese Schrittfolge auf die Konzeption von MIT BISS angewendet (vgl. Kap. 8.1.1; 8.1.2).

Allerdings ist die Konkretisierung der Projektidee dem Analyseprozess der didaktischen Kernfragen vorangestellt. *„Das didaktische Design kann nur so gut sein, wie die eigentliche Projektidee"* (KERRES 2001, 134). KERRES legt die Projektidee als wesentlichen Ausgangspunkt jeglicher Aufbereitung von elektronischen Lernangeboten fest. Im Weiteren betont KERRES die Notwendigkeit der präzisen Benennung der Projektidee, in dem er die mangelhafte Überlegung als Ursache für den Misserfolg multimedialer Konzepte anführt (vgl. KERRES 1999, 9). *„Im weiteren Entwicklungsprozess machen sich fehlende und falsche Vorannahmen und die ungenügend kritische Prüfung einer Projektidee bemerkbar"* (KERRES 2001, 134). Mit Hilfe des Fragenkatalogs kann die Projektidee des vorliegenden Vorhabens hinreichend geprüft werden (vgl. KERRES 2001, 133). Auf diese Weise kann rechtzeitig ermittelt werden, ob ein Produkt den Aufwand der nachfolgenden Schritte rechtfertigt. In Hinblick auf die zugrundeliegende Projektidee des vorliegenden Vorhabens (multimediales

Informations- und Kommunikationsangebot) ist von einer positiven Entwicklung auszugehen. Exemplarisch ist der Mangel geeigneter Qualifizierungsangebote für Lehrerinnen und Lehrer der allgemeinbildenden Schule sowie Vorteile des orts- und zeitunabhängigen Arbeitens mit multimedialen Lernangeboten zu nennen, welche den potentiellen Mehrwert des Angebots kennzeichnen (im inklusiven Unterstützungs- und Beratungssystem) (vgl. hierzu auch Kap. 4). Wie jedoch die einführende Aussage von KERRES verdeutlicht, sind weitere Faktoren in den Fokus zu nehmen, was in den nachfolgenden Kapiteln stattfindet (vgl. KERRES 2001, 133 f.).

8.1.1 Phase I: Zielgruppenanalyse und Inhalts- bzw. Lehrzielbestimmung

Im ersten Schritt der didaktischen Konzeption findet die Zielgruppen- und Inhalts- bzw. Lehrzielanalyse statt, was auch als Benennung des Bildungsproblems (nach KERRES) zusammengefasst wird.

Entscheidender Ausgangspunkt für die zielgerichtete Konzeption, welche auf die Bedürfnisse der Nutzerinnen und Nutzer ausgerichtet ist, stellt die eingehende Analyse der Zielgruppe dar (vgl. KERRES 2001, 135). *„Je detaillierter die Zielgruppe bekannt ist, desto treffender kann das didaktische Design für das geplante eLearning-Vorhaben gestaltet werden"* (vgl. UNIVERSITÄT WIEN 2012). Mit Hilfe einer gezielten Befragung oder der Auswertung vorhandener Forschungsergebnisse kann die Zielgruppenanalyse realisiert werden (vgl. BACHMAIER 2011, 80; KERRES et al. 2011, 267). Da die gegenwärtige Forschung zahlreiche Anknüpfungspunkte bietet, wurde vorrangig auf bestehende Befunde zurückgegriffen[38]. KERRES legt folgende Kriterien fest, die im Rahmen der Zielgruppenanalyse näher zu betrachten sind: Soziodemografische Merkmale (z. B. Alter, Geschlecht, Herkunft etc.), Vorwissen, Lernmotivation, Lerngewohnheiten, Lerndauer sowie Einschätzung von Einstellungen und Erfahrungen (vgl. KERRES 2001, 135 ff.). Basierend auf den Ausführungen von REINMANN-ROTHMEIER, welche die Definition der Zielgruppe anhand nahezu gleicher Faktoren vornimmt, benennt die Universität Wien zusätzlich die Spezifikation von Kompetenzen (z. B. Teamteaching) (vgl. REINMANN-ROTHMEIER 2003, 89 f.; UNIVERSITÄT WIEN 2012). In Vorbereitung auf das geplante Vorhaben müssen diese Faktoren systematisch geprüft werden, was nach KERRES *für die weiterführende Überlegung ausreichend ist.*

---

38 Die anwenderorientierte Befragung zur Explikation notwendiger Lern- und Lehrinhalte ist in diesem Vorgang als Ausnahme zu beschreiben.

Tab. 16: Zielgruppenanalyse (nach KERRES*) in tabellarischer Zusammenstellung*

Zielgruppenanalyse		
1.	Soziodemografische Merkmale	Grundsätzlich richtet sich das Angebot an Lehrerinnen und Lehrer der allgemeinbildenden Schulen, welche in die aktive Gestaltung gemeinsamen Unterrichts (von sehenden und nicht sehenden Schülerinnen und Schülern) eingebunden sind. Nicht nur Regelschullehrkräfte, die täglich in inklusiven/integrativen Lehr- und Lernsettings aktiv sind, sondern auch kurzzeitig tätige Professionelle, wie Fach- und Vertretungslehrer, sollen von dem Angebot profitieren. Zu berücksichtigen ist außerdem, dass die Unterstützungs- und Beratungslehrkräfte gleichermaßen von dem Angebot angesprochen werden sollen (um letztlich potentielle Funktionsrollen, wie tutorielle Begleitung oder Mitgestaltung von Lernangeboten, wahrzunehmen).
a)	Größe der Zielgruppe	Die Nutzung des Angebots ist allen Personen, die am GU beteiligt sind, offengestellt. Es wird auf eine Teilnehmerbeschränkung verzichtet.
b)	Geografische Verteilung der Zielgruppe	Die Implementierung des Angebots ist für das Bundesland Schleswig-Holstein geplant. Es ist davon auszugehen, dass sich das gut ausgebaute Unterstützungs- und Beratungssystem im Norden Deutschlands vorteilhaft auswirkt. Im Allgemeinen ist die Ausdehnung des Wirkungskreises denkbar (insbesondere um bundesweite Synergieeffekte der Vernetzung zu erreichen). Auf Grund der Kultushoheit der Länder sind regionsspezifische Regelungen erforderlich.
c)	Alter und Geschlecht	Im Allgemeinen sind interessierte Professionelle jeglichen Alters – vom Berufseinsteiger bis zum langjährigen Berufstätigen – zur Angebotsnutzung aufgefordert. Diesbezüglich sind die differierenden Erfahrungen und Kompetenzen im Umgang mit digitalen Medien besonders zu berücksichtigen. Gemäß dem hohen Frauenanteil im Lehrerberuf ist auch von einer Mehrheit weiblicher Nutzerinnen auszugehen.
d)	Benutzergruppe	Es ist geplant, dass das Angebot von den Lehrerinnen und Lehrern zu Hause oder am Arbeitsplatz genutzt wird.
2.	Vorwissen	In Bezug auf den Bildungsabschluss ist die Gruppierung homogen, da es sich ausnahmslos um Hochschulabsolventinnen und -absolventen handelt (hohes Bildungsniveau). Von primärem Interesse bezüglich der Konstruktion des Lernangebots sind die Kenntnisse der Zielgruppe zum Themenfeld GU. Abhängig vom Erfahrungshintergrund und der Schulform kann das Vorwissen differieren (vgl. Kap. 7.5; 7.6). Die bestehende Heterogenität in Bezug auf den GU macht es erforderlich, dass der Lernprozess so gestaltet wird, dass individuelles Lernen möglich ist.

3.	Lernmotivation	Das Angebot ist auf freiwilliger Basis organisiert, so dass Nutzerinnen und Nutzer mit intrinsischem Motivationshintergrund zu erwarten sind – also Lehrerinnen und Lehrer, welche an entsprechendem Know-how interessiert sind, um die bestmögliche Beschulung Ihrer Schülerinnen und Schüler zu gewährleisten. Vereinzelt, jedoch eher nebenrangig, können extrinsische Beweggründe auftreten, welche in engem Zusammenhang mit der verstärkten Forderung nach inklusiven Strukturen steht, was den Druck auf die Auseinandersetzung mit diesbezüglichen Fragestellungen forciert (gesellschaftlicher Druck auf die Lehrkräfte). Aus dem motivationalen Gefüge lässt sich beispielsweise schlussfolgern (Dominanz der intrinsischen Motivation), dass *„das Medium* • *ein Eintauchen in eine Lernwelt mit möglichst umfangreichen Informationen ermöglicht („Immersion"),* • *dem Lerner eine weitgehende Kontrolle über Lernwege überlässt."* Demzufolge ergeben sich aus der motivationalen Ausgangslage erste Schlussfolgerungen für die mediendidaktische Konzeption.
4.	Lerngewohnheiten	BACHMAIER stellt heraus, dass Lehrkräfte vermehrt an selbstregulierten Lernangeboten teilnehmen (vgl. BACHMAIER 2011). Aktuelle bildungspolitische Vorgaben knüpfen an diese Feststellung an (vgl. KMK 2000a; 2001).
5.	Lerndauer	Die Lerndauer ergibt sich aus dem Erkenntnisinteresse der Regelschullehrkräfte.
6.	Einstellungen, Erfahrungen und Lernzielkompetenzen	Weitere Wünsche, wie die Anpassung des Lernens an das eigene Tempo oder die Modularisierung der Inhalte, sollten aufgenommen werden. In Bezug auf die technische Versiertheit zeigen aktuelle Studien auf, dass äußerst heterogene Kompetenzen zu erwarten sind (vgl. GRASMÜCK et al. 2010, 262). Dies muss bei der didaktischen Konstruktion des Angebots beachtet werden.

An die Zielgruppenanalyse schließt sich die Ausdifferenzierung der Inhalte an. Auf der Grundlage der systematischen Literaturrecherche sowie der qualitativen Befragung der Regelschul- sowie Unterstützungs- und Beratungslehrkräfte (Bedürfnisanalyse) ist es gelungen, geforderte Sachinhalte zum GU von sehenden Schülerinnen und Schülern zu extrahieren (vgl. Kap. 7.5; 7.6). Hieraus resultiert bspw. die Forderung der Professionellen, dass einführende Informationen zum Nachteilsausgleich abgebildet werden. Folgt man den Ausführungen von KERRES, genügt die sachliche Benennung der Lehrinhalte für den nachfolgenden Konstruktionsprozess nicht. Vielmehr müssen die Inhalte didaktisch aufbereitet werden (vgl. KERRES 2001, 145). Hierzu muss bestimmt werden, welches Lehrziel erreicht werden soll[39]. In Anknüpfung an KERRES wird die entscheidende Differenz zwischen Lehrinhalt und Lehrziel anhand eines praktischen Beispiels demonstriert. Die Auswahl der Sachinhalte ist

---

39 KERRES wie auch andere Autoren, z. B. REINMANN, konzentriert sich in seinen Ausführungen auf die Bestimmung der Lehrziele. Diesem Verständnis ist sich anzuschließen, da die Lernziele lediglich vom Nutzer bzw. der Nutzerin selbst bestimmt werden (vgl. KERRES 2001, 177).

davon abhängig, ob lediglich theoretisches Wissen, bspw. zum Nachteilsausgleich (Definition, gesetzliche Verankerung etc.), oder konkrete Tätigkeiten (z. B. die Erstellung einer Klausur für eine Schülerin mit starker Sehbehinderung) im Angebot umgesetzt werden soll. Das Beispiel, das in modifizierter Form von KERRES in seiner Publikation verwendet wurde, verdeutlicht die Diskrepanz zwischen Lehrinhalt und Lehrziel (vgl. KERRES et al. 2011, 267). Schließlich wird die Wahl der geeigneten Methode entscheidend durch die Zielvorstellungen beeinflusst. Im weiteren Verlauf sind daher geeignete Lehrzieltaxonomien zu verwenden. Hier greift KERRES auf die Bloom'sche Lehrzieltaxonomie zurück:

> *„Zur näheren Bestimmung von Lehrzielen wird üblicherweise unterschieden zwischen:*
> - *kognitiven Lehrzielen (Kenntnisse, Verstehen, Anwenden, Analyse und Synthese sowie Bewerten)*
> - *affektiven Lehrzielen (Einstellungen und Werte) und*
> - *psychomotorischen Lehrzielen (Bewegungsabläufe)"* (KERRES 1999, 13).

In MIT BISS steht die selbständige Aneignung von Informationen im Vordergrund. Dementsprechend wurden Lehrziele definiert/festgelegt, welche die praktische Umsetzung bestimmen.

8.1.2   Phase II: Didaktische Konzeption und Lernorganisation

„Sind die Rahmenbedingungen – die Merkmale der Zielgruppe und die Lehrziele – bekannt, ist eine didaktische Methode zu wählen, die hierzu passt" (KERRES et al. 2011, 268). In engem Zusammenhang mit den Resultaten der Zielgruppen- und Lehrzielanalyse muss die Entscheidung hinsichtlich der mediendidaktischen Ausrichtung stattfinden. KERRES verweist auf vier mögliche Formen: Exploration, Exposition, Kommunikation und Konstruktion.

Insbesondere hervorzuheben ist hierbei, dass nicht die Entscheidung für ein Modell vorgenommen werden muss, sondern die zielgerichtete Kombination möglich ist.

Im Fall von MIT BISS scheint das mediendidaktische Konzeptionsmodell der Exploration besonders gut geeignet zu sein. Ausschlaggebend für das Gelingen explorativ organisierter Angebote ist die fachinhaltliche Strukturierung, die eine möglichst userfreundliche Annäherung an die Inhaltsbereiche unterstützt. Exploratives (auch selbstreguliertes) Lernen zeichnet sich durch einen hohen Anteil an eigenverantwortlichem Lernen aus.[40] Demzufolge handelt es sich im Grunde um eine didaktische Struktur, welche das selbstregulierte Lernen in besonderem Maße unterstützt. Es gelten die Merkmale des selbstregulierten Lernens (vgl. hierzu Kap. 5.3.1), was beispielsweise die Autonomie hinsichtlich des Lernvorgangs sowie der Lernzielbestimmung

---

40 KERRES zeigt die Grenzen bzw. Möglichkeiten synonymer Begrifflichkeiten, die das explorative Vorgehen beschreiben, auf. Der Terminus „Selbstreguliertes Lernen" knüpft besonders gut an die grundlegenden Charakteristika an, so dass dieser auch in der vorliegenden Forschungsarbeit seine Anwendung findet (in Anlehnung an KERRES 2005, 219).

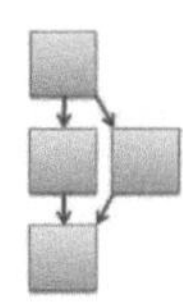	*Exposition* Mediale Lernangebote, die vornehmlich durch die zeitliche Abfolge der Lerninhalte strukturiert sind (Instruktion). Das Angebot zeichnet sich dadurch aus, dass nur wenige Aufgaben, wie z. B. die selbständige Bestimmung der Lernziele vom Lernenden, übernommen werden.
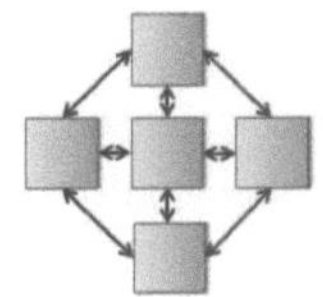	*Exploration* Bei dieser Form der didaktischen Methode dominiert die logische Strukturierung des Angebots (zeitliche Struktur ist nicht vorgesehen). Der Lernende legt seine Zielstellungen selbst fest, ganz im Sinne des selbstregulierten Lernens (vgl. Kap. 4.3.1).
	*Konstruktion* *„Neben zeitlich und logisch strukturierten Lernmedien können Mediensysteme in didaktischen Kontexten als Werkzeuge zur Konstruktion und Kommunikation von Wissen eingesetzt werden"* (KERRES 2001, 247).
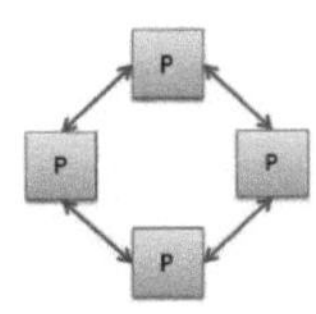	*Kommunikation* Diese Ausrichtung bezieht sich auf Lernangebote, die durch die Integration von Kommunikationswerkzeugen Austauschprozesse zwischen Lernenden und Lernenden sowie zwischen Lehrenden und Lernenden ermöglichen.

betrifft (vgl. KERRES 2005, 218). KERRES hebt die Bedeutung explorativer Aneignung hervor, weil dies mehrheitlich dem „natürlichen" Lernweg entspricht („Spiralencurriculum" vs. linearer Wissenserwerb). Entscheidende Voraussetzung hierfür ist, dass die sachlogische Struktur bestmöglich herausgestellt wird (vgl. KERRES 2005, 219, 224, 232). Trotz zahlreicher Vorzüge sind Schwächen der Angebotsstruktur festzuhalten. So kann der Anwender mit der explorativen Aneignung ggf. überfordert sein. Ebenso können mangelnde Feedbackfunktionen den Lernprozess erschweren. Um diesen Gefahren entgegen zu wirken, wird die explorative Aneignung mit Interaktions- und Kommunikationsmöglichkeiten kombiniert.

Im Fall von MIT BISS dominiert die Methode der Präsentation, was sich auch von den festgelegten Zielstellungen ableitet. Nachfolgend finden sich weitere Fortsetzungen zur konzeptionellen Umsetzung von MIT BISS (vgl. Kap. 8.2).

Im zweiten Schritt der didaktischen Analyse findet die möglichst passgenaue Medienwahl statt. *„Zu beachten ist (…), dass die Wahl des Mediums und die Wahl einer didaktischen Methode relativ unabhängig voneinander sind"* (KERRES et al. 2011, 270). In diesem Prozess ist zu beobachten, dass oftmals mehrere Optionen zur Verfügung stehen, wobei die Einsatzmöglichkeit mit höchstem Wirkungsgrad zu wählen ist (vgl. KERRES et al. 2011, 269 ff.).

8.2   MIT BISS

Im Frühjahr 2010 startete die konzeptionelle Umsetzung von MIT BISS („**M**ethodisches • **I**nformatives • **T**heoretisches – **B**asics zur **i**nklusiven Beschulung **s**ehgeschädigter **S**chülerinnen und Schüler“).

MIT BISS ist als virtuelles Selbstlernangebot für Lehrerinnen und Lehrer konstruiert, womit an bildungspolitische Forderungen und persönliche Wünsche der Zielgruppe angeknüpft wird (vgl. KMK 2000a). Mit Hilfe des multimedialen Informations- und Kommunikationsangebots können sich Professionelle (und Interessierte) eigenständig mit wissenswerten Informationen zum gemeinsamen Unterricht von sehenden und nicht sehenden Schülerinnen und Schülern auseinandersetzen. Dazu wurden die fachinhaltlichen Informationen in das Learning-Management-System OLAT (**O**nline **L**earning **a**nd **T**raining) eingebunden. Charakteristisch ist die modulare Angebotsstruktur, welche das selbstregulierte Lernen begünstigt. Damit bleibt die endgültige Kursstruktur flexibel, was die anwenderorientierte Anpassung unterstützt (z. B. individuelle Anpassung der Kursstruktur an die Bedürfnisse der Fortbildungsteilnehmerinnen und Fortbildungsteilnehmer).

Insgesamt sind 13 Themenbereiche (Module) im Prototyp verfügbar, die fachliches Know-how zum GU bereitstellen. Auch der Zugriff auf technische Anwendungen, die kommunikative und kooperative Prozesse zwischen den Anwenderinnen und Anwendern stärken, ist gegeben (bspw. Mailfunktion, Foren).

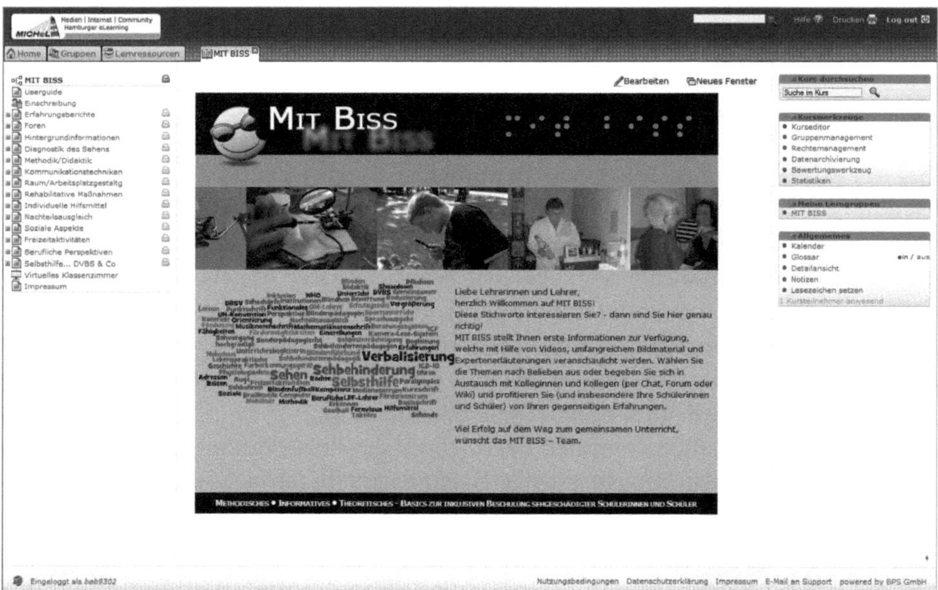

Abb. 48: *Startseite von MIT BISS (inkl. der 13 Themenbereiche) aus der Autoren-*
perspektive

Die Arbeitsschritte der konzeptionellen Strukturierung und Realisierung wurden vorherrschend von der Autorin selbst geleistet. Seitens der Experten, insbesondere durch die Professionellen des LFS (Schleswig-Holstein), wurde dieser Prozess durch die Ausstattung mit geeigneten Materialien und kontinuierliches Feedback maßgeblich gestärkt.[41] Neben diesen personell eingeschränkten Rahmenbedingungen war ein Finanzrahmen von 5.000 € für das Vorhaben nutzbar, was in Eigenregie von einer gemeinnützigen Stiftung eingeworben werden konnte. Nachfolgend wird MIT BISS, insbesondere die ausgewählte Lernumgebung sowie die mediale Aufbereitung der Fachinhalte, spezifisch erläutert. Um die Vorstellung zu präzisieren, wird abschließend ein Modul näher vorgestellt.

8.2.1 Das Learning-Management-System OLAT

Installiert wurde der Selbstlernkurs MIT BISS auf dem Learning-Management-System (LMS) OLAT (Online Learning and Training), das von der Universität Hamburg zur Gestaltung von virtuellen Lehr- und Lernprozessen eingesetzt wird (vgl. PEETZ 2011, 56).

> *„Als Lernplattform oder Learning-Management-System werden – im Unterschied zu bloßen Kollektionen von Lehrskripten oder Hypertext-Sammlungen auf Webservern – Software-Systeme bezeichnet, die über folgende Funktionen verfügen:*
> - *Eine Benutzerverwaltung (Anmeldung mit Verschlüsselung)*
> - *Eine Kursverwaltung (Kurse, Verwaltung der Inhalte, Dateiverwaltung)*
> - *Eine Rollen- und Rechtevergabe mit differenzierten Rechten*
> - *Kommunikationsmethoden (Chat, Foren) und Werkzeuge für das Lernen (Whiteboard, Notizbuch, Annotationen, Kalender etc.)*
> - *Die Darstellung der Kursinhalte, Lernobjekte und Medien in einem netzwerkfähigen Browser"* (SCHULMEISTER 2003, 10).

Damit weist SCHULMEISTER auf die wesentlichen Merkmale eines Learning-Management-Systems hin. Wie bereits in der Definition von SCHULMEISTER formuliert, sind die Begrifflichkeiten Lernplattform (bzw. Lehr- und Lernplattform) und Learning-Management-System synonym zu verwenden (vgl. hierzu auch BAUMGARTNER et al. 2002a, 30). In Abbildung 49 werden strukturelle und funktionale Charakteristika einer Lernplattform besonders anschaulich von dem Autorenteam herausgestellt (vgl. Abb. 49).

---

41 Darüber hinaus haben zahlreiche, weitere Professionelle und Einrichtungen das Vorhaben tatkräftig unterstützt.

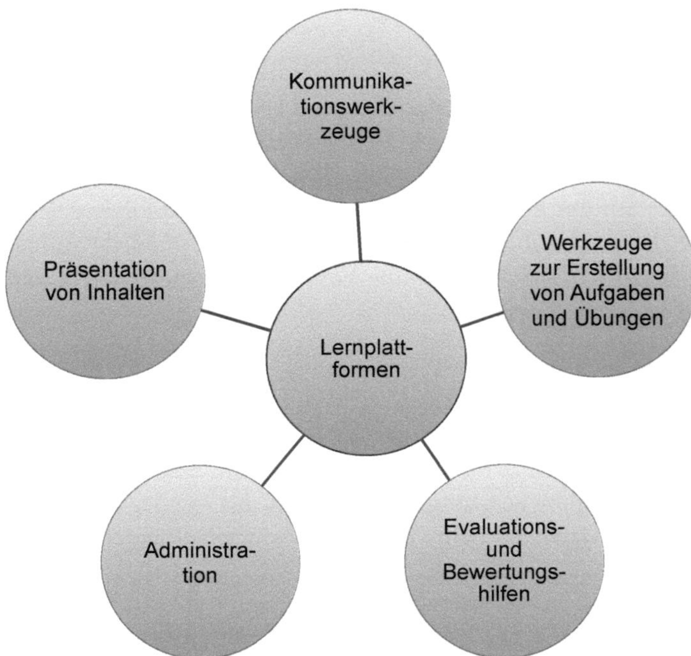

Abb. 49: Grundfunktionen von Lernplattformen (Quelle: BAUMGARTNER et al. 2002b, 27)

Nach intensiver Prüfung diverser Lernumgebungen fiel die Entscheidung auf die Open-Source-Lernplattform OLAT, welche seit dem Sommersemester 2010 von der Universität Hamburg als fakultätsübergreifendes (uniweites) Angebot zur Realisierung von virtuellen Lehr- und Lernprozessen genutzt wird (vgl. MICHEL 2013).[42] Ursprünglich entwickelt von der Universität Zürich hat OLAT bereits einige Erfolge hervorgebracht, was die anwenderorientierte Weiterentwicklung der Lernplattform begünstigt hat (vgl. ARNOLD et al. 2011, 6). Deutschlandweit wird das Learning-Management-System bereits erfolgreich eingesetzt, was zusätzlich zum Ausbau der Funktionen und Bedienelemente beigetragen hat (vgl. VCRP 2012; GOETHE UNIVERSITÄT 2012). Im Kooperationsverbund werden gemeinsame wie auch universitätsinterne Erweiterungen und Aktualisierungen realisiert (z.B. E-Portfolios, E-Klausuren). Darüber hinaus stellt OLAT eine umfangreiche Sammlung von Kursbausteinen zur Verfügung, welche die Umsetzung verschiedenster didaktischer Szenarien generieren. Auch die Gesamtkonzeption von MIT BISS wird unterstützt. Vorteilhaft wirkt sich die Anbindung an den Standort der Universität Hamburg aus, da das bestehende Supportnetzwerk als stetiger Ansprechpartner präsent ist. Zudem entstehen keine Kosten durch die Nutzung von OLAT. Weitere Vorteile dieses Lear-

---

42 Der Kriterienrahmen von SCHULMEISTER wurde aufgegriffen, um eine adäquate Lernplattform zu ermitteln (vgl. SCHULMEISTER 2003, 55 ff.). Ergänzt wurden die Erkenntnisse durch die Beschreibungen von BAUMGARTNER, HÄFELE und MAIER-HÄFELE (vgl. BAUMGARTNER et al. 2002b).

ning-Management-Systems, wie das einfache Editieren von Informationen oder die Einbindung verschiedener Medienformate, zeigen sich auch in den nachfolgenden Schilderungen (aus der Nutzer- und Autorenperspektive). Kritisch anzumerken ist, dass die Lernplattform erst im Sommersemester 2010 an der Universität Hamburg zugelassen wurde, so dass sich die Expertise im Umgang mit der Software im Aufbau befand. Diese Problematik hat sich auf die termingerechte Umsetzung des Angebots ausgewirkt, so dass zeitliche Verzögerungen in der technischen Umsetzung auftraten.

8.2.1.1   OLAT aus der Teilnehmerperspektive

Im Folgenden werden die wesentlichen Funktionen des Learning-Management-Systems vorgestellt. Dies geschieht aus der Perspektive der Teilnehmerinnen und Teilnehmer von MIT BISS, was auch prägnante Einschätzungen zu den Einsatzmöglichkeiten und Nutzenpotentialen einzelner Werkzeuge gestattet. Damit konzentriert sich die Beschreibung auf die technische Umgebung, in welche der Kurs MIT BISS eingebunden ist.

Um mit OLAT erfolgreich arbeiten zu können, sind lediglich minimale Voraussetzungen zu erfüllen. Da es sich bei OLAT um eine Webapplikation handelt, gehören eine Internetverbindung und ein moderner Webbrowser zu den technischen Rahmenbedingungen (vgl. UNIVERSITÄT ZÜRICH 2010, 6).

Um erstmalig Zugriff zu erhalten, ist die einmalige Registrierung mit den persönlichen Nutzerdaten (Name, E-Mailadresse) an der Universität Hamburg erforderlich. Im Anschluss kann die Anmeldung mit Benutzernamen und dazugehörigem Passwort auf der OLAT-Startseite der Universität Hamburg vorgenommen werden.

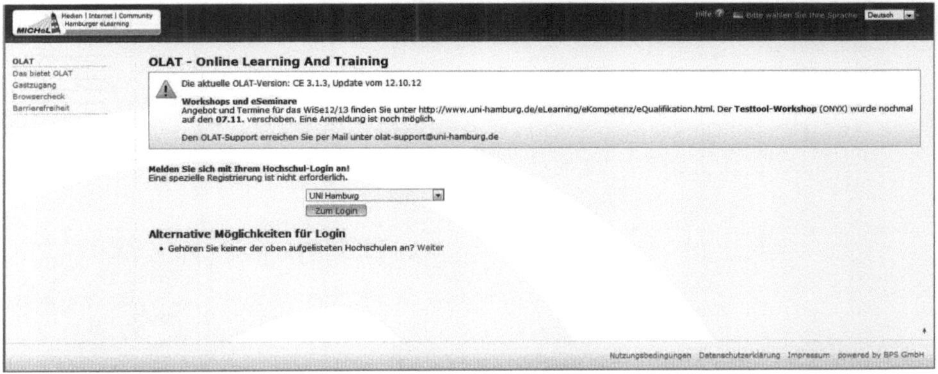

Abb. 50: OLAT-Startseite der Universität Hamburg (2013)

Externe Nutzerinnen und Nutzer der Lernumgebung, also auch die Regelschul- und Sonderschullehrkräfte, sind aufgefordert, das Einloggen über den alternativen Anmeldungsbereich vorzunehmen.

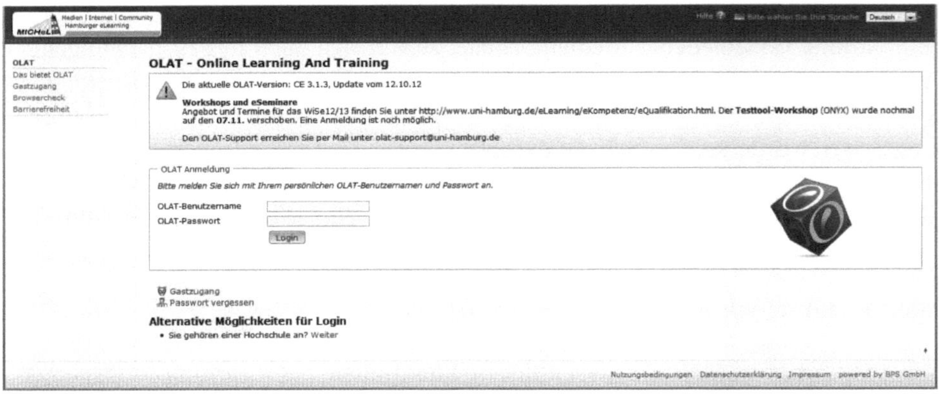

Abb. 51:   *Alternativer Login (2013)*

Nach erfolgreichem Einloggen erreichen die MIT BISS-Teilnehmerinnen und -Teilnehmer das Einstiegsportal (Home). Die wesentlichen Werkzeuge, die von besonderem Interesse für die MIT BISS-Nutzerinnen und -Nutzer sind, werden kurz erläutert. Weiterführende Hinweise sind dem Benutzerhandbuch zu entnehmen (vgl. UNIVERSITÄT ZÜRICH 2010).

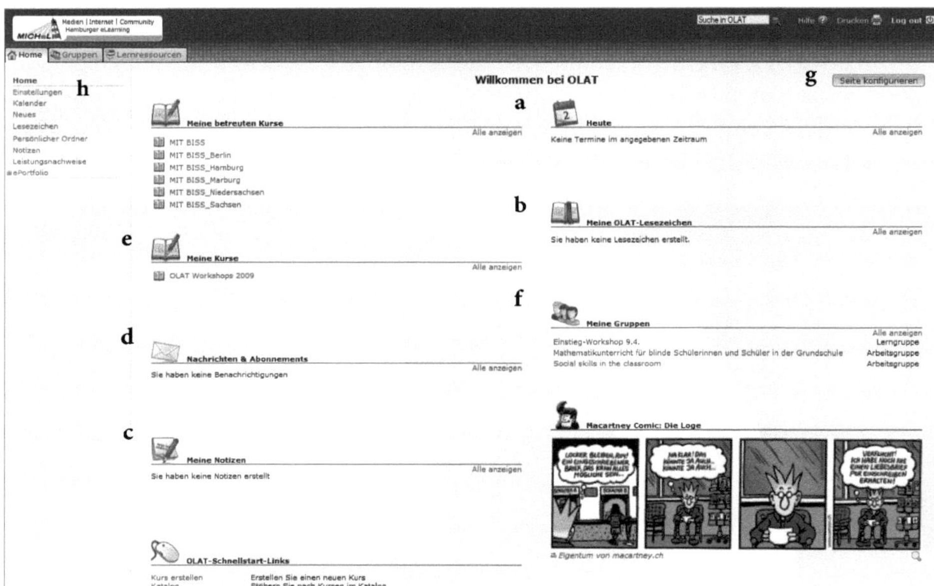

Abb. 52:   *Einstiegsportal (2013)*

a. **Kalenderfunktion:** Jeder Teilnehmerin bzw. jedem Teilnehmer steht der Kalender zur freien Verfügung, welcher zur Verwaltung von dienstlichen und privaten Terminen verwendet werden kann. Diese Funktion ermöglicht es, dass der zeitnahe Verweis auf Fortbildungsangebote (s. Kursangebot des Landesförderzentrums Schleswig) erfolgen kann.

b. **Lesezeichen (Bookmark):** In MIT BISS ist der Einsatz von Lesezeichen möglich, was die selbständige Auseinandersetzung mit den Fachinhalten unterstützt. Im Home-Bereich ist ein direkter Zugriff auf die Bookmarks gegeben.

c. **Notizen:** Nicht nur die Markierungen interessanter Textstellen, sondern auch persönliche Anmerkungen können abgespeichert werden. Ebenfalls sind die persönlichen Notizen über den Home-Bereich abrufbar.

d. **Benachrichtigungen/Abonnements:** Das Benachrichtigungstool informiert über neue Kursaktivitäten, wie z.B. Forenbeiträge von Teilnehmerinnen und Teilnehmern.

e. **Meine Kurse:** In diesem Bereich werden alle Kursangebote aufgeführt, in welchen die Nutzerin bzw. der Nutzer angemeldet ist. Von hier aus ist auch das Kursangebot MIT BISS über einen direkten Button anzusteuern.

f. **Meine Gruppen:** Diese Funktion informiert über die Arbeits- und Lerngruppen, in welchen die Mitgliedschaft gegeben ist.

Dank des Buttons „Seite konfigurieren" (g) kann der Home-Bereich den individuellen Bedürfnissen und Erfordernissen angepasst werden. Individuelle Veränderungen, wie die flexible Anordnung sowie Entfernung der einzelnen Werkzeuge, sind möglich.

Die Werkzeuge können auch über die vertikale Navigationsleiste (h) angesteuert werden. Darüber hinaus stehen hier – neben den bereits erläuterten Tools – weitere Funktionen, wie bspw. der persönliche Ordner, zur Verfügung. Zusätzlich sind hier auch personalisierte Einstellungen vorzunehmen (Passwortänderung, Barrierefreiheit). Im Zusammenhang mit MIT BISS muss die Option der personalisierten Visitenkarte besonders hervorgehoben werden (bspw. Tool zur Kurzvorstellung der Nutzerinnen und Nutzer).

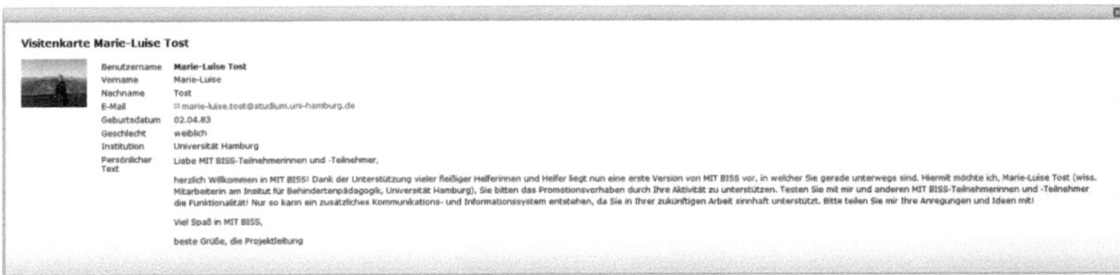

Visitenkarte Marie-Luise Tost

Benutzername	**Marie-Luise Tost**
Vorname	Marie-Luise
Nachname	Tost
E-Mail	marie-luise.tost@studium.uni-hamburg.de
Geburtsdatum	02.04.83
Geschlecht	weiblich
Institution	Universität Hamburg
Persönlicher Text	Liebe MIT BISS-Teilnehmerinnen und -Teilnehmer,

herzlich Willkommen in MIT BISS! Dank der Unterstützung vieler fleißiger Helferinnen und Helfer liegt nun eine erste Version von MIT BISS vor, in welcher Sie gerade unterwegs sind. Hiermit möchte ich, Marie-Luise Tost (wiss. Mitarbeiterin am Insitut für Behindertenpädagogik, Universität Hamburg), Sie bitten das Promotionsvorhaben durch Ihre Aktivität zu unterstützen. Testen Sie mit mir und anderen MIT BISS-Teilnehmerinnen und -Teilnehmer die Funktionalität! Nur so kann ein zusätzliches Kommunikations- und Informationssystem entstehen, da Sie in Ihrer zukünftigen Arbeit sinnhaft unterstützt. Bitte teilen Sie mir Ihre Anregungen und Ideen mit!

Viel Spaß in MIT BISS,

beste Grüße, die Projektleitung

Abb. 53: Beispiel für den Einsatz der Visitenkarte

Eigenständig kann die Angabe persönlicher Daten ausgewählt werden. Außerdem sind zusätzliche Informationen, wie z.B. die Motivation zur Teilnahme am Kursangebot oder die Gesuche nach speziellen Gesprächspartnern, zu hinterlegen.

Charakteristisch für das Learning-Management-System OLAT ist ein feingliedriges Rechte- und Rollensystem (UNIVERSITÄT ZÜRICH 2010, 7 f.). Diesbezüglich ist zwischen Arbeits-, Lern- und Rechtegruppen zu differenzieren.

- Arbeitsgruppen: Arbeitsgruppen sind Gemeinschaften einzelner Nutzerinnen und Nutzer, deren Einsatz keine Kursanbindung voraussetzt. Jede Nutzerin bzw. jeder Nutzer ist in der Lage, eine Arbeitsgruppe zu gründen.
- Lerngruppen: Dahingegen sind die Aktivitäten der Lerngruppen fester Bestandteil eines Kursangebotes. Dies bedingt, dass die Gründung einer Lerngruppe nur durch den Kursautor vorzunehmen ist. In MIT BISS wird die Lerngruppenfunktion angewendet, um die Navigation der MIT BISS-Teilnehmerinnen und Teilnehmer gezielt zu steuern (erst Bedienungsanleitung, dann selbständiger Kurseintritt). Im ersten Schritt nimmt der Administrator alle Teilnehmerinnen und Teilnehmer in die Lerngruppe „Admin MIT BISS" auf, so dass die Nutzerinnen und Nutzer Zugang zur Bedienungsanleitung von MIT BISS erhalten. Gleichzeitig ist hier ein Einschreibungstool installiert, dass die Eintragung und damit Kursnutzung des Angebots gestattet.

In den Lern- und Arbeitsgruppen stehen diverse Funktionalitäten und Tools zur Verfügung, die individuell an die Aktivitäten angepasst werden können (Information, Kalender, Mitgliederverwaltung, E-Mail, Ordner, Forum, Wiki).

- Rechtegruppen: Einzelne Nutzerinnen und Nutzer können mit spezifischen Rechten ausgestattet werden, so das der Handlungs- und Aktionsspielraum in MIT BISS erweitert wird.

Insgesamt bietet die Lernplattform einen Aktionsraum, welcher die zielgerichtete Auseinandersetzung mit wissenswerten Informationen zum GU unterstützen kann.

8.2.1.2 OLAT aus der Autorenperspektive

Zusätzlich soll vorgestellt werden, wie OLAT aus der Perspektive als Autorin bzw. Autor zu bedienen ist. Im Produktionsprozess von MIT BISS wurde diese Rolle nur von der Autorin dieser Forschungsarbeit ausgeübt.[43] Langfristig muss diese Aufgabe von den Lehrerinnen und Lehrern getragen werden, um flexible Fortbildungsangebote auszugeben. Daher soll in der einführenden Darstellung auf die einfachen Bedienelemente hingewiesen werden, die beim schnellen Konstruieren von Online- bzw. Blended-Learning-Szenarien behilflich sind (vgl. hierzu die Schritt-für-Schritt-Anleitung in UNIVERSITÄT ZÜRICH 2010, 39 f.).

---

43 Im Fall der vorliegenden Kurskonstruktion hat sich die Einbindung eines einheitlichen Layouts als problematisch erwiesen. In den ersten Monaten wurde das CSS-Design nicht durch OLAT unterstützt, so dass jede HTML-Seite mit dem Layout aktiviert werden musste. Dies hat die Handhabung erschwert. Auf Grund der kontinuierlichen Weiterentwicklung der Webapplikation hat sich diese Problematik erledigt (seit Sommersemester 2011).

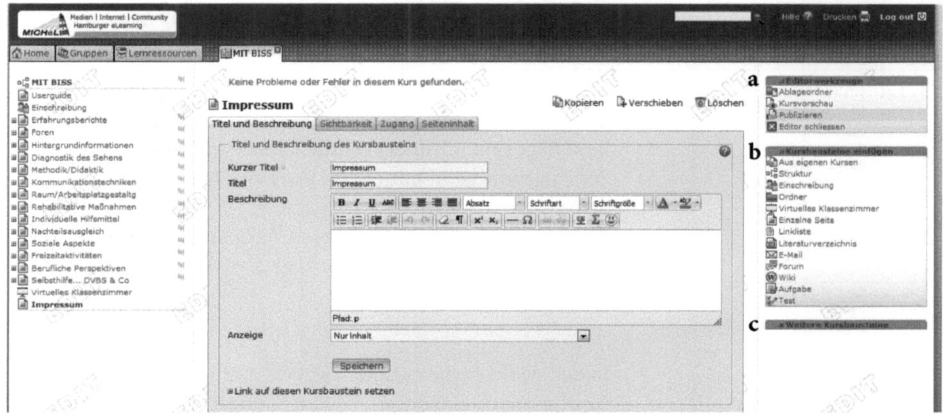

Abb. 54: Kurs MIT BISS im Editiermodus (erkennbar am EDIT-Wasserzeichen)

Grundsätzlich ist jede MIT BISS-Teilnehmerin bzw. jeder MIT BISS-Teilnehmer zur Herstellung eines Kursangebots berechtigt[44]. In der Hauptnavigationsleiste („Lernressourcen") ist die Eröffnung eines neuen Kursangebotes vorzunehmen. Das didaktische Konzept und die digital verfügbaren Lernmaterialien zählen zu den Grundvoraussetzungen, die im Vorfeld zu erarbeiten sind (vgl. UNIVERSITÄT ZÜRICH 2010, 39). Um den Kurs zu konstruieren bzw. zu verändern, muss in den Editiermodus gewechselt werden (vgl. Abb. 54). Nach der Festlegung administrativer Eckdaten, wie Titel und Kurzbeschreibung, kann der Produktionsprozess starten. Nun ist die Umsetzung des didaktischen Konzepts vorzunehmen, in dem geeignete Kursbausteine ausgewählt und platziert werden. Hierfür stehen drei Funktionsfelder mit unterschiedlichen Werkzeugen zur Verfügung.

---

44 Empfehlenswert ist die Auseinandersetzung mit den wesentlichen Funktionen des Angebots. Allerdings ermöglicht die intuitive Bedienung eine zügige Tätigkeit mit dem Programm. Im Fall von MIT BISS besteht auch die Möglichkeit, entsprechende Lehrerinnen und Lehrer mit der Autorenrolle auszustatten.

Tab. 18: Kurzbeschreibung der Funktionsfelder im Editiermodus (vgl. UNIVERSITÄT ZÜRICH 2010, 39 ff.)

a. Editierwerkzeuge 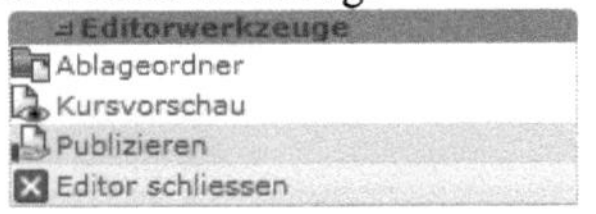 *Abb. 55: Editierwerkzeuge (Detailansicht)*	Mit Hilfe dieser Werkzeugbox gelangt der Autor zum Ablageordner, wo die elektronischen Lernmaterialien geordnet hinterlegt sind (Ordnerstruktur). Beim sukzessiven Aufbau des Angebots kann mittels der Kursvorschau der aktuelle Stand beobachtet werden. Abschließend ist das Publizieren (Veröffentlichen) des Angebots möglich, womit alle Neuerungen wirksam werden.
b. Kursbausteine 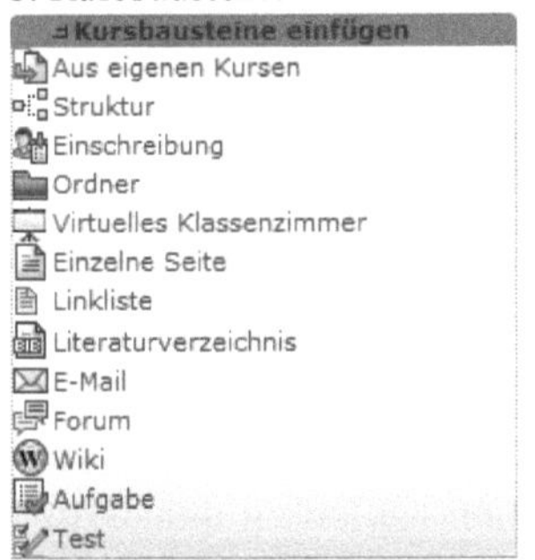 *Abb. 56: Kursbausteine einfügen (Detailansicht)*	In der Werkzeugbox „Kursbausteine einfügen" sind die Kursbausteine aufgeführt, die am häufigsten verwendet werden. Gemäß dem didaktischen Konzept wählt der Autor die gewünschten Bausteine aus und platziert diese an geeigneter Position (vgl. hierzu auch Abb. 58). Die Liste verdeutlicht, dass eine Reihe von Kursbausteinen verfügbar ist. Jederzeit können die Kursbausteine verschoben, gelöscht oder kopiert werden. Teilweise können auch Bausteine eingebunden werden, die extern vervollständigt werden (z. B. das Glossar).
c. Weitere Kursbausteine  *Abb. 57: Weitere Kursbausteine (Detailansicht)*	Die Werkzeugbox „Weitere Kursbausteine" stellt zusätzliche Bausteine zur Verfügung. Nähere Erläuterungen zu den Einsatzmöglichkeiten und Funktionen der Kursbausteine finden sich im Handbuch (vgl. UNIVERSITÄT ZÜRICH 2010, 44 ff.).

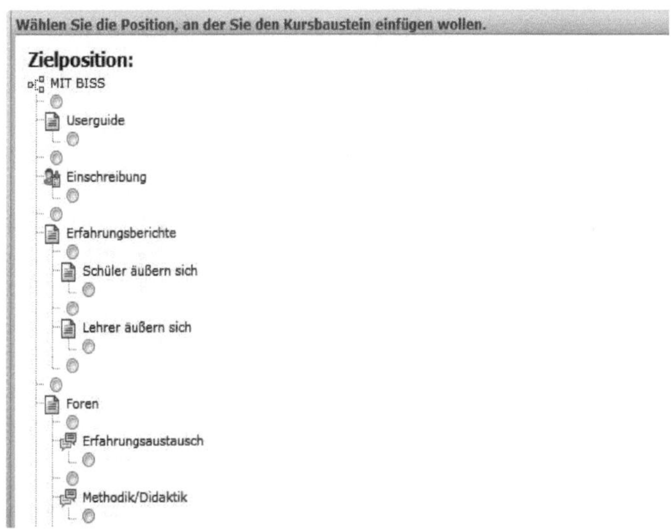

Abb. 58: Zielpositionierung der Kursbausteine (Detailansicht)

Für jeden Kursbaustein sind Titel, Sichtbarkeits- und Zugangsmerkmale sowie der Lerninhalt zu definieren. „Ein Kurs kann aus beliebig vielen Kursbausteinen bestehen. In einem Kurs können mehrere Kursbausteine desselben Typs verwendet und *beliebig verschachtelt werden*" (UNIVERSITÄT ZÜRICH 2010, 44). Im Kursangebot MIT BISS kommt vorrangig der Baustein „Einzelne Seite" zum Einsatz, um die Lerninhalte zu präsentieren (inkl. Glossar und Linkliste mit ergänzenden Sachinformationen). Darüber hinaus wurde der Kurs mit dem Einschreibungsbaustein zeitlich strukturiert (vgl. Kap. 9.2.1). Um aktive Austauschprozesse zu stärken, kommt der Forenbaustein zum Einsatz. Ebenso wird das Testtool angewandt („Test zur Tafelgestaltung"), um die Lehrerinnen und Lehrer am Lernangebot partizipieren zu lassen.

8.2.2 Die Kursgestaltung von MIT BISS

Im Folgenden wird nun das Kursangebot von MIT BISS näher vorgestellt. Ausgehend von umfassenden Maßnahmen, wie der Nutzung eines einheitlichen Kursdesigns, wird die Lernmaterialerstellung und mediale Umsetzung fokussiert. An dem Modul „Arbeitsplatz- und Raumgestaltung" werden konzeptionelle Details veranschaulicht.

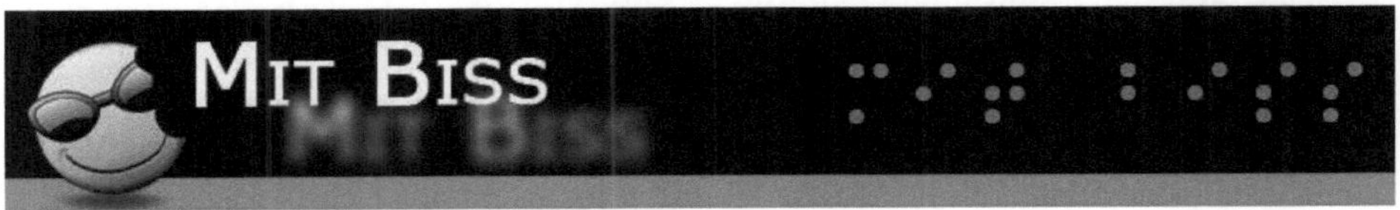

Abb. 59: Header von MIT BISS

Im Mittelpunkt steht die Verwendung eines einheitlichen Kursdesigns. Zwar unterstützt OLAT benutzerspezifische Anpassungen, wie beispielsweise die Personalisierung des Homebereichs, allerdings sind die Optionen eingeschränkt (vgl. UNIVERSITÄT ZÜRICH 2010, 11, 42). Jedoch können CSS-Designs eingefügt werden, um ein kursspezifisches Layout zu verwenden. Diese Option wurde genutzt, um alle Inhalte (inkl. PDFs, Videos etc.) in einem einheitlichen Erscheinungsbild zu generieren (vgl. Abb. 59). Die technische Umsetzung der CSS-Datei wurde von einer Mediendesignerin übernommen.

Alle neu angemeldeten Teilnehmerinnen und Teilnehmer von MIT BISS erhalten Zugriff zu der MIT BISS-Startseite. In das MIT BISS-Layout ist ein Begrüßungstext eingefügt, der mit kurzen Fotoeinblicken in den GU auf das Themenfeld hinführt (Flashfotoleiste) (a). Ergänzend ist ein Wordle (b) mit den wichtigsten Begrifflichkeiten aufgeführt, von welchem aus der direkte Zugriff auf benannte Themenfelder stattfinden kann. Im Fall des erstmaligen Zugriffs auf den Kurs bleibt die Kursstruktur versteckt (c), da zunächst die Einschreibung in den Kurs erfolgen muss (vgl. Abb. 60).

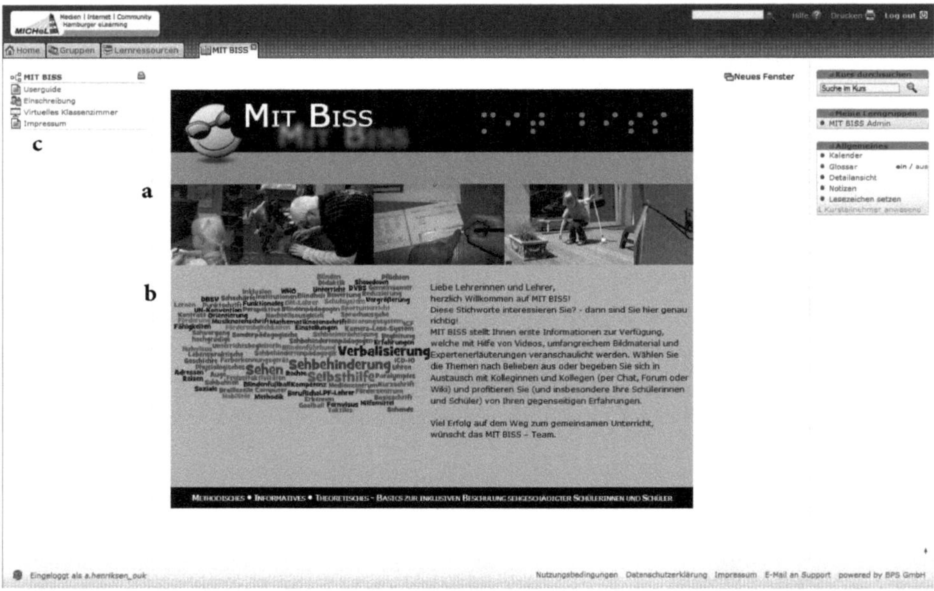

Abb. 60: *Startseite von MIT BISS ohne Einschreibung*

Im Einschreibungsbaustein werden die neuangemeldeten Mitglieder dazu aufgefordert, sich mit den Funktionalitäten und Strukturen von OLAT bzw. MIT BISS auseinander zu setzen. Sowohl im Userguide als auch im beigefügten einführenden Skript sind grundlegende Informationen zur Nutzung von MIT BISS zusammengefasst. Im Anschluss ist die Einschreibung vorzunehmen, womit sich die Baumstruktur mit allen Inhaltsbereichen öffnet. Jedem Modul, also jedem abgeschlossenen Inhaltsbereich, ist ein Einleitungstext vorangestellt (inkl. Links zu den angesprochenen Themenbereichen). Dies stellt ein wesentliches Element der Strukturierung dar. Diese werden in der folgenden Tabelle stichpunktartig vorgestellt.

Tab. 19: Kurzbeschreibung der Lernmodule

Modul	Kurzbeschreibung – Lernziele benennen/festlegen
Erfahrungsberichte	Sowohl Lehrkräfte als auch Schülerinnen und Schüler berichten von ihren Erfahrungen mit dem GU (in Form von Videos, MP3 und Texten).
Hintergrundinformationen	Das Modul Hintergrundinformationen bietet Wissenswertes aus drei Themengebieten: 1. Basisdefinitionen: Essentielle Begriffe zum GU von sehenden und nicht sehenden Schülerinnen und Schülern werden vorgestellt. 2. Medizinische Grundlagen: Anatomische Strukturen des visuellen Systems werden veranschaulicht. Auch über relevante Formen der Sehschädigung kann man sich informieren. 3. Organisation der sonderpädagogischen Förderung: Die Strukturen der schulischen Förderung werden transparent gemacht.
Diagnostik des Sehens	Anhand konkreter Daten einer Studentin mit hochgradiger Sehbehinderung wird in das Themengebiet „Diagnostik des Sehens" eingeführt. Unter Bezug auf diesen authentischen Fall wird auf Begrifflichkeiten, Abläufe und Prozesse sowie Fördermöglichkeiten näher eingegangen.
Methodik/Didaktik	Unterrichtspraktische Hinweise sind diesem Modul zugeordnet. Auf Grund der differierenden Bedarfe von Schülerinnen und Schülern mit Sehschädigung und Schülerinnen und Schülern mit Blindheit unterteilt sich dieses Modul in diese zwei Zielgruppen. Die Bedeutung des dualen Curriculums, Tipps für den Einsatz von Unterrichtsmedien (wie z. B. Tafel oder Projektor) oder auch die sehgeschädigtengerechte Gestaltung von Lernmaterialien werden thematisiert. Auch fachdidaktische Fragestellungen werden hier erörtert.
Kommunikationstechniken	Insbesondere Schülerinnen und Schüler mit Blindheit sind beim Lese- und Schriftspracherwerb auf besondere Verfahren angewiesen. Das Modul bietet Sachinformationen, um sich mit dem taktilen Schriftsystem vertraut zu machen. Zusätzlich werden Tipps für die Gestaltung von sehbehindertengerechten Lernmaterialien präsentiert.
Raum- und Arbeitsplatzgestaltung (vgl. Kap. 8.2.2.3)	Im Vordergrund steht die Auseinandersetzung mit den Möglichkeiten der sehgeschädigtenspezifischen Gestaltung von Lehr- und Lernräumen. Zentrale Rolle spielt hierbei die Ausstattung des Arbeitsplatzes, was mit Hilfe von konkreten Beispielen vertieft wird.
Rehabilitative Maßnahmen	Einführende Informationen zu den „Lebenspraktischen Fähigkeiten" und zum „Orientierungs- und Mobilitätstraining", insbesondere den Techniken der sehenden Begleitung, sind erhältlich.
Individuelle Hilfsmittel	Im Schulalltag sind Schülerinnen und Schüler mit Sehschädigung auf optische, elektronische und ergänzende Hilfen angewiesen. Im Modul „Individuelle Hilfsmittel" wird der MIT BISS-Nutzerkreis mit diesen vertraut gemacht. Ergänzend gestatten Videos den Einblick in den praktischen Umgang mit dem Hilfsmittel.
Nachteilsausgleich	Praktische Beispiele aus dem Schulalltag und eine schriftliche Diskussion unterstützen die gezielte Auseinandersetzung mit dem Nachteilsausgleich.
Soziale Aspekte	Im vorliegenden Modul werden Chancen zur Stärkung der sozialen Kompetenz und des sozialen Miteinanders herausgestellt.

Modul	Kurzbeschreibung – Lernziele benennen/festlegen
Freizeitaktivitäten	Auch blinden und sehbehinderten Schülerinnen und Schülern stehen vielfältige Freizeit- und Sportangebote offen. Allgemeine und sehgeschädigtenspezifische Freizeitaktivitäten werden angesprochen.
Berufliche Perspektiven	In diesem Modul wird darauf hingewiesen, welche beruflichen Chancen sich Schülerinnen und Schülern mit Sehschädigung bieten. Eng orientiert an den Bedingungen in Schleswig-Holstein, wird die Arbeitsweise der Kolleginnen und Kollegen vorgestellt (Übergang Schule – Beruf).
Selbsthilfe… DVBS & Co	In Deutschland existieren verschiedene Interessensvertretungen für blinde und sehbehinderte Menschen.

8.2.2.1 Lernmaterialien

Die Produktion und Bereitstellung passgenauer Lernmaterialien ist von verschiedenen Partnern unterstützt worden (vgl. Tab. 20). Um die Mitarbeit externer Partner und den Einsatz der Autorin transparent zu machen, erfolgt eine vereinfachte Zusammenfassung in tabellarischer Form. Die technische Einbindung sämtlicher Lernmaterialien wurde durch die Autorin geleistet. Spezielle Lösungen, wie z. B. Scribd, wurden für die Integration von PDF-Dateien und Power-Point-Präsentationen gewählt. Die Einbindung der Videos wurde auf der Medienplattform der Universität Hamburg namens Lecture2Go[45] vorgenommen. Diesem Arbeitsprozess ging eine Experimentierphase voraus, in welcher geeignete Parameter der Datenkompression bestimmt wurden. *„Ohne Datenkompression wäre eine Übertragung im Internet undenkbar (…)"* (TESAR et al. 2011, 81).

Tab. 20: Überblick über die verwendeten Lernmaterialien im Kurs MIT BISS

Modul	Lernmaterial
Erfahrungsberichte	*Schülerperspektive* • Videointerview mit Marvin (Schüler mit Sehbehinderung) bzw. mit Marvins Mitschülern: Realisierung und Aufbereitung in Zusammenarbeit mit dem Multimedia Kontor Hamburg • Interview im Audioformat mit zwei ehemaligen Schülern: Realisierung, Aufbereitung und Einbindung durch die Autorin • Erfahrungsberichte ehemaliger Schülerinnen und Schüler in schriftlicher Form: zur Verfügung gestellt vom Landesförderzentrum Sehen *Lehrerperspektive* • Interview im Audioformat mit der Grundschullehrerin: Realisierung, Aufbereitung und Einbindung durch die Autorin

---

45 Die Medienplattform Lecture2Go beheimatet die Vorlesungsaufzeichnungen der Universität Hamburg.

Modul	Lernmaterial
Hintergrundinformationen	*Basisdefinitionen* • Grundlagentexte: Blindheit/Sehbehinderung, Allgemeine Aussagen, UN-Konvention, WHO: ICF, ICD (Zusammenfassung schriftlicher Quellen und Einbindung durch die Autorin) • PDF „Merkmale zum Erkennen einer Sehschädigung" (Landesförderzentrum Sehen, Schleswig) (leicht modifiziert durch die Autorin) *Medizinische Grundlagen* • Grundlagentexte: Aufbau des visuellen Systems, Beschreibungen zu den Ursachen der Sehschädigung (Zusammenfassung fachlicher Beiträge und technische Einbindung durch die Autorin) • Flash-Animation zum Aufbau des Auges (übernommen von HEXAL) • Audiodatei zum Vorgang des Sehens (Produktion und Einbindung durch die Autorin) • Grafiken zum Vorgang des Sehens (Aufbau der Sehbahnen, Gesichtsfeldausfälle): Produktion durch die Autorin • Foto- und Videomaterial zu den medizinischen Ursachen der Sehschädigung (bereitgestellt von der Ernst-Moritz-Arndt-Universität, Greifswald) *Organisation der sonderpädagogischen Förderung* • Grundlagentexte: Aufbau der sonderpädagogischen Förderung, Arbeitsweise der Medienzentren in Deutschland (Autorin); Schleswig-Holstein und daraus resultierende Schwerpunktthemen (LFS) • unterstützendes Bildmaterial: LFS • zusätzlich Videomaterial „… unter Einsatz aller Sinne" (Der BliStA-Film); „Medienberatungszentrum Ilvesheim" (Medienoffensive Schule II in Baden-Württemberg ‚Besondere Kinder – Besondere Wege' (Schnitt/Einbindung durch die Autorin)
Diagnostik des Sehens	• Grundlagentexte I: Begrifflichkeiten, Ablauf der Überprüfung des Sehens (Zusammenfassung fachlicher Beiträge durch die Autorin) • Grundlagentexte II: Prüfung des Sehvermögens (inkl. der Unterkategorien) (Zusammenfassung von Beiträgen aus der Broschüre „Informationen für die Beratung von Kindern und Jugendlichen mit mehrfachen Behinderungen und Sehschädigung") • Fallbeispiel (Anpassung durch die Autorin) • Bild- und Videomaterial zum Fallbeispiel (Produktion und Umsetzung durch die Universität Hamburg in Kooperation mit Vertretern des Landesförderzentrums Sehen, Schleswig)

Modul	Lernmaterial
Methodik/ Didaktik	• Grundlagentexte (zusammengefasst für die Themenschwerpunkte Schüler mit Sehbehinderung bzw. Blindheit): Spezifisches Curriculum (LFS); Powerpoint-Präsentation „Entwurf zum Spezifischen Curriculum" (bereitgestellt von der Universität Hamburg); Raumausstattung, Materialausstattung, Personelle Ressourcen, Kommunikation, Einsatz von Bildmaterial, Medieneinsatz, Bewertung, Fachspezifische Hinweise (Zusammenstellung durch die Autorin, orientiert sich an den Informationsmaterialien des LFS) *Schüler mit Sehbehinderung* • begleitendes Bild- und Fotomaterial: Eigen- und Fremdproduktion (LFS u. a.) • Materialausstattung: Praxisbeispiel zur Arbeitsblattgestaltung (Idee und Umsetzung durch die Autorin) • Einsatz von Bildmaterial: Praxisbeispiele (Idee und Umsetzung durch die Autorin) • Medieneinsatz – Videoszenen aus dem GU: „Schülerinnen und Schüler mit Sehbehinderung – Einsatz der Tafel I/II" (Idee von Autorin, Aufnahme und technische Aufbereitung in Kooperation mit dem MMKH, LFS); „Schülerinnen und Schüler mit Sehbehinderung – Einsatz des Overheadprojektors I/II" (Idee von Autorin, Aufnahme und technische Aufbereitung in Zusammenarbeit mit dem MMKH, LFS); Test zur Tafelgestaltung: Idee/Umsetzung (Autorin, unterstützt durch BZBS) • Fachspezifische Hinweise (Texte basieren auf Lernmaterialien des LFS) *Schüler mit Blindheit* • begleitendes Bild- und Fotomaterial: Eigen- und Fremdproduktion (LFS, Woche des Sehens, BliStA u. a.) • Kommunikation: Praxisbeispiel im Audioformat (Konzeption und Umsetzung durch die Autorin) • Audio-visuelle Übung zum Problemfeld „Bildbeschreibung" (Idee und Umsetzung durch die Autorin) • Medieneinsatz: Praxisbeispiel zum Tafeleinsatz im Audioformat (Idee/Umsetzung durch die Autorin) • Fachspezifische Hinweise (Texte basieren auf Lernmaterialien des LFS): zusätzliche Videos „Physikunterricht – Experiment im Themenbereich Optik" (BliStA) und „DaCapo – Musik mit allen Sinnen" (DZB, one media)
Kommuni-kationstech-niken	*Schüler mit Blindheit* • Grundlagentexte: Brailleschrift, Aufbau und Historie (Resümee fachlicher Beiträge durch die Autorin) • Begleitendes Bildmaterial: Eigenproduktion durch die Autorin • Video: „Da Capo – Musik mit allen Sinnen" (DZB) • Unterrichtshinweise: Kriterien zur Arbeitsblattgestaltung für sehbehinderte Schülerinnen und Schüler (LFS) *Schüler mit Sehbehinderung* • Unterrichtshinweise (LFS) (schriftliche Aufbereitung durch den Einsatz von Beispielen zur sehbehindertengerechten Gestaltung von Unterrichtsmateriali-en durch die Autorin)

Modul	Lernmaterial
Raum- und Arbeitsplatzgestaltung	• Grundlagentexte: Maßnahmen im Überblick – von Beleuchtung bis Barrierefreiheit (LFS, Zusammenstellung durch die Autorin) • Begleitendes Bildmaterial: LFS/Eigenproduktion durch die Autorin • Animationen zu den Arbeitsplätzen: Ausarbeitung der Konzeption (Autorin), Umsetzung der Flash-Animation (Universität Hamburg) • Beispielarbeitsplätze zur Verfügung gestellt vom LFS (gestalterische Aufbereitung durch die Autorin)
Rehabilitative Maßnahmen	• Grundlagentexte: Resümee fachinhaltlicher Beiträge (Korrektur durch IRIS e.V.) • Begleitendes Bildmaterial: Orientierungs- und Mobilitätstraining (Eigenproduktion durch die Autorin), Lebenspraktische Fertigkeiten (Eigenproduktion durch die Autorin, unterstützt durch den Blinden- und Sehbehindertenverband Hamburg) • Videomaterial: Orientierungs- und Mobilitätstraining: „Sehende Begleitung – wer ist hier aktiv!?" (sehwerk-reha-team und Wiebke Zapkau), „Sehende Begleitung – Helfen – aber richtig!" (sehwerk-reha-team und Wiebke Zapkau), „Do and Dont's" im Umgang miteinander (Ausschnitte aus der DVD „Walking together", The visual Impairment Knowledge Centre, The Institute for the Visually Impaired, The County of Northern Jutland, The Institute for the Blind and Partially Sighted) (Schnitt und Konvertierung der Videos durch die Autorin); Lebenspraktische Fertigkeiten: Farberkennungsgerät (Eigenproduktion der Autorin, in Kooperation mit dem BZBS, Hamburg)
Individuelle Hilfsmittel	• Grundlagentexte: Zusammenfassung schriftlicher Beiträge durch die Autorin (inkl. tabellarischer Umsetzung) • Video- und Fotomaterial (Optische Hilfsmittel, elektronische und weitere Hilfen): INCOBS, Handytech, Eschenbach (Bildbearbeitung in Zusammenarbeit mit dem Multimedia Kontor Hamburg) • Video- und Fotomaterial (Praktische Hinweise): Schreiben (Autorin), Computerhard- und -software (in Kooperation mit dem Bildungszentrum für Blinde und Sehbehinderte, Hamburg) • Zusätzliche Lernmaterialien, wie z. B. Kurzübersicht über häufig verwendete Tastenkombinationen, wurden vom LFS zur Verfügung gestellt
Nachteilsausgleich	• Grundlagentexte: Was ist das? (LFS), Diskussion (mit zahlreichen Beispielen) (LFS) und Leistungsbewertung (LFS) • Praktische Beispiele aus dem Schulalltag (zur Verfügung gestellt vom Bildungszentrum für Blinde und Sehbehinderte, Hamburg) • Praktische Beispiele zur Dokumentation des Nachteilsausgleichs (bereit gestellt vom LFS)
Soziale Aspekte	• Grundlagentexte: Zusammenfassung wesentlicher Fachbeiträge zum sozialen Miteinander • Videomaterial: Szenen aus dem Dokumentarfilm „Allein unter Sehenden" (Schnitt und Konvertierung der Videoszenen durch die Autorin) • Abbildungen: übernommen aus Fachbeiträgen (Anpassung an das MIT BISS-Layout durch die Autorin) • Faltblatt „Soziale Kompetenzen" (bereitgestellt von der Severin-Schule, Köln)

Modul	Lernmaterial
Freizeitakti-vitäten	• Grundlagentexte: Zusammenfassung schriftlicher Beiträge durch die Autorin • Videomaterial: Sport gehört dazu! (BliStA), Ski-Alpin (LFS), Blindenfußball (Zugriff auf externes Angebot: Blindenfußball FC St. Pauli), Segeln (Bund zur Förderung Sehbehinderter e. V.) und Showdown (Showdowngruppe: Cottbus; Zugriff auf externes Angebot: Swedish Sports Organization for the Disabled) (Schnitt und Konvertierung der Videos durch die Autorin) • Fotomaterial (Autorin)
Berufliche Perspektiven	• Grundlagentexte (inkl. PDFs/Verlinkungen auf externe Angebote): Zusammenstellung durch die Autorin (auf der Grundlage umfassender Literatur seitens der Vertreter des LFS)
Selbsthilfe	• Grundlagentexte: Kurzvorstellung von DVBS & DBSV (bereitgestellt von DVBS & DBSV) • Linkliste (Autorin)

8.2.2.2 Mediale Aufbereitung der Lernmaterialien

Die Befunde zur Medienauswahl gründen sich auf die theoretischen Annahmen der CLT und CTML (vgl. hierzu Kap. 5.3.2). Demgemäß soll einer kognitiven Überbelastung beim MIT BISS-Nutzerkreis entgegengesteuert werden, um bestmögliches Lernen mit dem Angebot zu gewährleisten. Mit Hilfe der Medien soll die adäquate Aneignung der Inhalte unterstützt werden (vgl. ARNOLD et al. 2011, 138). OLAT begünstigt das Vorgehen, da das Learning-Management-System die Einbindung der üblichen Medienformate unterstützt. Beispielhaft soll ein Einblick in die tatsächliche Medienumsetzung des Angebots gegeben werden.

Allgemein sind drei Formen der medialen Codierung zu unterscheiden, auf deren Verwendung im Forschungsvorhaben MIT BISS näher eingegangen wird.[46] Nach ARNOLD et al. existieren *„verbale Codierungen, also schriftliche Texte, Hypertexte und gesprochene Sprache, visuelle Codierungen, also sowohl statische als auch bewegte Bilder sowie interaktive Darstellungsformen wie Simulationen, Spiele und 3D-Lernwelten"* (ARNOLD et al. 2011, 138).

Vorrangig werden die fachinhaltlichen Informationen in MIT BISS mittels klassischer Präsentationsmöglichkeiten umgesetzt (i. e. Sinne: informative Sachtexte). Handlungsleitend für die Textproduktion war u. a. das *Hamburger Verständlichkeitskonzept* (vgl. REY 2009, 83 ff.).[47] Das *Hamburger Verständlichkeitsmodell* basiert auf

---

46 Weitestgehend wird die logische Reihenfolge bei der Erörterung der verwendeten Medien befolgt, welche von ARNOLD und anderen Autoren angeregt wird (vgl. u. a. ARNOLD et al. 2011). Zu Gunsten der besseren Lesbarkeit werden die Medienformate (Text, Bild und interaktive Formate) getrennt voneinander thematisiert. Mögliche Formen der Doppelcodierung repräsentieren die Grenzen dieser Vereinfachung.

47 Auf Grund der eingeschränkten personellen, finanziellen und zeitlichen Ressourcen mussten auch Textbausteine von externen Partnern integriert werden, die nicht alle Kriterien des Hamburger Verständlichkeitsmodells erfüllen.

den vier Kriterien: Sprachliche Einfachheit, Gliederung/Ordnung, Kürze/Prägnanz und zusätzliche Stimulanz, die folgendermaßen umgesetzt wurden (vgl. SCHNOTZ & HORZ 2011, 90 f.):

- *Sprachliche Einfachheit:* Ausgehend von der Anwendung möglichst einfacher Satzkonstruktionen wurden zusätzliche Elemente, wie ein Fachwörterglossar, zum Zweck des verbesserten Textverständnisses eingefügt.
- *Gliederung/Ordnung:* Die logische Verknüpfung der Inhalte wurde durch äußere Gestaltungselemente, wie einheitliche Überschriftengestaltung, gestärkt. MIT BISS arbeitet mit wiederkehrenden Strukturelementen, um die Ordnungsstruktur zu unterstützen. Jedem Modul ist eine Einleitung mit den prägnanten Inhaltsbereichen vorangestellt. Außerdem wird jede HTML-Seite mit dem Verweis beendet, dass im Bedarfsfall die Unterstützungs- und Beratungslehrkraft als Ansprechpartner für offene Fragestellungen zur Verfügung steht.
- *Kürze/Prägnanz:* Es wird auf ausschmückende Textpassagen verzichtet.
- *Zusätzliche Stimulanz:* Die Texte sind so formuliert, dass sie zum Weiterlesen anregen.

Auch grundlegende Prinzipien der multimedialen Gestaltung (nach MAYER) wurden berücksichtigt (vgl. MAYER 2005b; NIEGEMANN 2008, 54; UNTERBRUNER 2007, 157 f.). Stellvertretend ist die Aufnahme des Personalisierungsprinzips zu nennen. Formulierungen wie „Bedenken Sie bitte" sprechen die MIT BISS-Nutzerin bzw. den MIT BISS-Nutzer direkt an. Dies soll zum aktiven Tun motivieren (vgl. hierzu Kap. 8.2.2.3). Mittels Fett- und/oder Kursivdruck wurden Akzentuierungen im Text realisiert, was wiederum das Signalisierungsprinzip aufgreift. Um die Bedeutung der Markierungen angemessen beurteilen zu können, steht den Nutzern eine Legende mit einführenden Hinweisen zur Verfügung.

Zusätzlich werden Hypertextstrukturen[48] in MIT BISS eingesetzt (vgl. ARNOLD et al. 2011, 139 f.). Nach anfänglicher Euphorie beim Einsatz von Hypertext zum selbstgesteuerten Lernen deuten aktuelle Forschungsbefunde an, dass mögliche Risiken, wie Desorientierung („Lost in Hyperspace") und kognitive Überbelastung („Cognitive Overload"), gegeben sind. Insofern sind einige Ratschläge zu beachten, um von den Vorteilen der Hypertextorganisation zu profitieren (vgl. ARNOLD et al. 2011, 154). Sowohl die Navigationsstruktur als auch Bedienelemente, wie die Lesezeichen- und Notizfunktion, gehen auf die hieraus resultierende Bedürfnislage der Nutzerinnen und Nutzer ein. Einleitend werden dem Nutzerkreis die bestehenden Navigationsmöglichkeiten transparent gemacht. Interne (Querverweise innerhalb des Lernangebotes) und externe Links (Querverweise außerhalb des Lernangebotes) sind farblich abgesetzt, was die schnelle Navigation erleichtern soll. Vorteilhafte Bedingungen, wie z.B. die Präsentation der externen Links in einem eigenen Fenster, wurden eingearbeitet.

---

48 *„Ein Hypertext erlaubt Sprünge (Verweise, Hyperlinks) zu vertiefenden Themen oder zur Übersicht und muss nicht sequentiell gelesen werden"* (E-TEACHING 2014b).

Vereinzelt wurde auch Audio, also gesprochene Sprache, eingesetzt. Der Einsatz von gesprochener Sprache ermöglicht die Reduktion der geschriebenen Sprache, was sich positiv auf die Lernleistung auswirken kann (vgl. Arnold et al. 2011, 140 f.). *„Lernrelevant ist neben der Informationsvermittlung, dass menschliche Stimmen Emotionen ansprechen und damit Aufmerksamkeit, Motivation und Aktivierungsgrad erhöhen sowie zur Authentizität von Lernmedien beitragen können"* (Arnold et al. 2011, 140). Im Modul *Individuelle Hilfsmittel* werden die wichtigsten Hilfsmittel für blinde und sehbehinderte Schülerinnen und Schüler vorgestellt. Alle Kurzbeschreibungen sind dual codiert. Während der Teilnehmerin bzw. dem Teilnehmer Abbildungen von Braillezeilen präsentiert werden, kann simultan die dazugehörige Erläuterung verfolgt werden. Bestmöglich wurde bei der Realisierung auf die inhaltliche Abstimmung von Bild und Text geachtet. Mehrheitlich stammen die Audioaufnahmen von der Autorin (vgl. Arnold et al. 2011, 140). Die ausschließlich gesprochene Textpräsentation beugt einer kognitiven Überbelastung vor. Allgemeine Gestaltungsanforderungen, wie das eigenständige Steuern der Audiodateien oder transparente Angaben zur Dauer der Audiodatei, werden erfüllt (vgl. Arnold et al. 2011, 141).

Im Weiteren übernehmen visuelle Codierungen eine wichtige Funktion in MIT BISS. Bilder, Animationen und Videos werden von Arnold et al. als Formen der visuellen Codierung benannt (vgl. Arnold et al. 2011, 141 f.). Auf Grund der kognitiven Differenzen bei der aktiven Aneignung von Informationen in Text- oder Bildform besteht die Gefahr, dass die Informationen aus visuellen Codierungen nicht aktiv aufgenommen werden. *„Um Bilder dagegen nicht nur wahrzunehmen, sondern auch zu verstehen, müssen die entsprechenden kognitiven Prozesse gezielt aktiviert werden, etwa durch geeignete Darstellungsformen und Aufgabenstellungen"* (Arnold et al. 2011, 141).

Zu derartigen Gestaltungselementen zählt u. a. die Arbeit mit Hervorhebungen. Im Modul *Arbeitsplatz- und Raumgestaltung* werden dem User Beispielarbeitsplätze von sehbehinderten Schülerinnen und Schülern vorgestellt. Um die Aufmerksamkeit auf wesentliche Charakteristika der Arbeitsplatzgestaltung zu richten, wird mit Bildmarkierungen (Pfeilen) gearbeitet. In unmittelbarer Nähe zum Bild finden sich ergänzende Erläuterungen (vgl. Schnotz & Horz 2011, 97). Neben den Grundprinzipien zum multimedialen Lernen kommen auch die Gestaltgesetze der Visualisierung zum Tragen, wie z. B. das Gesetz der Nähe oder das Gesetz der Geschlossenheit (weitere Ausführungen hierzu finden sich bei Schnotz & Horz 2011, 95 f.). Zudem ermöglicht die Einbindung realistischer Bilder, dass authentische Lernsituationen von Schülerinnen und Schülern mit Sehbeeinträchtigung im GU abgebildet werden können. Zwischen dem Lernen mit Bildern und Animationen bestehen viele Gemeinsamkeiten, *„da es dasselbe kognitive System betrifft"* (Arnold et al. 2011, 143). *„Animationen sind Visualisierungen, die durch eine Abfolge mehrerer Einzelbilder den Eindruck von Bewegung erwecken; oft sind sie mit auditiven oder schriftlichen Ergänzungen verbunden"* (Arnold et al. 2011, 142). Damit zusammenhängende positive Effekte, wie z. B. die motivierte Auseinandersetzung mit Sachverhalten, sollen auch in MIT BISS genutzt werden (vgl. hierzu Abb. 63). Durchgängig einfach handhabbare

Lösungen wurden gewählt, um die Nutzerinnen und Nutzer an diese Form der Wissensrepräsentation heranzuführen („Cognitive Overload").

Zu Gunsten der authentischen Darstellung wurden ausgewählte Videos in MIT BISS integriert. *„Die filmische Visualisierung kann die Auseinandersetzung mit dem Gegenstand und die Erinnerungsfähigkeit erleichtern und zur Intensivierung der Aufmerksamkeit beitragen, da sie Emotionen anspricht"* (Arnold et al. 2011, 143). Im Modul *Methodik/Didaktik* öffnen Unterrichtsszenen den Einblick in den GU mit sehenden und nicht sehenden Schülerinnen und Schülern. Um die Auseinandersetzung mit dem Lerninhalt zu aktivieren, sind Beobachtungsaufgaben mit dem Video verknüpft. Damit wird die Aufmerksamkeit der Anwenderin bzw. des Anwenders auf wesentliche Bildprozesse gesteuert. Zusätzlich wurden Videos eingesetzt, um komplexe Sachverhalte wie z. B. den Sport Show-Down veranschaulichen zu können. Auf die Anwendung interaktiver Präsentationsformen, die von Arnold et al. als weitere Anwendungsform herausgestellt wird, wurde in MIT BISS verzichtet (vgl. Arnold et al. 2011, 143).

8.2.2.3 Exemplarische Erläuterung zu einem Modul

Um die Zusammenhänge abbilden zu können, erfolgt die exemplarische Vorstellung des Moduls *Arbeitsplatz- und Raumgestaltung*. Mehrheitlich ist dieser Themenbereich von den Professionellen als relevant herausgestellt worden. Das Modul hat folgenden Aufbau:

Raum- und Arbeitsplatzgestaltung – Einleitung
- Maßnahmen im Überblick
    - Beleuchtung
    - Kennzeichnung
    - Barrierefreiheit
- Arbeitsplatz
    - Arbeitsplatz bei Sehbehinderung
        - Beispiele aus der Praxis
    - Arbeitsplatz bei Blindheit
        - Beispiele aus der Praxis

Das Modul startet mit einer inhaltlichen Zusammenfassung, in welcher die Teilnehmerinnen und Teilnehmer darüber in Kenntnis gesetzt werden, was sie inhaltlich erwartet. Dies bietet den Vorteil, dass die Teilnehmerinnen und Teilnehmer mit der logischen Struktur des Moduls vertraut gemacht werden. Außerdem kann die Kurzvorstellung das Interesse der User wecken bzw. steigern. Die Hyperlinks im Einführungstext ermöglichen das zielgerichtete Weiterleiten, wenn bereits der gesuchte Inhaltsbereich benannt wurde. Die einheitliche Präsentation der Hyperlinks (blau/fett, vgl. Userguide) beugt möglichen Verunsicherungen bei der Navigation vor. Die Arbeitsplatz- und Raumgestaltung ist vom Sehvermögen der Schülerinnen und

Abb. 61: Gütekriterien der Beleuchtung mit Alltagsbeispielen

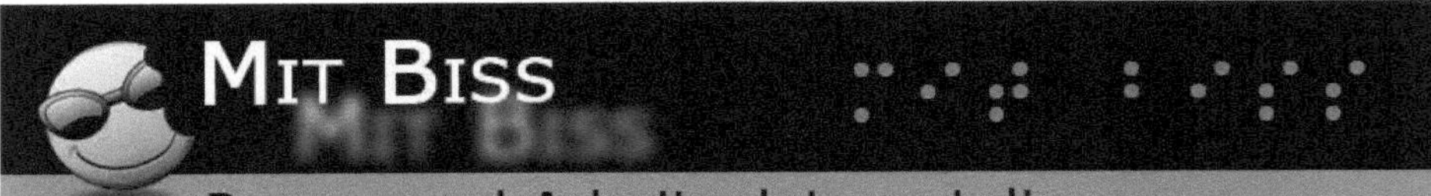

Abb. 62: Raum- und Arbeitsplatzgestaltung – Einleitung

Schüler abhängig, woraus sich Differenzen in beiden Zielgruppen ergeben. Dieser Umstand wird durch Fettdruck im einleitenden Bereich markiert, um Missverständnisse zu vermeiden.

Lernziel I: Die Lehrerinnen und Lehrer sollen mit den grundlegenden Maßnahmen vertraut gemacht werden, welche die barrierefreie Mobilität der Schülerinnen und Schüler mit Sehschädigung erhöhen können.

Einführend werden die drei Gestaltungsmöglichkeiten (mit Hilfe einer Kurzbeschreibung) im Überblick vorgestellt. Der Verweis auf relevante Sekundärliteratur findet statt. Insbesondere die animierte Darstellung „Unfallkasse Nordrhein-Westfalen – Sichere Schule" lädt zum weiteren Informieren ein (vgl. SICHERE SCHULE 2014).

Einführend werden die bestehenden Gestaltungsmöglichkeiten herausgestellt. Im ersten Schritt wird der positive Effekt guter Beleuchtung thematisiert. Hierbei wird auf 11 Komponenten einer guten Beleuchtung hingewiesen, die mittels geeigneter Text- und Fotobeispiele veranschaulicht werden. Die eingebundenen Fotos zeigen reale Situationen, so dass die Anknüpfung an die eigene Praxis gegeben ist. Mehrheitlich sind die Bilder mit einer Beschreibung verknüpft, um die relevanten Zusammenhänge herauszustellen. Einige Beispiele zeigen den Vorher-/Nachher-Vergleich auf, um mögliche Effekte nachvollziehbar darstellen zu können.

Nach diesem Prinzip folgen die weiteren Gestaltungsmöglichkeiten Kennzeichnung und Barrierefreiheit. Theoretisches Fachwissen anschaulich und einfach zu präsentieren, ist das Hauptanliegen. Im zweiten Teil des Moduls steht nun das praktische Wissen im Vordergrund.

Lernziel II: Es ist vorrangiges Ziel, dass die Lehrerinnen und Lehrer erkennen, dass der Sitzplatz von den persönlichen Erfordernissen und Rahmenbedingungen der Schülerin bzw. des Schülers abhängig ist, so dass der Bedarf ermittelt werden muss.

Lernziel III: Die Lehrerinnen und Lehrer sollen über die typischen Bestandteile eines sehbehinderten/blindenspezifischen Arbeitsplatzes in Kenntnis gesetzt werden. Gleichzeitig muss herausgestellt werden, dass die tatsächliche Ausstattung individuell verschieden ist.

Die Lehrerinnen und Lehrer können frei zwischen Informationen für blinde Schülerinnen und Schüler und für sehbehinderte Schülerinnen und Schüler wählen. In jedem Infobereich werden Beispiele von Arbeitsplätzen präsentiert. Um zu vermitteln, dass jeder Schüler andere Anforderungen benötigt, werden in jeder Kategorie mindestens zwei Arbeitsplätze vorgestellt (Minimum der Darstellung).

Stets begleitet werden die Darstellungen von dem MIT BISS-Männchen, welches zum Abschluss jeder HTML-Seite den Hinweis gibt, dass bei Verständnisschwierigkeiten die Unterstützungs- und Beratungslehrkräfte zu befragen sind. Darüber hinaus sind im Forenbereich direkte Rückfragen an die professionellen Blinden- und Sehbehindertenpädagogen möglich.

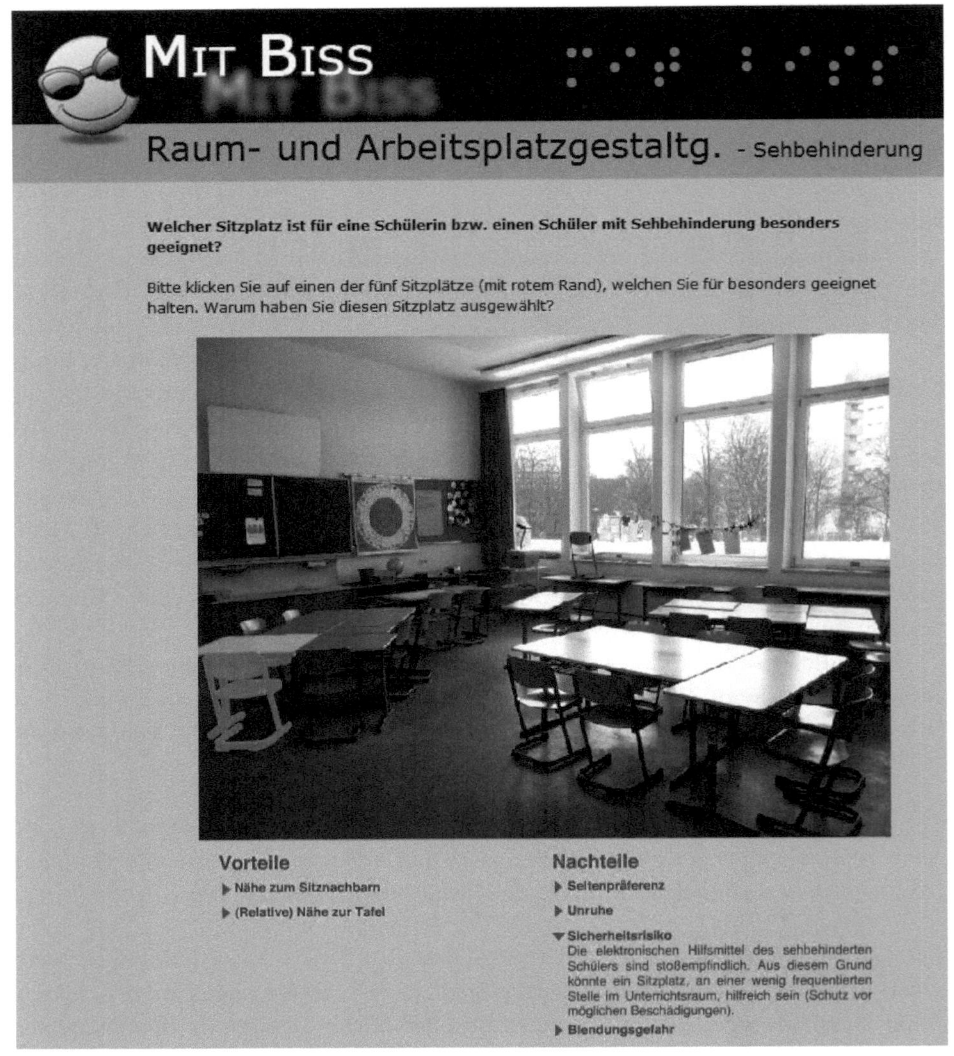

Abb. 63: Flash-Animation zum Arbeitsplatz für sehbehinderte Schülerinnen und Schüler

Abb. 64: Beispielarbeitsplatz

8.2.3 Kritische Reflexion zum Produktionsprozess von MIT BISS

Das entstandene E-Learning-Angebot zeichnet sich durch eine hohe Anwenderorientierung aus. Auf der Grundlage der vorangestellten Bedürfnisanalyse konnten die Informationsbereiche herausgestellt werden, die für die zukünftigen User von starkem Interesse sind. Im Anschluss an die didaktischen Überlegungen ist ein Kursangebot entwickelt worden, in welchem insgesamt 13 Themenbereiche zum GU näher erörtert werden. In der Regel setzen sich die Module aus einer Einleitung und notwendigen Sachinformationen zusammen, wobei die verbale Kodierung überwiegt. Neben umfangreichem Textmaterial sind – abhängig vom Lehrziel – entsprechende Medien mit möglichst hohem Wirkungsgrad eingebunden. Im nächsten Schritt muss das Grobkonzept evaluiert werden, um notwendige Optimierungen herausarbeiten zu können.

SCHÜPBACH et al. benennen fünf Schritte, die bei der Konstruktion eines E-Learning-Angebots unbedingt zu beachten sind (vgl. SCHÜPBACH et al. 2003, 13 f.).

In Bezug auf das vorliegende Projektvorhaben haben sich die drei Bereiche: gemeinsames Verständnis des Begriffs „E-Learning", die Kommunikation im Projekt und die finanziellen Bedingungen als problematisch herausgestellt. Erstens erachten Schüpbach et al. es als wesentlich, dass die Akteure ein gemeinsames E-Learning-Verständnis eint. Es haben zwar Gespräche mit dem Landesförderzentrum Sehen stattgefunden, aber die grundsätzliche Auseinandersetzung mit dem Begriff ist nur vereinzelt geschehen. Im Anschluss an die Vorstellung des Grobkonzepts war der Austausch auf die Kleingruppe (AG MIT BISS) des Schleswiger Kollegiums beschränkt, was hinsichtlich der institutionellen Annäherung/Verankerung als nicht ausreichend charakterisiert werden muss. Das Gespräch ist sehr schnell in einen kleineren Rahmen (Gruppierung) übergegangen. Folgendermaßen fasst Schüpbach et al. die Problematik zusammen: *„Missverständnisse auf dieser Ebene führen sehr leicht zu unvereinbaren Erwartungen, die das Projekt gefährden können"* (Schüpbach et al. 2003, 13). Zweitens betonen Schüpbach et al., dass *„ein E-Learning-Angebot (...) sich nicht im Alleingang entwickeln [lässt]"* (Schüpbach et al. 2003, 14). Auch MIT BISS hätte nicht ohne das tatkräftige Zutun von verschiedenen Partnern realisiert werden können (vgl. Kap. 8.2.2.2). Jedoch blieb der entscheidende Dialog über das didaktische Grobkonzept von MIT BISS aus. Sicherlich wäre es vorteilhaft gewesen, wenn die Kooperation zwischen Professionellen und Autorin noch intensiver gelungen wäre (bspw. kontinuierliches Feedback im Konstruktionsprozess, Stärkung der Akzeptanz von MIT BISS im Kollegium), um notwendige Austauschprozesse anzuregen. Zurückzuführen ist dies evtl. auf die mangelhafte Ausführung des dritten Bereichs, der nach Schüpbach et al. zu benennen ist. Vielleicht wäre der Ausgleich mit einem „Mehr-an-Kommunikation" gegeben gewesen.

Zusätzlich haben sich die ungünstigen Rahmenbedingungen negativ auf den Produktionsprozess ausgewirkt. Insgesamt wurde das Grobkonzept mit minimalen Möglichkeiten umgesetzt. Es standen nur eingeschränkte finanzielle Ressourcen zur Verfügung, so dass die zeitintensive Medienproduktion und -aufbereitung (Datenkompression, Konvertierung) in Eigenregie geleistet werden musste. Zusätzlich zur aufwendigen Produktionszeit musste sich die Autorin mit den neuen Anforderungen vertraut machen. Auch parallel ablaufende Verfahrensschritte, wie gleichzeitige Datenauswertung, didaktische Konzeptstruktur und Medienaufbereitung, haben den Arbeitsprozess erschwert.

8.3   Implementationsphase

Im Frühjahr 2011 kam es zur Fertigstellung der Betaversion von MIT BISS, so dass der aktive Einsatz in Schleswig-Holstein stattfinden konnte. Das gewählte Vorgehen bei der Implementation des multimedialen Kommunikations- und Informationsangebots in das bestehende System sowie nachfolgende Entscheidungsprozesse werden nachgezeichnet. Trotz der primären Ausrichtung des Angebots für den Einsatz in Schleswig-Holstein musste das Einsatzgebiet der Testversion erweitert werden. In der nachfolgenden Schilderung sind diesbezügliche Begründungen aufgeführt.

8.3.1 Einführung von MIT BISS am Landesförderzentrum Sehen (Schleswig)

Schleswig-Holstein stellt das erste Bundesland dar, in welchem MIT BISS zum Einsatz kam (ab Mai 2011). Die Standortvorteile, wie z. B. das inklusiv ausgerichtete Unterstützungs- und Beratungssystem sowie die Flächenlandstruktur, wurden bereits dargelegt (vgl. Kap. 3.3). Auf Grund der fachlichen Begleitung durch das Schleswiger Kollegium beziehen sich die inhaltlichen Ausführungen auf die Bedingungen in Schleswig-Holstein. Daraus resultieren auch Lernmaterialien mit regionsspezifischen Schwerpunkten, was wiederum Konsequenzen für die weiterführende bzw. deutschlandweite Nutzung hat. Die Implementierung von MIT BISS in Schleswig-Holstein wurde durch folgendes Vorgehen unterstützt:

- *„Kick-off"-Meeting mit dem Kollegium des Landesförderzentrum Sehen:* In einem ca. halbstündigen Vortrag wurden alle Mitarbeiterinnen und Mitarbeiter des LFS mit dem Kursangebot vertraut gemacht. Inhaltlicher Schwerpunkt stellte die Einführung in die Funktionen der Lernplattform (und damit auch der Kursnutzung) und den Anmeldungsvorgang dar. Darüber hinaus erhielten alle Mitarbeiterinnen und Mitarbeiter sowie die Schulleitung die persönlichen Zugangsinformationen zu MIT BISS, damit die eigenständige Annäherung zum Arbeiten mit der Lernplattform gegeben war bzw. zukünftig gegeben ist.
Mit diesem Vorgehen sollte sichergestellt werden, dass alle Unterstützungs- und Beratungslehrkräfte mit den Einsatzmöglichkeiten und Nutzenpotentialen von MIT BISS vertraut sind. Vorrangiges Ziel der Veranstaltung war die Motivation der Unterstützungs- und Beratungslehrkräfte zum eigenständigen Arbeiten mit dem Angebot. Schließlich sollte diese Motivation an die Regelschullehrkräfte weitergegeben werden.
- *MIT BISS-Flyer:* Um die notwendige Werbeaktivität für die Unterstützungs- und Beratungslehrkräfte zu vereinfachen, wurde der MIT BISS-Werbeflyer produziert und ausgegeben. So konnten die Unterstützungs- und Beratungslehrkräfte Infomaterial an die Schulen aushändigen. Im Flyer wird kurz zusammengefasst, was MIT BISS interessierten Regelschullehrerinnen und Regelschullehrern bietet. Auch die Registrierung für MIT BISS kann mit Hilfe des Flyers erfolgen.
- *„Weiterbildung" im Newsletter:* Um den Unterstützungs- und Beratungslehrkräften die Einsatzmöglichkeiten von MIT BISS schrittweise näherzubringen, wurde ein Newsletter eingesetzt. Mit Hilfe von Screenshots wurde auf wesentliche Bedienungs- und Nutzungsmöglichkeiten, wie z. B. die Verwendung der personalisierten Visitenkarte, hingewiesen (Tipps zur Nutzung von MIT BISS). Damit wurden die Anwenderinnen und Anwender gleichzeitig an MIT BISS erinnert, was die Verbreitung des Angebots verbessern sollte. Nach der Anmeldung der ersten Nutzerinnen und Nutzer aus dem Regelschulbereich wurde die Newsletterfunktion auf die Mitglieder übertragen, um auch die Zielgruppe zum Arbeiten mit MIT BISS zu aktivieren.

- *Zusätzliche Werbemaßnahmen:* Darüber hinaus wurde MIT BISS auf Tagungen vorgestellt, um die Idee von MIT BISS weiterzutragen und potentielle Nutzerinnen und Nutzer zu gewinnen. Um auch im Internet präsent zu sein, wurde der MIT BISS-Blog platziert. Zusätzlich ist der Link auf MIT BISS auf diversen Webseiten aufgeführt.

Trotz der breiten Herangehensweise ist das Angebot nur von wenigen Regelschullehrkräften aus Schleswig-Holstein in Anspruch genommen worden. Die abschließenden Zahlen finden sich im Evaluationsverfahren. Um möglichst schnell einen Nutzerkreis zu erschließen, welcher MIT BISS bewertet, wurde der Einsatz auf weitere Bundesländer ausgedehnt.

8.3.2 Weiterführende Implementierungsversuche in Deutschland

Trotz kontinuierlichen Austauschs mit den Unterstützungs- und Beratungslehrkräften in Schleswig-Holstein (Newsletter) blieb die Anwenderzahl gering. Daher wurde die Option der Angebotsnutzung auf die Bundesländer Berlin, Hamburg, Niedersachsen und Sachsen ausgeweitet. Anfängliche Bedenken des Schleswiger Kollegiums, das die inhaltliche Aufbereitung von MIT BISS nicht für die deutschlandweite Verbreitung geeignet ist, konnten ausgeräumt werden. Regionsspezifische Besonderheiten wurden in den Kursangeboten (MIT BISS_Berlin, MIT BISS_Sachsen etc.) ausgewiesen, um Missverständnisse zu vermeiden.

Tab. 21: *Startzeitpunkt der Betaversion von MIT BISS in den beteiligten Bundesländern*

Bundesland	Verfügbarkeit von *MIT BISS*
Berlin	23.05.2011
Hamburg	05.04.2011
Niedersachsen	23.05.2011
Sachsen	20.06.2011

Auch in diesem Fall wurden die sonderpädagogischen Experten – vorrangig Kolleginnen und Kollegen aus dem mobilen Dienst – mit Werbe- und Informationsmaterial zu MIT BISS ausgerüstet. Damit konnten in diesen Bundesländern potentielle Nutzerinnen und Nutzer auf das Angebot aufmerksam gemacht werden. Besonders intensiv konnten die Werbetätigkeiten in nah gelegenen Einrichtungen, wie z. B. dem Bildungszentrum für Blinde und Sehbehinderte in Hamburg, organisiert werden. Wiederholt wurde bei Fortbildungsveranstaltungen für allgemeine Lehrkräfte im GU mit sehenden und nicht sehenden Schülerinnen und Schülern das Angebot persönlich vorgestellt.

8.4   Abschließende Beurteilung zur konzeptionellen Umsetzung und strukturellen Einbindung von MIT BISS

Insgesamt sind erste positive Effekte auszumachen. Trotz limitierter personeller, finanzieller und materieller Projektressourcen ist ein anwenderorientiertes Angebot entstanden. In die Betaversion von MIT BISS konnte die Expertise zahlreicher Fachvertreter eingebracht werden (bspw. LFS, IRIS, FH Lübeck, Universität Hamburg), was das Angebot für Regelschullehrerinnen und Regelschullehrer attraktiv macht. Multimedial aufbereitet finden sich ausgewählte Informationen zum GU, die für Lehrerinnen und Lehrer der allgemeinen Schule von hohem Interesse sind. Auch der Zugriff aus anderen Bundesländern – abgesehen vom primären Einsatzort Schleswig-Holstein – symbolisiert die Attraktivität des Angebots. Vor allem auch vor dem Hintergrund der drohenden sonderpädagogischen Deprofessionalisierung muss dieser vorläufige Konsens und der damit verbundene Auftrag – Expertenwissen auf MIT BISS zu veröffentlichen – als immense Leistung betrachtet werden. Zugleich hat die gewählte Darstellungsform als E-Learning-Angebot erste Denkprozesse initiiert, in welchen sich die sonderpädagogischen Experten mit den Einsatzmöglichkeiten digitaler Medien auseinandersetzen. In der Kooperation mit dem LFS haben sich erste Schnittstellen für den Einsatz digitaler Medien an der Bildungseinrichtung gezeigt (z. B. Einsatz digitaler Medien zur vereinfachten Organisation und Durchführung des Kursangebots für die Lehrerinnen und Lehrer der allgemeinen Schule). Die ersten Anmeldezahlen verdeutlichen, dass grundsätzliches Interesse an der Angebotsnutzung von Seiten der Regelschullehrerinnen und Regelschullehrer besteht.

Nicht zu vernachlässigen ist die Funktion von MIT BISS als Informations- und Kommunikationsmittel für die spezifischen Bedarfe von Schülerinnen und Schülern mit Sehschädigung. Die festgestellten Bedarfe, die hohe Übereinstimmungen zu dem Spezifischen Curriculum aufweisen, werden in MIT BISS veranschaulicht. Erstmals wird eine Plattform etabliert, um die spezifischen Erfordernisse zur Bildungsteilhabe von Schülerinnen und Schülern mit Sehbeeinträchtigung der Öffentlichkeit zugänglich zu machen. Außerdem kann die öffentliche Diskussion im gesamtdeutschen Raum einsetzen.

Abgesehen von diesen positiven Befunden werden primäre Mängel deutlich, welche die nachhaltige Einbindung von MIT BISS erschweren. Die persönlichen Bewertungen von MIT BISS fallen divergent aus. Vor allem die Meinungen der Unterstützungs- und Beratungslehrkräfte können zwei eindeutigen Positionen zugeordnet werden, den Befürwortern und Ablehnern von MIT BISS. Um die Ursachen für die Ablehnung von MIT BISS zu bestimmen, muss die Betaversion evaluiert werden. Mit Hilfe der Evaluation können anfängliche Angebotsschwächen bestimmt werden, um Empfehlungen für das weitere Vorgehen zu formulieren. Schließlich müssen konstruktive Lösungen für das Angebot erarbeitet werden.

Mit Hilfe der mediendidaktischen Entscheidungs- und Analysefelder wurden grundsätzliche Festlegungen getroffen, auf deren Basis der Prototyp von MIT BISS entstand.

Schlussfolgernd wurde MIT BISS als Selbstlernkurs auf der Lernplattform OLAT installiert. Der modularisierte Aufbau, welcher 13 Themenfelder beinhaltet, spiegelt die Bedürfnisse der Nutzerinnen und Nutzer wider. Dabei bildet die möglichst anschauliche Präsentation einen Tätigkeitsschwerpunkt der Gestaltung.

In der Zielsetzung und inhaltlichen Umsetzung unterscheidet sich MIT BISS damit von verfügbaren Lösungen in der Blinden- und Sehbehindertenpädagogik (ISaR-Projekt). Im Mai 2011 wurde die Tätigkeit an MIT BISS abgeschlossen, so dass das Angebot in das bestehende Unterstützungs- und Beratungssystem implementiert werden konnte. Im Folgenden muss geprüft werden, inwieweit der optimale Wirkungsgrad erreicht ist bzw. ggf. optimiert werden kann.

9   Evaluation von MIT BISS

Um den tatsächlichen Effekt von MIT BISS wissenschaftlich näher zu bestimmen, findet die systematische Beurteilung des Onlineangebots durch den Nutzerkreis statt (Evaluationsforschung). Damit ist der Evaluationsgegenstand im vorliegenden Forschungsvorhaben, nämlich die Evaluation eines Onlinevorhabens, spezifiziert. Trotz des spezifischen Evaluationsgegenstands werden die Grundzüge der Evaluationsforschung skizziert. Schließlich trägt die allgemeine Sichtweise zu wichtigen Erkenntnissen für die Ausarbeitung des Evaluationskonzepts bei (vgl. hierzu auch REINMANN 2011b, 3). Dazu findet die Annäherung an bestehende Evaluationsformen sowie verbreitete Evaluationsmethoden statt. Ausgehend von dieser vorrangig allgemeinen Betrachtung wird das Vorgehen im Evaluationsverfahren von MIT BISS detailliert geschildert. Abschließend findet die Diskussion der Forschungsergebnisse statt, um Empfehlungen für weiterführende Vorhaben aussprechen zu können.

9.1   Evaluationsforschung – Evaluation

Einführend ist die gegenseitige Abgrenzung der Termini Evaluationsforschung und Evaluation erforderlich. Prinzipiell ist die vorliegende Forschungsarbeit am Begriff der Evaluationsforschung ausgerichtet, womit das wissenschaftlich begründete und organisierte Vorgehen bei der Beurteilung verstanden wird (vgl. FLICK 2011, 370). In Anlehnung an BALZER ist Evaluationsforschung ein Prozess, *„… bei dem nach zuvor festgelegten Zielen und explizit auf den Sachverhalt bezogenen und begründeten Kriterien ein Evaluationsgegenstand bewertet wird. Dies geschieht unter Zuhilfenahme sozialwissenschaftlicher Methoden durch Personen, welche hierfür besonders qualifiziert sind. Das Produkt eines Evaluationsprozesses besteht in der Rückmeldung verwertbarer Ergebnisse in Form von Beschreibungen, begründeten Interpretationen und Empfehlungen an möglichst viele Beteiligte und Betroffene, um den Evaluationsgegenstand zu optimieren und zukünftiges Handeln zu unterstützen"* (BALZER 2005, 16). Im wissenschaftlichen Sprachgebrauch hat sich jedoch der verkürzte Terminus Evaluation durchgesetzt, obgleich dieser das wissenschaftliche Vorgehen nicht beinhaltet. Demzufolge wird das Begriffspaar in der vorliegenden Forschungsarbeit als synonym betrachtet (in Anlehnung an das Wissenschaftsverständnis der Evaluationsforschung).

In der Definition von BALZER werden wesentliche Charakteristika der Evaluation benannt (vgl. BALZER 2005, 16). Grundsätzlich muss berücksichtigt werden, dass in Abhängigkeit vom Evaluationszugang differierende Schwerpunktsetzungen möglich sind. Um die daraus resultierende Begriffsvielfalt ansatzweise abbilden zu können, werden die möglichen Funktionen der Evaluation aufgeführt. Auch hier finden sich verschiedene Aufstellungen (z. B. ARNOLD et al. 2011, 305; HENSE & MANDL 2003, 8; ROWNTREE 1992; TERGAN 2000, 23 ff.), wobei die Darstellung von FLICK ausgewählt wurde (vgl. FLICK 2011, 371). Demnach *„wird differenziert zwischen der Erkenntnisfunktion (Sammlung von Daten und Erkenntnissen zur Unterfütterung von Entscheidungen), der Kontrollfunktion (zur Aufdeckung und Korrektur von Mängeln der*

Aufgabenerfüllung einer Intervention), der Dialog-/Lernfunktion (mit dem Ziel, den Beteiligten Informationen für eine angemessene Einschätzung des evaluierten Prozesses zu liefern) und der Legitimierungsfunktion (Bestimmung der Angemessenheit von Input und Output eines Programms)" (FLICK 2011, 371). Dennoch bleibt die Problematik bestehen, dass *„je nachdem, aus welcher Perspektive man auf eine Evaluation blickt, (…) sich ganz unterschiedliche Funktionen für die Evaluation"* ergeben (GLOWALLA et al. 2011, 311). Dies muss in den weiterführenden Überlegungen beachtet werden.

Im Folgenden wird die definitorische Herangehensweise mit Bezug auf den Evaluationsgegenstand fortgesetzt. NIEGEMANN verweist darauf, dass *„(…) nach STUFFLE-BEAM (1983) der Context, der Input, der Process und das Product als Evaluationsgegenstände [fungieren können]"* (STUFFLEBEAM 1983, zitiert nach NIEGEMANN 2008, 399). Folglich steht im vorliegenden Forschungsvorhaben die Produktevaluation, speziell die Evaluation des mediengestützten Angebots (MIT BISS) aus, worauf die Definition von GLOWALLA et al. näher eingeht. *„Mit dem Begriff Evaluation bezeichnet man die systematische Kontrolle von Qualität, Funktionalität und Wirkung eines Produktes oder Verfahrens. Insofern entspricht die Evaluation eines elektronischen Lernangebotes der üblichen Qualitätskontrolle bei der Entwicklung neuer Produkte"* (GLOWALLA et al. 2011, 310). Zunehmend versteht sich Evaluation als Vorgang der Qualitätssicherung (vgl. TERGAN 2000, 37), insbesondere angesichts der Evaluation von Bildungsprozessen. Dies bestätigt sich auch in der ergänzenden Aussage von NIEGEMANN (vgl. NIEGEMANN 2008). *„Qualitätssicherung und Evaluation sind heute nicht mehr angestrebtes Ziel während des Konzeptions- und Entwicklungsprozesses multimedialer Lernangebote, sondern ein Erfolgsfaktor. Kontinuierliche Qualitätskontrolle gilt als wesentliche Voraussetzung für die Zufriedenheit beim Lernen"* (vgl. NIEGEMANN 2008, 395). Damit die Evaluation erfolgreich ist, müssen bestimmte Entscheidungs- bzw. Organisationsprozesse ablaufen (z. B. Evaluationsziele festlegen, Evaluationskonzept ausarbeiten) (vgl. NIEGEMANN 2008, 396). In diesem Arbeitsprozess sind die W-Fragen[49] ein hilfreiches Werkzeug (vgl. MEISTER et al. 2004, 12; SCHAUMBERG 2004). Um einzelne Aspekte dieser notwendigen Prozessschritte herauszustellen, die auch für die Ausarbeitung des Evaluationskonzepts im vorliegenden Forschungsvorhaben von erhöhtem Interesse sind, werden die Evaluationsformen und Evaluationsmethoden näher skizziert.

9.1.1 Die Charakteristika der (Online-)Evaluation

Um die Besonderheiten des Evaluationskonzepts im vorliegenden Forschungsvorhaben herausstellen zu können, werden typische Unterscheidungskriterien von Evaluationsprozessen näher erläutert (vgl. GLOWALLA et al. 2011; MAYER 2010, 17):

---

49 Weiterführende Informationen finden sich in dem Grundlagenartikel *„Die fünf Ws der Evaluation von E-Learning"* von SCHAUMBURG, in welchem die zentralen Fragestellungen *„Warum soll das Bildungsangebot evaluiert werden? Was soll evaluiert werden? Wann soll evaluiert werden? Wer soll evaluieren? Wie soll evaluiert werden?"* näher erläutert werden (vgl. SCHAUMBURG 2004).

formativ vs. summativ: Grundsätzlich kann man zwischen formativer (prozessbegleitender) und summativer (finaler) Evaluation unterscheiden. Demnach ist die endgültige Bezeichnung des Evaluationsverfahrens von vorrangig temporären Variablen, wie dem Erhebungszeitpunkt, der Erhebungshäufigkeit sowie der Verfahrensdauer, abhängig (vgl. GLOWALLA et al. 2011, 311; MAYER 2010, 17 f.; NIEGEMANN 2008, 398). Das formative Evaluationsverfahren zeichnet sich durch einen graduellen Verlauf aus, welcher den wiederholten Wechsel von Evaluations- und Anpassungsphasen vorsieht. Schrittweise Optimierungsprozesse werden möglich. MAYER hebt die Signifikanz der formativen Evaluation hervor, um notwendige Anpassungen schnell und zeitnah identifizieren zu können (vgl. MAYER 2010, 17). Im Gegensatz hierzu beschreibt das summative Evaluationsverfahren die einmalige und somit abschließende Beurteilung eines (Lern-)Angebotes (vgl. NIEGEMANN 2008, 398). GLOWALLA et al. weisen darauf hin, dass die exakte Unterscheidung beider Evaluationsformen in der Praxis häufig problematisch ist (vgl. GLOWALLA et al. 2011, 313). Abschließend stellen GLOWALLA et al. heraus, *„dass viele Bildungsangebote kontinuierlich verändert und ergänzt werden, so dass es immer wieder sowohl formativen als auch summativen Evaluationsbedarf gibt"* (GLOWALLA et al. 2011, 313).

intern vs. extern: Anstatt der Termini intern und extern können auch die gleichbedeutenden Bezeichnungen Selbst- und Fremdevaluation verwendet werden (vgl. NIEGEMANN 2008, 400). Bei der Selbstevaluation werden Entstehungs- und Evaluationsprozess durch den Projektentwickler (interne Kräfte) gesteuert (vgl. HENSE & MANDL 2003, 4). Demgegenüber sieht die Fremdevaluation vor, dass ein externes Team die systematische Beurteilung des Angebots, z. B. von MIT BISS, vornimmt. In diesem Fall werden, z. B. die Anwender oder die externen Fachleute, in den Evaluationsprozess eingebunden (vgl. MAYER 2010, 17).

subjektiv vs. objektiv: Im Weiteren kann spezifiziert werden, ob das Evaluationsverfahren auf die Erhebung subjektiver Aussagen der Teilnehmerinnen und Teilnehmer oder objektiver Fakten ausgerichtet ist.

quantitativ vs. qualitativ: Auch die erkenntnistheoretische Ausrichtung des Evaluationsverfahrens, also die Dominanz qualitativer oder quantitativer Verfahren, kann zur näheren Bestimmung herangezogen werden (vgl. hierzu MAYER 2010, 17 f.).

„Die vorgestellten Typen der Evaluation werden in der Evaluationspraxis miteinander kombiniert. So kann ein Evaluationsvorhaben durchaus formativ angelegt sein und durch Selbst- sowie Fremdevaluation realisiert werden" (NIEGEMANN 2008, 400). Diese mannigfaltigen Möglichkeiten zur Unterscheidung von Evaluationsverfahren deuten die bestehende Vielfalt an Verfahren an, was wiederum die ausbleibende Systematisierung von Evaluationsverfahren (von Prototypen) begründet. Diese Diskrepanz trifft auch auf Online-Szenarien zu. Abschließend soll der Blick auf die Spezifika der Online-Evaluation gerichtet werden. Im Vergleich zu herkömmlichen Evaluationsverfahren aus dem sozialwissenschaftlichen Bereich liegt hier ein besonderer Gegenstand zu Grunde, nämlich das Lernen und Lehren mit digitalen Medien (vgl. REINMANN 2012, 25 f.). Aus dem spezifischen Evaluationsverfahren resultieren auch gesonderte Evaluationsmethoden, was im nachfolgenden Kapitel ausführlich behandelt wird (vgl. Kap. 9.1.2). In der Evaluation von Onlineressourcen erfreut sich

der Terminus Usability-Prüfung[51] zunehmender Beliebtheit. Beim Usabilty-Test wird die Benutzerfreundlichkeit der Anwendung, also die Passung zwischen Medium und Nutzer, näher bestimmt. Positive Bewertungen in der Benutzerfreundlichkeit stellen ein wichtiges Kriterium erfolgreicher IT-Lösungen dar. Allerdings zielt der Usability-Test auf einen expliziten Merkmalsbereich des Angebots ab, die Analyse der technischen und gestalterischen Umsetzung (Handhabung und Funktionalität). Um den tatsächlichen Gewinn multimedialer Anwendungen ausmachen zu können, müssen mehrere Merkmale des Angebots evaluiert werden (vgl. IZHD 2012). Daher müssen ausführliche Vorüberlegungen getätigt werden, um informative Hinweise zu den gewünschten Merkmalen zu erhalten.

9.1.2 Die Evaluationsmethoden

„Fast alle bekannten Evaluationsmethoden können auch bei der Evaluation elektronisch gestützter Lernangebote eingesetzt werden" (GLOWALLA et al. 2011, 319). Darüber hinaus sind spezifische Methoden vorhanden, wie z. B. Kriterienkataloge und Logfileanalysen, deren Anwendungsmöglichkeit auf die Online-Evaluation beschränkt ist. Exemplarisch werden grundlegende Evaluationsmethoden skizziert, wobei insbesondere auf spezifische Methoden der Online-Evaluation näher eingegangen wird (vgl. hierzu auch GLOWALLA et al. 2011). Die Vor- und Nachteile der einzelnen Evaluationsmethoden müssen für die individuelle Anwendung reflektiert werden.

Befragung: Um *„Informationen, Einschätzungen und Wertungen bestimmter Personen oder Personengruppen zu erhalten"*, ist das Verfahren der Befragung besonders gut geeignet und beliebt (GLOWALLA et al. 2011, 319; NIEGEMANN 2008, 404). In Abhängigkeit vom Evaluationssetting gilt es, weitere Details zu klären (mündliche vs. schriftliche Ausfertigung, Paper-Pencil vs. Online-Variante, quantitative vs. qualitative Ausrichtung der Befragung), wobei jede Prozessentscheidung spezifische Vor- und Nachteile bedeutet (vgl. GLOWALLA et al. 2011, 320).

Beobachtung: Mittels der Beobachtung ist es möglich, zielgerichtete Befunde zur Handhabung des Angebots durch den Nutzerkreis herauszustellen (vgl. NIEGEMANN 2008, 405). Neben traditionellen Beobachtungsverfahren, wie z. B. der Videoaufzeichnung oder der Methode des lauten Denkens, können spezifische Beobachtungsmethoden, wie bspw. das User- und Eye-Tracking, zur Anwendung kommen.

- *User-Tracking:* Auf Grund der technischen Verortung des Angebots kann die individuelle Nutzung (Nutzerprofil) des Angebots elektronisch dokumentiert werden. Somit werden die Nutzungsschritte des Users protokolliert (User-Tracking), was exakte Aussagen zur Nutzung des Angebots gestattet (vgl. UNIVERSITÄT ZÜRICH 2010, 77).
- *Eye-Tracking:* Dank der Beobachtung der Blickbewegungen der Nutzerinnen und Nutzer kann beispielsweise gezielt geprüft werden, ob die Navigation im Lernangebot problemlos funktioniert.

Expertenbeurteilung: Diese Evaluationsmethode greift auf die Expertise von Fachleuten zurück, indem Experten in die Angebotsprüfung eingebunden werden. Die vergleichende Analyse mit anderen Angeboten, die Gruppendiskussion oder der Einsatz von Kriterienkatalogen kann hierfür hilfreich sein. Aber auch eher explorativ orientierte Methoden, wie die freie Analyse, sind möglich (vgl. GLOWALLA et al. 2011, 324; MAYER 2010, 20).

Kriterienkatalog: In der Praxis haben sich Kriterienkataloge bewährt, welche die Angebotsqualität anhand definierter Qualitätskriterien prüfen. *„Die Qualitätskriterien umfassen in der Regel Dimensionen wie technische Aspekte, Inhalt, Didaktik und Design"* (MAYER 2010, 19). Es wird für alle Kriterien eine entsprechende Bewertung gemäß der Bewertungsskala abgegeben, was zu einer Gesamtnote (Bewertung) führt. Kritisch ist zu beurteilen, dass individuelle Faktoren, wie die Zusammensetzung des Nutzerkreises oder Rahmenbedingungen, nicht erfasst werden können, so dass die Aussagekraft von Kriterienkatalogen eingeschränkt ist. Daher ist ihr Einsatz als sinnvolle Ergänzung zu favorisieren (vgl. NIEGEMANN 2008, 409).

Schlussfolgernd muss der gezielte Methodenmix, um die gewünschten Aussagen zu erhalten, favorisiert werden. Mit der Aussage von REINMANN soll die allgemeine Betrachtung zur Evaluationsforschung vorerst abgeschlossen werden. *„Evaluationsforschung, so kann man folglich festhalten, unterscheidet sich von anderen Formen der Forschung nicht durch besondere* Methoden, *sondern allein durch den Zweck, eine Maßnahme oder Intervention zu bewerten"* (REINMANN 2011b, 5).

9.2 Das Evaluationskonzept für MIT BISS

Unter Berücksichtigung zentraler Leitfragen und praktischer Beispiele findet die zielgerichtete Ausgestaltung des Evaluationskonzepts statt (DÜRNBERGER et al. 2010; HENNINGER 2001; KREIDL & DITTLER 2010; MAYER 2010). Den Evaluationsgegenstand stellt die Testversion von MIT BISS dar. Hierbei sind folgende Zielstellungen von entscheidender Bedeutung (Zieldimensionen):

- Wie zufrieden sind die MIT BISS-Nutzerinnen und -Nutzer mit dem Angebot (Nutzungsverhalten)?
- Wird das Angebot akzeptiert?
- Wie wird die inhaltliche Konzeption des Angebots bewertet?
- Welche Schwierigkeiten/Probleme mit der Anwendung sind gegeben?
- Empfehlungen für die Optimierung von MIT BISS
- Wie wird das Angebot im Unterstützungs- und Beratungsbereich eingesetzt?
- Wo sind weiterführende Chancen für dieses Einsatzgebiet zu erkennen?

Deutlich treten die Schwerpunkte des Evaluationskonzeptes hervor (Wirkungs- und Qualitätsanalyse), was typisch bei der Evaluation von E-Learning-Angeboten ist. *„Diese Qualität und Wirkung von Lehr-Lernangeboten kann innerhalb der Evaluationsforschung anhand von zwei typischen Verfahren gemessen werden: Der Qualitäts-*

und der Wirkungsanalyse" (KOPP et al. 2003, 7). Anknüpfend an die grundlegenden Zielstellungen des Forschungsvorhabens, zu welchen erste Resultate hervorgebracht werden sollen, steht die Umsetzung (Qualität) und Akzeptanz des Angebots (Wirkung) im Vordergrund. Angesichts der zunehmenden Bedeutung des Informationsaustauschs im Handlungsfeld der inklusiven Schule sind alternative Professionalisierungsangebote zu unterbreiten. *„Dies kann jedoch nur dann erreicht werden, wenn die Lernenden das Angebot der neuen Medien akzeptieren und nutzen, um damit zu lernen"* (KOPP et al. 2003, 4). Auf Grund der vordringlichen Zielsetzung die Akzeptanz zu steigern, müssen die MIT BISS-Nutzerinnen und -Nutzer in diesen Prozess einbezogen werden. *„Diese Qualität und Wirkung von Lehr-Lernangeboten kann innerhalb der Evaluationsforschung anhand von zwei spezifischen Verfahren gemessen werden: Der Qualitäts- und der Wirkungsanalyse"* (KOPP et al. 2003, 8). Damit sieht die Entscheidung ein zweiphasiges Vorgehen vor (formativer Evaluationsprozess), was sich aus einem Expertenrating (Qualitätsanalyse) sowie abschließender Befragung der Anwenderinnen und Anwender (Wirkungsanalyse) zusammensetzt.

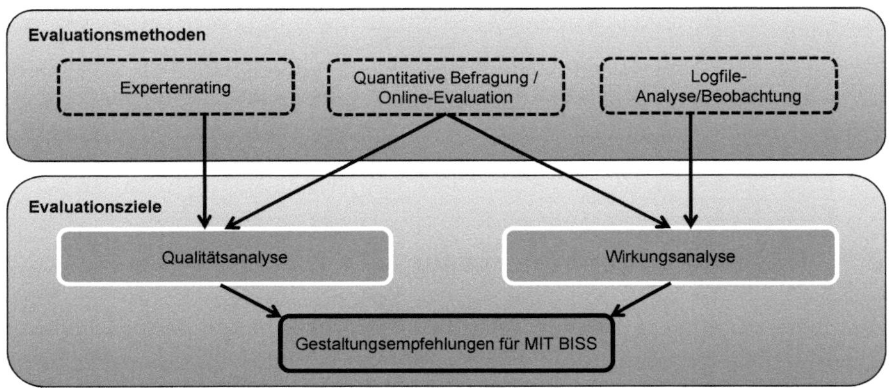

Abb. 65: Evaluationskonzept in tabellarischer Form
(modifiziert nach DÜRNBERGER et al. 2010, 187)

Im Rahmen der einführenden Befragung sind die Experten aufgefordert, sich zur *„inhaltlichen, didaktischen und medienspezifischen Qualität des Angebots"* zu äußern (vgl. KOPP et al. 2003, 8; hierzu vgl. Kap. 9.2.1). Im zweiten Schritt wird geprüft, welchen Effekt das Angebot auf die Anwenderinnen und Anwender hat (vgl. Kap. 9.2.2). Schließlich kann nur mittels der Akzeptanzanalyse ermittelt werden, ob MIT BISS von den Teilnehmerinnen und Teilnehmern angenommen wird. Hierzu werden unterschiedliche Dimensionen zu Rate gezogen, auf welche im Rahmen der Fragebogenkonstruktion näher eingegangen wird (vgl. Kap. 9.2.2.1). Innerhalb der wissenschaftlichen Erhebung ist die Messung des Lernerfolgs von untergeordneter Bedeutung, da das Angebot auf freiwilliger Basis organisiert ist.

9.2.1 Das Expertenrating (Expertenbeurteilung)

Die Methode der Expertenbeurteilung ist geeignet, um erste Aussagen zur Angebotsqualität treffen zu können. Grundsätzlich sind unterschiedliche Umsetzungsformen des Expertenratings gegeben, wobei das Verfahren der freien Analyse gewählt wurde (vgl. GLOWALLA et al. 2011, 324). *„Bei der freien Analyse exploriert der Experte das Lernangebot ohne Vorgaben"* (GLOWALLA et al. 2011, 324). Dementsprechend fand vor der erstmaligen Freischaltung von MIT BISS in Schleswig-Holstein ein abschließender Expertenaustausch mit den Vertretern des LFS statt. Primäres Ziel war es hierbei, bestehende fachinhaltliche Schwächen und Probleme der Benutzerfreundlichkeit zu identifizieren und im Vorfeld der ersten Praxisanwendung durch die MIT BISS-Teilnehmerinnen und -Teilnehmer zu beheben. Die Expertengruppe, die aus insgesamt sieben Mitarbeiterinnen und Mitarbeitern (inkl. Vertreter der Schulleitung) des LFS bestand, war an der Ausgestaltung von MIT BISS beteiligt. Folglich war die Expertengruppe mit dem Forschungsvorhaben eingehend vertraut, was wesentliche Bedingung für den zielführenden Fachdialog war. In Vorbereitung auf das gemeinsame Gespräch hatte sich der Expertenkreis mit der aktuellen Version von MIT BISS auseinandergesetzt.

Folgende, zentrale Empfehlungen zur Optimierung von MIT BISS wurden vom Expertenkreis abgegeben:

Fachinhaltliche Korrekturen

- *Ausgleich fachinhaltlicher Mängel im Textmaterial:* Ausgewählte Textmaterialien, die fachinhaltlich nicht zufriedenstellend waren, wurden überarbeitet (z. B. Spezifisches Angebot).
- *Austausch ungeeigneter Foto- bzw. Bildmaterialien:* Bildmaterial bzw. Fotos, welches sich in der Prüfung durch die Experten nicht bewähren konnten, wurden gelöscht bzw. durch adäquates Material ersetzt (z. B. Arbeitsplätze für Schülerinnen und Schüler mit Blindheit).
- *Anpassung der fachinhaltlichen Hierarchie:* Zu Gunsten der inhaltlichen Logik, was gleichzeitig positive Effekte auf die vereinfachte Benutzbarkeit des Kursangebots hat, wurde die Kursstruktur den Empfehlungen des Expertenteams angepasst. Auf Anraten der Expertinnen und Experten, die besonders mit den Bedürfnissen der zukünftigen User vertraut sind, wurden die Themen „Medizinische Grundlagen", „Organisation der sonderpädagogischen Förderung" und „Definitionen" zum Themenbereich „Allgemeine Hinweise" zusammengefasst. Es ist davon auszugehen, dass die Reduktion der Themeninhalte auf der Einstiegsseite zur Erhöhung der Übersichtlichkeit des Kursangebots führt.

Usability[50] – Optimierung der Benutzerfreundlichkeit in MIT BISS

- *Modifikation der MIT BISS-Startseite:* Im Gespräch betonten die Experten, dass der schnelle Zugriff auf gewünschtes Informationsmaterial von höchster Priorität für die zukünftigen Userinnen und User ist. Um diesen Schnellzugriff zu realisieren, wurde die Schlagwortliste (Wordle mit Kursthemen) mit den Kursinhalten verlinkt. So gelangen die Anwenderinnen und Anwender mit einem Klick von der Startseite zum gewünschten Sachverhalt.
- *Veränderung der inhaltlichen Struktur:* Die Reduzierung der Themenfelder in der Startansicht wirkt sich positiv auf die Bedienung von MIT BISS aus.
- *Steuerung des MIT BISS-Starts:* Der Start in MIT BISS unterliegt einem zweischrittigen Anmeldeverfahren, in welchem die Anwenderinnen und Anwender gesteuert werden. Im ersten Schritt wird der Zugang zu einführenden Kursinformationen, wie z. B. zur Bedienungsanleitung von MIT BISS, freigeschaltet. Der Zugriff auf das fachinhaltliche Angebot ist gesperrt. Im zweiten Schritt schreiben sich die Teilnehmerinnen und Teilnehmer in den Kurs MIT BISS ein, um das fachinhaltliche Angebot nutzen zu können (vgl. Kap. 8.2.1.1). Diese Steuerung der Nutzerinnen und Nutzer soll den Umgang mit wesentlichen Bedienelementen von MIT BISS bzw. OLAT schulen.

Fachorganisatorische Details:

- *Einrichtung von Fachforen:* In der Betaversion von MIT BISS wurden Fachforen, z. B. zum naturwissenschaftlichen Unterricht, eingerichtet. In der Expertenrunde wurde beraten, welche Vertreterinnen und Vertreter des LFS die Rolle des Moderators übernehmen.

Möglichst präzise wurden die Vorschläge der Expertinnen und Experten umgesetzt, um die größtmögliche Akzeptanz von MIT BISS zu erreichen. Schließlich muss die Akzeptanz des Angebots gegeben sein, damit die Unterstützungs- und Beratungslehrkräfte MIT BISS in ihre tägliche Arbeit integrieren. Nur zufriedene Experten werden das Angebot an die Regelschullehrkräfte weiterempfehlen. Gleichzeitig konnte die Angebotsqualität durch den gezielten Austausch mit dem Expertenkreis erhöht werden. Dennoch muss festgestellt werden, dass nicht alle Ratschläge des Expertenteams in die Testversion von MIT BISS eingebunden werden konnten. Teilweise waren die Vorschläge mit dem Gesamtkonzept unvereinbar. Konzeptionelle Entscheidungen,

---

50 Unter dem Begriff Usability wird die Benutzerfreundlichkeit der Anwendung verstanden. In der Definition von NIELSEN werden damit verbundene Dimensionen der Benutzerfreundlichkeit benannt (NIELSEN 1993, zitiert nach NIEGEMANN 2008, 420). *„Usability has multiple components and is traditionally associated with these five usability attributes: Learnability, Efficiency, Memorability, Errors, Satisfaction"* (NIELSEN 1993, 26, zitiert nach NIEGEMANN 2008, 420). Im Fachdialog mit den Experten werden erste Usabilityschwächen ausgemacht (ohne jedoch auf alle Teilaspekte der Usability einzugehen).

wie die Umsetzung von MIT BISS als virtuelles Informations- und Kommunikationsangebot (vs. Blended-Learning), waren zum Zeitpunkt des Expertengesprächs irreversibel. Dies zeigt die Notwendigkeit des kontinuierlichen Informationsaustauschs zwischen schulischer und universitärer Einrichtung auf. Auf beiden Seiten waren nur eingeschränkte Ressourcen für den kooperativen Austausch verfügbar. Demzufolge sind weiterführende Expertengespräche sinnvoll, um die Angebotsqualität fortwährend zu stärken.

9.2.2 Die quantitative Befragung der MIT BISS-Nutzerinnen und -Nutzer – Wirkungsanalyse

Nach der Prüfung möglicher Optionen kam in der vorliegenden Forschungsarbeit das Verfahren der quantitativen Befragung zum Einsatz. Vorrangig begründet sich diese Entscheidung aus den wissenschaftstheoretischen Annahmen der empirischen Sozialforschung (vgl. Kap. 6.1; 6.2).

Mit Hilfe eines systematischen Fragenkatalogs soll die gegenwärtige Form von MIT BISS beurteilt werden. Die Befragung wurde als Online-Variante realisiert, was im direkten Vergleich mit der klassischen Paper-Pencil-Methode einige Vorzüge bietet. Diese Methodenentscheidung gründet sich in dem eingeschränkten Datenmaterial, das für die Teilnehmerinnen und Teilnehmer von MIT BISS vorliegt. Für die Partizipation wurden die Teilnehmerinnen und Teilnehmer lediglich mit Namen und E-Mail-Adresse registriert, so dass der Kontakt zum Nutzerkreis lediglich über E-Mail erfolgen konnte. Hinzu kamen weitere Vorzüge der Onlinegestaltung, wie z. B. problemlose und schnelle Einbindung neuer Teilnehmerinnen und Teilnehmer, zweckorientierte Tools wie Plausibilitäts- und Konsistenzcheck, schnell handhabbare Layoutgestaltung. Damit kann von technischen Anwendungen profitiert werden, die ein schnelles Umsetzen des Fragebogens sicherstellen. Neben den geschilderten Vorteilen sind auch ungünstige Auswirkungen, wie z. B. die geringere Rücklaufquote bei Onlineumfragen im Vergleich zur Paper-Pencil-Methode, zu bedenken. Darauf eingehend wurde mit Anreizsystemen gearbeitet (vgl. Kap. 9.2.2.4). Im Folgenden werden die einzelnen Ablaufschritte von der Fragebogenkonstruktion bis zur Testphase ausführlich dargestellt. Auch erste Ergebnisse werden präsentiert.

9.2.2.1 Die Konzeption des Online-Fragebogens

KIRCHHOFF et al. und PORST zeigen in ihren Veröffentlichungen auf, dass zahlreiche Gestaltungskriterien bei der Erstellung eines qualitativ hochwertigen Fragebogens zu berücksichtigen sind (vgl. hierzu bspw. KIRCHHOFF et al. 2010, 19; PORST 2009).

Da die eigenständige Fragebogenkonstruktion nicht unproblematisch ist, kann der Zugriff auf empirisch erprobte Fragebögen besonders hilfreich sein. Diese Option wurde auch in der vorliegenden Forschungsarbeit genutzt. Nach KIRCHHOFF bietet die Verwendung bewährter Fragebögen neben *„Fehlervermeidung, Arbeits- und Zeit-*

ersparnis auch zusätzliche Vergleichsmöglichkeiten" der eigenen Forschungsarbeit mit anderen wissenschaftlichen Ergebnissen (KIRCHHOFF et al. 2010, 19). Mittels der vorangegangenen, inhaltlichen Konkretisierung des Evaluationskonzepts ist es möglich, adäquate Fragebögen mit zielgleicher Schwerpunktsetzung zu avisieren (vgl. Kap. 9.2). Auf Grund entsprechender Gemeinsamkeiten hat sich das Fragebogendesign von KOPP, DVORAK & MANDL als besonders geeignet herausgestellt (vgl. KOPP et al. 2003). Im Folgenden wird der Aufbau des Fragebogens in chronologischer Reihenfolge skizziert sowie näher auf die wissenschaftlichen Studien eingegangen, auf welche bei der Fragebogenkonstruktion zurückgegriffen wurde. Insgesamt wurden hierbei die Dramaturgieempfehlungen zur Fragebogenkonstruktion von KIRCHHOFF, KUCKARTZ, RAAB-STEINER & BENESCH und PORST aufgenommen (vgl. KIRCHHOFF et al. 2010; RAAB-STEINER & BENESCH 2010; PORST 2009).

Tab. 22: Kurzübersicht zu den inhaltlichen Schwerpunkten des MIT BISS-Fragebogens

Fragebogenbereich	Inhaltlicher Schwerpunkt – Dimension
1. Titelseite	Einführung
2. Seite	Internetnutzung/Medienkompetenz/Verhaltensakzeptanz
3. Seite	Allgemeine Akzeptanz/Mediendidaktische Gestaltungskriterien/ Lernerfolg bzw. Lerntransfer
4. Seite	Fachinhaltliche Beurteilung
5. Seite	Soziodemografische Daten
6. Abschluss	Danksagung

Titelseite: Einführende Informationen zur Evaluation von MIT BISS

Die Startseite der Onlineumfrage enthält einleitende Informationen, die vorrangig die Teilnahmebereitschaft der Probanden steigern sollen (vgl. RAAB-STEINER & BENESCH 2010, 49 f.). Hierzu wird die absolute Notwendigkeit des Feedbacks der MIT BISS-Teilnehmerinnen und -Teilnehmer für die Optimierung von MIT BISS herausgestellt. Entscheidender Bestandteil des Begrüßungstextes ist auch die Garantie des sicheren Datentransfers gegenüber den Befragungsteilnehmerinnen und -teilnehmern. Ergänzt wird die Darstellung durch persönliche Angaben der Forschungsleiterin (Passbild mit Kontaktdaten), um das vertrauensvolle Verhältnis zu den Probanden zu stärken. Um die Online-Befragung auf den ersten Blick einordnen zu können, ist das MIT BISS- und Universitätslogo in die Startseite eingebunden.

Seite 1: Internetnutzung, Medienkompetenz, Verhaltensakzeptanz

Da die ersten Fragen für die Fortsetzung der aktiven Mitarbeit durch die Befragten von entscheidender Wichtigkeit sind, müssen Gestaltungskriterien, wie z. B. technische Einfachheit und simple Beantwortung, eingehalten werden (vgl. PORST 2009, 136). In der vorliegenden Onlineumfrage fungieren einfach zu beantwortende Fragestellungen zum Mediennutzungsverhalten als Aufwärmfragen (vgl. Kirchhoff et al. 2010, 20).

Gezielt werden auf der ersten Seite des Fragebogens unterschiedliche Fragetypen kombiniert. So kommen sowohl geschlossene Fragen, bei welchen die Antwortmöglichkeiten präsentiert werden, als auch offene Fragen ohne Antwortvorgabe zum Einsatz. Einführend werden die technischen Rahmenbedingungen zu Hause bzw. am Arbeitsplatz ermittelt. Hieran schließt sich eine Fragenbatterie, mit deren Hilfe der alltägliche Umgang der Teilnehmerinnen und Teilnehmer mit digitalen Medien spezifiziert werden soll. Es folgt eine geschlossene Frage, in welcher die Teilnehmerinnen und Teilnehmer ihre Medienkompetenz auf einer Schulnotenskala von eins bis fünf bewerten sollen.

Im zweiten Teil der ersten Fragebogenseite wird das Nutzungsverhalten der Probanden evaluiert. Die Aussagen zur tatsächlichen Nutzung des Angebots ermöglichen gezielte Rückschlüsse auf die Angebotsakzeptanz (Verhaltensakzeptanz). Demnach ist ein regelmäßiger Zugriff auf das Angebot als hohe Akzeptanz zu interpretieren. Im Freitextfeld sind die Befragten aufgefordert, ihre MIT BISS-Nutzung stichpunktartig zu begründen. Die Fragen drei (Internetnutzung), fünf und sechs (Verhaltensakzeptanz) sind als Pflichtfragen programmiert, so dass die Befragung nur mit entsprechender Antwortgabe fortgesetzt werden kann.

Seite 2: „Allgemeine Akzeptanz", „Mediendidaktische Gestaltungskriterien"
und „Lernerfolg/Lerntransfer"

Auf der zweiten Fragebogenseite werden die Dimensionen „Akzeptanz", „Mediendidaktische Gestaltungskriterien" und „Lernerfolg/Lerntransfer" evaluiert. Die Skalen wurden aus dem Forschungsprojekt von Kopp et al. übernommen (vgl. Kopp et al. 2003, 8 ff.). Entsprechende Modifizierungen zur Anpassung an das Gefüge von MIT BISS, z. B. die Reduzierung der Items, wurden vorgenommen. Die Fragebatterien basieren auf einer ungeraden, fünfstufigen Skala, was die Nivellierung im Antwortverhalten ermöglicht.

Geplant ist die dauerhafte Implementation von MIT BISS als additives Kommunikations- und Informationsangebot in das bestehende Unterstützungs- und Beratungsangebot in Deutschland. Damit dies gewährleistet ist, muss das Produkt von den MIT BISS-Teilnehmerinnen und -Teilnehmern akzeptiert werden (vgl. Kopp et al. 2003, 2). Die Dimension „Allgemeine Akzeptanz" besteht aus einer Skala mit drei Items (Frage 7). Es wird die Einschätzung gefordert, ob die Nutzerinnen und Nutzer mit dem Angebot zufrieden sind. Dabei wird die Weiterempfehlung des Angebots an Kolleginnen und Kollegen als wichtiger Indikator angesehen (vgl. Kopp et al. 2003, 8).

Die Dimension „Mediendidaktische Gestaltungskriterien" setzt sich aus insgesamt vier Skalen zusammen („Problemorientierte Didaktik", „Mediale Elemente", „Navigation" und „Wirkung der Medien"). In der Skala „Problemorientierung" (Frage 8 mit drei Items) sind Aussagen zu treffen, inwieweit man mit der didaktischen Aufbereitung des Angebots, insbesondere mit der Einbindung konkreter Beispiele aus dem Handlungsfeld Schule, zufrieden ist. In der nachfolgenden Skala (bzw. Fragestellung; Frage 9 mit neun Items) wird geprüft, ob die Medienintegration (Text- und Bildmaterial) nach Meinung der Teilnehmerinnen und Teilnehmer erfolgreich stattgefunden hat. Daran knüpft die Skala „Navigation" mit drei Fragen zur Bildschirmgestaltung an (Frage 10 mit drei Items). *„Zum anderen wird untersucht, inwiefern die eingesetzten Medien auch den Erwerb von Wissen fördern, indem sie zum Beispiel Zusammenhänge veranschaulichen und erläutern"* (KOPP et al. 2003, 13), was mit Hilfe der Skala „Wirkung der Medien" vorgenommen wird (Frage 11 mit drei Items).

Zum Abschluss der zweiten Fragebogenseite wird die Dimension „Lernerfolg/ Lerntransfer" ermittelt (Frage 12 mit vier Items). Die Probanden sind aufgefordert, ihren Mehrwert durch die Angebotsnutzung einzuschätzen.

Alle Fragen, also die Fragen 7 bis 12, wurden als Pflichtfragen konzipiert. Besonders vorteilhaft an der Festlegung von Pflichtfragen ist, dass die Probanden auf ausbleibende Antworten aufmerksam gemacht werden.

Seite 3: Fachinhaltliche Beurteilung

Neben der mediendidaktischen Gestaltung muss auch die fachliche Umsetzung vom Anwenderkreis beurteilt werden. Diesbezüglich sind die 13 Module (inkl. des inhaltlichen Schwerpunkts Erfahrungsberichte) in einer Matrix zusammengestellt (Frage 13). Mit Hilfe der fünfstufigen Skala, die bereits auf der vorangehenden Fragebogenseite zum Einsatz kam, soll die fachinhaltliche Ausgestaltung von den Probanden bewertet werden. Zusätzlich stehen zwei Freitextfelder zur Verfügung, in welchen bereits gelungene und weniger gelungene Umsetzungen benannt werden können (Frage 14/15). Die Beurteilung des multimedialen Informations- und Kommunikationsangebots endet mit einer abschließenden Bewertung des Angebots auf der Schulnotenskala von eins bis fünf (Frage 16). Parallel soll der persönliche Nutzen auf die gleiche Art und Weise eingeschätzt werden (Frage 17). In der finalen Fragebatterie der Online-Befragung wird die persönliche Einstellung zum Einsatz von MIT BISS als additives Unterstützungs- und Beratungsangebot erfasst. Mittels der Aussagen soll geprüft werden, inwiefern der Einsatz von MIT BISS gesteigert bzw. gefestigt werden kann.

Seite 4: Soziodemografische Daten

Im abschließenden Fragenblock werden persönliche Daten, wie Alter, Berufserfahrung und Tätigkeitsort (hier: Bundesland) aufgenommen. Wie von KIRCHHOFF und PORST gefordert, wird die persönliche Datenabfrage an finaler Position platziert (vgl. KIRCHHOFF et al. 2010, 19, 23 f.; PORST 2009, 143). Oftmals wird die Abfrage persönlicher Informationen als unangenehm empfunden, so dass etwaige Positionierungen die Teilnahmebereitschaft gefährden könnten.

Abschluss: Danksagung

Der Fragebogen endet mit einem abschließenden Dank an die Teilnehmerinnen und Teilnehmer.

Die Reliabilitätsmessung des Fragebogens (mittels Cronbachs Alpha) ist auf Grund der geringen Stichprobe nicht möglich. Im Rahmen der Forschungsarbeit von KOPP et al. liegen die Bestimmungen für die verwendeten Skalen auf der zweiten Fragebogenseite vor (vgl. hierzu KOPP et al. 2003).

9.2.2.2 Die Umsetzung des Fragebogens

„Da für Online-Fragebögen prinzipiell die gleichen methodischen Anforderungen gelten wie für andere Fragebögen auch und diese ja bereits bei der Konstruktion des Fragebogens beachtet wurden, richtet sich in dieser Phase das Augenmerk hauptsächlich auf die technische Umsetzung der Fragen mit den online zur Verfügung stehenden Möglichkeiten" (KUCKARTZ et al. 2009, 40). In der Klassifikation von KUCKARTZ werden vier Optionen der technischen Umsetzung herausgestellt (vgl. KUCKARTZ et al. 2009, 22 ff.). Im Fall von MIT BISS wurde die Software EFS Survey von UniPark (Global-Park) eingesetzt, was der vierten Lösungsvariante (nach KUCKARTZ) entspricht[51]. Das Softwareinstrument ist speziell für die einfache Umsetzung von Online-Befragungen in wissenschaftlichen Projektvorhaben konzipiert, was optimale Bedingungen bietet.

Im Folgenden wird geschildert, wie mit der Software EFS Survey gearbeitet wurde. Übliche Fragebogenformate werden als Bausteine zur Verfügung gestellt, so dass die digitale Aufbereitung problemlos stattfinden kann. Die digitale Darstellung bedingt einige Funktionen und Besonderheiten, auf welche exemplarisch eingegangen wird. Detaillierte Ausführungen finden sich bei KUCKARTZ und im EFS Survey-Handbuch (vgl. KUCKARTZ et al. 2009; QUESTBACK 2013).

- *Beispiel 1 – Matrixfragen*
  Mehrheitlich wurden im MIT BISS-Fragebogen Antwortformate eingesetzt, in welchen einzelne Fragen zu einem Fragenblock zusammengefasst wurden (auch Matrixfragen genannt). Nach KUCKARTZ muss das Risiko minimiert werden, dass die Teilnehmerinnen und Teilnehmer mit dem Antwortformat überfordert werden (vgl. KUCKARTZ et al. 2009, 42). Daher wurde auf eine möglichst übersichtliche Form der Antwort-Frage-Box geachtet. In der Antwortmatrix sind Radiobuttons verfügbar, was die eindeutige Antwortauswahl ermöglicht.

---

51 Um die Wahl des adäquaten Befragungsinstruments zu unterstützen, schlägt KUCKARTZ geeignete Entscheidungskriterien vor (vgl. KUCKARTZ et al. 2009, 27 f.).

- *Beispiel 2 – Dropdownliste*
  Die Realisierung als Online-Befragung ermöglicht die Einbindung von Drop-
  downlisten. In den sozialstatistischen Angaben werden die Probanden nach dem
  Bundesland befragt, in welchem sie tätig sind. Klickt der Proband auf das Ant-
  wortfeld, wird die Liste an Antwortmöglichkeiten eingeblendet. Im Gegensatz
  zum Papierfragebogen, wo die Antworten linear platziert werden müssten, kann
  der Platzbedarf erheblich reduziert werden. Dies trägt beispielsweise zur Übersichtlichkeit des Fragebogens bei.

Die Produktion einer Frage in EFS Survey erfolgt mit dem Fragebogeneditor (vgl.
QUESTBACK 2013, 41 ff.). Nachdem das Projekt MIT BISS erfolgreich angelegt wur-
de, können erforderliche Antwortformate ausgewählt werden. Die Texteingabe legt
die weiteren Bestandteile der Frage fest. Unter Berücksichtigung der Vorgaben (von
KUCKARTZ), wie *„die Übersichtlichkeit des Fragebogens, die thematische Zusammenge-
hörigkeit bestimmter Fragen sowie ihre inhaltliche Komplexität"*, wurden die MIT BISS-
Fragen auf fünf Bildschirmseiten angeordnet (KUCKARTZ et al. 2009, 45). Zusätzliche
Tools, wie die Festlegung von Pflichtfragen und eine Fortschrittsanzeige, wurden in
den Fragebogen integriert. Um auch von den nicht vollständig beantworteten Fragebögen zu profitieren, wurde die seitenweise Speicherung eingestellt. Ausdrücklich
wurden die Probanden darauf hingewiesen, dass eine gezielte Unterbrechung des
Fragebogens kein technisches Problem darstellt. Auf Grund der spezifischen Einstellung war ein Wiedereinstieg in die Fragebogenbeantwortung jederzeit sichergestellt.
Dies sollte die Teilnehmerinnen und Teilnehmer anregen, einen notwendigen Rückgriff auf MIT BISS zu nutzen.

Neben der inhaltlichen Aufbereitung müssen Basiskenntnisse im Layout ebenfalls
berücksichtigt werden (vgl. bspw. PORST 2009, 165). Auf Grund der umfassenden
Wirkung für den gesamten Fragebogen findet die einführende Erörterung statt. EFS
Survey bietet ein umfangreiches Softwareprogramm, was die Onlineaufbereitung des
Fragebogens (inkl. Layoutgestaltung) maßgeblich unterstützt (vgl. QUESTBACK 2013,
372 ff.). Entsprechende Empfehlungen, wie nachvollziehbarer Aufbau mit eindeutig
platzierten Instruktionen und Überschriften oder Überleitungen zwischen den einzelnen Frageblöcken zur Optimierung der Übersichtlichkeit für den User, wurden
beachtet.

Das Layout wurde mit den verfügbaren Designs realisiert. Hauptsächlich wurde
auf eine klare, kontrastreiche Darstellung geachtet. Um die Verbindung zu MIT BISS
herzustellen, wurden optische Details aus dem Kurs aufgegriffen (wie z. B. das Logo).

9.2.2.3 Der Pretest

Um die Qualität des konstruierten Fragebogens zu überprüfen, ist ein Pretest unerlässlich (KIRCHHOFF et al. 2010, 24; PORST 2009, 186). Mit Hilfe der gezielten Anwendung eines Pretestverfahrens können sowohl technische als auch inhaltliche Mängel
identifiziert werden. Dies erhöht die Sicherheit für den erfolgreichen Verlauf der

Hauptbefragung. Diesbezüglich wird oftmals ein mehrschrittiges bzw. wiederholtes Verfahren empfohlen, da aus der Modifikation des Fragebogens wiederum neue Probleme hervorgehen können. Aus diesem Grund wurde im Forschungsvorhaben ein zweischrittiges Vorgehen gewählt.

Im ersten Schritt stand die Überprüfung der technischen Umsetzung im Vordergrund. Da die Befragung als Online-Fragebogen entwickelt wurde, was mit einem hohen Grad der Technisierung einhergeht, kommt der technischen Überprüfung eine enorme Bedeutung zu. EFS Survey bietet zahlreiche Qualitätssicherungsfunktionen, auf welche der Zugriff gewährleistet war. So konnten durch die stetige Nutzung der Funktion „Fragebogenvorschau" erste technische Mängel beseitigt werden (vgl. QUESTBACK 2013, 53).

Im zweiten Schritt wurde der Fragebogen von einem ausgwählten Personenkreis getestet, um inhaltliche Mängel (z. B. Verständnisschwierigkeiten) ausschließen zu können (vgl. QUESTBACK 2013, 417 ff.; 431 ff.). Hierfür wurde der Fragebogen in den Pretest-Modus überführt, was zusätzliche Funktionalitäten, wie einfaches Löschen der Pretestdaten, bietet. Darüber hinaus können spezielle Funktionen, wie z. B. die Eingabe von Pretest-Kommentaren, aktiviert werden.

Die Zielgruppe im Pretest bildeten die Studierenden im Masterstudiengang „Blinden- und Sehbehindertenpädagogik" an der Universität Marburg, welche sich im Rahmen ihrer Studientätigkeit mit MIT BISS näher auseinandergesetzt hatten. Auf Grund mangelnder Testpersonen aus der Gesamtstichprobe (zu klein) ergab sich die Notwendigkeit, eine Alternativgruppierung für den Pretest auszuwählen. Sowohl das studentische bzw. berufliche Interesse als auch die Vertrautheit der Pretester mit dem Themengegenstand begünstigten die Durchführung des Pretests. Der Pretest war vom 06. September bis zum 04. November 2011 aktiv (inkl. zweimaliger Testverlängerung mit E-Mail-Erinnerung).

In Folge der Auswertung der statistischen Angaben und Pretestkommentare wurden folgende, wesentliche Änderungen am Fragebogen vorgenommen, deren erneute Prüfung in der Projektvorschau realisiert wurde.

- Korrektur der Bearbeitungszeit: Es hat sich gezeigt, dass die tatsächliche durchschnittliche Bearbeitungszeit bei 9min 42sek liegt. Es ist davon auszugehen, dass der minimierte Zeitaufwand positive Effekte auf die generelle Teilnahmebereitschaft hat.
- Einbindung der Pretestkommentare: Mit Hilfe der Kommentarfunktion kann das Feedback der Testerinnen und Tester aufgenommen werden. Auf jeder Seite des Fragebogenentwurfs konnte sowohl Kritik als auch Lob geäußert werden.

Auf Grund von mangelnden zeitlichen Ressourcen fand die Beschränkung auf einen einmaligen Projekttest im Pretest-Modus statt. Gezielt hätte das Vorgehen durch den „Laut-Denken-Check", bei welchem der Befragte den Fragebogen durch „lautes" Mitdenken ausfüllt, oder das Gruppengespräch erweitert werden können. Eventuell wären noch weitere Hinweise auf notwendige Veränderungsprozesse des Fragebogens transparent geworden. Auf Grund ausbleibender, gravierender Defizite des

Fragebogens und der Entfernung zur Pretestgruppe wurde von der Durchführung dieser Methoden abgesehen.

9.2.2.4 Die Testphase

Im Anschluss an die Auswertung des Pretests wurde die Überarbeitung des Fragebogens vorgenommen, so dass dieser Ende November 2011 für den Einsatz bereitstand. Der Evaluationsverlauf ist in der nachfolgenden Tabelle zusammengestellt.

Tab. 23: Evaluation der Informations- und Kommunikationsplattform MIT BISS (Ablaufplan)

1. Zielgruppe: Regelschullehrerinnen und Regelschullehrer aus SH, HH, NS, S, B (Gesamtsample: 27)	
Start:	25.11.2011
Remindermail (inkl. Anmeldedaten):	20.12.2011
Remindermail (inkl. Veranstaltungshinweis):	23.02.2012
Abschluss:	31.03.2012
2. Zielgruppe: Teilnehmerinnen und Teilnehmer des Webinars aus dem gesamten Bundesgebiet (Gesamtsample: 16)	
Start:	20.03.2012
Remindermail:	22.03.2012
Abschluss der Online-Befragung:	31.03.2012

Im November 2011 wurde die Onlineumfrage aktiviert. Die primäre Zielgruppe bildeten die MIT BISS-Nutzerinnen und -Nutzer, also die bis November 2011 registrierten Regelschullehrkräfte aus den teilnehmenden Bundesländern. Damit war die Stichprobe exakt definiert, so dass mit einer personalisierten Umfrage gearbeitet wurde. Alle registrierten Teilnehmerinnen und Teilnehmer erhielten eine Einladungsmail zur Befragungsteilnahme. KUCKARTZ zeigt auf, dass der Einladungsmail eine wesentliche Funktion in der Online-Befragung zukommt. Die personalisierte Einladungsmail, die über die funktionale Teilnehmerverwaltung in EFS Survey organisiert werden konnte, orientierte sich an den Gestaltungsempfehlungen von KUCKARTZ (vgl. KUCKARTZ et al. 2009, 53 ff.). Insbesondere der Zweck der Befragung wurde im Anschreiben herausgestellt. Gleichzeitig war ein Verweis eingefügt, in welchem der sensible Umgang mit dem Datenmaterial garantiert wurde. Um die Motivation zu steigern, wurde mit finanziellen Anreizen (Incentives) gearbeitet. Es wurde ein Amazon-Gutschein im Wert von 10 € als Belohnung zur Verfügung gestellt.[52] Insgesamt war die Onlineumfrage für einen Zeitraum von ca. vier Monaten

---

52 *„Gratifikationen sind eine wichtige Determinante der Teilnahmebereitschaft, mit deren Hilfe die Rücklaufquote signifikant erhöht werden kann"*, so HOLLAUS in seinen Ausführungen (vgl. HOLLAUS 2007, 58). Es haben bereits kleine Summen einen positiven Effekt auf die Teilnahmebereitschaft, so dass der finanzielle Anreiz in Höhe von 10 € als angemessen bezeichnet werden muss.

freigeschaltet und ohne Unterbrechung verfügbar. Da die gewünschte Resonanz ausblieb, erfolgte die zweimalige Erinnerung. Diese Aufforderung wurde ebenfalls per Mailverfahren übermittelt. In der ersten Remindermail wurden zusätzlich die personalisierten Anmeldedaten für MIT BISS zugestellt, um mögliche Zugangsprobleme auszuschließen. Trotz stetiger Bemühungen wurde der Fragebogen letztlich nur von einer Person beantwortet. Damit musste dieser Evaluationsversuch erfolglos beendet werden.

Um dennoch eine homogene Stichprobe zu MIT BISS zu befragen, wurde in Kooperation mit dem IQSH (Institut für Qualitätsentwicklung an Schulen Schleswig-Holstein) ein Webinar angeboten. Im Rahmen der Veranstaltungsreihe Fortbildung Online, Weiterbildungsangebote für Lehrerinnen und Lehrer, wurde eine einstündige Einführung in MIT BISS ausgeschrieben. Bundesweit waren Lehrerinnen und Lehrer aufgefordert, an dem Fortbildungsangebot mit offizieller Teilnahmebestätigung teilzunehmen (vgl. FORTBILDUNG ONLINE 2013). Gesondert wurden auch die bereits registrierten MIT BISS-Teilnehmerinnen und -Teilnehmer angeschrieben, um den Einstieg in die Tätigkeit mit MIT BISS über diese Einführungsveranstaltung anzuregen. Das Webinar mit dem Titel *„MIT BISS – Kommunikations- und Informationsangebot für den gemeinsamen Unterricht von sehenden und nicht sehenden Schülern"* fand am 22.03.2012 zwischen 19.00 und 20.00 Uhr statt. Insgesamt 16 Anmeldungen gingen im Vorfeld ein, darunter waren keine Beteiligungen aus der ersten Zielgruppe. Gleichzeitig wurden die angemeldeten Webinarteilnehmerinnen und -teilnehmer mit einer MIT BISS-Kennung ausgestattet. Auch Kurzentschlossene nahmen an der Abendveranstaltung teil. Jedoch war die Registrierung für den Zugriff auf MIT BISS nicht mehr rechtzeitig möglich, so dass diese Lehrerinnen und Lehrer aus dem Gesamtsample herausgenommen wurden. In der Veranstaltung wurde auf die wichtigsten Funktionalitäten der Lernplattform eingegangen. Insbesondere die Präsentation von MIT BISS war zentrales Anliegen des Webinars, um die favorisierten Fragen beantworten zu können. Alle Teilnehmerinnen und Teilnehmer erhielten einen Zugang zu MIT BISS, so dass auch im Anschluss an das Webinar MIT BISS getestet werden konnte.

Wie eine kurze Umfrage zum Webinarstart bestätigte, hatten sich mehrheitlich Sonderpädagogen für die Teilnahme registriert. Lediglich drei Regelschullehrkräfte waren angemeldet. Im Anschluss an die Onlineveranstaltung waren die Teilnehmerinnen und Teilnehmer aufgefordert, den modifizierten Evaluationsbogen zu MIT BISS auszufüllen.[53] Trotz wiederholter Aufforderung nutzten nur drei Lehrerinnen und Lehrer die Möglichkeit, ihre persönliche Meinung zu MIT BISS zu äußern. Daher muss die Aussagekraft der Evaluation äußerst kritisch beurteilt werden. Am 31.03.2012 wurde die Online-Befragung beendet. Dank der Organisation als Online-

---

53 Der Fragebogen wurde an die Zielgruppe angepasst. Beispielsweise wurden Fragen, deren Einschätzung die kontinuierliche Nutzung von MIT BISS verlangte, aus dem Fragebogen für die Webinarteilnehmerinnen und -teilnehmer entfernt. Die digitale Umsetzung hat die schnelle Anpassung des Fragebogens an die neue Zielgruppe unterstützt.

Befragung war die Datenübertragung in SPSS unproblematisch. Darüber hinaus sind der Onlinestatistik erste Hinweise zu entnehmen (vgl. QuestBack 2013, 540 ff.).

9.2.2.5 Die Ergebnisse der Online-Befragung

Im Anschluss an das Webinar *„MIT BISS – Kommunikations- und Informationsangebot für den gemeinsamen Unterricht von sehenden und nicht sehenden Schülern"* haben sich sechs (37,5 %) von insgesamt 16 (100%) Webinarteilnehmerinnen bzw. Webinarteilnehmern an der Online-Befragung beteiligt. Lediglich drei Personen haben die Befragung zu Ende geführt, was einer Beendigungsquote von 18,75 % des Gesamtsamples entspricht.[54] Wie die Onlinestatistik zeigt, haben bereits drei Teilnehmer die Befragung auf der Startseite bzw. auf der Folgeseite (Seite 1) abgebrochen. Repräsentative Aussagen sind wegen des niedrigen Rücklaufs nicht möglich. Nachfolgend kann nur das Meinungsbild von drei Befragten (m = 2; w = 1) widergespiegelt werden.[55] Die demografischen Daten belegen, dass eine Regelschullehrkraft (Gymnasium) und zwei sonderpädagogische Experten ihre Meinung zu MIT BISS geäußert haben. Die Professionellen eint, dass sie zu 100 % im Schuldienst tätig sind. Jede der befragten Personen vertritt eine andere Altersklasse, so dass die größtmögliche Altersspanne (< 35 bis > 51 Jahren) gegeben ist. Diese Angaben bestätigen sich auch in der differierenden Berufserfahrung der Befragungsteilnehmer. Darüber hinaus zeigt eine Teilnehmerin eine höchstens zweijährige Erfahrung im GU an, während zwei der befragten Professionellen auf eine mehrjährige Tätigkeit verweisen (> als zwei Jahre). Regional ordnen sich die Professionellen den Bundesländern Hessen, Niedersachsen und Sachsen zu.

Die einheitliche Bejahung der einführenden Fragestellung zur technischen Infrastruktur belegt, dass die notwendigen Rahmenbedingungen zur Nutzung von MIT BISS am Arbeitsplatz vorhanden sind (n = 5). Der weiterführende Fragenblock (n = 6), welcher sich mit der Mediennutzung durch die Lehrkräfte auseinandersetzt, bestätigt den kontinuierlichen Umgang der Befragungsteilnehmerinnen und -teilnehmer mit digitalen Medien und Internetanwendungen (vgl. Abb. 66).

---

54 Das Gesamtsample von 16 Teilnehmerinnen und Teilnehmern bezieht sich auf die Anzahl der registrierten Teilnehmerinnen und Teilnehmer, welche eine Einladungsmail erhalten haben. Auf Grund der spezifischen Organisationsform der Veranstaltung schwankte die Teilnehmerzahl, z. B. durch das Ein- und Ausloggen während der Veranstaltung sowie die kurzfristige Anmeldung einzelner Personen vor dem Webinarstart. Es kann nicht garantiert werden, dass die Befragungsteilnehmer das Webinar durchgehend verfolgt haben.

55 Die erste Fragebogenseite (insbesondere die Fragen zur Mediennutzung) wurden von sechs Teilnehmerinnen und Teilnehmern beantwortet. Diese Nennungen werden im Ergebnis berücksichtigt.

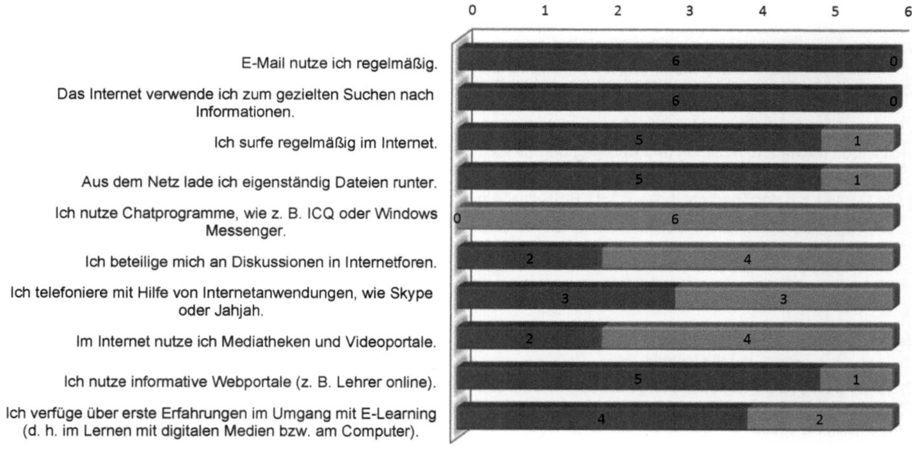

Abb. 66: Mediennutzung durch die Webinarteilnehmerinnen und -teilnehmer

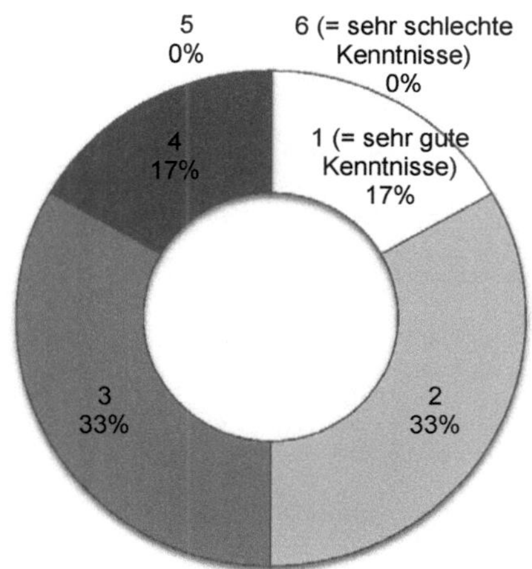

Abb. 67: Selbsteinschätzung der Medienkompetenz

Lediglich bei der Nutzung von Werkzeugen zur Onlinekommunikation zeigt sich, dass Tools, wie Chat- oder Diskussionsforen, im Vergleich zu klassischen Werkzeugen wie E-Mail eher zurückhaltend bzw. gar nicht angewendet werden. Besonders positiv ist zu beurteilen, dass die befragten Teilnehmerinnen und Teilnehmer dem Medieneinsatz zur beruflichen Qualifikation aufgeschlossen gegenüberstehen (z. B. Verwendung informativer Webportale, Webinarteilnahme).

Die positive Einschätzung der eigenen Fähigkeiten im Umgang mit Medien durch die Teilnehmerinnen und Teilnehmer bekräftigt die vorherigen Aussagen (n = 6; M = 2,5) (vgl. Abb. 67). Im Weiteren folgen die Ergebnisse zur Bewertung von MIT BISS.

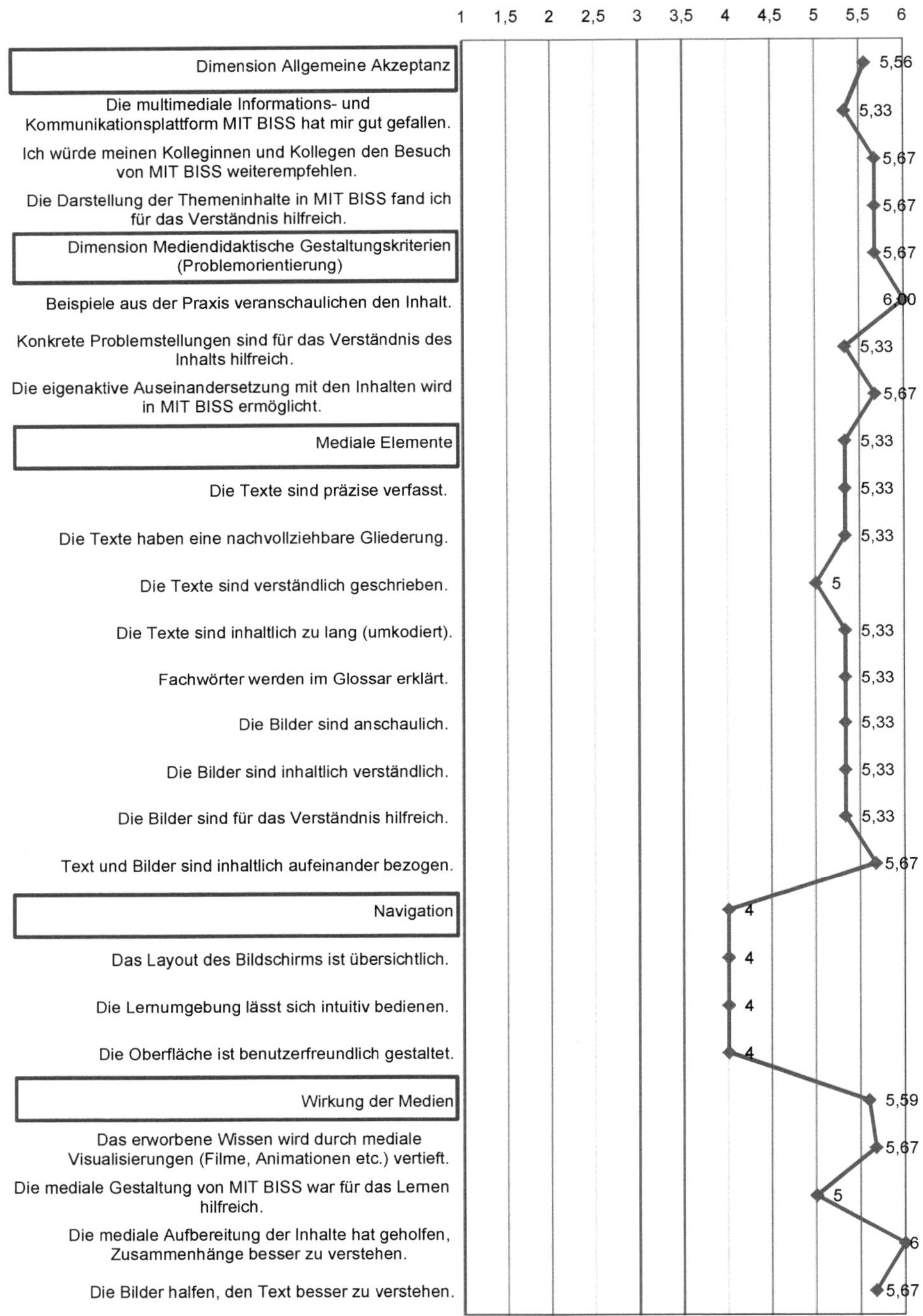

Abb. 68: Bewertung MIT BISS – „Allgemeine Akzeptanz", „Mediendidaktische Gestaltungskriterien"

Die zweite Seite des Online-Fragebogens fährt mit den Äußerungen zur „Allgemeinen Akzeptanz" fort. Der hohe Mittelwert von 5,56 in der Skala zum Erfassen der „Allgemeinen Akzeptanz" signalisiert, dass die Befragten mit dem Informations- und Kommunikationsangebot zufrieden sind (vgl. Abb. 68). Die nachfolgend erhobene Einschätzung zur mediendidaktischen Ausgestaltung des Angebots wurde von den Webinarteilnehmerinnen und -teilnehmern einheitlich positiv beurteilt. Im Detail ergibt sich folgendes Bild für die Dimensionen: „Problemorientierung", „mediale Elemente", „Navigation" und „Wirkung der Medien". Als besonders gelungen (mit einem Mittelwert von 5,5) wird die Orientierung am schulischen Handlungsfeld eingestuft. Insbesondere auf die Aussage (Praxisbezug) der Skala zur „Problemorientierung" wurde einstimmig die Bewertung ‚trifft voll und ganz zu' abgegeben. In den weiterführenden Bewertungen, die ihren Fokus auf die mediendidaktische Ausgestaltung des Angebots richten, nehmen die Probanden eine positive Bilanzierung vor. Die Dimension „Mediale Elemente" erhielt einstimmig hohe Bewertungen, so dass seitens der befragten Nutzerinnen und Nutzer von hoher Zufriedenheit auszugehen ist. Auf Grund der minimalen Differenz sind kaum Unterschiede auszumachen, was auch die Mittelwerte bestätigen (vgl. Abb. 68). Dahingegen etwas negativer und heterogener werden die Aussagen zur „Navigation" in MIT BISS bewertet. Mit einem Skalenmittelwert von 4,0 muss hier der niedrigste Wert dokumentiert werden, wobei auch diese Bewertung zufriedenstellend ist. Im Hinblick auf die „Navigation" differieren die Nennungen sehr; außerdem erfolgt keine Bewertung mit ‚trifft voll zu', so dass in diesem Bereich Verbesserungen durchzuführen sind. Die Skala „Wirkung der Medien" wird von den Befragten sehr positiv bewertet, insbesondere die mediale Aufbereitung. In der Befragung bestätigten die Tester die Ansicht, dass der Medieneinsatz zum besseren Verständnis der Informationen beitragen kann.

Das Ergebnis in der Dimension „Lernprozess/Lerntransfer" muss mit kritischer Distanz beurteilt werden, da sich die Webinarteilnehmerinnen und -teilnehmer zeitlich eng begrenzt mit den Optionen des Angebots auseinandergesetzt haben (vgl. Abb. 69). Im Anschluss waren die Teilnehmerinnen und Teilnehmer zur Bewertung der fachinhaltlichen Informationen aufgefordert (vgl. Abb. 70). Da kein Modul mit einem Mittelwert unter 4,0 beurteilt wurde, scheint die Zufriedenheit der thematischen Aufbereitung gegeben zu sein. Besonders gelungen wurden die Module Erfahrungsberichte und Basisdefinitionen beurteilt (M = 5,67). Weiterhin gelungen sind die Module Medizinische Grundlagen, Organisationen der sonderpädagogischen Förderung, Raum- und Arbeitsplatzgestaltung, Soziale Aspekte und Selbsthilfe. Es ergeben sich lediglich minimale Differenzen, die sich folgendermaßen darstellen lassen. Zusammenfassend lässt sich sagen, dass alle Inhaltsbereiche mit einem Mittelwert von 5,19 als gelungen zu bewerten sind.

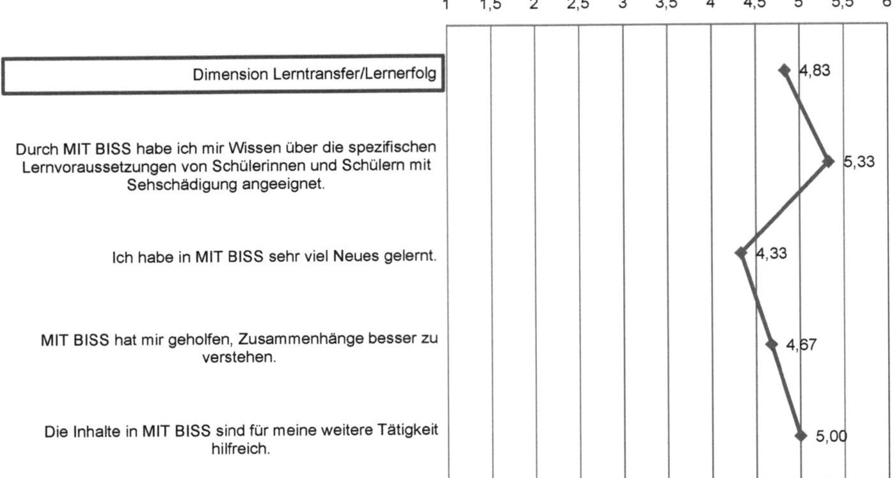

Abb. 69: Bewertung MIT BISS – Lerntransfer/Lernerfolg

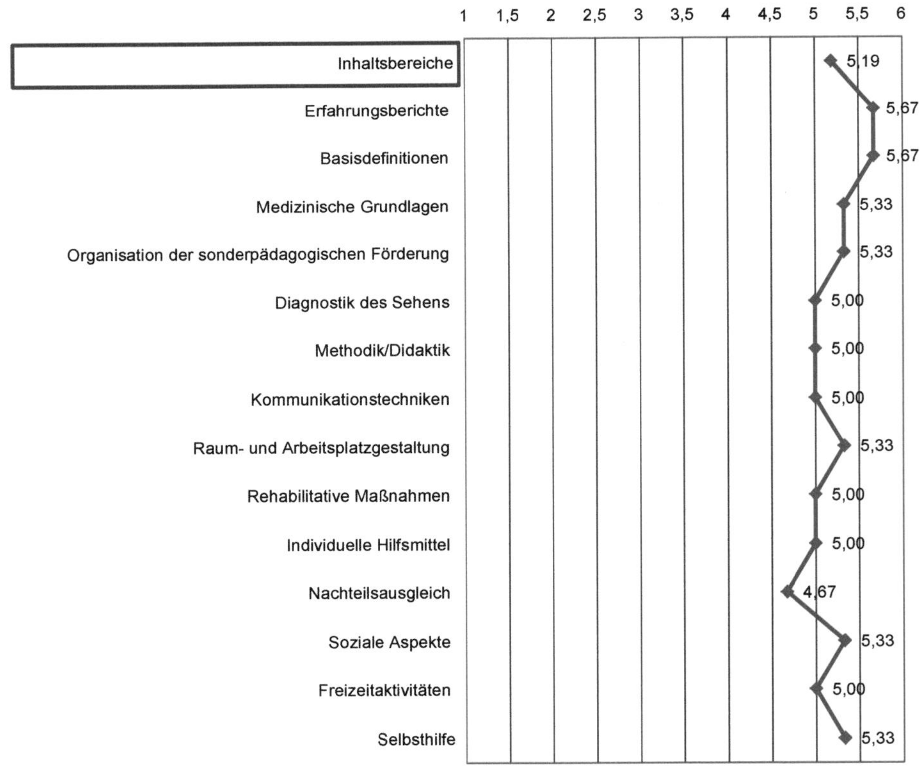

Abb. 70: Bewertung MIT BISS – Inhaltsbereiche

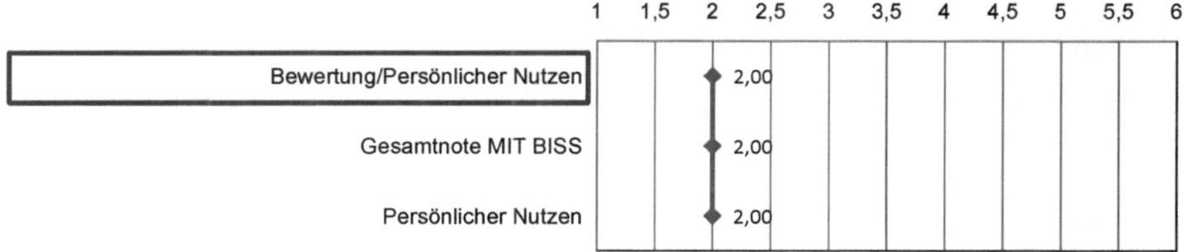

Abb. 71: Gesamtnote MIT BISS

In der finalen Gesamtbewertung bestätigt sich der positive Gesamteindruck. Sowohl MIT BISS (als Ganzes) als auch der persönliche Nutzen von MIT BISS für die eigene Tätigkeit wird von den drei Befragten mit gut bewertet (vgl. Abb. 71).

Lediglich der abschließende Fragenblock wird so kontrovers beantwortet, dass die Präsentation der drei Meinungsbilder nicht zweckmäßig ist. Zweifellos ist hierfür eine stärkere Befragungsbeteiligung notwendig.

Die geringe Datenlage macht keine weiterführenden, statistischen Analysen möglich. Auch der Vergleich mit anderen Studien ist nicht zweckmäßig.

9.2.2.6 Kritische Reflexion der quantitativen Befragung

Resümierend muss das vorliegende Resultat der quantitativen Befragung der Webinarteilnehmerinnen und -teilnehmer äußerst kritisch betrachtet werden. In einem zweischrittigen Vorgehen findet sowohl die kritische Auseinandersetzung mit dem Resultat als auch den gewählten Evaluationsmethoden (Online-Befragung) statt.

Das Resultat spiegelt lediglich das positive Meinungsbild von drei Befragten wider. Damit ist die Stichprobe viel zu klein, um nachhaltige Schlussfolgerungen für die Fortentwicklung des Angebots zuzulassen (bzw. für eine statistische Auswertung) (vgl. GLOWALLA et al. 2011, 320). Einführend soll die Stichprobe charakterisiert werden, um das Meinungsbild der drei Probanden folgerichtig einordnen zu können.

- *Berufsgruppenspezifische Zusammensetzung der Stichprobe:* Trotz erneuter Werbeversuche (per Mailverfahren über MIT BISS bzw. bestehende Netzwerke) waren vorwiegend sonderpädagogische Expertinnen und Experten in die Webinarteilnahme involviert. Dementsprechend war die gewünschte Zielgruppe der Regelschullehrerinnen und Regelschullehrer unzureichend vertreten, was die geringfügige Aussagekraft des Evaluationsergebnisses begründet.
- *Verzerrtes Einsatzsetting von MIT BISS:* Im Rahmen der Webinarteilnahme wurde nur die kurzfristige Verwendung von MIT BISS erprobt, was dem tatsächlichen Einsatzsetting von MIT BISS widerspricht. Bedeutsame Rückmeldungen zur Anwendung von MIT BISS im Schulalltag lassen sich somit nicht generieren.
- *Medienkompetenz der Probanden:* Zweifellos wurde mit den Webinarteilnehmerinnen und -teilnehmern eine Gruppierung befragt, die technisch äußerst versiert ist. Keinesfalls werden die technischen Fähigkeiten aller Lehrerinnen

und Lehrer abgebildet. Somit muss das Resultat mit hoher Vorsicht für weiterführende Schlussfolgerungen bewertet werden. Beispielsweise lassen sich keine Schlussfolgerungen zum Zusammenhang zwischen Medienkompetenz und MIT BISS-Nutzung treffen.

Neben der spezifischen Probandenkonstitution ist auch die positive Bilanzierung der Befragten zu beurteilen. Hierbei muss konstatiert werden, dass nur die Befürworter des Angebots ihre Meinung zum Ausdruck gebracht haben (vgl. GLOWALLA et al. 2011, 319). Nachweislich treten Selektionseffekte, wie die ausschließliche Äußerung der Extrempositionen, in Online-Befragungen auf. Möglicherweise zeigt sich dieses Phänomen auch in der vorliegenden Umfrage.

Abgesehen von diesen Deutungsschwierigkeiten in Bezug auf das vorliegende Resultat bleibt die nicht repräsentative Stichprobe das ausschlaggebende Problem. Im zweiten Schritt wird das Evaluationsverfahren kritisch betrachtet, um mögliche Konsequenzen für die nachhaltige Optimierung der quantitativen Befragung benennen zu können. Insgesamt muss das Konzept der quantitativen Befragung als gelungen bezeichnet werden, da vielfältige Gestaltungsprinzipien beachtet wurden (vgl. hierzu KIRCHHOFF et al. 2010; KUCKARTZ et al. 2009; PORST 2009). Angemessen ist auch der zeitliche Einsatz, der von den Teilnehmerinnen und Teilnehmern gefordert wird (vgl. KUCKARTZ et al. 2009, 37). Im Folgenden werden lediglich mögliche Problemfelder im Evaluationsprozess fokussiert. Die Gestaltung der Befragung als Onlineerhebung kann u. a. als Ursache für die geringe Rücklaufquote angeführt werden (vgl. ARNOLD et al. 2011, 318). Einheitlich wird in der Literatur dargestellt, dass die Rücklaufquote von Online-Befragungen im direkten Vergleich mit Paper-Pencil-Befragungen schlechter ist (vgl. GLOWALLA et al. 2011, 320; LEOPOLD 2004, 10). Im Fall der quantitativen Befragung von MIT BISS wird die „normale" Rücklaufquote bei Online-Befragungen von 30 bis 40 % nicht erfüllt, so dass sicherlich weitere Ursachen (nicht nur die Durchführung als Online-Befragung) zu nennen sind. GLOWALLA et al. benennen erste Lösungsansätze, wie z. B. den gezielten Einsatz von Paper-Pencil-Fragebögen bei kleinen Gruppierungen (vgl. GLOWALLA et al. 2011, 320 f.). Im Fall von MIT BISS sind die beschriebenen Lösungsansätze nicht realisierbar, so dass die Durchführung als Onlineumfrage alternativlos ist. Eventuell hätte man den Anreiz für die Teilnehmerinnen und Teilnehmer erhöhen können, indem alle Probanden einen abschließenden Nachweis für die erfolgreiche Registrierung in MIT BISS erhalten. Möglicherweise hätte die Rücklaufquote gesteigert werden können, wenn der „Amazon-Gutschein" direkt in der Einladungsmail angefügt worden wäre. HOLLAUS verweist in seinen Ausführungen darauf, dass der Einsatzzeitpunkt der Incentives eine erhebliche Rolle spielt. *So führt die Auszahlung der Prämie nach der Teilnahme zu einer niedrigeren Rücklaufquote als die Auszahlung vor dem Experiment*", fasst HOLLAUS zusammen (HOLLAUS 2007, 59). Als Begründung führt HOLLAUS das *„Prinzip des reziproken ‚do ut des'-Gedanken[s]"* an, der dem Probanden vermittelt, dass er bereits eine Verpflichtung eingegangen ist. Damit zeigt sich, dass der Befragungseffekt durch den „richtigen" Einsatz von Incentives noch zu steigern ist. Negative Effekte, wie z. B. der Abbruch der Befragungsteilnahme, können auch durch den hohen Anteil an verpflichtenden Fragestellungen aufgetreten sein (vgl. Kuckartz et al. 2009, 44). Rückblickend muss das zusätzliche Evaluationsanliegen des IQSH als möglicher Störfaktor angegeben werden. Im Anschluss an die Webinarteilnahme war der gesamte Teilnehmerkreis aufgefordert, die Bewertung des Webinars vorzunehmen. Es kann nicht ausgeschlossen werden, dass einige Teilnehmerinnen und Teilnehmer auf Grund des doppelten Evaluationsverfahrens verunsichert waren.

Generell liegen nur vereinzelte Befunde vor, die sich mit dem Scheitern von Online-Befragungen auseinandersetzen. Tulodziecki nimmt den Vergleich mit nicht signifikanten Studien vor (vgl. Tulodziecki 2005, 3). Die Publikation von nicht signifikanten Studien wird außer Acht gelassen, da das Forschungsinteresse nicht vorhanden ist. Damit bleiben wissenschaftliche Befunde aus, die z. B. für die erneute Prüfung von MIT BISS herangezogen werden könnten. Festgehalten werden muss, dass der Evaluationsprozess fortzusetzen ist. Um sich dennoch ersten Erklärungsmustern annähern zu können, wird das Evaluationsverfahren mit der Logfile-Analyse fortgesetzt.

9.2.3 Supportbedarf- und Logfile-Analyse

Ergänzend können die Supportanfragen und verfügbaren Besucherstatistiken herangezogen werden. Einleitend findet die Auswertung der Supportanfragen, die von MIT BISS-Nutzerinnen und -Nutzern gestellt wurden, statt. Die Supportanfragen geben einen wichtigen Hinweis auf notwendige Veränderungsprozesse des Angebots. Die Supportanfragen sind ein wichtiges Indiz für fehlerhafte Anwendungen in MIT BISS.

Im Zeitraum von Mai 2011 bis Oktober 2012 sind 11 Supportanfragen von MIT BISS-Anwenderinnen und -Anwendern eingegangen. Mehrheitlich bezogen sich die Anfragen (ca. 72,7 % aller Anfragen) auf den Login-Vorgang, wo sich folgende Problemlage zeigt: Da das Learning-Management-System OLAT von der Universität Hamburg betrieben wird, ist der Zutritt über die offizielle Startseite nur Universitätsangehörigen gestattet. Nichtmitglieder der Universität sind hingegen aufgefordert, den alternativen Login zu benutzen. Dies trifft auch auf die Professionellen externer Bildungseinrichtungen zu, was jedoch dem intuitiven Userverhalten widerspricht. Häufig traten die Anmeldungsprobleme nicht beim ersten, sondern zweiten oder dritten Anmeldungsvorgang auf, als die Bedienungsanleitung zum erfolgreichen Einloggen (inkl. Screenshots) nicht zur Verfügung stand. Der erschwerte Anmeldungsvorgang hat die MIT BISS-Teilnehmerinnen und -Teilnehmer frustriert, was negative Konsequenzen für die allgemeine Angebotsakzeptanz hat. Weitere Probleme zum korrekten Login-Vorgang, die sich auf persönliche Fehler zurückführen lassen, sind ebenfalls aufgetreten (bspw. fehlerhafte Eingabe des Passworts, Verlust von Passwort und Benutzerkennung). Allerdings stellten derartige Problemfälle die Ausnahme dar (ca. 18,2 % der Supportanfragen) und konnten mit Hilfe des Supportzentrums (E-Learning-Zentrum der Universität Hamburg) behoben werden.

Lediglich eine Anwenderin äußerte, dass das Abspielen der integrierten Videos nicht möglich ist.[56] Die einmalige Supportanfrage zur technischen Ausstattung bestätigt, dass die Computerausstattung für die MIT BISS-Nutzung vorhanden war. Die systematische Auswertung der Supportanfragen offenbart einen klaren Handlungsbedarf, was die Gestaltung des Login-Verfahrens betrifft. Dringend sind entsprechende Veränderungen vorzunehmen, die den Bedienungsvorgang erleichtern.

Zusätzlich bietet das Learning-Management-System OLAT verschiedene Funktionalitäten, um die Aktivitäten der Nutzerinnen und Nutzer zu dokumentieren (Logfile-Analyse) (vgl. UNIVERSITÄT ZÜRICH 2010, 89 f.). Abhängig von der OLAT-Version können die verfügbaren Funktionen stark variieren, um bspw. die Datenschutzbestimmungen nicht zu verletzen (vgl. MIOSGA 2012, 43 f.). Die vorliegende OLAT-Version bietet statistische Archivierungen, welche die registrierten Zugriffe auf MIT BISS aus den einzelnen Bundesländern sichtbar machen (vgl. UNIVERSITÄT ZÜRICH 2010, 87).

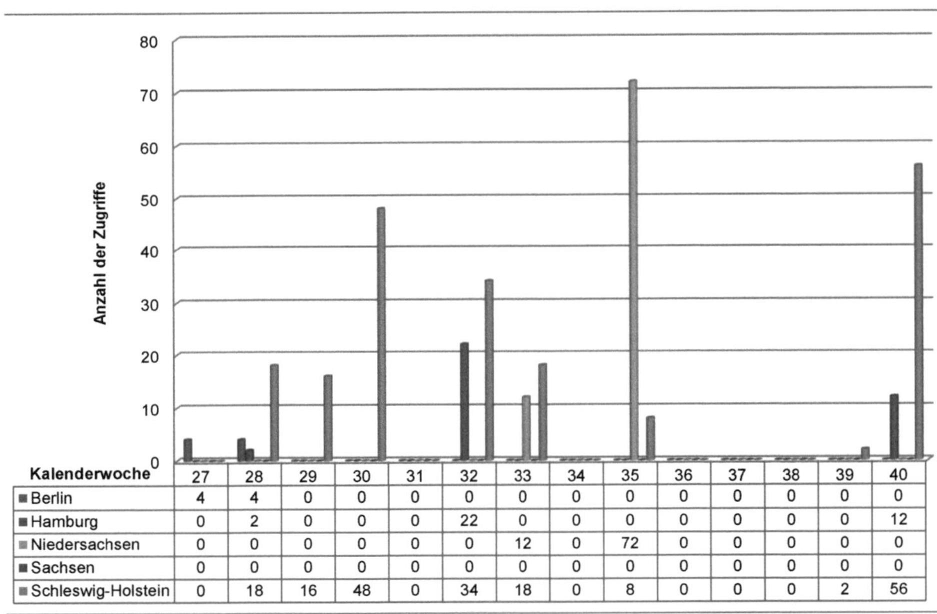

Kalenderwoche	27	28	29	30	31	32	33	34	35	36	37	38	39	40
▪ Berlin	4	4	0	0	0	0	0	0	0	0	0	0	0	0
▪ Hamburg	0	2	0	0	0	22	0	0	0	0	0	0	0	12
▪ Niedersachsen	0	0	0	0	0	0	12	0	72	0	0	0	0	0
▪ Sachsen	0	0	0	0	0	0	0	0	0	0	0	0	0	0
▪ Schleswig-Holstein	0	18	16	48	0	34	18	0	8	0	0	0	2	56

Abb. 72: Statistik mit den registrierten Zugriffen auf MIT BISS im Zeitraum von Juli bis Oktober 2012

In der Statistik sind alle Kursaktivitäten erfasst, die von den Teilnehmerinnen und Teilnehmern zwischen der 27. Kalenderwoche (Anfang Juli) und der 40. Kalenderwoche (Anfang Oktober) getätigt wurden. Die statistische Dokumentation ist auf Anfang Juli datiert, da in diesem Zeitraum der tatsächliche Zugriff auf das Angebot – ohne Startschwankungen – gemessen werden konnte. Dabei muss beachtet wer-

---

56 Die Nutzerin wurde über kostenfrei verfügbare Software zum Abspielen verschiedener Videoformate informiert.

den, dass *„jeder Klick eines Benutzers auf einen Kursbaustein gezählt wird. Wenn also z. B. ein Benutzer dreimal ein und denselben Kursbaustein anwählt, werden drei Klicks gerechnet"* (vgl. OLAT-HILFE 2014). Daher können besonders hohe Zugriffsraten, wie z. B. in der 35. Kalenderwoche in Niedersachsen, von lediglich einem Nutzer verursacht sein. Auch die Kursaktivitäten der Autorin, die in regelmäßigen Abständen die Funktion der Anwendungen überprüft, werden als Zugriffe in der Statistik registriert. Dies deutet die Grenzen dieser statistischen Darstellung an. Auf Grund dieses Interpretationsrahmens soll die statistische Angabe nur als Indiz für die ausbleibende Nutzung des Angebots herangezogen werden. Demzufolge kann vermutet werden, dass viele Lehrerinnen und Lehrer sich nicht fähig für die Evaluation gefühlt haben. Insofern kann die Statistik zu einem gewissen Grad das nicht zufriedenstellende Evaluationsergebnis erklären.

9.3   Abschließende Diskussion zur Auswertung

Im Gegensatz zur quantitativen Befragung hat die Auswertung der Supportanfragen einen klaren Handlungsbedarf aufgedeckt. Dringend ist der Login-Vorgang an die Bedürfnisse der Nutzerinnen und Nutzer anzupassen, um Frustrationserlebnisse zu vermeiden. Vor allem auch vor dem Hintergrund mangelnder Akzeptanz des Angebots muss die Benutzerfreundlichkeit des Angebots gestärkt werden (vgl. KREIDL & DITTLER 2010, 225). Die statistische Auswertung hat deutlich gezeigt, dass MIT BISS von den registrierten Teilnehmerinnen und Teilnehmern selten bzw. gar nicht benutzt wird (Juli bis Oktober 2012). Das Nutzungsverhalten ist als Indikator für die unzureichende Akzeptanz zu bewerten (vgl. BÜRG et al. 2005, 4).

Primäres Anliegen ist die Steigerung der Akzeptanz und Nutzung von MIT BISS bei den Regelschullehrkräften. Empirische Studien, wie die Untersuchung von DITTLER & KREIDL, benennen Faktoren, welche positive Effekte auf die allgemeine Akzeptanz und Nutzungsintensität von E-Learning-Angeboten haben können (vgl. KREIDL & DITTLER 2010). Demzufolge stärkt die positive Wahrnehmung der didaktischen Gestaltung sowohl die Akzeptanz als auch die Nutzung durch die Teilnehmerinnen und Teilnehmer. Neben den didaktischen Faktoren sind auch organisatorische Einflussfaktoren zu benennen. *„Bei den organisatorischen Faktoren waren die Anreize der wichtigste Faktor in Hinblick auf die Nutzung des E-Learning-Angebotes"* (KREIDL & DITTLER 2010, 234). Dahingegen zählten unterstützende Maßnahmen zu den Einflussfaktoren, die eine Akzeptanzsteigerung bewirken können. Derartige Studien zeigen auch Ansätze für die Erhöhung der Nutzerzahlen sowie die Steigerung der Akzeptanz von MIT BISS auf. Bisher ausbleibende Unterstützungsmaßnahmen wirken sich ungünstig auf das Gelingen des Angebots aus. Daher sollten gute Supportmaßnahmen zu den grundlegenden Voraussetzungen nachfolgender Angebote gehören. Allerdings kann nicht nachweislich aufgezeigt werden, woraus sich die Akzeptanz- und Umsetzungsproblematik ergibt. Es muss angezweifelt werden, dass sich die mangelnde Akzeptanz tatsächlich auf das Instrument MIT BISS bezieht. Vorstellbar ist, dass die ausbleibende Akzeptanz in Zusammenhang mit den ungünstigen Rahmenbedingungen (z.B. fehlende Ressourcen der Regelschullehrkräfte zur inhaltlichen Auseinandersetzung mit MIT BISS) steht. Weiterführende Untersuchungen zu den möglichen Ursachen der mangelnden Akzeptanz sind von Nöten (z.B. schriftliche Befragung der Regelschullehrkräfte). Mit Hilfe der Klärung könnten geeignete Instrumente bzw. die Fortentwicklung des Angebots einsetzen, um die Nutzung effektiv zu steigern.

Die statistischen Daten hinsichtlich der Zugriffe auf MIT BISS sind auch als Begründung für die ausbleibende Beteiligung an der Online-Befragung heranzuziehen. Es kann nur vermutet werden, dass bspw. die Registrierung für MIT BISS erfolgreich ausgeführt wurde, aber die Nutzung zu keinem Zeitpunkt stattgefunden hat. Diesbezüglich besteht die Vermutung, dass die angefragten Lehrinnen und Lehrer sich nicht in der Lage fühlten, MIT BISS angemessen zu bewerten und eine Befragungsteilnahme ablehnen. Mögliche Ursachen wie hohe Arbeitsbelastung, technische Probleme oder mangelndes Interesse könnten verantwortlich sein. Diese Hypothesen müssten durch zusätzliche Forschungsarbeiten geprüft werden.

Im formativen Evaluationsverfahren wurde die Qualität und Wirkung des Prototyps bestimmt. Gezielt wurden die Evaluationsmethoden Experten- und Anwenderbefragung eingesetzt, die durch die Logfile-Analyse ergänzt wurden.

Die kritischen Anmerkungen der Experten haben erste Änderungen des Prototyps hervorgebracht. Wegen mangelnder Teilnahmebereitschaft sind der quantitativen Befragung der Anwenderinnen und Anwender keine Schlussfolgerungen zu entnehmen. Jedoch ergab die ergänzte Logfile-Analyse deutliche Akzeptanzprobleme, wobei die Ursachenklärung noch aussteht.

10 Zusammenfassung der Ergebnisse der Forschungsarbeit und Diskussion

Im Zeitraum von Mai 2011 bis Oktober 2012 kam die Betaversion von MIT BISS in ausgewählten Bundesländern zum Einsatz. Der Probebetrieb ermöglicht es, dass sowohl bereits bestehende positive Effekte des Angebots als auch notwendige Handlungsempfehlungen für Folgeanwendungen benannt werden können. Auf Grund geringer Beteiligung der Nutzer am Evaluationsverfahren beschränken sich die konkreten Folgerungen auf Teilaspekte des komplexen Angebots. Grundsätzlich hat das mehrphasige Evaluationsverfahren aufgezeigt, dass Modifikationen des Instruments vorzunehmen sind.

10.1 Wesentliche Ergebnisse der Forschungsarbeit

Im Rahmen der Forschungstätigkeit ist das multimediale Informations- und Kommunikationsangebot MIT BISS entstanden.

Mittels der qualitativen Befragung von Sonder- und Regelschullehrkräften konnte die inhaltliche Dimension des Angebots konkretisiert werden. Die anwenderorientierte Bedürfnisanalyse hat 13 Themenbereiche ermittelt, welche in Kooperation mit verschiedenen Fachvertretern in MIT BISS umgesetzt wurden (vgl. hierzu Kap. 7.5.3).

Abb. 73: Themenbereiche von MIT BISS

Vergleicht man die inhaltliche Dimension von MIT BISS mit der Matrix des Spezifischen Curriculums, zeigen sich deutliche Parallelen (vgl. VBS 2011a, 6). Die MIT

BISS-Themenfelder werden auch in den Bereichen des Spezifischen Curriculums (Förderung des Sehens, Wahrnehmung und Lernen, technische Hilfen etc.) repräsentiert bzw. auf den Ebenen der Umsetzung im Spezifischen Curriculum thematisiert. Diese Übereinstimmung resultiert aus der einheitlichen Intention, *„die Qualität der Teilhabe blinder und sehbehinderter Kinder und Jugendlicher an Bildung unabhängig vom Beschulungsort"* zu stärken (VBS 2011a, 4). Sowohl MIT BISS als auch das Spezifische Curriculum weisen auf die spezifischen Bedarfe von blinden und sehbehinderten Schülerinnen und Schülern zur Bildungsteilhabe hin. Diese Bedarfe müssen öffentlichen Einrichtungen, welche in die Teilhabegestaltung von Schülerinnen und Schülern mit Sehbeeinträchtigung eingebunden sind, transparent gemacht werden. Diesbezüglich zeigt MIT BISS neue Perspektiven der Öffentlichkeitsarbeit auf. Mit Hilfe der multimedialen Informations- und Kommunikationsplattform wird die Öffentlichkeit über die Bedarfe von blinden und sehbehinderten Schülerinnen und Schülern auf vollkommen neuer Ebene informiert. Gleichzeitig wird die grundlegende Voraussetzung für den öffentlichen Austausch geschaffen, um bspw. die Ausdifferenzierung „potentieller" Bedarfe anzuregen.

Mittels des Learning-Management-Systems OLAT werden die Themenbereiche der Öffentlichkeit zugänglich gemacht. Diesbezüglich wurden lerntheoretische Grundlagen und mediendidaktische Kenntnisse beachtet. Der modulare Aufbau von MIT BISS garantiert individuelle Anpassungen an die Bedürfnisse der Nutzerinnen und Nutzer. Gewünschte Anforderungen an MIT BISS von Seiten der Anwenderinnen und Anwender, wie bspw. hoher Praxisbezug, Tools zum Erfahrungsaustausch und weiterführende Link- und Literaturtipps, wurden berücksichtigt. Dank der begleitenden Expertise der Fachleute vom LFS wurden erste Angebotsschwächen (z. B. in der Navigation) identifiziert, so dass die MIT BISS-Teilnehmerinnen und -Teilnehmer mit einem optimierten Angebot starten konnten. Im Zeitraum von Mai 2011 bis Oktober 2012 stand der Prototyp für interessierte Professionelle zum Einsatz bereit. Im gesamten Projektverlauf haben sich 27 Regelschullehrkräfte aus dem deutschen Bundesgebiet für die Nutzung von MIT BISS eingeschrieben. Auf jeden Fall muss die freiwillige Beteiligung der Regelschullehrkräfte positiv bewertet werden. Es signalisiert das grundsätzliche Interesse der Regelschullehrkräfte von einem Informations- und Kommunikationsangebot wie MIT BISS profitieren zu wollen. Auch die narrative Befragung der Regelschullehrkräfte hat das Interesse an pädagogischwissenschaftlichen Fachinhalten zum Ausdruck gebracht.

Im Anschluss an die Erprobung von MIT BISS wurden Nutzerinnen und Nutzer zu ihren Erfahrungen befragt. Die Ergebnisse der (vorerst) abschließenden Evaluation (Qualitäts- und Wirkungsanalyse) sind nur eingeschränkt nutzbar. Auf Grund einer geringen Teilnahmebereitschaft sind keine wesentlichen Aussagen aus der quantitativen Befragung der Anwenderinnen und Anwender für die qualitative Weiterentwicklung des Angebots zu entnehmen. Dahingegen zeigt die Analyse der Supportanfragen der Teilnehmerinnen und Teilnehmer vereinzelte, vorrangig technische, Mängel auf. Positiv ist hervorzuheben, dass sich keinerlei Indizien für fachinhaltliche Schwächen finden lassen. Es müssen lediglich technische Anpassungen, wie beim Anmeldungsvorgang, vorgenommen werden. Die technischen

Limitationen sind u. a. der Tatsache geschuldet, dass für die softwareseitige Umsetzung nur begrenzte Drittmittelressourcen für den Einsatz von IT-Fachleuten zur Verfügung standen. Angesichts der vorgesehenen Nutzung der Informations- und Kommunikationsplattform als Instrument der Öffentlichkeitsarbeit gilt es zudem, den Wirkungsgrad von MIT BISS zu erhöhen. Die statistische Auswertung (Logfile-Analyse) hat die unzureichende Akzeptanz des Angebots offenbart. Seitens der MIT BISS-Teilnehmerinnen und -Teilnehmer findet der Zugriff auf das Angebot nicht statt. Erste Lösungsansätze, um z. B. die Akzeptanz des Angebots zu stärken, werden in der nachfolgenden Diskussion thematisiert.

10.2 Diskussion der Ergebnisse

Im Folgenden werden die Resultate der Forschungsarbeit weiter ausgeführt, indem mögliche Handlungsempfehlungen diskutiert werden. Die Veränderungsprozesse sind auf drei Entscheidungsebenen zu systematisieren:

- *Konsequenzen aus dem gegenwärtigen Einsatz von MIT BISS:*
  Auf der ersten Ebene sind alle Gestaltungsempfehlungen zusammengefasst, die sich als direkte Schlussfolgerung aus der Qualitätsprüfung von MIT BISS ergeben. Diesbezüglich werden alternative Umsetzungsideen vorgestellt.
- *Handlungsempfehlungen für Nachfolgemodelle von MIT BISS:*
  Auf dieser Ebene werden Ideen präsentiert, welche die Novellierung der ganzheitlichen Konzeptstruktur von MIT BISS thematisieren. Gestützt auf die aktuelle Forschung werden Handlungsempfehlungen abgegeben, um die Wirkung von MIT BISS nachhaltig zu steigern.
- *Übergeordnete Handlungsempfehlungen* für den Einsatz von Informations- und Kommunikationstechnologien im Handlungsfeld der inklusiven Schule:
  Ausgehend von MIT BISS (und zukünftigen Versionen von MIT BISS) wird die übergeordnete Fragestellung thematisiert, welche Rolle digitalen Medien in der Ausgestaltung des inklusiven Bildungssystems zukommt. Daran anknüpfend wird auch erörtert, inwiefern die Einbindung digitaler Medien im Handlungsfeld Schule zukünftig gestärkt werden muss.

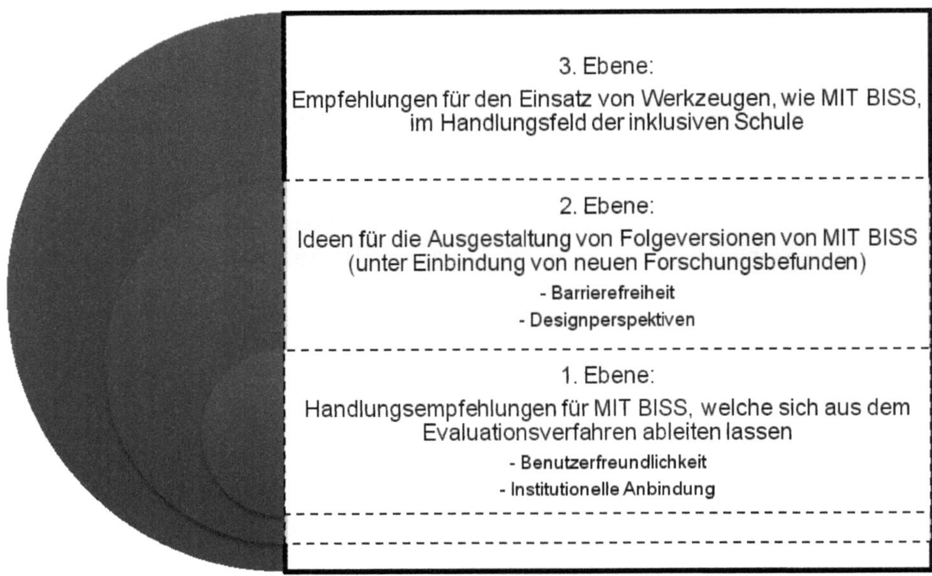

Abb. 74: Kategorisierung möglicher Veränderungsprozesse auf drei Entscheidungsebenen

In der obigen Abbildung (Dreiebenenstruktur) wird das bestehende Bedingungsgeflecht visualisiert, da die Zuordnung der Empfehlungen nicht immer trennscharf möglich ist.

10.2.1 Konsequenzen aus dem gegenwärtigen Einsatz von MIT BISS

Angesichts der bildungspolitischen Prämisse der Installation einer inklusiven Bildungslandschaft in Deutschland nimmt die Bedeutung von Informations- und Kommunikationstechnologien, wie bspw. von MIT BISS, zu. MIT BISS übernimmt unterschiedliche Funktionen in diesem Umgestaltungsprozess. Zunächst ermöglicht MIT BISS den Austausch über die „potentiellen" Bedarfe zur Bildungsteilhabe von Schülerinnen und Schülern mit Sehbeeinträchtigung. Im Weiteren unterstützt MIT BISS die Annäherung an den GU mit sehenden und nicht sehenden Schülerinnen und Schülern, in dem fachliches Basiswissen bereitgestellt wird. Fachliches Knowhow zählt zu den grundsätzlichen Voraussetzungen für die adäquate Begleitung von Schülerinnen und Schülern mit Sehschädigung im GU, was daher von beiden Berufsgruppen (Sonder- und Regelschullehrkräften) zu fordern ist. Die methodische Herangehensweise im Forschungsvorhaben hat die notwendigen Fachinformationen und inhaltlichen Wünsche der Regelschullehrkräfte und sonderpädagogischen Experten ermittelt. Die Bedarfsorientierung ist im Vergleich zu anderen Anwendungen ein entscheidender Angebotsvorteil. Maßgeblich orientiert an den fachinhaltlichen Wünschen und Bedürfnissen der Regelschullehrkräfte, werden essentielle Sachinformationen für den GU mit sehenden und nicht sehenden Schülerinnen und Schülern präsentiert. In Kooperation mit Bildungseinrichtungen der Blinden- und Sehbehindertenpädagogik, insbesondere dem Landesförderzentrum Sehen (Schleswig-Holstein), konnte die fachinhaltliche Expertise der MIT BISS-Lernmaterialien gestärkt werden. Sowohl in den Produktions- als auch in den Implementationsprozess von MIT BISS war das LFS eingebunden, um die zeitnahe Identifikation mit dem Vorhaben zu erreichen. Die Erprobung von MIT BISS in Schleswig-Holstein (und anderen Bundesländern) hat notwendige Veränderungen offengelegt, welche in Folgeversionen zu berücksichtigen sind.

Dadurch können mögliche Handlungsalternativen benannt werden, die auf die gegenwärtige Konzeption von MIT BISS Bezug nehmen. In diesem Zusammenhang werden auch denkbare Effekte in den Blick genommen. Die Überlegungen begründen sich vorrangig auf den Einsatz von MIT BISS in Schleswig-Holstein, insbesondere am Landesförderzentrum Sehen, Schleswig. Auf Grund seiner spezifischen Struktur und Arbeitsweise ist das LFS als zukünftiger Standort in ausgezeichneter Weise geeignet (vgl. hierzu Kap. 3.3). Zudem war Schleswig-Holstein von Anfang an in die konzeptionelle Ausarbeitung von MIT BISS eingebunden, so dass auf die gewachsenen Erfahrungen im Umgang mit MIT BISS zurückgegriffen werden kann.

10.2.1.1 Die Benutzerfreundlichkeit von MIT BISS

Die Benutzerfreundlichkeit (Usability) von MIT BISS muss verbessert werden. Die abschließende Bewertung der drei MIT BISS-Nutzerinnen und -Nutzer lässt die Schlussfolgerung zu, dass die Navigation in MIT BISS (bzw. auf der Benutzeroberfläche von OLAT) grundsätzlich zufriedenstellend ist. Dennoch zeigt das Angebot auch Schwächen, wie z. B. bei der Anmeldung oder bei der eigenständigen Handhabung des LMS durch nicht technisch versierte Autoren und User, auf.

Vereinfachung des Registrierungsvorgangs für die Userinnen und User von MIT BISS

Die Art und Häufigkeit der Supportanfragen belegen, dass der Login-Vorgang anwenderorientierter zu gestalten ist (vgl. Kap. 9.2.3). Ergänzende Hilfsstrukturen, wie z. B. Video-Tutorials, könnten zur Fehlervermeidung installiert werden (vgl. IWK 2012). Mehrfach gestellte Supportanfragen, wie das Anmeldeverfahren, könnten in einem frei zugänglichen Forenbereich publiziert werden (FAQ-Bereich). Integriert in einen Blog (mit Link auf MIT BISS bzw. die OLAT-Startseite) könnte das Serviceangebot erweitert und auf den Supportbedarf reagiert werden (vgl. hierzu bspw. ISD 2013).

Es sind Prozessoptimierungen erforderlich, die durch die Anbindung an ein verantwortliches Bildungsinstitut (hier: LFS Schleswig als Ansprechpartner) weiter zu vereinfachen sind. Mit Hilfe der direkten Verknüpfung von MIT BISS mit einer Bildungsinstitution entfällt der nicht logische Anmeldungspfad externer Nutzerinnen und Nutzer über den alternativen Login. Damit erübrigt sich der Zwischenschritt über den universitären Partner.[57] So wird der Registrierungsvorgang vereinfacht, was die Zufriedenheit der Nutzerinnen und Nutzer steigern kann – stets vorausgesetzt, dass die erforderlichen personellen Ressourcen in der Bildungseinrichtung zur Verfügung gestellt werden. Um die Benutzerfreundlichkeit dauerhaft zu optimieren, muss Spezialwissen aus dem IT-Bereich zielgerichtet ergänzt werden.

Die technische Beständigkeit und vereinfachte Handhabung der technischen Anwendungen muss gewährleistet sein

Wiederholt sind technische Mängel aufgetreten, welche durch die Softwareaktualisierung von OLAT ausgelöst wurden (fehlerhafte Darstellung der HTML-Informationen, mangelhafte Einbindung des Layouts u. a.). Vorübergehend war der Zugriff auf MIT BISS blockiert, was in Folgeprojekten dringend zu vermeiden ist. Es hat sich gezeigt, dass die Fortführung von MIT BISS ohne den stetigen Support von IT-Fachleuten gefährdet ist. Daher muss die kontinuierliche Unterstützung durch den technischen Support als wesentliche Grundvoraussetzung für MIT BISS (und Folgeversionen) definiert werden.

Anfängliche Probleme wie die limitierte Umsetzung von Inhalten wegen mangelnder HTML-Kenntnisse konnten behoben werden. Die aktuelle Version (OLAT CE 3. 1. 3) unterstützt das CSS-Layout, was die Lernmaterialerstellung für Personen mit wenig technischem Know-how gestattet.

Die Trägerplattform OLAT (bzw. das Kursangebot MIT BISS) ist für die Nutzung mit dem Internetbrowser Mozilla Firefox optimiert. Die Darstellung ausgewählter Lernmaterialien, wie z. B. die Simulation zur Arbeitsplatzgestaltung, ist mit anderen Internetbrowsern (Internet Explorer u. a.) fehlerhaft. Auch Faktoren wie die Bildschirmgröße haben Einfluss auf die Darstellung am Bildschirm. Langfristig muss der Umgang mit veränderten Bedingungen geklärt werden. Darüber hinaus bietet die OLAT-Version der Universität Hamburg zahlreiche Funktionen und Applikationen, die für die praktische Anwendung im Handlungsfeld Schule nachrangig sind. Im Rahmen der institutionellen Anbindung ist die Reduktion auf relevante Funktionsbereiche nötig, was dem zukünftigen Autorenkreis das Agieren mit OLAT bzw. MIT BISS erleichtern kann.

10.2.1.2 Die institutionelle Anbindung von MIT BISS

Die Anbindung von MIT BISS an eine Bildungsinstitution bietet nicht nur Vorteile für den verbesserten Anmeldungsvorgang, sondern auch für weiterführende Prozesse. Die institutionelle Anbindung kann sich positiv auf bestehende Angebots-

---

57 Die zuständige Institution für blinde und sehbehinderte Schülerinnen und Schüler in den Niederlanden hat festgestellt, dass die Anmeldung für ein Angebot das Nutzungsinteresse minimiert. Viele Nutzerinnen und Nutzer schrecken vor der Anwendung des Angebots zurück.

schwächen, wie eine unzureichende Identifikation der beteiligten Akteure mit dem Projektvorhaben, auswirken.

Die Betaversion von MIT BISS ist an der Universität Hamburg (Institut für Behindertenpädagogik, Projekt „Pädagogik bei Beeinträchtigung des Sehens") verankert. Langfristig muss das Vorhaben von einer schulischen Bildungsinstitution (bzw. mehreren Bildungsinstitutionen) getragen werden, um die Funktion als additives Instrument des inklusiven Unterstützungs- und Beratungssystems übernehmen zu können. Um E-Learning dauerhaft in das Handlungsfeld Schule (bzw. in das Unterstützungs- und Beratungssystem) zu integrieren, muss ein mehrstufiges Vorgehen verfolgt werden. Wenn sich die Institution für die strategische Einbindung digitaler Anwendungen entschieden hat, müssen die Ausgangsbedingungen evaluiert werden (vgl. ILTEC 2013, 11 ff.).[58] Im ersten Schritt sollte die Einigung für eine gemeinsame E-Learning-Strategie, die von allen beteiligten Akteuren getragen wird, stattfinden (vgl. ILTEC 2013, 18). Nicht zu unterschätzen ist die Rolle der Schulleitung, um den Austausch im Kollegium anzuregen (vgl. FEND 2008b, 166 ff.). Im Fall von MIT BISS wurde der fachliche Dialog mit den Vertretern der Bildungseinrichtung unzureichend geführt, was die weiterführende Gestaltung beeinträchtigt hat. Der aktive Austausch über die vielfältigen Umsetzungsformen von E-Learning wäre für das Projektvorhaben wichtig und anregend gewesen. Klischeehafte Einstellungen und Vorurteile, wie z. B. mangelnde Steuerungsmöglichkeiten des Lerners, konnten nicht abgebaut werden. Die zeitlich eng begrenzte Projektdauer muss als Ursache für den ausbleibenden Fachaustausch angeführt werden. Auch die mehrmalige Weitergabe von anschaulichen Tipps für den Praxisalltag mit MIT BISS konnte dieser Entwicklung nicht entgegensteuern („Tipps zum Einsatz von MIT BISS"). Die Einigung auf eine gemeinsame Strategie bildet die Voraussetzung für nachfolgende Schritte.

Um zu sichern, dass alle beteiligten Akteure mit dem Angebot (und der Trägerplattform OLAT) agieren können, müssen grundlegende Medienkompetenzen vorhanden sein. Dies gilt sowohl für die sonderpädagogischen Expertinnen und Experten als auch für die Regelschullehrerinnen und Regelschullehrer. In Abhängigkeit vom Mitwirken in MIT BISS bilden zusätzliche Kompetenzen für die Lernmaterialerstellung, wie z. B. für die Aufbereitung von Video- und Tonmaterial, eine wesentliche Nutzungsvoraussetzung.

In der Zusammenarbeit mit dem LFS sind die Einsatz- und Nutzenpotentiale von Anwendungen wie MIT BISS für gleichartige Bildungseinrichtungen deutlich geworden. Beispielhaft werden die Fortbildungsangebote, die vom Landesförderzentrum Sehen (Schleswig) in regelmäßigen Abständen organisiert werden, in den Blick genommen (vgl. SEMINARPROGRAMM 2013). Nicht nur Face-to-Face-Fortbildungen, sondern auch virtuelle oder Blended-Learning-Veranstaltungen ließen sich mit der Unterstützung von MIT BISS umsetzen. Auch die geografischen Bedingungen sprechen für eine Angebotserweiterung. Die Entfernung zwischen Fortbildungs- und Tätigkeitsort kann bis zu 100 km betragen, was die Organisation von Fortbildungs-

---

58 Selbstverständlich vorausgesetzt, dass die personellen, finanziellen und technischen Voraussetzungen gegeben sind.

veranstaltungen am Computer besonders attraktiv macht. Unter Verwendung von MIT BISS sind folgende Angebotsformen denkbar:

- Virtuelle Veranstaltungen: Spezifische GU-Themen, wie die Nutzung spezieller Software, könnten in der virtuellen Fortbildungsreihe des IQSH repräsentiert werden (vgl. FORTBILDUNG ONLINE 2013). Damit ist die Anbindung an den technischen Expertenkreis gegeben, was die Beschränkung auf die fachliche Expertise möglich macht.
- Blended-Learning-Veranstaltungen: Um die Fortbildungsveranstaltung gezielt zu unterstützen, könnten gruppenspezifische Belange (Wünsche an die Veranstaltung) und Vorbedingungen (Zusammensetzung der Fortbildungsgruppe etc.) online abgeklärt werden. Auch Materialien und vertiefende Fragestellungen (in Form von Forendiskussionen) könnten über die Veranstaltung hinaus thematisiert werden. Der modulare Aufbau von MIT BISS unterstützt eine vielfältige Inhaltspräsentation, so dass sukzessiv immer mehr Informationen verfügbar gemacht werden können.

Administrative Schritte, wie das automatische Generieren von Teilnahmezertifikaten, könnten über bestehende Strukturen organisiert werden (vgl. FORTBILDUNG ONLINE 2013). Auf dieser Basis lässt sich ein Netzwerk einrichten, in dem alle Fachkräfte, die Kinder bzw. Jugendliche im GU unterstützen, vertreten sind. Das Forschungsvorhaben hat begünstigt, das sich die blinden- und sehbehindertenpädagogische Einrichtung in Schleswig-Holstein mit den Einsatzmöglichkeiten von Informations- und Kommunikationstechnologien auseinandergesetzt hat. Die Diskussion hat vorrangig an den beteiligten Bildungseinrichtungen stattgefunden, was als ein erster Erfolg von MIT BISS zu bewerten ist.[59]

10.2.2 Handlungsempfehlungen für Nachfolgemodelle von MIT BISS

Auf dieser Ebene werden erweiterte Gestaltungsideen für MIT BISS thematisiert, die sich indirekt aus dem Evaluationsverfahren ergeben. Diese Überlegungen werden von der entscheidenden Fragestellung dominiert, wie die Akzeptanz von MIT BISS beim Nutzerkreis gesteigert werden kann. Schließlich zeigt das Datenmaterial, dass die Akzeptanz des Angebots noch unzureichend ist. Die Ursachen lassen sich zum jetzigen Zeitpunkt allenfalls vermuten. Trotzdem ist zu überlegen, beispielsweise anhand der Analyse neuester Forschungsbefunde, wie die Akzeptanz erhöht werden kann. Zusätzlich werden Modifikationen angesprochen, die nach Meinung der Autorin in Folgeversionen zu leisten sind (z. B. barrierearme Gestaltung[60]).

---

59 Der zunehmende Wunsch, Informations- und Kommunikationstechnologien in das schulische Handlungsfeld aufzunehmen, wurde auf dem 34. Kongress der Blinden- und Sehbehindertenpädagogik (30.07.2012 bis 03.08.2012, Chemnitz) verstärkt wahrgenommen.

60 Statt „barrierefrei" wird die Bezeichnung „barrierearm" gewählt, weil die absolute Barrierefreiheit nicht zu erreichen ist.

10.2.2.1 Barrierefreiheit zukünftiger Angebote

Wie auch in Artikel 3 bzw. 9 des Übereinkommens über die Rechte von Menschen mit Behinderungen gefordert, ist auf eine barrierearme Gestaltung von Kommunikations- und Informationsangeboten zu achten (vgl. UN 2006, Art. 3 bzw. 9). Dies schließt die barrierearme Gestaltung zukünftiger Versionen von MIT BISS ein. Diesbezüglich existieren (inter-)nationale Vorgaben und Kriterienkataloge, welche die barrierearme Aufbereitung unterstützen. In Folge der internationalen Vereinbarung der Web Accessibility Initiative (WAI) kam es im April 2002 zur Inkraftsetzung des Behindertengleichstellungsgesetzes (BGG) auf der Bundesebene (vgl. ARNOLD et al. 2011, 162). Gemäß der Definition des BGG (§ 11) gelten folgende Angebote als barrierefrei. *„Barrierefrei sind (…) Systeme der Informationsverarbeitung, akustische und visuelle Informationsquellen und Kommunikationseinrichtungen sowie andere gestaltete Lebensbereiche, wenn sie für behinderte Menschen in der allgemein üblichen Weise, ohne besondere Erschwernis und grundsätzlich ohne fremde Hilfe zugänglich und nutzbar sind“.* Im Juli 2002 trat die entsprechende Verordnung „Barrierefreie Informationstechnik“ in Kraft, welche die barrierefreie Gestaltung öffentlicher Angebote (z. B. Internetauftritte) des Bundes vorsieht. In allen Bundesländern sind entsprechende, wenn auch äußerst differierende, Umsetzungen vorhanden (vgl. hierzu DiJi 2013).

Mit Hilfe von Kriterienkatalogen können Defizite bestimmt werden. In den Web Content Accessibility Guidelines (WCAG 2.0) werden Verständlichkeit, Bedienbarkeit, Robustheit und Wahrnehmbarkeit als notwendige Kriterien barrierefreier Gestaltung benannt (vgl. ARNOLD et al. 2011, 162 f.). Die Anwendung des Kriterienkatalogs auf den Onlinekurs MIT BISS verdeutlicht, dass einzelne Kriterien für die Barrierefreiheit, wie z. B. die Wahrnehmbarkeit der Inhalte, nicht erfüllt sind. Beispielsweise ist die Flash-Animation (Arbeitsplatz- und Raumgestaltung) für Userinnen und User mit Sehschädigung nicht handhabbar.[61] Daher ist die vollkommene Barrierefreiheit von MIT BISS zum jetzigen Zeitpunkt noch nicht gegeben. Langfristig sollten alle sonderpädagogischen und allgemeinpädagogischen Lehrkräfte einen Zugang zu dem Informationsangebot erhalten, wovon Lehrerinnen und Lehrer mit Beeinträchtigung nicht ausgeschlossen sein dürfen. Im Rahmen der barrierearmen Analyse sind die Lernplattform und das Kursmaterial, welches in die Lernplattform integriert ist, zu unterscheiden. Dem Handbuch ist zu entnehmen, dass sich individuelle Anpassungen der Benutzerebene für Nutzerinnen und Nutzer mit Sehschädigung vornehmen lassen (vgl. UNIVERSITÄT ZÜRICH 2010, 10). Während die Barrierefreiheit zahlreicher Lernplattformen überprüft wurde (z. B. moodle), steht die endgültige Beurteilung von OLAT noch aus. Prinzipiell ist OLAT so ausgewiesen, dass die barrierefreie Kommunikation möglich sein soll. Jedoch wird diesbezüglich auch konstatiert, dass Folgeentwicklungen erforderlich sind. Langfristig müssen die Kriterien der barrierefreien Gestaltung des Kursangebots umgesetzt werden, um

---

61 *„Was sich im Einzelnen als eine Barriere erweist, hängt von der Art der jeweiligen Beeinträchtigung ab, d. h., für gehörlose Menschen werden andere Elemente zu Barrieren als für sehgeschädigte oder motorisch beeinträchtigte Personen“* (ARNOLD et al. 2011, 163).

Lernende mit Beeinträchtigung nicht von der MIT BISS-Nutzung auszuschließen. Kostenfreie Werkzeuge, wie der PDF-Accessibility-Checker, bieten schnell und einfach handhabbare Verfahren hierfür an. Zukünftig gilt es dieses Potential zu nutzen, um das Angebot einem größtmöglichen Interessentenkreis zugänglich zu machen. Maßgebliches Ziel ist nicht der Verzicht auf Bilder und Videos, *„sondern Alternativen zur Nutzung eines Informationsangebots zur Verfügung zu stellen bzw. Wahlfreiheit bei der Nutzung der angebotenen Medien zu bieten"* (ARNOLD et al. 2011, 163). Wichtige Voraussetzung wiederum bildet fachliches Know-how (in Bezug auf die Beeinträchtigung und technische Realisierung), was die Zusammenarbeit mit geeigneten Partnern erforderlich macht. In dem Beitrag von ARNOLD et al. sind grundlegende Überlegungen zusammengefasst (vgl. ARNOLD et al. 2011). Spezielle Software und Internetanwendungen sind verfügbar, um die abschließende Evaluierung vornehmen zu können.

10.2.2.2 Designperspektiven von MIT BISS (Neuorientierung von MIT BISS)

Die Betaversion von MIT BISS ist als multimediales Kursangebot in das Learning-Management-System OLAT eingebunden. RIPPIEN bezeichnet Learning-Management-Systeme als „didaktisch offene Systeme", was auf deren *„Gestaltungsoffenheit in didaktischer Hinsicht"* verweist (RIPPIEN 2012, 85). Nicht nur die didaktische Lösung von MIT BISS, sondern weitere didaktische Szenarien sind umsetzbar. Daraus ergeben sich veränderte Umsetzungsmöglichkeiten, auf deren Potential näher eingegangen wird (problembasiertes Lernen, intelligente adaptive Systeme etc.). Auch die mögliche Abkehr vom Einsatz „geschlossener" Learning-Management-Systeme, um von den frei verfügbaren Web-2.0-Techniken zu profitieren, wird thematisiert.

Authentische Lernumgebung schaffen

In der vorliegenden Version von MIT BISS dominiert die Vermittlung von Faktenwissen. Zu Gunsten des Wissenstransfers könnte der didaktische Schwerpunkt in nachfolgenden Anwendungen verlagert werden, indem z. B. der Idee des problembasierten Lernens gefolgt wird. Durch den Einsatz von strukturierten Problemen aus dem Unterrichtsalltag in MIT BISS kann an authentische Lernsituationen angeknüpft werden (z. B. GO@ELSE). Die gegebene Realitätsnähe vereinfacht das Erkennen eigener Handlungszusammenhänge. Außerdem erhöht die Einbindung authentischer Problemstellungen die intrinsische Motivation. Ebenso wird der Aufbau von Schemata erleichtert, was den Lernprozess optimiert (vgl. hierzu Kap. 5.2.3.1). Um den didaktischen Aufbau gemäß dem problembasierten Lernen zu ermöglichen, sind entsprechende Gestaltungsprinzipien zu beachten (vgl. KERRES 2012, 341 ff.).

Einsatz sozialer Lernumgebungen

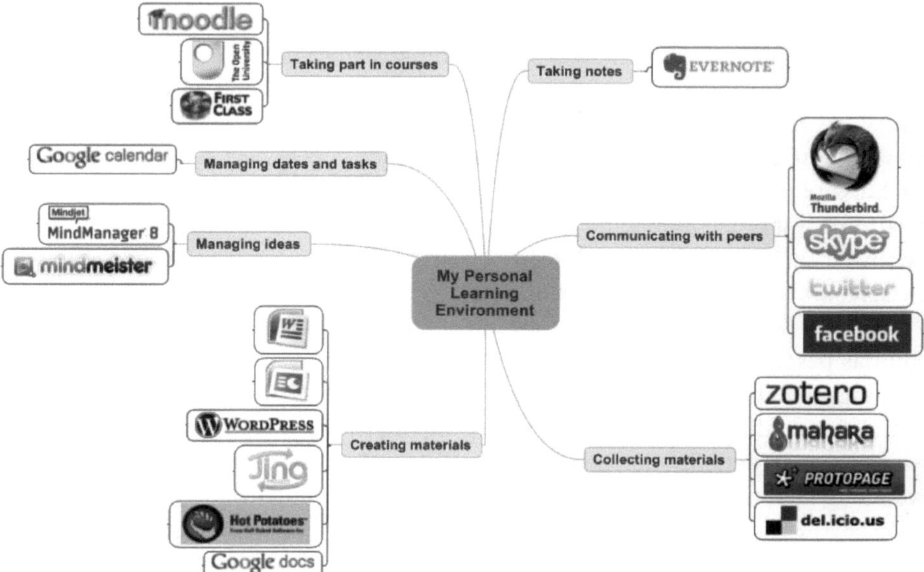

Abb. 75: Beispiel für eine persönliche Lernplattform (www.lernado.de)
(übernommen von RIPPIEN *2012, 87)*

Das Web 2.0 bietet zahlreiche Technologien, die das professionelle Handeln im schulischen Kontext unterstützen können (bzw. die Lernorganisation im professionellen Kontext). Die geschlossene Einheit der Learning-Management-Systeme erschwert die Verknüpfung mit frei verfügbaren Angeboten aus dem Web 2.0. Obwohl sich die Web-2.0-Anwendungen steigender Beliebtheit erfreuen, ist die zielgerichtete Nutzung erschwert. Durch den Einsatz von sozialen Lernumgebungen (nach KERRES) oder auch persönlichen Lernumgebungen (PLE = personal learning environment) kann von Web-2.0-Anwendungen, wie facebook, google docs & twitter (Lehrer-Online), profitiert werden (vgl. hierzu KERRES 2012, 461 f.). Flexibel stellt der User seine notwendigen Anwendungen zusammen, die in einem persönlichen Portal gruppiert werden (vgl. Abb. 75). Damit bietet die persönliche Lernumgebung eine offene Gestaltungsvariante an.

Somit liegt der entscheidende Unterschied auf der Ebene der Struktur- und Organisationsweise, die hohe Anforderungen an die Nutzerinnen und Nutzer stellt. Die Einbindung von Lernmaterialien, bspw. aus dem Kursangebot MIT BISS, ist weiterhin möglich. Allerdings muss der Nutzer bzw. die Nutzerin über die einzelnen Technologien sowie deren Verknüpfung informiert sein. Ohne dieses Wissen kann der gezielte Einsatz nicht stattfinden. Daher gewinnen Dienstleistungen und Beratungsstellen, die Lehrerinnen und Lehrern gezielt assistieren, an Bedeutung. Erste Anwendungen, die einen entsprechenden Rahmen bieten, sind bereits auf dem Markt verfügbar (Beispiel: eggl, webtops, igoogle).

Intelligent-Adaptive Systeme

Interessant für nachfolgende Versionen von MIT BISS sind die erweiterten Funktionen, die durch intelligent-adaptive Learning-Management-Systeme bereitgestellt werden. Am CeLTech, Centre for E-Learning Technology der Universität des Saarlandes, werden die besonderen Einsatzmöglichkeiten dieser Lernumgebungen erforscht. Auf der Campus Innovation 2011, die jährlich Experten unterschiedlicher Fachdisziplinen u. a. zur Thematik „E-Learning" in der Universität Hamburg zusammenführt, ging der Managing Director des CeLTech (PD Dr. Igel) näher auf die gegenwärtigen Forschungsergebnisse zu den intelligent-adaptiven Lernsystemen am Beispiel „MathBrigde" ein (vgl. Igel 2011).

Auf der Grundlage einer einführenden Beschreibung dieser Lernumgebungen soll das besondere Potential für MIT BISS aufgezeigt werden. Gemäß dem Veranstaltungstitel „The Next Generation: Intelligent-adaptive Lernsysteme"[62] stehen diese Lernsysteme, die in der Fachliteratur auch lediglich als adaptive Lernumgebungen bezeichnet werden, für eine neue Generation von Lernumgebungen. Durch die Verwendung intelligent-adaptiver Lernumgebungen ist es möglich, dass die Lernmaterialien auf die persönlichen Belange des Nutzers bzw. der Nutzerin abgestimmt werden. Anstatt eines deckungsgleichen (Lern-)Angebots für alle Nutzerinnen und Nutzer („one-size-fits-all") werden nun Angebote mit individuellem Zuschnitt möglich. *„Es ist Ziel dieser adaptiven Systeme, die Selektion und Präsentation des Lernmaterials, der Lerninhalte, der Lernmethoden und der Lernobjekte von bekannten lernrelevanten Merkmalen des Studierenden abhängig zu machen, um auf diese Weise den Lernprozess zu individualisieren"* (Schulmeister 2006, 114). Die zweiphasige Arbeitsweise intelligent-adaptiver Lernsysteme (hier: Lernplattformen bzw. Learning-Management-Systeme), mit deren Beschreibung Rey die Grundzüge dieser Systeme aufzeigt, findet sich in der Systematik der Erscheinungsformen von Schulmeister wieder (vgl. Rey 2009, 180; Schulmeister 2006, 116). In seinen Ausführungen unterscheidet Schulmeister zwischen Schnittstellen-Adaptivität, statistischer Lerner-Adaptivität sowie dynamischer Lerner-Adaptivität, wobei der Grad der Adaptivität zunehmend ist. Exemplarisch werden die Grundzüge verdeutlicht. Die Schnittstellen-Adaptivität, also die Modifikationsmöglichkeiten des Lerners an die Benutzeroberfläche, wird nicht näher erörtert, da deren Existenz vorausgesetzt wird (z. B. Barrierefreiheit). Um die individuellen Festlegungen vornehmen zu können, ist ein mindestens zweiphasiges Vorgehen erforderlich. Primär werden hierbei die personellen Startvoraussetzungen der Anwenderinnen und Anwender ermittelt, um nachfolgende Anpassungen vornehmen zu können. Sowohl die Erfassung einzelner sowie mehrerer Merkmalsbedingungen (bspw. Wissensstand, Lerngewohnheiten, Inhaltswünsche o. ä.) ist hierbei möglich (Statische Lerner-Adaptivität). Auf der Grundlage der Befunde schließt

---

62 In Anlehnung an Igel wird der Terminus „intelligent-adaptive Lernsysteme" dem Begriff „adaptive Lernsysteme bzw. Lernumgebungen" vorgezogen, da dieser die charakteristische Funktion dieser neuwertigen Systeme, nämlich die gesteuerte („intelligente") Auswahl von Inhalten, bereits einschließt (vgl. Igel 2011).

sich ggf. im nächsten Schritt die Darbietung des individualisierten Lernmaterials an (Dynamische Lerner-Adaptivität). Darüber hinaus wird die Arbeitsweise des Nutzers bzw. der Nutzerin mit dem individuellen Material erfasst, so dass erforderliche Modifikationen vorgenommen werden können (vgl. REY 2009, 180 f.). Speziell für MIT BISS könnte dies bedeuten, dass mittels einer quantitativen Befragung der Wissensstand der Regelschullehrkräfte evaluiert wird. In Abhängigkeit von der Realisierung des intelligent-adaptiven Lernsystems kann die individuelle Ausgestaltung durch einen Tutor sowie durch ein intelligentes System hergestellt werden. Insgesamt bietet der Einsatz intelligent-adaptiver Lernsysteme positive Effekte. SCHULMEISTER betont, dass der Einsatz eine besondere Chance unterbreitet, um den heterogenen Voraussetzungen der Teilnehmerinnen und Teilnehmer gerecht zu werden (SCHUL-MEISTER 2006, 113 f.). Auf diese Weise könnte es gelingen, dass sowohl Anfänger als auch Experten im GU von Schülerinnen und Schülern mit/ohne Sehschädigung von MIT BISS in adäquater Manier angesprochen werden. Im Weiteren gestattet es die individualisierte Angebotsstruktur, dass der persönliche Nutzen schneller erkannt wird und somit Motivationseffekte steigen. Wenn sich u. a. zeigt, dass der sichere Umgang mit einführenden Informationen gegeben ist (z. B. Diagnostik des Sehens), können gezielt vertiefende Inhalte zum Ausbau der fachlichen Expertise präsentiert werden. Gleichzeitig wirkt sich das reduzierte Angebot positiv auf die kognitive Belastung aus. Der hohe Arbeitsaufwand, der hinsichtlich der Ausgestaltung eines Angebots nach diesen Überlegungen geleistet werden muss, steht diesem Prozess entgegen. Das bisherige Lernmaterial, das MIT BISS beinhaltet, reicht noch nicht für die Generierung alternativer Lernpfade aus. Zu berücksichtigen ist weiterhin, dass positive Lerneffekte im Fall von Fehleinschätzungen ausbleiben könnten. Weitere Gefahren, die von REY herausgestellt werden, sind u. a. Desorientierung auf Grund plötzlicher, jedoch nicht nachvollziehbarer Veränderungen des Ausgangsmaterials, die auch auf die unzureichende Forschung in diesem Trend zurückgeführt werden können. Problematisch wirkt sich die ungenügende Wissenschaftslage aus (vgl. REY 2009, 182), die teils auch sehr widersprüchlich verläuft. Keinesfalls ist der „Über"-Idealisierung der intelligent-adaptiven Lernsysteme (im Rahmen von KI, künstlicher Intelligenz) von IGEL zuzustimmen (vgl. IGEL 2011). In Anlehnung an SCHULMEIS-TER sind der Adaptivität Grenzen gesetzt (vgl. SCHULMEISTER 2006, 128 ff.). Nichtsdestotrotz kann die Analyse des Wissensstands dazu beitragen, dass das Angebot erforderliche Individualisierungsmechanismen aufnimmt. Eventuell könnte es auf die Art und Weise gelingen, auf den Aspekt der Individualität näher einzugehen (Lernangebot für Lehrer mit Schülerinnen und Schülern mit hochgradiger Sehbeeinträchtigung usw.).

Modifikation didaktischer Rahmenbedingungen (Zielgruppenerweiterung)

Insgesamt sind die didaktischen Modifikationen auch vor dem Hintergrund der Veränderung der Rahmenbedingungen, hier insbesondere der Zielgruppe, zu betrachten. Denkbar wäre ein Angebot für interessierte Eltern, das entsprechend den Erfordernissen angepasst wird. Auf Grund der strukturellen Veränderungsprozesse im aktuellen Schulbetrieb wäre auch ein Angebot für angehende Unterstützungs- und Beratungslehrkräfte sinnvoll (zur Einführung in die Arbeits- und Strukturweise des mobilen Diensts). Arbeitsmaterialien, Unterlagen für Regelschullehrkräfte können bereitgestellt werden, die nutzbar sind.

10.2.3 Übergeordnete Handlungsempfehlungen für den Einsatz von IKT im Handlungsfeld der inklusiven Schule

Auf der dritten Ebene wird die Bedeutung von Informations- und Kommunikationstechnologien für die Umsetzung des inklusiven Bildungssystems herausgestellt. In Anknüpfung an das Potential digitaler Medien für das inklusive Bildungssystem werden notwendige Konsequenzen benannt. Zusätzlich wird die gesamtgesellschaftliche Relevanz – also die Bedeutung von IKT für die Entwicklung einer inklusiven Gesellschaft – thematisiert[63].

Um übergeordnete Handlungsempfehlungen zu formulieren, muss das komplexe Bedingungsgefüge abgebildet werden. Unter Bezugnahme auf theoretische Annahmen, insbesondere das Mehrebenenmodell (nach FEND) sowie damit verbundene systemtheoretische Grundlagen, werden die Zusammenhänge explizit herausgestellt (vgl. BERGHAUS 2003; FEND 2008a, 2008b).

10.2.3.1 Bedeutung von Informations- und Kommunikationstechnologien

Wesentlicher Ausgangspunkt ist die zunehmende Bedeutung von Informations- und Kommunikationstechnologien für die Umsetzung eines inklusiven Schulsystems. In internationalen Statements wird die Schlüsselfunktion von IKT zur Entwicklung qualitativ hochwertiger Bildungsangebote herausgestellt (vgl. EADSNE 2013; UNESCO & UNESCO IITE 2006). Hierbei verweist die UNESCO auf vier wesentliche Funktionen von Informations- und Kommunikationstechnologien, die grundlegenden Merkmalen inklusiver Schule gegenübergestellt werden. Dies sind auch inhaltliche Schwerpunkte, die im Index für Inklusion thematisiert werden (vgl. hierzu Kap. 10.3.1.3; BOBAN & HINZ 2003). Angesichts der wissenschaftlichen Verortung des Forschungsvorhabens wird auf den GU mit Schülerinnen und Schülern mit Sehschädigung fokussiert[64].

---

63 Die Berücksichtigung aller Bedingungsfaktoren ist nicht möglich. Stattdessen werden ausgewählte Faktoren aufgegriffen, die sich in der Forschungstätigkeit bestätigt haben.

64 Auf Grund der fachwissenschaftlichen Schwerpunktsetzung liegt das Hauptaugenmerk auf der Bedeutung von IKT für die Umsetzung der bildungspolitischen Prämisse, welche die Etablierung eines inklusiven Bildungssystems beabsichtigt/vorsieht (ggf. Erweiterung der Darstellung hinsichtlich des Stellenwerts von IKT für den gesamtgesellschaftlichen Entwicklungsprozess zu einer Gesellschaft für Alle).

Beispielhaft wird der besondere Stellenwert von IKT im inklusiven Bildungssystem verdeutlicht (vgl. Tab. 24).

Tab. 24: Mögliche Funktionen von IKT im Handlungsfeld der inklusiven Schule mit konkreten Beispielen (zusammengestellt nach TOST 2012, 153f.)

Funktion der IKT	Charakteristika inklusiver Schule
I. Supporting personal access to information and knowledge	Teilhabe aller Schülerinnen und Schüler am Unterrichtsgegenstand
II. Supporting learning and teaching situations	Diagnostik als wesentliche Voraussetzung zur individuellen Förderung von Schülerinnen und Schülern
III. Supporting access to educational administrative procedures	Stärkung der Professionellen durch Weiterbildungsangebote
IV. Supporting personal communication and interaction*	Kooperation durch Netzwerkarbeit

* Im gemeinsamen Statement von UNESCO und EUROPEAN AGENCY OF DEVELOPMENT IN SPECIAL NEEDS EDUCATION bezieht sich die Funktion auf die Unterstützung individueller Interaktions- und Kommunikationsprozesse, z. B. auf die Anwendung von Hilfen aus dem Bereich der Unterstützten Kommunikation. Im vorliegenden Beispiel wurde die Funktion angepasst, so dass die Unterstützung des professionellen Austauschs im Mittelpunkt steht.

I. *Die Teilhabe aller sehenden und nicht sehenden Schülerinnen und Schüler am Unterrichtsgegenstand kann durch den Einsatz von IKT gestärkt werden.*

KALINA zeigt auf, dass im gemeinsamen Unterricht mit blinden und/oder sehbehinderten Schülerinnen und Schülern nicht auf den praktischen Einsatz von technischen Hilfsmitteln verzichtet werden kann (vgl. KALINA 2005). Braillezeile, Sprachausgabe und Vergrößerungssoftware stellen sicher, dass die betroffenen Schülerinnen und Schüler Zugang zu den gleichen Lerninhalten wie ihre Mitschülerinnen und Mitschüler erhalten. Der Hilfsmitteleinsatz ermöglicht es, dass curriculare Anpassungen gemäß den individuellen Lernvoraussetzungen der Schülerinnen und Schüler vorgenommen werden können. Auch Unterrichtsprozesse, wie bspw. das kollaborative Arbeiten mit Gleichaltrigen und Interaktionen zwischen Lernendem und Lehrendem, werden unterstützt. Darauf verweist auch die Bezeichnung der Hilfsmittel als „Kommunikationsbrücke" (vgl. KALINA 2005).

Nicht nur die schulische, sondern auch die soziale Teilhabe wird durch den Einsatz von IKT gestärkt. Soziale Teilhabe ist ein entscheidender Faktor gelingender Integration. Heutzutage haben Medien eine enorme Bedeutung für Schülerinnen und Schüler mit Sehschädigung und die Beziehungsgestaltung zu ihren Peers. Angesichts der zunehmenden Barrierefreiheit vieler Anwendungen aus dem Bereich Social Media, wie facebook, twitter & Co, eröffnen sich neue Perspektiven für die gesellschaftliche Partizipation von blinden und sehbehinderten Schülerinnen und Schülern. Der aktuelle Trend verdeutlicht, dass die Abhängigkeit von speziellen Gerätschaften sowie

Hard- oder Software sinkt, so dass die Barrieren in der Mediennutzung weitgehend aufgehoben werden (wie z. B. beim Einsatz von IPad und IPhone).

Darüber hinaus setzt sich die enorme Bedeutung von Informations- und Kommunikationstechnologien im beruflichen Sektor fort, was den frühzeitigen Erwerb entsprechender Kenntnisse im Schulalter für die spätere Professionalisierung und berufliche Selbständigkeit besonders relevant macht. Insgesamt wird deutlich, dass dem Einsatz von Hilfsmitteln mit höchster Priorität im Handlungsfeld Schule zu begegnen ist.

II. *Der Einsatz von IKT ist vorteilhaft für die Gestaltung von Lehr- und Lernsituationen, welche auf die individuellen Belange der Schülerinnen und Schüler ausgerichtet sind.*

Im Handlungsfeld Schule bilden exakte Kenntnisse zum Bedarf der Schülerinnen und Schüler die wesentliche Voraussetzung für die zielgerichtete Planung der Gestaltung von Teilhabe an Bildungsprozessen. Auch zur Dokumentation der Fähigkeiten und Stärken der einzelnen Schülerinnen und Schüler ist die Anwendung von Informations- und Kommunikationstechnologien möglich. Exemplarisch soll dies am Beispiel der Interdisziplinären Schülerdokumentation, kurz ISD, verdeutlicht werden (vgl. LUDER & GSCHWEND 2012, 64 ff.). Angesichts der primären Zielstellung, eine nahezu exakte Schülerbeschreibung abgeben zu können, ist der kommunikative Austausch mit allen Personen, die am pädagogischen Prozess beteiligt sind, unabdingbar. Mit Hilfe des Online-Instrumentariums (ISD) kann die interdisziplinäre Zusammenarbeit vereinfacht werden (vgl. ISD 2013). Orts- und zeitunabhängig können alle Professionen ihre Beobachtungen mitteilen. LUDER, welcher an der Ausgestaltung des ISD maßgeblich mitgewirkt hat, hebt besonders die folgenden Vorteile hervor. Die *„in dieser Idee enthaltene Prozessorientierung ermöglicht dabei einen permanenten Wissensaustausch und generiert neue Ideen und Vorschläge auch für die disziplinäre Praxis. Die Arbeit in den professionellen Lerngemeinschaften wie Unterrichtsteams oder Fachteams verändert sich durch die Vorbereitung anhand dieser Dokumentation im Hinblick auf die Planung der Fördermaßnahmen für das nächste Quartal bzw. Semester"* (vgl. LUDER & GSCHWEND 2012, 66). Zusätzlich ist der Zugriff auf spezifische Datenbanken gegeben. Möglichen Sicherheitsproblemen, wie hier exemplarisch genannt dem fehlerhaften Umgang mit sensiblen Schülerdaten, wird durch die Einhaltung geprüfter Sicherheitsstandards, wie anonyme Dateneingabe und verschlüsselte Datenweiterleitung, entgegengewirkt (GSCHWEND 2012, 271 ff.).

Was die Anwendung des Instrumentariums im GU mit sehenden und nicht sehenden Schülerinnen und Schülern betrifft, sind Modifikationen erforderlich. Im Förderschwerpunkt Sehen wird der Fokus auf das individuelle Sehvermögen der Schülerinnen und Schüler gerichtet, um bspw. passgenaue Lernmaterialien zu entwickeln. Daher sind spezifische Kriterien in den ISD (oder darauf basierenden Tools) zu integrieren, welche sich für die eingehende Beurteilung des Sehvermögens nutzen lassen. Auf diese Weise könnte das Dokumentationstool mit gezielten Qualifizierungsmaßnahmen verknüpft werden. Ebenso sind ISD-Inhalte in Angebote wie MIT BISS integrierbar.

III. *Informations- und Kommunikationstechnologien unterstützen administrative Prozesse (insbesondere in der Weiterbildung).*

In Aktionsplänen und offiziellen Dokumenten wird die Signifikanz von Expertenwissen für die Implementation eines inklusiven Bildungssystems betont. Dringend müssen geeignete Weiterbildungsstrukturen etabliert werden, um die gezielte und schnellere Weitergabe von Expertenwissen wirkungsvoll zu gestalten.

Das Forschungsvorhaben MIT BISS zeigt wichtige Optionen auf, wie Informations- und Kommunikationstechnologien zur Qualifizierung von Fachkräften (hier: Lehrerinnen und Lehrer der allgemeinen Schule) zu verwenden sind. Bereits etablierte Formate, wie Fortbildung – Online, deuten die Perspektiven von Onlineangeboten an (vgl. FORTBILDUNG ONLINE 2013). Blended-Learning-Veranstaltungen oder Webinare, wie z. B. auf Fortbildung – Online, könnten in die Angebotspalette von MIT BISS integriert werden. Im GU mit sehgeschädigten Schülerinnen und Schülern besteht die Nachfrage nach äußerst spezifischen Fortbildungsthemen, die wiederum nur für eine kleine Teilnehmerzahl von Interesse sind. Deutschlandweite Angebote könnten hilfreich sein, um die Effizienz und Durchdringungstiefe zu erhöhen. Unabhängig von der Relevanz digitaler Medien im Fortbildungsbereich (also in der zweiten/dritten Phase der Lehrerbildung) muss die gesamtgesellschaftliche Bedeutung der Expertise geklärt werden. Keinesfalls darf der Wissensbedarf, der zum Aufbau eines inklusiven Bildungssystems notwendig ist, unterschätzt werden. Langfristig muss das Wissen zur Gestaltung gemeinsamer Lehr- und Lernsettings allen Akteuren zugänglich sein.

IV. *Informations- und Kommunikationstechnologien können die Kommunikations- und Interaktionsprozesse positiv beeinflussen.*

In Folge der obigen Forderung, welche auf den zunehmenden Informationsbedarf bei allen Akteuren hinweist, muss die Bedeutung der Netzwerkarbeit betont werden. Im Bildungsbereich nimmt die Bedeutung von Netzwerken zu, was in der zunehmenden Netzwerkbildung sichtbar wird (vgl. EMMERICH & MAAG MERKI 2009, 13 ff.; GOTTMANN 2009, 31). Netzwerkbildung ist als wichtiges Merkmal von inklusiver Schule herauszustellen, um beispielsweise Prozesse des informativen Austauschs zur bestmöglichen Teilhabegestaltung zu initiieren. Dem Netzwerken wird ein hohes Innovationspotential zugesprochen, um drängenden Veränderungsprozessen auf Grund erforderlicher Reformen im Bildungssystem den Weg zu bereiten (vgl. BERKEMEYER et al. 2009, 8). Nimmt man Schulnetzwerke in den Blick, ist die Definition von CZERWANSKI wohl am zutreffendsten: *„Schulnetzwerke werden aber auch als überregionale Zusammenschlüsse von Schulen definiert. Potentiale von Schulnetz-*

werken werden – wie bei regionalen Netzwerken – im Austausch von Erfahrung und Wissen, von Methoden und Instrumenten, aber auch in der gemeinsamen Fortbildung sowie gegenseitiger Beratung und Evaluation gesehen. Kurz: Es geht darum, gemeinsam und organisiert Ziele zu erreichen, die jeder für sich alleine nicht erreichen könnte" (CZERWANSKI 2003, übernommen aus BASTIAN & SCHMACHTEL 2009, 572). Auf Grund der vielfältigen Ausgestaltungsmöglichkeiten von Netzwerken, welche in der Buchpublikation von BERKEMEYER, KUPER, MANITIUS und MÜTHING anhand von Beispielen aus der Praxis aufgezeigt werden, ist der Forschungsprozess zusätzlich erschwert (vgl. BERKEMEYER et al. 2009, 8). Gemäß SMITH & WOHLSTETTER lassen sich vier Netzwerktypen im Bildungsbereich unterscheiden, wobei die Etablierung eines ‚professional networks' im Interesse des wissenschaftlichen Vorhabens ist (vgl. SMITH & WOHLSTETTER 2001, 501). Schließlich sollen Lehrkräfte unterschiedlicher Einrichtungen (Regelschullehrer und Sonderpädagogen) miteinander in Kontakt treten, um die gemeinsame Beschulung von sehenden und nicht sehenden Schülerinnen und Schülern zu stärken. Wichtiges Element der erfolgreichen Netzwerkarbeit ist das Fortbildungsangebot. MIT BISS kann auf die notwendigen Standards zur barrierearmen Gestaltung von Schulsettings für alle Schülerinnen und Schüler hinweisen. In diesem Zusammenhang schlägt REICH die Einrichtung eines virtuellen Schulboards vor, um gemeinsam an den Strukturen einer inklusiven Schule zu arbeiten. Mit Hilfe des virtuellen Schulboards lässt sich die Zusammenarbeit einfacher koordinieren (vgl. REICH 2012, 125 ff.).

10.2.3.2 Index für Inklusion

Die besonderen Chancen, die mit dem Einsatz von Informations- und Kommunikationstechnologien verbunden sind, bestätigen sich auch im Index für Inklusion. Der Index für Inklusion wurde von den Briten BOOTH und AINSCOW entwickelt. BOBAN und HINZ haben den Index für Inklusion für den Einsatz in Deutschland aufbereitet (vgl. BOBAN & HINZ 2003).

Bei der praktischen Umsetzung inklusiver Schulstrukturen erfreut sich der Index für Inklusion großer Beliebtheit. Der Index für Inklusion regt den gemeinsamen Dialog an. Insbesondere unterstützt der Index, dass man:

- die gegenwärtige Situation der Einrichtung näher bestimmen,
- neue Prozessschritte identifizieren und
- einem gemeinsamen Verständnis einer ‚Schule für Alle' näher kommen kann.

Im Mittelpunkt steht die qualitativ hochwertige Umsetzung einer ‚Schule für Alle'. Um diesen Schulentwicklungsprozess zielgerichtet zu begleiten, stellt der Index für Inklusion geeignete Hilfen wie z. B. einen Fragebogen zur Verfügung. *„Dafür bietet der Index – neben einem Phasenmodell mit zeitlicher Strukturierung – ein großes Menü von inhaltlichen Impulsen an, das zunehmend differenziert in drei Dimensionen, unterteilt in sechs Bereiche, aufgegliedert in 44 Indikatoren und schließlich ausgebreitet in*

560 Fragen auf etwa 50 Seiten sowohl zur momentanen Praxis als auch zu möglichen nächsten Schritten Anregungen bieten soll" (Inklusionspädagogik 2013).

Die Handreichung enthält informative Materialien zur Selbstevaluation von pädagogischen Einrichtungen, welche die schrittweise Umsetzung inklusiver Schulpraxis richtungsweisend begleiten. Mehrheitlich können die Prozesse, die im Index für Inklusion beschrieben werden (z.B. Beratung und Unterstützung der Schülerinnen und Schüler, Professionellen und Eltern), durch digitale Medien sinnhaft befördert werden. Ergänzend soll auf einige Arbeitsschwerpunkte eingegangen werden, welche der Index für Inklusion fokussiert.

Tab. 25: Ausgewählte Beispiele für den Einsatz von IKT zur Unterstützung der Schulentwicklung aus dem Index für Inklusion

Index für Inklusion – Ausgewählte Praxisbeispiele
Dimension A – Inklusive Kulturen schaffen
A. 1 Gemeinschaft bilden A. 1. 1 Jede(r) fühlt sich willkommen. *Beispiel: Auf der Schulhomepage wird das gemeinsame Schulprinzip der Öffentlichkeit zugänglich gemacht.*
Dimension B – Inklusive Strukturen etablieren
B. 2 Unterstützung für Vielfalt organisieren Indikator B. 2. 1 Alle Formen der Unterstützung werden koordiniert. *Beispiel: Einbindung von IKT (z. B. Schulnetzwerke), um die Koordination der Unterstützung für alle beteiligten Akteure transparent zu machen.*
Dimension C – Inklusive Praktiken entwickeln
C. 2 Ressourcen mobilisieren C. 2. 3 Das Kollegium entwickelt Ressourcen, um das Lernen und die Teilhabe zu unterstützen. *Beispiel: IKT, z. B. Spracherkennungsprogramme, sind den Kolleginnen und Kollegen in ihrer Funktionsweise bekannt und werden als Hilfsmittel in den Unterricht mit eingebunden.*

10.2.3.3 Perspektivenerweiterung (nach Fend)

Abschließend werden weiterführende Handlungsempfehlungen für die Entwicklung von inklusiver Schule mit Hilfe des vermehrten Einsatzes von IKT geäußert. Die Neue Theorie der Schule (nach Fend) wie auch bildungssoziologische Grundannahmen stellen den Bezugsrahmen für diese analytische Betrachtung dar (vgl. Fend 2008a; 2008b). Die systematische Ordnung, welche Fend zur Darstellung des Bildungssystems als Ganzes gewählt hat, eignet sich zur Strukturierung der Handlungsempfehlungen.

Fend verwendet ein mehrebenentheoretisches Modell, in welchem die Einheit des Bildungssystems aufgegliedert wird. Er differenziert zwischen Prozessen auf der Mikro-, Meso- und Makroebene (vgl. Buchmann 2009, 92 ff.). Dieser Theorierahmen wird durch das Konzept der Rekontextualisierung erweitert. Dieses Konzept bietet entscheidende Erklärungsansätze für das Zusammenspiel der einzelnen Ebenen. „*Mit dem Konzept der Rekontextualisierung im Bildungswesen soll der aktive Gestaltungsanteil von Akteuren auf der jeweiligen Ebene betont werden*" (FEND 2008b, 26). Die mögliche Interpretation der (An-)Forderungen (Auftragshandeln) verweist auf die bestehende Diskrepanz zwischen Verständnis und Ausführung der Aufgaben (auf den einzelnen Ebenen). „*Der Weg von einer gesellschaftlichen Aufgabenbestimmung zum operativen Handeln von Lehrern und Schülern ist lang*" (FEND 2008b, 26). Vorgaben, Anweisungen und Regeln können individuell ausgelegt werden, so dass die erforderliche Passung ausbleiben kann. In der Abfassung von TRAUTMANN und WISCHER wird die schultheoretische Konzeption (nach FEND) auf die Heterogenität in der Schule hin angewendet (vgl. TRAUTMANN & WISCHER 2011). Diese Auffassungen bilden die Grundlagen für die weiterführenden Überlegungen, die sich auf die ansteigenden Optionen der Mediennutzung beziehen.

Makroebene (nach FEND): *Grundsätzlich müssen geeignete bildungspolitische Rahmenbedingungen geschaffen werden. Daher fasst* FEND *das Handeln der Bildungspolitik und Bildungsverwaltung auf der Makroebene zusammen.*
Bislang bleiben bildungspolitische Vorgaben mehrheitlich aus. Wie TRAUTMANN und WISCHER aufzeigen, muss dem Fehlen geeigneter Vorgaben entgegengewirkt werden. „*Anders als normative Appelle stellen administrative Vorgaben eine stärker verankerte Umwelterwartung dar, die zur Auseinandersetzung mit der Thematik wie auch zum Finden neuer Lösungen zwingen oder zumindest anregen kann (...)*" (TRAUTMANN & WISCHER 2011, 152 f.). In der anschließenden Bestandsaufnahme soll geklärt werden, inwiefern bildungspolitischen Vorgaben nachgegangen wird.
Ohne Frage stellt die Forderung nach vermehrtem Medieneinsatz besondere Herausforderungen an die professionellen Kräfte, die am GU beteiligt sind. Im Folgenden wird skizziert, ob und ggf. auf welche Art und Weise dieser Forderung im aktuellen Ausbildungscurriculum der Lehrerinnen und Lehrer bereits entsprochen wird. Die Medienbildung wird als ein Schwerpunkt aufgeführt. Basierend auf der Bremer Erklärung wurden im Rahmen der Standards- und Qualitätsentwicklung der Lehrerbildung Kompetenzfelder benannt, die für alle Ausbildungsgänge – in der ersten und zweiten Phase der Lehrerbildung – gültig sind. Darin heißt es, „*dass der Umgang mit Medien unter konzeptionellen didaktischen und praktischen Aspekten, zu den Kompetenzbereichen zählt (...)*" (KMK 2004, 6). Auf die allgemeine Signifikanz von Medien für die zukünftige Gestaltung unseres Bildungssystems weist man in der Bremer Erklärung hin (vgl. KMK 2000b, 2). Allerdings wird das Potential von Medien für die gleichberechtigte Teilhabe aller Schülerinnen und Schüler an Bildungsprozessen nicht angesprochen.
Grundsätzlich ist das Reforminteresse, das den verstärkten Einsatz von Medien fokussiert, auszumachen (wenngleich eine veränderte Schwerpunktsetzung vorliegt). In Hamburg werden alle Referendare als Botschafter der neuen Medien tituliert. Der Nutzen dieser Medien für die gleichberechtigte Bildungsteilhabe aller Schülerinnen und Schüler wird ansonsten wenig thematisiert. Unabhängig von der Signifikanz bildungspolitischer Vorgaben muss daher das Konzept der Rekontextualisierung berücksichtigt werden. „*Das Konzept der Rekontextualisierung weist vielmehr darauf hin,*

dass die Vorgaben von den Akteuren und den einzelnen LehrerInnen adaptiert werden (müssen). Und das bedeutet im konkreten Fall: Der Weg von der Programmidee bis hin zum operativen Handeln ist lang, die Vorgaben durchlaufen eine Rekontextualisierung gleich auf mehreren Ebenen, auf denen dann jeweils die eigenen Gestaltungsanteile der Akteure – deren ‚Eigensinn‘ – ins Spiel kommen: ‚Wir können‘ – so dazu grundsätzlich Fend – ,nicht davon ausgehen, dass alles, was [...] auf bildungspolitischer Ebene gewollt ist, auf unverfälschter Weise bei Lehrern und Schülern ankommt. Viele Menschen sind an der Umsetzung beteiligt und sie alle interpretieren die Vorgaben wieder auf ihre Weise" (TRAUTMANN & WISCHER 2011, 151). Geeignete, bildungspolitische Vorgaben sind zu konstruieren. So lange geeignete Rahmenbedingungen fehlen, liegt die Verantwortung auf der Mesoebene (auf der Ebene der Einzelschule).

Mesoebene: *Die Mesoebene nimmt die Funktion der Einzelschule in den Blick, deren Bedeutung ansteigend ist.*

Insgesamt steigt die Bedeutung der Einzelschule an. Vermehrt muss die Einzelschule propagieren, was gemeinsamer Unterricht von sehenden und nicht sehenden Schülerinnen und Schülern bedeutet. In der Region Schleswig-Holstein nimmt das Landesförderzentrum Sehen (Schleswig) hierbei eine Vorreiterfunktion ein (vgl. Kap. 3.3). Diese Expertise muss anderen Bildungseinrichtungen zur Verfügung gestellt werden, um inklusive Strukturen ausbilden zu können. In Form von Fortbildungsveranstaltungen und individuellen Beratungsangeboten müssen zentrale Stellen in Schleswig-Holstein durch das LFS informiert werden. Langfristig muss die Verantwortung der Einzelschule gestärkt werden. Mit Hilfe von MIT BISS könnte die Vernetzung organisiert werden, so dass interessierte Fachkräfte mit einführenden Informationen ausgestattet werden.

Auf der Mesoebene kommt der Schulleitung eine entscheidende Funktion zu, da die einzelnen Akteure (Lehrer) von der Schulleitung zusammengeführt werden. Die Schulleitung kann auf die Akzeptanz von MIT BISS im Kollegium einwirken und die innere Motivation der Mitwirkenden befördern. Schließlich kann die Schulleitung auf die Schwerpunkte in der Schulentwicklung wesentlichen Einfluss nehmen. Nicht nur die Schulleitung, sondern auch die Lehrerschaft muss sich den Erfordernissen an ein stetiges Lernen stellen (Lifelong learning).

Mikroebene: *Die Mikroebene nimmt die Lehrerinnen und Lehrer in den Fokus, was Schlussfolgerungen für professionelles Lehrerhandeln ermöglicht.*

Damit das Potential von IKT in der inklusiven Schule zum Einsatz kommt, müssen professionelle Kompetenzen, insbesondere die Medienkompetenz der Lehrerinnen und Lehrer, gestärkt werden. Auf Grund der hohen Relevanz von Informations- und Kommunikationstechnologien für die schulische Teilhabe von Schülerinnen und Schülern mit Sehschädigung ist die Medienakzeptanz bzw. -kompetenz aller professionellen Kräfte als wichtige Grundvoraussetzung zu erweitern. Sowohl für Regelschul- als auch Unterstützungs- und Beratungslehrkräfte gilt dies gleichermaßen, wobei das notwendige Expertenwissen bei den Berufsgruppen einer differenzierten Betrachtung zu unterziehen ist.

Im ersten Schritt sollte das Bewusstsein aller Lehrerinnen und Lehrer für die zunehmende Bedeutung von Medien im inklusiven Lehr- und Lernsetting erhöht werden. Wenn eine gemeinsame Medienstrategie entwickelt wurde, lassen sich im zweiten Schritt erste Konsequenzen für die Unterrichtspraxis formulieren. Hierfür können Online-Tools wie MIT BISS einen wesentlichen Beitrag leisten. Man setzt sich mit dem notwendigen Know-how für den GU auseinander, indem man Onlineformate nutzt. Damit findet eine sinnvolle Verknüpfung statt. Letztlich sind die Lehrkräfte aufgefordert, elementare Kompetenzen auszubilden, da der Technikeinsatz weiter steigt. Angesichts der weiterführenden Professionalisierung ist daher ein Umdenken der Lehrerinnen und Lehrer erforderlich.

Außerdem müssen geeignete Lösungen für die kommende Generation der Lehrerinnen und Lehrer bereitgestellt werden. Aktuelle Studien der Stiftung Lesen zeigen auf, dass das Interesse an elektronischen Inhalten wächst (vgl. STIFTUNG LESEN 2011). Auch eine wissenschaftliche Erhebung an der Universität Hamburg prognostiziert, dass das Interesse an gedruckten Büchern stagnieren wird (vgl. E-BOOK-READER 2013). Zunehmend nutzen Leserinnen und Leser die neuen E-Book-Reader. Viele Verlagsinhalte werden ausschließlich als elektronische Version im Bibliotheksverbund angeboten. Neue E-Book-Reader zeichnen sich durch erweiterte Optionen wie den Zugriff auf Social Networks aus. Auch für die Auseinandersetzung mit fachlichen Inhalten steigt deshalb die Attraktivität dieser modernen Medien an. Die Aneignung der Informationen, also das Leseverhalten, verändert sich, was bei der Gestaltung von zukünftigen Fortbildungsangeboten berücksichtigt werden muss. Um zukunftsfähig zu sein, müssen adäquate Lösungen bereitgestellt werden, welche die Vorteile neuer Kommunikationswege effizient zu nutzen wissen.

Die konzeptionelle Anwendung zeigt auf, dass Veränderungen auf allen Ebenen des Bildungssystems zu initiieren sind. Keinesfalls genügen Veränderungen auf einzelnen Ebenen, um den umfassenden Reformprozess auszulösen. In der systematischen Ordnung (nach FEND) lässt sich das Bildungssystem mit wesentlichen Reformbedarfen illustrieren (vgl. FEND 2008a, 2008b). Allerdings ist auch diese Betrachtung nicht vollständig. Langfristig ist die inklusive Schule nur ein wenn auch grundlegender Teilaspekt gesamtgesellschaftlicher Inklusion.

Ergänzend müssen (angrenzende) Systeme in den Blick genommen werden. So braucht es bspw. auf der Seite des Wissenschaftssystems geeignete Forschungsansätze, um den vermehrten Einsatz von IKT beobachten und evaluieren zu können (bspw. Finanzmittel für evidenzbasierte Forschung). Auch Partner aus der Wirtschaft und dem EDV-Sektor werden benötigt, um die entsprechende Expertise in das Handlungsfeld Schule einzubringen. Geeignete Grundvoraussetzungen, wie personelle und finanzielle Ressourcen, sind zu schaffen.

11   Ausblick

Die Bedeutung von Informations- und Kommunikationstechnologien in unserer Gesellschaft wird weiterhin steigen. Dieser Zukunftstrend beeinflusst auch das Handlungsfeld Schule. *„Apps, E-Books, Tablets und interaktive Whiteboards, kurz gesagt alles, was mit E-Learning zu tun hat ist auf dem Vormarsch"* (LEARNTEC 2013).

Die Generation der Lehrerinnen und Lehrer verändert sich. Sie stellt neue Anforderungen an die bestehenden Strukturen.

Die neue Generation der Lehrerinnen und Lehrer gehört zu den „Digital Natives". Die „Digital Natives" sind mit dem Internet aufgewachsen und mit seinen Möglichkeiten und Grenzen vertraut. Damit geht eine veränderte Informationskultur einher. Statt auf Print- und Telemedien zurück zu greifen, nimmt sich die kommende Generation des Internets an. Nicht nur die Medienrezeption, sondern auch die Interaktion (Kommunikation) der Medienrezipienten ändert sich. Der Einsatz von Internetanwendungen zum reflektierten Austausch im Berufsleben wird zur Selbstverständlichkeit. Mit Hilfe von Informations- und Kommunikationstechnologien wie MIT BISS und seinen Folgeversionen sollte eine ansprechende Community gestaltet werden, welche den Bedürfnissen und Ansprüchen der neuen Generation gerecht wird. Der Austausch über das Internet gehört zum Alltag zukünftiger Lehrerinnen und Lehrer und sollte von einem strategischen Angebot *für die Vermittlung von Inklusion* begleitet werden. Vermehrt muss auch die Ausbildung an die veränderten *Fähigkeiten der Lehrerinnen und Lehrer* anknüpfen.

Zweifellos können digitale Kommunikationswerkzeuge das persönliche Gespräch (Face-to-Face) auch zukünftig nicht ersetzen. Im Handlungsfeld Schule bleibt das persönliche Gespräch, z.B. in Unterrichts- und Beratungssettings, von hoher Priorität. Daher sind adäquate Konzepte, die die Face-to-Face-Kommunikation und die Online-Kommunikation ins Gleichgewicht bringen, auszuarbeiten.

Neuartige Fortbildungskonzepte müssen erprobt werden.

Zukünftig gilt es (Fortbildungs-)Angebote zu gestalten, welche die Generation der neuen Lehrerinnen und Lehrer in hohem Maße akzeptiert und nutzt. Stetig gewinnt das mobile Lernen an Bedeutung. Auf Grund des veränderten Medienverhaltens wird die Nachfrage nach mobilen Fortbildungsangeboten wie MIT BISS ansteigen. Darüber hinaus wird die Internetgeneration neue Anforderungen an die bestehenden Fortbildungsangebote stellen. Aktuelle Studien zeigen, dass bereits etwa 30 % der Anwenderinnen und Anwender Apps für die berufliche Weiterbildung nutzen. Dementsprechend sollten veränderte Formate angeboten werden, die von der neuen Generation der Lehrerinnen und Lehrer akzeptiert werden. In diesem Zusammenhang sind Fortbildungsangebote denkbar, z.B. zur inklusiven Beschulung von Schülerinnen und Schülern mit Sehschädigung, die als App konzipiert sind. Es bietet sich so die besondere Chance, nicht nur einzelne Lehrerinnen und Lehrer, sondern schrittweise das gesamte Kollegium einer Schule, für die neuen Inhalte zu gewinnen. Das mobile Lernen macht die orts- und zeitunabhängige Auseinandersetzung mit den Fachinhalten möglich. Die Analyse von AMRHEIN und BADSTIEBER hat ergeben, dass sich Fortbildungsangebote zur Inklusion mehrheitlich an Einzelpersonen richten. *„Die Kriterien zur Wirksamkeit und Nachhaltigkeit guter Fortbildung zeigen jedoch, dass es gerade im Bereich Inklusion nicht ausreicht, wenn einzelne Akteure ihr berufliches Wissen erweitern und ihr Können verbessern. Fortbildungen werden nur dann Wirksamkeit und Nachhaltigkeit erzeugen, wenn sie im Prozess der Schulentwicklung mit dem Ziel einer inklusiven Schule (im Sinne der UNESCO-Leitlinien für inklusive Bildung) geplant und durchgeführt werden. Sind sie in einen institutionellen und kollegialen Kontext eingebettet – das zeigen Untersuchungen –, tragen sie maßgeblich zu einer systematischen Unterrichts- und Qualitätsentwicklung der gesamten Schule bei"* (AMRHEIN & BADSTIEBER 2013, 23). Auch diese Erkenntnisse befürworten ein leicht zugängliches (Fortbildungs-)Angebot, von welchem möglichst viele Lehrerinnen und Lehrer profitieren können.

Digitale Fortbildungsangebote, wie MIT BISS, gewinnen an Bedeutung. Sie werden in vielfältigen Anwendungsbereichen und Themenfeldern zum Einsatz kommen.

In Zukunft werden immer mehr Lehrerinnen und Lehrer tätig sein, die mit den neuen Medien umgehen können. In allen Phasen ihrer Ausbildung werden die Lehrerinnen und Lehrer neue Medien selbstverständlich nutzen, um bspw. barrierearme Lernmaterialien für Schülerinnen und Schüler mit sonderpädagogischem Förderbedarf zu produzieren.

Nicht nur Informationen zum gemeinsamen Unterricht mit sehenden und nicht sehenden Schülerinnen und Schülern müssen bereitgestellt werden, sondern auch zum Umgang mit Schülerinnen und Schülern mit anderen Beeinträchtigungen. Das bestehende Angebot könnte auf weitere Förderschwerpunkte ausgedehnt werden.

Im Rahmen der Ressourcenoptimierung muss an der Ausbildung bundeslandübergreifender Angebote gearbeitet werden.

Die Umsetzung der inklusiven Beschulung verlangt von allen beteiligten Akteuren in Deutschland spezifisches Wissen und Können. Bereits verfügbare Instrumente, wie Augenbit, kommen diesem Bedarf nach. Mit Hilfe von Augenbit erfährt die Unterstützungs- und Beratungslehrkraft, wie beispielsweise barrierearme Dokumente für blinde und sehbehinderte Schülerinnen und Schüler hergestellt werden können. Oftmals obliegt die Zuständigkeit für derartige Instrumente dem Bundesland, in welchem es entwickelt wurde. Um deutschlandweite Austauschprozesse zwischen allen Akteuren zu ermöglichen, sollten bundeslandübergreifende Lösungen avisiert werden. Vor allem hinsichtlich des Austauschs über die Belange kleiner Zielgruppen, wie z. B. auch blinder und sehbehinderter Schülerinnen und Schüler, kann lediglich die deutschlandweite Diskussion sinnhaft sein. Die Bundeslandhoheit wirkt diesem gemeinsamen Agieren, das unnötige Doppelentwicklungen in den Bundesländern verhüten könnte, immer noch entgegen.

Insbesondere in anderen Ländern zeigt sich das Potential von Informations- und Kommunikationstechnologien.

Trotz all der Kritik am gegenwärtigen Bildungssystem sind die Beratungs- und Unterstützungssysteme in Deutschland ausdifferenziert. Dahingegen verfügen andere Länder auf dem asiatischen und afrikanischen Kontinent nur vereinzelt über die Expertise von ausgebildeten Blinden- und Sehbehindertenpädagogen. Auf Grund mangelnder Möglichkeiten werden Schülerinnen und Schüler mit Blindheit oder Sehbehinderung in die allgemeine Schule eingeschlossen. Die Inklusionsverpflichtung wird erfüllt. Allerdings fehlen spezifische Unterstützungssysteme, die auch die Bedarfe von blinden und sehbehinderten Schülerinnen und Schülern fokussieren. Zukünftig könnten Kommunikations- und Informationsangebote wie MIT BISS eingesetzt werden, um den professionellen Austausch über größere Entfernungen zu leisten. Im gemeinsamen Austausch werden länderspezifische Angebote konzipiert.

Die interdisziplinäre Zusammenarbeit ist gefordert.

Um die Einsatz- und Nutzenpotentiale von IKT ausschöpfen zu können, muss interdisziplinär gearbeitet werden. Der vermehrte Einsatz von IKT im Handlungsfeld Schule fordert die kontinuierliche Kooperation mit IT-Fachleuten. Die technische Betreuung aller IT-Geräte in der Schule kann auf Dauer nicht von einem Pädagogen als IT-Zuständigem der Schule geleistet werden. Auch weitere Berufsgruppen, wie z. B. aus der Wirtschaft und Informatik, die mit dem aktiven Umgang in Netzwerken vertraut sind, würden die Fortentwicklung im Handlungsfeld Schule bereichern. Im Rahmen von Forschungsprojekten findet diese Kooperation bislang vereinzelt und zeitlich eng begrenzt statt. Es gehört zu den zukünftigen Herausforderungen, geeignete (und dauerhafte) Formen einer umfassenderen Zusammenarbeit zu organisieren.

Die Neutralität der Schulen muss erhalten bleiben.

Zunehmend werden einzelne Unternehmen aus dem IT-Bereich auf das Handlungsfeld Schule aufmerksam, um den Absatz der eigenen Produkte zu steigern. Auf Grund des wachsenden Medieneinsatzes an den Schulen wird das Interesse der Unternehmen weiter zunehmen. Neue Probleme, wie z. B. die Manipulation der Lehrerinnen und Lehrer sowie ihrer Schülerschaft hinsichtlich ausgewählter Produkte, werden auftreten. Schließlich ist das Interesse der Vertreterinnen und Vertreter aus dem Medienbereich enorm, möglichst früh auf die zukünftigen Konsumenten einzuwirken. Maßgeblich sollte diese Einflussnahme über die Lehrerinnen und Lehrer gesteuert werden, die Schülerinnen und Schüler mit neuen Medien vertraut machen. In diesem Veränderungsprozess muss das Handlungsfeld Schule – trotz aller Verheißungen der Unternehmen – lernen, seine Neutralität zu wahren.

12 Zusammenfassung

Damit sich der gemeinsame Unterricht nach den Vorstellungen der jugendlichen Sprecher der internationalen Anhörung in Lissabon entwickeln kann, müssen spezifische, individuell differierende Bedingungen erfüllt sein. Schultheoretische Modelle, wie die Neue Theorie der Schule (nach FEND), illustrieren das multifaktorielle Bedingungsgefüge im Bildungssystem (vgl. FEND 2008a, 2008b). Im (inter-)nationalen Diskurs werden professionelle Lehrkräfte als einer dieser Faktoren herausgestellt. In starkem Maße herrscht Einigkeit hinsichtlich der hohen Relevanz qualifizierter Lehrerinnen und Lehrer für die Gestaltung inklusiver Lehr- und Lernprozesse. In Deutschland wird dieser Umgestaltungsprozess von der Professionalitätsdebatte begleitet, welche durch die notwendige Klärung grundsätzlicher Zuständigkeiten von Sonder- und Allgemeinpädagogen bestimmt wird. Unabhängig von dieser Diskussion ist man sich einig, dass fachliches Know-how zur zielgerichteten Begleitung der Unterstützungs- und Beratungsprozesse bei allen Lehrkräften von entscheidender Bedeutung ist. Daher sollte die einfache Zugänglichkeit zu Angeboten der selbständigen Qualifizierung und des interdisziplinären Austauschs gestärkt werden. Um besondere Potentiale wie z. B. orts- und zeitunabhängiges Arbeiten nutzbar zu machen, kommen Informations- und Kommunikationstechnologien eine Schlüsselfunktion zu.

Im Rahmen des Forschungsvorhabens wurde der Prototyp MIT BISS entwickelt, um an diese Forderungen anzuknüpfen. Das multimediale Informations- und Kommunikationsangebot MIT BISS, welches in das Learning-Management-System der Universität Hamburg eingebunden ist, wurde als Selbstlernangebot für Lehrerinnen und Lehrer der allgemeinen Schule konzipiert. Insgesamt stehen 13 Module mit informativen Hinweisen zum gemeinsamen Unterricht von sehenden und nicht sehenden Schülerinnen und Schülern für interessierte Fachkräfte bereit (ergänzt durch umfangreiche Video- und Tonmaterialien). Im Vorfeld der fachinhaltlichen Ausgestaltung kam es zur sorgfältigen Bedürfnisanalyse der Zielgruppe sowie der sonderpädagogischen Experten, was als wesentlicher Wettbewerbsvorteil dieses informativen Angebots – mit anschließender Kombination der Auswertungsmethoden der Grounded Theory/der Qualitativen Inhaltsanalyse – zu benennen ist. Verfügbare Anwendungen wie Foren oder digitale Visitenkarten stellen den fachlichen Dialog mit dem Kollegium der Regelschule bzw. der beratenden Einrichtung sicher. Nach entsprechender Umsetzung des Angebots – orientiert an didaktischen und lerntheoretischen Grundannahmen – fand die Implementierung im Bundesland Schleswig-Holstein statt. Wenig später wurde das Projektvorhaben auf weitere Bundesländer Hamburg, Sachsen, Berlin und Niedersachsen ausgedehnt, um die Nutzerzahlen zu erhöhen. Trotz stetiger Aktivierung der MIT BISS-Nutzerinnen und -Nutzer (und zusätzlicher Werbeaktivitäten) blieb der breite Zugriff auf das Angebot aus, was die niedrige Teilnehmerzahl in der Evaluationsphase erklärt. Um die Ursachen für die ausbleibende Angebotsnutzung beschreiben zu können, sind weiterführende Studien erforderlich. Starke berufliche Einbindung, technische Schwierigkeiten bei der Angebotsnutzung etc. können als mögliche Gründe der fehlenden Anwendung vermutet werden. Mangelhafte Ausführungen von MIT BISS, wie z. B. die fehlerhafte Einbindung des CSS-Layouts, können negative Effekte verstärkt haben. Da das Feedback der Nutzerinnen und Nutzer keine repräsentative Analyse gestattet, können Rückschlüsse zur Fortentwicklung von MIT BISS nur mit Einschränkung formuliert werden. Insgesamt hat die quantitative Online-Befragung gute Resultate für MIT BISS hervorgebracht, jedoch ist die Datenlage für nachhaltige Aussagen zu gering. Die Auswertung des Online-Fragebogens und der Supportanfragen ergab lediglich minimale Änderungsvorschläge, wie z. B. die Vereinfachung des Login-Vorgangs. Wesentliche Voraussetzung für die erfolgreiche Weiterentwicklung ist die Rückmeldung der User. Nur mit dem Einsatz der User ist eine zielgerichtete Weiterentwicklung des Angebots möglich.

Grundlegendes Problem bleibt die bislang unzureichende Akzeptanz des Angebots in der Breite. Im weiteren Verfahren muss geprüft werden, ob Anpassungen, wie bspw. veränderte Layout- bzw. Designperspektiven für MIT BISS (z. B. durch problembasierte Szenarien), die Angebotsakzeptanz steigern könnten. Auch verstärkte Werbemaßnahmen, um den Bekanntheits- und Wirkungsgrad von MIT BISS in der Öffentlichkeit zu steigern, sind zu initiieren.

Trotz dieser Barrieren ist MIT BISS als Erfolg zu bewerten, da die Diskussion über den internetbasierten Einsatz von digitalen Medien in der blinden- und sehbehindertenpädagogischen Fachwelt vorangetrieben worden ist. Gegenwärtig tragen sich einige Einrichtungen mit dem Gedanken, den Anteil der Social Media zu stärken (Kongress der Blinden- und SehbehindertenpädagogInnen in Chemnitz, August 2012). Außerdem hat die generelle Bereitschaft und Auseinandersetzung mit dem Instrument MIT BISS durch die einzelnen Akteure begonnen und ist überaus positiv zu bewerten. Auf diese Weise war das Sammeln erster Erfahrungen im Umgang mit Informations- und Kommunikationstechnologien möglich. Dies hat dazu beigetragen, bestehende Schwächen des Systems, die eine breite Einbettung verhindern, zu identifizieren (z. B. fehlende Medienkompetenz, Professionsängste). Folgeprojekte sollten daran dringend anknüpfen. Im Forschungsprozess hat sich die Funktionalität von MIT BISS in der Öffentlichkeitsarbeit erwiesen. MIT BISS bietet den adäquaten Rahmen, um die Bedarfe von blinden und sehbehinderten Schülerinnen und Schülern (Spezifisches Curriculum) zu veranschaulichen. Angesichts der Forderung, qualitativ hochwertige Bildungsprozesse zu implementieren, muss die Öffentlichkeit über angemessene Rahmenbedingungen informiert werden. MIT BISS *„ist so insgesamt als Projekt zu sehen, das – wie viele andere – ein ständig weiterzuentwickelnder Beitrag zu jenen neuen Methoden der Kommunikation und des Lehrens im Bereich Schule ist"* (Ullmann & Stepancik 2009, 105).

Fokussiert man den gemeinsamen Unterricht von sehenden und nicht sehenden Schülerinnen und Schülern, wird der zunehmende Nutzen digitaler Medien schnell deutlich. (Inter-)nationale Studien und Leitlinien verweisen auf die Bedeutung von Informations- und Kommunikationstechnologien für den gemeinsamen Unterricht. Im Rahmen der wissenschaftlichen Tätigkeit konnte die Bedeutung von Informations- und Kommunikationstechnologien für die schulische Teilhabe von Schülerinnen und Schülern mit Sehschädigung exemplarisch dargestellt werden. Auch die Forschungsarbeit hat positive Effekte digitaler Applikationen, z. B. für den interdisziplinären Austausch, die Dokumentation der sonderpädagogischen Förderung, dargelegt. In diesem Zusammenhang kommt der Medienkompetenz von Lehrinnen und Lehrern eine entscheidende Funktion zu. Dabei ermöglichen Anwendungen wie MIT BISS die gezielte Verknüpfung von zwei Handlungsfeldern. Die Stärkung von Fachlichkeit und Medienkompetenz wird gekoppelt, was eine besondere Nische darstellt. Kaum ein Wirtschaftsunternehmen ist heute ohne den Einsatz von sozialen Medien wie twitter, facebook & Co. wettbewerbsfähig. Im pädagogischen Kontext verhält man sich bislang distanziert, so dass die Nutzungen mehrheitlich ausbleiben. Letztlich ist die Bedeutung von Informations- und Kommunikationstechnologien in der derzeitigen Identitätskrise der Sonderpädagogen hervorzuheben (Professionalitätsdebatte). Schließlich könnte auch das Spezialwissen, z. B. besonderes Medienwissen zu Schülerinnen und Schülern mit Blindheit, die professionelle Identität stärken. Die Bedeutung der Spezifik und fachmännischen Vertretung (in Form des Blinden- und Sehbehindertenpädagogen) kann durch Anwendungen wie MIT BISS nach außen transparent gemacht werden. Es wird deutlich, dass der notwendige Reformprozess alle Ebenen des Bildungssystems umfassen sollte.

Nach dem vehementen Plädoyer für einen verstärkten Medieneinsatz aus der Erfahrung mit MIT BISS, u. a. als Hilfsmittel für die Umsetzung eines inklusiven Bildungssystems, muss gleichzeitig vor der möglichen „Über"-Idealisierung gewarnt werden. Letztlich bleibt es ein Hilfsmittel, das ohne Frage von hoher Bedeutung ist, und in vielen Fällen durch geeignete Alternativen ersetzt werden kann. Zweifellos kann die Ausbildung des inklusiven Bildungssystems durch geeignete Medien positiv unterstützt werden. Diesbezüglich muss berücksichtigt werden, dass diese Veränderungen zusätzliche Novellierungen zur Folge haben können. Diese Veränderungsprozesse müssen in weiterführenden Forschungen analysiert werden.

Abbildungs- und Tabellenverzeichnis

Abbildungen

Tabellen

Abkürzungsverzeichnis

BB	Brandenburg
BE	Berlin
BMAS	Bundesministerium für Arbeit und Soziales
BW	Baden-Württemberg
BY	Bayern
BZBS	Bildungszentrum für Blinde und Sehbehinderte
CBT	Computer Based Training
CLT	Cognitive Load Theory
CSCL	Computer supported collaborative learning
CTML	Cognitive Theory of Multimedia Learning
DBSV	Deutscher Blinden- und Sehbehindertenverein e. V.
DIfM	Deutsches Institut für Menschenrechte
DVBS	Deutscher Verein der Blinden und Sehbehinderten in Studium und Beruf e. V.
DZB	Deutsche Zentralbücherei für Blinde
FAQ	Frequently Asked Question
FH	Fachhochschule
FSP	Förderschwerpunkt
GU	gemeinsamer Unterricht
HB	Hansestadt Bremen
HH	Hansestadt Hamburg
HTML	Hypertext Markup Language
ICF	International Classification of Functioning, Disability and Health
IKT	Informations- und Kommunikationstechnologien
INCOBS	Informationspool Computerhilfsmittel für Blinde und Sehbehinderte
IQSH	Institut für Qualitätsentwicklung an Schulen Schleswig-Holstein
IRIS	Institut für Rehabilitation und Integration Sehgeschädigter
ISaR	Inclusive Services and Rehabilitation
ISD	Interdisziplinäre Schülerdokumentation
IUP	Inter-Parliamentary Union
IWK	Institut für Wachstum und Konjunktur
Kap.	Kapitel
KMK	Ständige Konferenz der Kultusminister der Länder in der Bundesrepublik Deutschland
LFS	Landesförderzentrum Sehen, Schleswig
LMS	Learning-Management-System
LPF	Lebenspraktische Fähig- bzw. Fertigkeiten
M	Mittelwert
m	männlich
min	Minute
MaxQDa	Software zur computergestützten qualitativen Daten- und Textanalyse

MIT BISS	Methodisches – Informatives – Theoretisches – Basics zur inklusiven Beschulung sehgeschädigter Schülerinnen und Schüler
MMKH	Multimedia Kontor Hamburg
MV	Mecklenburg-Vorpommern
n	Anzahl der Personen in der Stichprobe
NAP	Nationaler Aktionsplan
NGO	Non Governance Organization
NI	Niedersachsen
NW	Nordrhein-Westfalen
O&M	Orientierung und Mobilität
OLAT	Online Learning And Training
PBS	Problembased-Scenarios
RP	Rheinland-Pfalz
Sek.	Sekundarstufe
sek	Sekunde
SH	Schleswig-Holstein
SL	Saarland
SN	Sachsen
SPF	Sonderpädagogischer Förderbedarf
SPSS	Programm zur statistischen Analyse von Daten
ST	Sachsen-Anhalt
SuS	Schülerinnen und Schüler
TH	Thüringen
UN-BRK	UN-Behindertenrechtskonvention (bzw. UN-Konvention über die Rechte von Menschen mit Behinderungen)
UN	United Nations
VBS	Verband für Blinden- und Sehbehindertenpädagogik
VDS	Verband der Sonderpädagogik
w	weiblich
WAI	Web Accessibility Initiative
WBT	Web Based Training
WHO	World Health Organization
WYSIWYG	‚What you see is what you get'

Literaturverzeichnis

AHRBECK, BERND (2011): Der Umgang mit Behinderung. Stuttgart: Kohlhammer.

AICHELE, VALENTIN (2008): Die UN-Behindertenrechtskonvention und ihr Fakultativprotokoll. Ein Beitrag zur Ratifikationsdebatte Policy Paper. Berlin: Deutsches Institut für Menschenrechte (DIfM).

ALTRICHTER, HERBERT (2010): Lehrerfortbildung im Kontext von Veränderungen im Schulwesen. In: MÜLLER, FLORIAN H.; EICHENBERGER, ASTRID; LÜDERS, MANFRED & MAYR, JOHANNES (Hrsg.), Lehrerinnen und Lehrer lernen. Konzepte und Befunde zur Lehrerfortbildung (17–34). Münster: Waxmann.

AMRHEIN, BETTINA & BADSTIEBER, BENJAMIN (2013): Lehrerfortbildungen zu Inklusion – Eine Trendanalyse. Gütersloh: Bertelsmann Stiftung.

APPELHANS, PETER & KREBS, EVA (1985): Kinder und Jugendliche mit Sehschwierigkeiten in der Schule. Eine Handreichung für Lehrer, Eltern und Schüler (2., überarbeitete Auflage). Heidelberg: Edition Schindele.

APPELHANS, PETER & RATH, WALDTRAUT (1985): Sehauffällige Schüler in allgemeinen Schulen. Sehbeeinträchtigungen als Variable schulischen Lernens. Frankfurt/Main: Peter Lang GmbH.

ARNOLD, PATRICIA (2005): Einsatz digitaler Medien in der Hochschullehre aus lerntheoretischer Sicht. URL: http://www.e-teaching.org/didaktik/theorie/ lerntheorie/arnold.pdf (entnommen am 14.04.2014).

ARNOLD, PATRICIA; KILIAN, LARS; THILLOSEN, ANNE & ZIMMER, GERHARD (2011): Handbuch E-Learning. Lehren und Lernen mit digitalen Medien (2. erweiterte, aktualisierte und vollständig überarbeitete Auflage). Bielefeld: W. Bertelsmann Verlag.

BACHMAIER, REGINE (2011): Fortbildung Online. Entwicklung, Erprobung und Evaluation eines tuturiell betreuten Online-Selbstlernangebots für Lehrkräfte. Hamburg: Verlag Dr. Kovac.

BACK, ANDREA; SEUFERT, SABINE & KRAMHÖLLER, SABINE (1998): Technology enabled Management Education: Die Lernumgebung MBE Genius im Bereich Executive Study an der Universität St. Gallen. In: IO Management 21 (3), 36–42.

BALZER, LARS (2005): Wie werden Evaluationsprojekte erfolgreich? Ein integrierender theoretischer Ansatz und eine empirische Studie zum Evaluationsprozess. Dissertation, Universität Koblenz-Landau, Fachbereich Psychologie, Landau.

BANDURA, ALBERT (1970): Modeling therapy. In: SAHAKIAN, WILLIAM S. (Hrsg.), Psychopathology today: Experimentation, theory and research. Itasca: Peacock.

BARTON, ALLEN H. & LAZARSFELD, PAUL F. (1955/1984): Einige Funktionen von qualitativer Analyse in der Sozialforschung. In: HOPF, CHRISTEL & WEINGARTEN, ELMAR (Hrsg.), Qualitative Sozialforschung (41–89). Stuttgart: Klett-Cotta.

BASTIAN, JOHANNES & HELSPER, WERNER (2000): Professionalisierung im Lehrberuf – Bilanzierung und Perspektiven. In: BASTIAN, JOHANNES; HELSPER, WERNER; REH, SABINE; SCHELLE, CARLA (Hrsg.), Professionalisierung im Lehrberuf (167–192). Opladen: Leske + Budrich.

BASTIAN, JOHANNES & SCHMACHTEL, STEFANIE (2009): Regionale Schulentwicklung und Schulnetzwerke. In: BLÖMEKE, SIGRID; BOHL, THORSTEN; HAAG, LUDWIG; LANG-WOJTASIK, GREGOR & SACHER, WERNER (Hrsg.), Handbuch Schule (572–575). Bad Heilbrunn: Klinkhardt.

BAUER, KARL-OSWALD (2000): Konzepte pädagogischer Professionalität und ihre Bedeutung für die Lehrerarbeit. In: BASTIAN, JOHANNES; HELSPER, WERNER; REH, SABINE & SCHELLE; CARLA (Hrsg.), Professionalisierung im Lehrerberuf. Von der Kritik der Lehrerrolle zur pädagogischen Professionalität. Opladen: Leske + Budrich.

BAUMGARTNER, PETER (2003): Didaktik, eLearning-Strategien, Softwarewerkzeuge und Standards – Wie passt das zusammen? URL: http://peter. baumgartner.name/publikationen/liste-abstracts/abstracts-2003/didaktik-E-Learning-strategien-softwarewerkzeuge-und-standards/ (entnommen am 12.11.2013).

BAUMGARTNER, PETER; HÄFELE, KORNELIA & HÄFELE, HARTMUT (2002a): E-Learning: Didaktische und Technische Grundlagen. In: CD Austria. Das Multimedia-Magazin für Österreichs Schulen 5 (Sonderdruck), 4–32.

BAUMGARTNER, PETER; HÄFELE, HARTMUT & MAIER-HÄFELE, KORNELIA (2002b): E-Learning Praxishandbuch. Auswahl von Lernplattformen. Innsbruck [u. a.]: Studienverlag.

BAUMGARTNER, PETER & PAYR, SABINE (1994): Lernen mit Software. Innsbruck [u. a.]: Studien-Verlag.

BECK, IRIS & DEGENHARDT, SVEN (2010): Inklusion – Verortung des Begriffs. In: SCHWOHL, JOACHIM & STURM, TANJA (Hrsg.), Inklusion als Herausforderung schulischer Entwicklung (55–82). Bielefeld: transcript.

BERGHAUS, MARGOT (2003): Luhmann leicht gemacht (2., überarbeitete und ergänzte Auflage). Köln: Böhlau Verlag.

BERKEMEYER, NILS; KUPER, HARM; MANITIUS, VERONIKA & MÜTHING, KATHRIN (2009): Schulische Vernetzung. In: BERKEMEYER, NILS; KUPER, HARM; MANITIUS; VERONIKA & MÜTHING; KATHRIN (Hrsg.), Schulische Vernetzung (7–12). Münster: Waxmann.

BIELEFELDT, HEINER (2010): Menschenrecht auf inklusive Bildung: der Anspruch der UN-Behindertenrechtskonvention. In: Vierteljahresschrift für Heilpädagogik und ihre Nachbargebiete (1), 66–69.

BILDUNGSBERICHT (AUTORENGRUPPE BILDUNGSBERICHTERSTATTUNG) (Hrsg.) (2010): Bildung in Deutschland 2010. Ein indikatorengestützter Bericht mit einer Analyse zu Perspektiven des Bildungswesens im demografischen Wandel. Bielefeld: W. Bertelsmann Verlag.

BILDUNGSBERICHT (AUTORENGRUPPE BILDUNGSBERICHTERSTATTUNG) (Hrsg.) (2012): Bildung in Deutschland 2012. Wichtige Ergebnisse im Überblick. Bielefeld: W. Bertelsmann Verlag.

BLÖMEKE, SIGRID (2007): Qualitativ – quantitativ, induktiv – deduktiv, Prozess – Produkt, national – international. In: LÜDERS, MANFRED & WISSINGER, JOCHEN (Hrsg.), Forschung zur Lehrerbildung (13–36). Münster [u. a]: Waxmann.

BLÖMEKE, SIGRID (2011): Lehrerbildung. In: HORN, KLAUS-PETER; KEMNITZ, HEIDEMARIE; MAROTZKI, WINFRIED & SANDFUCHS, UWE (Hrsg.), Klinkhardt Lexikon Erziehungswissenschaft (286–287). Bad Heilbrunn: Klinkhardt.

BMAS (BUNDESMINISTERIUM FÜR ARBEIT UND SOZIALES) (Hrsg.) (2011): „einfach machen" – Unser Weg in eine inklusive Gesellschaft. Der Nationale Aktionsplan der Bundesregierung zur Umsetzung der UN-Behindertenrechtskonvention. URL: http://www.bmas.de/SharedDocs/ Downloads/DE/PDF-Publikationen/a740-nationaler-aktionsplan-barrierefrei. pdf?__blob=publicationFile (entnommen am 20.01.2013).

BOBAN, INES & HINZ, ANDREAS (2003): Index für Inklusion. Lernen und Teilhabe in Schulen der Vielfalt entwickeln. Halle (Saale): Martin-Luther-Universität.

BOBAN, INES & HINZ, ANDREAS (2009): Integration und Inklusion als Leitbegriffe der schulischen Sonderpädagogik. In: OPP, GÜNTHER & THEUNISSEN, GÜNTHER (Hrsg.), Handbuch schulische Sonderpädagogik (29–36). Bad Heilbrunn: Klinkhardt.

BÖHM, ANDREAS (2009): Theoretisches Codieren: Textanalyse in der Grounded Theory. In: FLICK, UWE; KARDORFF, ERNST VON & STEINKE, INES (Hrsg.), Qualitative Forschung. Ein Handbuch (7. Auflage, 475–485). Reinbek (bei Hamburg): Rowohlt Taschenbuch Verlag.

BÖING, URSULA & KORF, GABRIELE (2013): Gelingensbedingungen für die Weiterentwicklung von GU im Förderschwerpunkt Sehen. Die LVR-Louis-Braille Schule in Düren auf dem Weg inklusiver Schulentwicklung. In: blind-sehbehindert: Zeitschrift für das Blinden- und Sehbehindertenbildungswesen 133 (1), 26–43.

BOEKAERTS, MONIQUE (1999): Self-regulated learning: Where we are today. In: International Journal of Educational Research (31), 445–457.

BOWMAN, RICHARD; BOWMAN, RUTH & DUTTON, GORDON (2001): Disorders of vision in children. A guide for teachers and carers. London: Royal National Institute for the Blind.

BREUER, FRANZ (Hrsg.) (2010): Reflexive Grounded Theory. Eine Einführung für die Forschungspraxis (2. Auflage). Wiesbaden: Verlag für Sozialwissenschaften.

BUCHMANN, FLORENCE (2009): Schulentwicklung verstehen. Die soziale Konstruktion des Wandels. Münster: Waxmann.

BÜRG, OLIVER; RÖSCH, SONJA & MANDL, HEINZ (2005): Die Bedeutung von Merkmalen des Individuums und Merkmalen der Lernumgebung für die Akzeptanz von E-Learning in Unternehmen. In: INSTITUT FÜR PÄDAGOGISCHE PSYCHOLOGIE, DEPARTMENT PSYCHOLOGIE (Hrsg.), Forschungsbericht (173). München: Ludwig-Maximilians-Universität München.

CZERWANSKI, ANNETTE (2003) (Hrsg): Schulentwicklung durch Netzwerkarbeit. Erfahrungen aus den Lernnetzwerken im „Netzwerk innovativer Schulen in Deutschland". Gütersloh: Bertelsmann Stiftung.

DBSV (DEUTSCHER BLINDEN- UND SEHBEHINDERTENVERBAND e. V.) (2004): Augenerkrankungen: als Ursache für Sehbehinderung und Blindheit. URL: http://www.bsvt-nordhausen.de/sites/www.bsvt-nordhausen.de/files/file/Verschiedenes/DBSV_Augenerkrankungen.pdf (entnommen am 14.04.2014).

DBSV (DEUTSCHER BLINDEN- UND SEHBEHINDERTENVERBAND e. V.) (2009): Der Weg geht weiter: Ratgeber für ein Leben mit nachlassendem Sehvermögen. URL: http://www.dbsv.org/infothek/broschueren-und-mehr/ (entnommen am 14.04.2014).

DEGENHARDT, SVEN (2008): „Gute Schule" in der Bundesrepublik Deutschland – auch eine „Gute Schule" für blinde und sehbehinderte Schülerinnen und Schüler? Gutachten zur Präsenz von Bildung, Erziehung und Rehabilitation von Kindern mit sonderpädagogischem Förderbedarf im Bereich Sehen in den Qualitäts- und Evaluationshandbüchern der Bundesrepublik Deutschland. Herausgegeben vom VERBAND FÜR BLINDEN- UND SEHBEHINDERTENPÄDAGOGIK (VBS). Würzburg: Selbstverlag.

DEGENHARDT, SVEN (2009): Förderschwerpunkt Sehen: 200 Jahre Blindenbildung – 200 Jahre Diskussion von Standards für die Beschulung blinder und sehbehinderter Kinder und Jugendlicher. In: WEMBER, FRANZ B. & PRÄNDL, STEPHAN (Hrsg.), Standards der sonderpädagogischen Förderung (219–232). München, Basel: Reinhardt.

DEGENHARDT, SVEN (2011): Bildung, Erziehung und Rehabilitation blinder und sehbehinderter Kinder und Jugendlicher in einer inklusiven Schule in den Ländern der Bundesrepublik Deutschland – Standards – Spezifisches Curriculum – Modell-Leistungsbeschreibung – der VBS schlägt ein neues Kapitel auf dem Weg zur inklusiven Schule auf. In: blind-sehbehindert: Zeitschrift für das Blinden- und Sehbehindertenbildungswesen 131 (3), 157–165.

DEGENHARDT, SVEN (2012): Der Weg zur inklusiven Schule – Momentaufnahmen von Brückenschlägen und Grabenkämpfen und von Ansprüchen an die inklusive Beschulung blinder und sehbehinderter Kinder und Jugendlicher. In: blind-sehbehindert: Zeitschrift für Blinden- und Sehbehindertenbildungswesen 132 (3), 154–167.

DEUTSCHER BILDUNGSRAT (1973): Empfehlungen der Bildungskommission: Zur pädagogischen Förderung behinderter und von Behinderung bedrohter Kinder und Jugendlicher. Bonn.

DIJI (DIGITAL INFORMIERT – IM JOB INTEGRIERT) (2013): Veröffentlichungen. URL: http://www.di-ji.de/index.php?option=com_content&view=section&id=3&Itemid=11&lang=de (entnommen am 12.11.2013).

DITTLER, ULRICH (2002): E-Learning: Erfolgsfaktoren und Einsatzkonzepte mit interaktiven Medien. München: Oldenbourg Wissenschaftsverlag.

DRESING, THORSTEN (2006): Qualitative Evaluation in 100 Stunden. Quick and Clean. Philipps-Universität Marburg, Institut für Erziehungswissenschaft, Marburg.

DÜRNBERGER, HANNAH; MEYER, THERESIA & SCHMIDT, ANNA-MARIA (2010): Evaluation des Projektes „i-literacy". In: MAYER, HORST OTTO & KRIZ, WILLY (Hrsg.), Evaluation von eLernprozessen (183–199). München: Oldenbourg Wissenschaftsverlag.

E-BOOK-READER (2013): Studie zeigt: Neue E-Book-Reader verändern das Leseverhalten. URL: http://www.uni-hamburg.de/newsletter/archiv/April-2013-Nr-49/Studie-zeigt-Neue-E-Book-Reader-veraendern-Leseverhalten-.html (entnommen am 12.11.2013).

EA (EUROPÄISCHE AGENTUR FÜR ENTWICKLUNGEN IN DER SONDERPÄDAGOGISCHEN FÖRDERUNG) (2008): Junge Stimmen. Umgang mit Diversität in der Bildung. Paper presented at the Young Voices: Meeting Diversity in Special Needs Education, Lissabon. URL: http://www.european-agency.org/publications/ ereports/young-voices-meeting-diversity-in-education/EPH-DE.pdf (entnommen am 19.11.2013).

EA (EUROPÄISCHE AGENTUR FÜR ENTWICKLUNGEN IN DER SONDERPÄDAGOGISCHEN FÖRDERUNG) (2011): Inklusionsorientierte Lehrerbildung in Europa. Chancen und Herausforderungen. URL: http://www.european-agency.org/publications/ereports/te4i-challenges-and-opportunities/TE4I-Synthesis-Report-EN.pdf (entnommen am 19.01.2013).

EADSNE (EUROPEAN AGENCY FOR DEVELOPMENT IN SPECIAL NEEDS EDUCATION) (2011): Mapping the Implementation of Policy for Inclusive Education. An exploration of challenges and opportunities for developing indicators. Odense, Denmark: European Agency for Development in Special Needs Education.

EADSNE (EUROPEAN AGENCY FOR DEVELOPMENT IN SPECIAL NEEDS EDUCATION) (2012): Teacher Education for Inclusion. Profile of Inclusive Teachers. Odense, Denmark: European Agency for Development in Special Needs Education.

EADSNE (EUROPEAN AGENCY FOR DEVELOPMENT IN SPECIAL NEEDS EDUCATION) (2013): Information and communication technology for inclusion. Developments and oppurtunities for european countries. URL: http://www.european-agency.org/sites/default/files/ICT%20for%20Inclusion-EN.pdf (entnommen am 29.04.2014).

EBERWEIN, HANS (2008): Zur Entstehung und Entwicklung des Sonderschulwesens – Darstellung und Kritik. In: EBERWEIN, HANS & MAND, JOHANNES (Hrsg.), Integration

236

konkret. Begründung, didaktische Konzepte, inklusive Praxis (15–25). Bad Heilbrunn: Klinkhardt.

EBNER, MARTIN; SCHÖN, SANDRA & NAGLER, WALTHER (2011): Einführung. Das Themenfeld „Lernen und Lehren mit Technologien". In: SCHÖN, SANDRA & EBNER, MARTIN (Hrsg.), L3T Lehrbuch für Lernen und Lehren mit Technologien (9–21). Berlin: epubli GmbH.

ELLGER-RÜTTGARDT, SIEGLIND LUISE (2008): Geschichte der Sonderpädagogik. München: Reinhardt.

ELSE (EVALUATION AM LANDESFÖRDERZENTRUM SEHEN, SCHLESWIG) (2012): Arbeitsgrundlage für interne Evaluationsverfahren. URL: http://www.lfs-schleswig.de/files/download/ELSe_Stand%202012–01-10.pdf (entnommen am 27.06.2013).

EMMERICH, MARCUS & MAAG MERKI, KATHARINA (2009): Netzwerke als Koordinationsform Regionaler Bildungslandschaften. Empirische Befunde und governancetheoretische Implikationen. In: BERKEMEYER, NILS; KUPER, HARM; MANITIUS, VERONIKA & MÜTHING, KATHRIN (Hrsg.), Schulische Vernetzung. Eine Übersicht zu aktuellen Netzwerkprojekten (13–30). Münster: Waxmann.

E-TEACHING (2014a): Blended Learning. URL: http://www.e-teaching. org/glossar/blended-learning (entnommen am 14.04.2014).

E-TEACHING (2014b): Hypertext. URL: http://www.e-teaching.org/glossar?azrange=H (entnommen am 23.04.2014).

FEND, HELMUT (2008a): Neue Theorie der Schule. Einführung in das Verstehen von Bildungssystemen (2., durchgesehene Auflage). Wiesbaden: Verlag für Sozialwissenschaften.

FEND, HELMUT (2008b): Schule gestalten. Systemsteuerung, Schulentwicklung und Unterrichtsqualität (1. Auflage). Wiesbaden: Verlag für Sozialwissenschaften.

FLICK, UWE (1996): Qualitative Forschung. Theorie, Methoden, Anwendung in Psychologie und Sozialwissenschaften (2. Auflage). Reinbek (bei Hamburg): Rowohlt Taschenbuch Verlag.

FLICK, UWE (2011): Evaluationsforschung. In: HORN, KLAUS-PETER; KEMNITZ, HEIDEMARIE; MAROTZKI, WINFRIED & SANDFUCHS, UWE (Hrsg.), Klinkhardt Lexikon Erziehungswissenschaft (370–371). Bad Heilbrunn: Klinkhardt.

FLICK, UWE; VON KARDORFF, ERNST & STEINKE, INES (2008): Qualitative Forschung: ein Handbuch (6., durchgesehene und aktualisierte Auflage). Reinbek (bei Hamburg): Rowohlt Taschenbuch Verlag.

FLICK, UWE; VON KARDORFF, ERNST & STEINKE, INES (2009): Was ist qualitative Forschung? Einleitung und Überblick. In: FLICK, UWE; VON KARDORFF, ERNST & STEINKE, INES (Hrsg.), Qualitative Forschung (7. Auflage, 13–29). Reinbek (bei Hamburg): Rowohlt Taschenbuch Verlag.

FLORIAN, ALEXANDER (2008): Blended-Learning in der Lehrerfortbildung. Evaluation eines onlinegestützten, teambasierten und arbeitsbegleitenden Lehrerfortbildungsangebots im deutschsprachigen Raum. Dissertation, Universität Augsburg, Philosophisch-Sozialwissenschaftliche Fakultät, Augsburg.

FLUSS-PROJEKT (2003): Fortbildung von Lehrkräften für gemeinsamen Unterricht mit sehgeschädigten Schülern. URL: http://www.sfs-schleswig.de/fluss/ (entnommen am 04.07.2013).

FORTBILDUNG ONLINE (2013): Fortbildung Online. URL: http://fortbildung-online.lern-netz.de/ (entnommen am 10.07.2013).

Friedrich, Helmut Felix & Mandl, Heinz (2006): Lernstrategien: Zur Strukturierung des Forschungsfeldes. In: Friedrich, Helmut Felix & Mandl, Heinz (Hrsg.), Handbuch Lernstrategien (1–23). Göttingen: Hogrefe.

Gibbs, Graham R. (2002): Qualitative Data Analysis: Explorations with NVivo. Buckingham: Open University Press.

Glowalla, Ulrich; Herder, Meike; Süsse, Cord & Koch, Nina (2011): Methoden und Ergebnisse der Evaluation elektronischer Lernangebote. In: Klimsa, Paul & Issing, Ludwig (Hrsg.), Online-Lernen. Handbuch für Wissenschaft und Praxis (2., verbesserte und ergänzte Auflage, 309–328). München: Oldenbourg Wissenschaftsverlag.

Goethe Universität (Goethe Universität Frankfurt/Main) (2012): OLAT. URL: http://www.olat.uni-frankfurt.de/35787107/OLAT?legacy_request=1. (entnommen am 06.10.2012).

Göhlich, Michael & Zirfas, Jörg (2007): Lernen. Ein pädagogischer Grundbegriff. Stuttgart: Kohlhammer.

Gottmann, Corinna (2009): Das Schulnetzwerk „Reformzeit – Schulentwicklung in Partnerschaft". Eine Zwischenbilanz aus Sicht der externen Evaluation. In: Berkemeyer, Nils; Kuper, Harm; Manitius, Veronika & Müthing, Kathrin (Hrsg.), Schulische Vernetzung. Eine Übersicht zu aktuellen Netzwerkprojekten (31–48). Münster: Waxmann.

Grasmück, Edith; Büttner, Gerhard & Vollmeyer, Regina (2010): Selbstreguliertes Lernen und E-Learning in der Lehrerfortbildung. Entwicklung und Evaluation einer Fortbildungsmaßnahme. In: Müller, Florian H.; Eichenberger, Astrid; Lüders, Manfred & Mayr, Johannes (Hrsg.), Lehrerinnen und Lehrer lernen. Konzepte und Befunde zur Lehrerfortbildung (261–277). Münster: Waxmann.

Greving, Heinrich (2011): Heilpädagogische Professionalität. Eine Orientierung. Stuttgart: Kohlhammer.

Gruber, Hildegard & Hammer, Andrea (2002): Ich sehe anders. Medizinische, psychologische und pädagogische Grundlagen der Blindheit und Sehbehinderung bei Kindern (2., erweiterte Auflage). Würzburg: edition bentheim.

Grüning, Eberhard (2012): Inklusive Bildung – ein Menschenrecht (?). Gefahren und Chancen aktueller Entwicklungen für Kinder und Jugendliche mit geistigen Behinderungen. In: Zeitschrift für Heilpädagogik (5), 192–196.

Gschwend, Raphael (2012): Förderplanung mit der „Interdisziplinären Schülerdokumentation" ISD. In: Lanfranchi, Andrea & Steppacher, Josef (Hrsg.), Schulische Integration gelingt. Gute Praxis wahrnehmen, Neues entwickeln (271–277). Bad Heilbrunn: Klinkhardt.

Hagelstein, Rainer (1999): Ratgeber für die gemeinsame Beschulung von sehenden und nicht sehenden Schülerinnen und Schülern (Unveröffentlichte Seminarpapiere). Universität Hamburg, Fakultät für Erziehungswissenschaft, Hamburg.

Hagelstein, Rainer (2005): Ratgeber für die gemeinsame Beschulung von sehenden und nicht sehenden Schülerinnen und Schülern (Unveröffentlichte Seminarpapiere). Universität Hamburg, Fakultät für Erziehungswissenschaft, Hamburg.

Hamburger Landesaktionsplan (2012): Hamburger Landesaktionsplan zur Umsetzung der UN-Konvention über die Rechte von Menschen mit Behinderungen. URL: http://www.hamburg.de/inklusion/3731892/landes-aktionsplan.html (entnommen am 21.01.2013).

HEIMANN, PAUL (1976): Didaktische Grundbegriffe. In: REICH, KERSTEN & THOMAS, HELGA (Hrsg.), Didaktik als Unterrichtswissenschaft (103–141). Stuttgart: Klett.

HEIMANN, PAUL; OTTO, GUNTHER; SCHULZ, WOLFGANG (1965): Unterricht – Analyse und Planung. Hannover: Schroedel.

HELSPER, WERNER (1996): Antinomien des Lehrerhandelns in modernisierten pädagogischen Kulturen. Paradoxe Verwendungsweisen von Autonomie und Selbstverantwortlichkeit. In: COMBE, ARNO & HELSPER, WERNER (Hrsg.), Pädagogische Professionalität. Untersuchungen zum Typus pädagogischen Handelns (521–569). Frankfurt/Main: Suhrkamp.

HENNINGER, MICHAEL (2001): Evaluation von multimedialen Lernumgebungen und Konzepten des E-Learning. In: INSTITUT FÜR PÄDAGOGISCHE PSYCHOLOGIE, DEPARTMENT PSYCHOLOGIE (Hrsg.), Forschungsbericht (140). München: Ludwig-Maximilians-Universität München.

HENSE, JAN & MANDL, HEINZ (2003): Selbstevaluation – Ein Ansatz zur Qualitätsverbesserung pädagogischer Praxis und seine Umsetzung am Beispiel des Modellversuchsprogramms SEMIK. In: INSTITUT FÜR PÄDAGOGISCHE PSYCHOLOGIE, DEPARTMENT PSYCHOLOGIE. Forschungsbericht (162). München: Ludwig-Maximilians-Universität München.

HIRSCHBERG, MARIANNE (2010): Die gesetzlichen Grundlagen inklusiver Bildung. In: WERNSTEDT, ROLF & JOHN-OHNESORG, MAREI (Hrsg.), Inklusive Bildung. Die UN-Konvention und ihre Folgen. Schriftenreihe des Netzwerk Bildung (1. Auflage, 21–26). Berlin: Friedrich-Ebert-Stiftung.

HOLLAUS, MARTIN (2007): Der Einsatz von Online-Befragungen in der empirischen Sozialforschung. Aachen: Shaker.

HÖLSCHER, UTE (1999): Guck mal wie man sieht. Eine Handreichung für Eltern, Lehrerinnen und Lehrer. URL: http://www.schule-bw.de/schularten/sonderschulen/kooperation/mediengesamt/Broschuere_Sehgeschaedigte/bGuckmal.pdf (entnommen am 12.11.2013).

HOPF, CHRISTEL (2009): Qualitative Interviews – ein Überblick. In: FLICK, UWE; VON KARDORFF, ERNST & STEINKE, INES (Hrsg.), Qualitative Forschung. Ein Handbuch (7. Auflage, 349–360). Reinbek (bei Hamburg): Rowohlt Taschenbuch Verlag.

HORNBOSTEL, MARTEN H. (2007): E-Learning und Didaktik. Boizenburg: Verlag Werner Hülsbusch.

HORSTER, DETLEF; HOYNINGEN-SÜESS, URSULA & LIESEN, CHRISTIAN (2005): Einleitung. In: HORSTER, DETLEF; HOYNINGEN-SÜESS, URSULA & LIESEN, CHRISTIAN (Hrsg.), Sonderpädagogische Professionalität. Beiträge zur Entwicklung der Sonderpädagogik als Disziplin und Profession (1. Auflage, 7–23). Wiesbaden: Verlag für Sozialwissenschaften.

HUDELMAYER, DIETER (1975): Die Erziehung Blinder. In: DEUTSCHER BILDUNGSRAT (Hrsg.), Gutachten und Studien der Bilungskommission. Sonderpädagogik 5 (17–137). Stuttgart.

IGEL, CHRISTOPH (2011): PD Dr. Christoph Igel: Vortrag Campus Innovation 2011. URL: http://www.youtube.com/watch?v=U-qVt8GhfOE (entnommen am 29.04.2014).

ILTEC (INTERNATIONAL LEARNING TECHNOLOGY CENTER) (2013): Der Einsatz von eLearning in Unternehmen. Ein Leitfaden. URL: http://www.infofarm.de /datenbank/medien/314/eLearning_leitfaden.pdf (entnommen am 12.11.2013).

INKLUSIONSPÄDAGOGIK (2013): Der Index für Inklusion. URL: http://www.inklusions-paedagogik.de/content/blogcategory/19/58/ (entnommen am 12.11.2013).

ISD (INTERDISZIPLINÄRE SCHÜLERDOKUMENTATION) (2013): ISD Supportseite. URL: http://www.pulsmesser.ch/?page_id=72 (entnommen am 12.11.2013).

IWK (INSTITUT FÜR WACHSTUM UND KONJUNKTUR, UNIVERSITÄT HAMBURG) (2012): Einführung in OLAT (für Rechnergestützte Modellierung WS 2012/2013). URL: http://www.youtube.com/watch?v=QbNSt-iTZuA (entnommen am 31.03.2013).

IZHD (INTERDISZIPLINÄRES ZENTRUM FÜR HOCHSCHULDIDAKTIK) (2012): Evaluation und Feedback. URL: http://www.zhw.uni-hamburg.de/edidakt/modul/nonflash/index.php?id=124 (entnommen am 10.10.2012).

JANK, WERNER & MEYER, HILBERT (1994): Didaktische Modelle. Berlin: Cornelsen.

JENSEN, OLAF (2008): Induktive Kategorienbildung als Basis Qualitativer Inhaltsanalyse. In: MAYRING, PHILIPP & GLÄSER-ZIKUDA, MICHAEL (Hrsg.), Die Praxis der qualitativen Inhaltsanalyse (2., neu ausgestattete Auflage, 255–275). Weinheim [u. a.]: Beltz.

KALINA, ULRICH (2005): Computer als Hilfsmittel für Blinde und Sehbehinderte. Eine Einführung. URL: http://sonderpaedagogik.bildung.hessen.de/schule/blind_sehbehindert/computer/himi.html (entnommen am 14.03.2012).

KELLE, UDO (2009): Computergestützte Analyse qualitativer Daten. In: FLICK, UWE; VON KARDORFF, ERNST & STEINKE, INES (Hrsg.), Qualitative Forschung. Ein Handbuch (7. Auflage, 485–502). Reinbek (bei Hamburg): Rowohlt Taschenbuch Verlag.

KELLE, UDO & ERZBERGER, CHRISTIAN (2009): Qualitative und quantitative Methoden: kein Gegensatz. In: FLICK, UWE; VON KARDORFF, ERNST & STEINKE, INES (Hrsg.), Qualitative Forschung. Ein Handbuch (7. Auflage, 299–309). Reinbek (bei Hamburg): Rowohlt Taschenbuch Verlag.

KERRES, MICHAEL (1999): Didaktische Konzeption multimedialer und telemedialer Lernumgebungen. In: HMD – Praxis Wirtschaftsinformatik (205), 9–21.

KERRES, MICHAEL (2001): Multimediale und telemediale Lernumgebungen. Konzeption und Entwicklung (2., vollst. überarbeitete Auflage). München: Oldenbourg Wissenschaftsverlag.

KERRES, MICHAEL (2012): Mediendidaktik. Konzeption und Entwicklung mediengestützter Lernangebote (3., vollst. überarbeitete Auflage). München: Oldenbourg Wissenschaftsverlag.

KERRES, MICHAEL; OJSTERSEK, NADINE & STRATMANN, JÖRG (2011): Didaktische Konzeption von Online-Lernangeboten in der Praxis. In: KLIMSA, PAUL & ISSING, LUDWIG (Hrsg.), Online-Lernen. Handbuch für Wissenschaft und Praxis (2., verbesserte und ergänzte Auflage, 263–271). München: Oldenbourg Wissenschaftsverlag.

KEUFFER, JOSEF (2011): Lehrerfortbildung. In: HORN, KLAUS-PETER; KEMNITZ, HEIDEMARIE; MAROTZKI, WINFRIED & SANDFUCHS, UWE (Hrsg.), Klinkhardt Lexikon Erziehungswissenschaft (287). Bad Heilbrunn: Klinkhardt.

KIRCHHOFF, SABINE; KUHNT, SONJA; LIPP, PETER & SCHLAWIN, SIEGFRIED (2010): Der Fragebogen. Datenbasis, Konstruktion und Auswertung (5. Auflage). Wiesbaden: Verlag für Sozialwissenschaften.

KLAFKI, WOLFGANG (2007): Didaktik. In: TENORTH, HEINZ-ELMAR & TIPPELT, RUDOLF (Hrsg.), Lexion Pädagogik (158–161). Weinheim, Basel: Beltz.

KLEMM, KLAUS (2010). Gemeinsam lernen. Inklusion leben. In: BERTELSMANN STIFTUNG (Hrsg.), Status Quo und Herausforderungen inklusiver Bildung in Deutschland. URL:

http://www.bertelsmann-stiftung.de/bst/de/media/xcms_bst_dms_32811_32812_2.pdf (entnommen am 19.01.2013).

KLIMSA, PAUL & ISSING, LUDWIG J. (2011): Online-Lernen. Handbuch für Wissenschaft und Praxis (2. Auflage). München: Oldenbourg.

KMK (KULTUSMINISTERKONFERENZ) (Hrsg.) (2000a): Selbstgesteuertes Lernen in der Weiterbildung. Beschluss der KMK vom 14.04.2000. URL: http://www.kmk.org/fileadmin/veroeffentlichungen_beschluesse/2000/2000_04_14_Selbstgesteuertes_Lernen.pdf (entnommen am 03.06.2012).

KMK (KULTUSMINISTERKONFERENZ) (Hrsg.) (2000b): Gemeinsame Erklärung des Präsidenten der Kultusministerkonferenz und der Vorsitzenden der Bildungs- und Lehrergewerkschaften sowie ihrer Spitzenorganisationen; Deutscher Gewerkschaftsbund DGB und DBB – Beamtenbund und Tarifunion (Beschluss vom 05.10.2000). URL: http://www.kmk.org/fileadmin/veroeffentlichungen_beschluesse/2000/2000_10_05-Bremer-Erkl-Lehrerbildung.pdf (entnommen am 12.11.2013).

KMK (KULTUSMINISTERKONFERENZ) (Hrsg.) (2001): Vierte Empfehlung der Kultusministerkonferenz zur Weiterbildung (Beschluss vom 01.02.2011). URL: http://www.kmk.org/fileadmin/veroeffentlichungen_beschluesse/2001/2001_02_01–4-Empfehlung-Weiterbildung.pdf (entnommen am 21.01.2013).

KMK (KULTUSMINISTERKONFERENZ) (Hrsg.) (2004): Standards für die Lehrerbildung. Bildungswissenschaften (Beschluss vom 16.12.2004). URL: http://www.kmk.org/fileadmin/veroeffentlichungen_beschluesse/2004/2004_12_16-Standards-Lehrerbildung.pdf (entnommen am 09.07.2013).

KMK (KULTUSMINISTERKONFERENZ) (Hrsg.) (2012a): Sonderpädagogische Förderung in Förderschulen (Sonderschulen) 2011/12. URL: http://www.kmk.org/fileadmin/pdf/Statistik/Aus_Sopae_2011.pdf (entnommen am 03.07.2013).

KMK (KULTUSMINISTERKONFERENZ) (Hrsg.) (2012b): Sonderpädagogische Förderung in allgemeinen Schulen (ohne Förderschulen) 2011/12. URL: http://www.kmk.org/fileadmin/pdf/Statistik/Aus_SoPae_Int_2011.pdf (entnommen am 03.07.2013).

KMK (KULTUSMINISTERKONFERENZ) (Hrsg.) (2012c): Sonderpädagogische Förderung in Schulen 2001 bis 2010. URL: http://www.kmk.org/fileadmin/pdf/Statistik/KomStat/Dokumentation_SoPaeFoe_2010.pdf (entnommen am 20.01.2013).

KMK (KULTUSMINISTERKONFERENZ) (Hrsg.) (2013a): Rahmenvereinbarung über die Ausbildung und Prüfung für ein Lehramt der Grundschule bzw. Primarstufe (Lehramtstyp 1). Beschluss der Kultusministerkonferenz vom 28.02.1997 i. d. F. vom 07.03.2013. URL: http://www.kmk.org/fileadmin/veroeffentlichungen_beschluesse/1997/1997_02_28-RV_Lehramtstyp-1_.pdf (entnommen am 03.07.2013).

KMK (KULTUSMINISTERKONFERENZ) (Hrsg.) (2013b): Rahmenvereinbarung über die Ausbildung und Prüfung für übergreifende Lehrämter und aller oder einzelner Schularten der Sekundarstufe I (Lehramtstyp 2). Beschluss der Kultusministerkonferenz vom 28.02.1997 i. d. F. vom 07.03.2013. URL: http://www.kmk.org/fileadmin/veroeffentlichungen_beschluesse/1997/1997_02_28-RV_Lehramtstyp-2_.pdf (entnommen am 03.07.2013).

KMK (KULTUSMINISTERKONFERENZ) (Hrsg.) (2013c): Rahmenvereinbarung über die Ausbildung und Prüfung für ein Lehramt der Sekundarstufe I (Lehramtstyp 3). Beschluss der Kultusministerkonferenz vom 28.02.1997 i. d. F. vom 07.03.2013. URL: http://www.kmk.org/fileadmin/veroeffentlichungen_beschluesse/1997/1997_02_28-RV_Lehramtstyp-3.pdf (entnommen am 03.07.2013).

KMK (Kultusministerkonferenz) (Hrsg.) (2013d): Rahmenvereinbarung über die Ausbildung und Prüfung für ein Lehramt der Sekundarstufe II (allgemein bildende Fächer) oder für das Gymnasium (Lehramtstyp 4). Beschluss der Kultusministerkonferenz vom 28.02.1997 i. d. F. vom 07.03.2013. URL: http://www.kmk.org/fileadmin/veroeffentlichungen_beschluesse/1997/1997_02_28-RV_Lehramtstyp-4_.pdf (entnommen am 03.07.2013).

KMK (Kultusministerkonferenz) (Hrsg.) (2013e): Rahmenvereinbarung über die Ausbildung und Prüfung für ein Lehramt der Sekundarstufe II (berufliche Fächer) oder für die beruflichen Schulen (Lehramtstyp 5). Beschluss der Kultusministerkonferenz vom 28.02.1997 i. d. F. vom 07.03.2013. URL: http://www.kmk.org/fileadmin/veroeffentlichungen_beschluesse/1995/1995_05_12-RV_Lehramtstyp-5_.pdf (entnommen am 03.07.2013).

KMK (Kultusministerkonferenz) (Hrsg.) (2013f.): Rahmenvereinbarung über die Ausbildung und Prüfung für ein sonderpädagogisches Lehramt (Lehramtstyp 6). Beschluss der Kultusministerkonferenz vom 28.02.1997 i. d. F. vom 07.03.2013. URL: http://www.kmk.org/fileadmin/veroeffentlichungen_beschluesse/1994/1994_05_06-RV_Lehramtstyp-6_.pdf (entnommen am 03.07.2013).

Köhler-Krauss, Renate; Schor, Bruno; Thienwiebel, Christl (2003): Öffnung der Schulen für Sehgeschädigte für Schüler ohne sonderpädagogischen Förderbedarf. Abschlussbericht zum Schulversuch. München.

Kopp, Birgitta; Dvorak, Susanne & Mandl, Heinz (2003): Evaluation des Einsatzes von Neuen Medien im Projekt „Geoinformation – Neue Medien für die Einführung eines neuen Querschnittfachs". In: Institut für Pädagogische Psychologie, Department Psychologie (Hrsg.), Forschungsbericht (33). München: Ludwig-Maximilians-Universität München.

Kreidl, Christian & Dittler, Ulrich (2010): Einflussfaktoren auf die Nutzung und Akzeptanz von eLearning-Angeboten. In: Mayer, Horst Otto & Kriz, Willy (Hrsg.), Evaluation von eLernprozessen (221–236). München: Oldenbourg Wissenschaftsverlag.

Krieger, Claus (2005): Wir/Ich und die anderen: Gruppen im Sportunterricht. Aachen [u. a.]: Meyer & Meyer.

Kron, Friedrich W. (2009): Grundwissen Pädagogik: mit 12 Tabellen (7., vollst. überarbeitete und erweiterte Auflage). München: Reinhardt.

Kuckartz, Udo (2007): Einführung in die computergestützte Analyse qualitativer Daten (2., aktualisierte und erweiterte Auflage). Wiesbaden: Verlag für Sozialwissenschaften.

Kuckartz, Udo; Ebert, Thomas; Rädiker, Stefan & Stefer, Claus (2009): Evaluation online: internetgestützte Befragung in der Praxis (1. Auflage). Wiesbaden: Verlag für Sozialwissenschaften/GWV Fachverlage.

Küsters, Yvonne (2009): Narrative Interviews: Grundlagen und Anwendungen (2. Auflage). Wiesbaden: Verlag für Sozialwissenschaften.

Laemers, Frank & Iggesen, Astrid (2004): Didaktische und methodische Hinweise für den Unterricht bei Sehbehinderung und Blindheit. URL: http://www.isar-projekt.de/portal/1/uploads/didaktikpool_54_1.pdf (entnommen am 14.04.2014).

Lamnek, Siegfried (2010): Qualitative Sozialforschung: Lehrbuch (5., überarbeitete Auflage). Weinheim [u. a.]: Beltz.

Learntec (2013): Von der Tafel zum Laptop. Die Karlsruher Learntec zeigt Unterricht der Zukunft. URL: http://www.ka-news.de/wirtschaft/karlsruhe/Von-der-Tafel-zum-

Tablet-Die-Karlsruher-Learntec-zeigt-Unterricht-der-Zukunft;art127,1063587 (entnommen am 20.04.2014).

LEDL, ANDREAS (2011): Lernen. In: HORN, KLAUS-PETER; KEMNITZ, HEIDEMARIE; MAROTZKI, WINFRIED & SANDFUCHS, UWE (Hrsg.), Klinkhardt Lexikon Erziehungswissenschaft (301). Bad Heilbrunn: Klinkhardt.

LEOPOLD, HELMUT (2004): Rücklauf bei Online Befragungen im Online Access Panel. Hamburg: Kovač.

LFS SCHULPROGRAMM (2012): Schulprogramm 2010. URL: http://www.lfs-schleswig.de/files/download/Schulprogramm.pdf (entnommen am 27.06.2013).

LIEBRECHT, ANDREA & THEISS-KLEE, HEIDI (1999). Sehen – Sehbehinderung – Blindheit. Informationen und Unterrichtshilfen für allgemeine Schulen. Obertshausen: Imprenta.

LINDMEIER, CHRISTIAN (2009): Sonderpädagogische Lehrerbildung für ein inklusives Schulsystem? In: Zeitschrift für Heilpädagogik (10), 416–426.

LUDER, RETO & GSCHWEND, RAPHAEL (2012): ICT und Förderplanung. In: Vierteljahreszeitschrift für Heilpädagogik und ihre Nachbargebiete (1), 64–67.

MASGFF (MINISTERIUM FÜR ARBEIT, SOZIALES, GESUNDHEIT, FAMILIE UND FRAUEN RHEINLAND-PFALZ) (Hrsg.) (2010): Aktionsplan der Landesregierung. Umsetzung der UN-Konvention über die Rechte von Menschen mit Behinderungen. URL: http://www.un-konvention.rlp.de/die-un-konvention/ aktionsplan-der-landesregierung/ (entnommen am 20.01.2013).

MATURANA, HUMBERTO & VARELA, FRANCISO J. (1984): Der Baum der Erkenntnis. Bern: ScherzVerlag.

MAXQDA (2012): Videos. URL: http://www.maxqda.de/videos/getting-started (entnommen am 05.10.2012).

MAYER, HORST OTTO (2010): Evaluation von eLearning-Produkten/Prozessen. In: MAYER, HORST OTTO & KRIZ, WILLY (Hrsg.), Evaluation von eLernprozessen (15–24). München: Oldenbourg Wissenschaftsverlag.

MAYER, RICHARD E. (2001): Multimedia Learning. New York: Cambridge University Press.

MAYER, RICHARD E. (2005a): Introduction to Multimedia Learning. In: MAYER, RICHARD E. (Hrsg.), The Cambridge Handbook of Multimedia Learning (1–16). Cambridge [u. a.]: Cambridge University Press.

MAYER, RICHARD E. (2005b): The Cambridge Handbook of Multimedia Learning (2. Auflage). Cambridge [u. a.]: Cambridge University Press.

MAYRING, PHILIPP (2009): Qualitative Inhaltsanalyse. In: FLICK, UWE; VON KARDORFF, ERNST & STEINKE, INES (Hrsg.), Qualitative Forschung. Ein Handbuch (7. Auflage, 468–475). Reinbek (bei Hamburg): Rowohlt Taschenbuch Verlag.

MAYRING, PHILIPP (2010): Qualitative Inhaltsanalyse. Grundlagen und Techniken (11., aktualisierte und überarbeitete Auflage). Weinheim und Basel: Beltz.

MCLINDEN, MIKE; MCCALL, STEVE; HINTON, DANIELLE; WESTON, ANNETTE & DOUGLAS, GRAEME (2006a): Developing online problem-based resources for the professional development of teachers of children with visual impairment. In: Open Learning: The Journal of Open and Distance Learning (21), 237–251.

MCLINDEN, MIKE; MCCALL, STEVE; HINTON, DANIELLE & WESTON, ANNETTE (2006b): Participation in Online Problem-based Learning: Insights from postgraduate teachers studying through open and distance education. In: Distance Education (27), 331–353.

MCLINDEN, MIKE; MCCALL, STEVE; HINTON, DANIELLE & WESTON, ANNETTE (2007): Embedding online problem-based learning case scenarios in a distance education programme for specialist teachers of children with visual impairment. In: European Journal of Special Needs Education (22), 275–293.

McLinden, Mike; McCall, Steve; Hinton, Danielle & Weston, Annette (2010): Developing Authentic Online Problem-based Learning Case Scenarios for Teachers of Students with Visual Impairments in the United Kingdom. In: Journal of Visual Impairment & Blindness (104), 30–42.

Meier, Rolf (2006): Praxis E-Learning. Grundlagen, Didaktik, Rahmenanalyse, Medienauswahl, Qualifizierungskonzept, Betreuungskonzept, Einführungsstrategie, Erfolgssicherung. Offenbach: GABAL Verlag GmbH.

Meister, Dorothee M.; Tergan, Sigmar-Olaf & Zentel, Peter (2004): Evaluation von E-Learning – Eine Einführung. In: Meister, Dorothee M.; Tergan, Sigmar-Olaf & Zentel, Peter (Hrsg.), Evaluation von E-Learning (Gesellschaft für Medien in der Wissenschaft e. V.). Münster: Waxmann.

Mersi, Franz (1975): Die Erziehung Blinder. In: Deutscher Bildungsrat (Hrsg.), Gutachten und Studien der Bilungskommission. Sonderpädagogik 5 (139–223). Stuttgart.

MICHeL (Multimedia Internet Community Hamburger eLearning) (2012): OLAT Intro. URL: http://webapp5.rrz.uni-hamburg.de/MICHeL/olat.php (entnommen am 22.01.2013).

Miller, Olga (1996): Supporting children with visual impairment in mainstream schools (1. Auflage). London [u. a.]: Watts.

Miosga, Tobias (2012): Lernertracking im eLearning – Möglichkeiten und Grenzen aus didaktischer und datenschutzrechtlicher Sicht. URL: http://dil.inf.tu-dresden.de/fileadmin/dil-web/forschung/e_learning/studentische_arbeiten/diplom_miosga_web.pdf (entnommen am 28.12.2012).

Moser, Vera; Schäfer, Lea & Jakob, Silke (2010): Sonderpädagogische Kompetenzen, ‚beliefs‘ und Anforderungssituationen in integrativen Settings. In: Stein, Anne-Dore; Krach, Stefanie & Niedik, Imke (Hrsg.), Integration und Inklusion auf dem Weg ins Gemeinwesen. Möglichkeitsräume und Perspektiven (235–244). Bad Heilbrunn: Klinkhardt.

Niegemann, Helmut M. (2008): Kompendium multimediales Lernen. Berlin; Heidelberg: Springer.

Nielsen, Jakob (1993): Usability engineering. Chestnut Hill: Academic Press.

Odilieninstitut & Bundessozialamt Landesstelle Steiermark (Hrsg.) (2009): schAUGENuss von A bis Z. Graz: Odilieninstitut.

Oevermann, Ulrich (1996): Theoretische Skizze einer revidierten Theorie professionalisierten Handelns. In: Combe, Arno & Helsper, Werner (Hrsg.), Pädagogische Professionalität. Untersuchungen zum Typus pädagogischen Handelns (70–182). Frankfurt/Main: Suhrkamp.

OLAT-Hilfe (2014): Erläuterungen zur Statistik. URL: https://www.olat.uni-hamburg.de/olat/auth/RepositoryEntry/743505929 (entnommen am 24.04.2014).

Ostseezeitung (2013): Kooperation in der Sonderpädagogik. URL: http://www.ostseezeitung.de/Vorpommern/Greifswald/Kooperation-fuer-die-Sonderpaedagogik (entnommen am 19.12.2013).

Paivio, Allen (1983): The empirical case for dual coding. In: Yuille, John C. (Hrsg.), Imagery, memory and cognition (307–332). Hillsdale: Erlbaum.

Pawlow, Iwan Petrowitsch (1928): Lectures on conditioned reflexes: Twenty-five years of objective study of higher nervous activity (behavior of animals). New York: International Publishers.

Peetz, Angela (2011): E-Learning an der Universität Hamburg. In: Dittler, Ulrich (Hrsg.), E-Learning. Einsatzkonzepte und Erfolgsfaktoren des Lernens mit interaktiven Medien (3., komplett überarbeitete und erweiterte Auflage, 49–64). München: Oldenbourg Verlag.

PELe (Portal für eLehre) (2006): Didaktische Modelle. URL: http://www.e-teaching.org/didaktik/theorie/didaktik_allg/DidaktischeModelle.pdf (entnommen am 22.01.2012).

Pfeffer-Hoffmann, Christian (2007): E-Learning für Benachteiligte. Eine ökonomische und mediendidaktische Analyse. Berlin: Mensch und Buch Verlag.

Porst, Ralf (2009): Fragebogen. Ein Arbeitsbuch (2. Auflage). Wiesbaden: Verlag für Sozialwissenschaften.

Poscher, Ralf; Rux, Johannes & Langer, Thomas (2008): Von der Integration zur Inklusion. Das Recht auf Bildung aus der Behindertenrechtskonvention der Vereinten Nationen und seine innerstaatliche Umsetzung (1. Auflage 2008). Baden-Baden: Nomos Verlagsgesellschaft.

Preuss-Lausitz, Ulf (2011): Gutachten zum Stand und zu den Perspektiven sonderpädagogischer Förderung in Sachsen. URL: http://civ-mitteldeutschland.de/cms/upload/Aktuelles_und_Termine/Inklusionsgutachten_Sachsen_Endfassung.pdf (entnommen am 19.12.2013).

Przyborski, Aglaja & Wohlrab-Sahr, Monika (2010): Qualitative Sozialforschung: ein Arbeitsbuch (3., korrigierte Auflage). München: Oldenbourg.

QuestBack (Hrsg.) (2013): Enterprise Feedback Suite. EFS Survey. URL: http://www.uni-park.info/files/efssurvey100manual_ger_2013–09-30.pdf (ent-nommen am 12.11.2013).

Raab-Steiner, Elisabeth & Benesch, Michael T. (2010): Der Fragebogen. Von der Forschungsidee zur SPSS-Auswertung (1. Auflage). Stuttgart: UTB GmbH.

Rath, Waldtraut (2008): Sehgeschädigtenpädagogik. In: Bleidick, Ulrich & Ellger-Rüttgardt, Sieglind Luise (Hrsg.), Behindertenpädagogik – eine Bilanz. Bildungspolitik und Theorieentwicklung von 1950 bis zur Gegenwart (156–168). Stuttgart: Kohlhammer.

Rath, Waldtraut & Pluhar, Christine (2010): Inklusive Schule braucht Unterstützung(ssyteme). In: Schwohl, Joachim & Sturm, Tanja (Hrsg.), Inklusion als Herausforderung schulischer Entwicklung (293–311). Bielefeld: transcript.

Reich, Kersten (Hrsg.) (2012): Inklusion und Bildungsgerechtigkeit: Standards und Regeln zur Umsetzung einer inklusiven Schule. Weinheim und Basel: Beltz.

Reinmann-Rothmeier, Gabi (2003): Didaktische Innovation durch Blended Learning. Leitlinien anhand eines Beispiels aus der Hochschule. Bern: Huber Verlag.

Reinmann, Gabi (2005): Blended Learning in der Lehrerbildung. Grundlagen für die Konzeption innovativer Lernumgebungen. Lengerich: Papst Science.

Reinmann, Gabi (2011a): Studientext Didaktisches Design. URL: http://lernen-unibw.de/studientexte (entnommen am 20.01.2013).

Reinmann, Gabi (2011b): Studientext Evaluation. URL: http://lernen-unibw.de/studientexte (entnommen am 20.01.2013).

Reinmann, Gabi (2012): Studientext Evaluation. URL: http://gabi-reinmann.de/wp-content/uploads/2013/05/Studientext_2012_Evaluation.pdf (entnommen am 23.04.2014).

Reiser, Helmut (1996): Arbeitsplatzbeschreibungen – Veränderungen der sonderpädagogischen Berufsrolle. In: Zeitschrift für Heilpädagogik (5), 178–186.

Reiser, Helmut (1998): Sonderpädagogik als Service-Leistung? In: Zeitschrift für Heilpädagogik (2), 46–54.

Reiser, Helmut (2007): Konsekutive Studiengänge der Sonderpädagogik in ihren Auswirkungen auf die Profession – Die niedersächsische Lösung. In: Mutzeck, Wolfgang & Popp, Kerstin (Hrsg.), Professionalisierung von Sonderpädagogen: Standards, Kompetenzen und Methoden (87–101). Weinheim: Beltz.

Rey, Günter Daniel (2009): E-Learning: Theorien, Gestaltungsempfehlungen und Forschung (1. Auflage). Bern: Huber.

Rippien, Horst (2012): Bildungsdienstleistung eLearning. Didaktisches Handeln von Organisationen in der Weiterbildung. Wiesbaden: Verlag für Sozialwissenschaften.

Rother, Karoline (2010): Erwartungen von Regelschullehrerinnen und -lehrern an eine eLearning-Plattform zur Blinden- und Sehbehindertenpädagogik (Unveröffentlichte Examensarbeit). Universität Hamburg, Fakultät für Erziehungswissenschaft, Hamburg.

Rowntree, Derek (1992): Exploring open and distance learning. London: Kogan Page.

Russotti, Joanne & Shaw, Rona (2004): When you have a visually impaired student in your classroom. A guide for paraeducators. New York: AFB Press.

Sander, Alfred (2003): Von Integrationspädagogik zu Inklusionspädagogik. In: Sonderpädagogische Förderung heute (48), 313–329.

Sander, Alfred (2004): Konzepte einer inklusiven Pädagogik. In: Zeitschrift für Heilpädagogik (5), 240–244.

Sander, Alfred (2008a): Inklusion macht Schule. Ein langer Weg zu einem humanen Bildungswesen. In: Sonderpädagogische Förderung heute (53), 342–353.

Sander, Alfred (2008b): Etappen auf dem Weg zu integrativer Erziehung und Bildung. In: Eberwein, Hans & Mand, Johannes (Hrsg.): Integration konkret. Begründung, didaktische Konzepte, inklusive Praxis (27–39). Bad Heilbrunn: Klinkhardt.

Schaumberg, Heike (2004): Die fünf Ws der Evaluation von E-Learning. In: Löhrmann, Iris (Hrsg.), Alice im www.underland. E-Learning an deutschen Hochschulen. Vision und Wirklichkeit (75–83). Bielefeld: Bertelsmann.

Schiefele, Ulrich & Pekrun, Reinhard (1996): Psychologische Modelle des fremdgesteuerten und selbstgesteuerten Lernens. In: Weinert, Franz E. (Hrsg.), Enzyklopädie der Psychologie (Bd. 2, Psychologie des Lernens und der Instruktion, 249–278). Göttingen: Hogrefe.

Schnotz, Wolfgang & Horz, Holger (2011): Online-Lernen mit Texten und Bildern. In: Klimsa, Paul & Issing, Ludwig (Hrsg.), Online-Lernen. Handbuch für Wissenschaft und Praxis (2., verbesserte und ergänzte Auflage, 87–103). München: Oldenbourg Verlag.

Schulmeister, Rolf (2003): Lernplattformen für das virtuelle Lernen: Evaluation und Didaktik. München: Oldenbourg.

Schulmeister, Rolf (2006): eLearning: Einsichten und Aussichten. München: Oldenbourg Wissenschaftsverlag.

Schulmeister, Rolf; Mayrberger, Kerstin; Breiter, Andreas; Fischer, Arne; Hofmann, Jörg & Vogel, Martin (2008): Didaktik und IT-Service-Management für Hochschulen. Referenzrahmen zur Qualitätssicherung und -entwicklung von eLearning-Angeboten. URL: http://www.mmkh.de/fileadmin/dokumente/Publikationen/

Referenzrahmen_Qualitaetssicherung_elearning_April09.pdf (entnommen am 14.04.2014).

SCHULZ, WOLFGANG (1980): Ein Hamburger Modell der Unterrichtsplanung – Seine Funktionen in der Alltagspraxis. In: ADL-AMINI, BIJAN & KÜNZLI, RUDOLF (Hrsg.), Didaktische Modelle und Unterrichtsplanung (49–87). München: Juventa-Verlag.

SCHULZ, WOLFGANG (2006): Die lehrtheoretische Didaktik. In: GUDJONS, HERBERT & WINKEL, RAINER (Hrsg.), Didaktische Theorien (12. Auflage, 35–56). Hamburg: Bergmann + Helbig.

SCHULZE, HANS-EUGEN (1999): Nicht verzagen, sondern wagen – Praktische Hilfen für Altersblinde und ihre Angehörigen. Köln: Kuratorium Deutsche Altershilfe.

SCHULZE, HANS-EUGEN (2003): Sehbehinderten und blinden alten Menschen professionell begegnen und helfen. Ratgeber für pflegerische und soziale Dienste und für Studierende. Köln: Kuratorium Deutsche Altershilfe.

SCHULZE, MARIANNE (2011): Menschenrechte für alle: Die Konvention über die Rechte von Menschen mit Behinderungen. In: FLIEGER, PETRA & SCHÖNWIESE, VOLKER (Hrsg.), Menschenrechte – Integration – Inklusion. Aktuelle Perspektiven aus der Forschung (11–25). Kempten: Klinkhardt.

SCHÜPBACH, EVI; GUGGENBÜHL, URS; KREHL, CORNELIA; SIEGENTHALER, HEINZ & KAUFMANN-HAYOZ, RUTH (2003): Didaktischer Leitfaden für E-Learning (1. Auflage). Bern: h.e.p.-verlag.

SEMINARPROGRAMM (2013): Seminarprogramm Schuljahr 2013/14. URL: http://www.lfs-schleswig.de/seminare_im_landesfoerderzentrum_sehen/seminarprogramm.html (entnommen am 11.11.2013).

SICHERE SCHULE (2014): Unfallkasse Nordrhein Westfalen – sichere Schule. URL: http://www.sichere-schule.de/default.htm (entnommen am 23.04.2014).

SKINNER, BURRHUS FREDERIC (1954): The science of learning and the art of teaching. In: American Psychologist (11), 221–233.

SMITH, ANDREW K. & WOHLSTETTER, PRISCILLA (2001): Reform through school networks: A new kind of authority and accountability. In: Educational Policy 15 (4), 499–519.

SPECK, OTTO (2010): Schulische Inklusion aus heilpädagogischer Sicht. Rhetorik und Realität. München: Reinhardt.

SPUNGIN, SUSAN J. & MC NEAR, DONNA (2002): When You Have a Visually Impaired Student in Your Classroom: A Guide for Teachers. New York: AFB Press.

STEINKE, INES (2009): Gütekriterien qualitativer Forschung. In: FLICK, UWE; VON KARDORFF, ERNST & STEINKE, INES (Hrsg.), Qualitative Forschung. Ein Handbuch (7. Auflage). Reinbek (bei Hamburg): Rowohlt Taschenbuch Verlag.

STIFTUNG LESEN (2011): E-Reader senken bei Schülern die Hemmschwelle, zu Büchern zu greifen (Pressemitteilung vom 14.12.2011). URL: https://www.stiftunglesen.de/pdf.php?type=pressrelease&id=412 (entnommen am 12.11.2013).

STRAUSS, ANSELM (1991): Grundlagen qualitativer Sozialforschung. Datenanalyse und Theoriebildung in der empirischen soziologischen Forschung. München: Wilhelm Fink Verlag.

STRAUSS, ANSELM L. & CORBIN, JULIET M. (2010): Grounded theory: Grundlagen qualitativer Sozialforschung (unveränderter Nachdruck der letzten Aufl.). Weinheim: Beltz.

STRÜBING, JÖRG (2008): Grounded Theory (2., überarbeitete und erweiterte Auflage). Wiesbaden: Verlag für Sozialwissenschaften.

STUFFLEBEAM, DANIEL L. (1983): The CIPP model for program evaluation. In: SCRIVEN, MICHAEL M. & STUFFLEBEAM, DANIEL L. (Hrsg.), Evaluation Models. Boston: Kluwer.

SWELLER, JOHN (1999): Instructional design in technical areas. Melbourne: ACER Press.

SWELLER, JOHN (2005): Implications of Cognitive Load Theory for Multimedia Learning. In: MAYER, RICHARD E. (Hrsg.), The Cambridge Handbook of Multimedia Learning (19–30). Cambridge [u. a.]: Cambridge University Press.

TERGAN, SIGMAR-OLAF (2000): Grundlagen der Evaluation: ein Überblick. In: SCHENKEL, PETER; TERGAN, SIGMAR-OLAF & LOTTMANN, ALFRED (Hrsg.), Qualitätsbeurteilung multimedialer Lern- und Informationssysteme (22–51). Nürnberg: BW Bildung und Wissen.

TERHART, EWALD (2010): Heterogenität der Schüler – Professionalität der Lehrer: Ansprüche und Wirklichkeiten. In: ELLGER-RÜTTGART, SIEGLIND LUISE & WACHTEL, GRIT (Hrsg.), Pädagogische Professionalität und Behinderung. Herausforderungen aus historischer, nationaler und internationaler Perspektive (89–104). Stuttgart: Kohlhammer.

TESAR, MICHAEL; PUCHER, ROBERT; STÖCKELMAYR, KERSTIN; METSCHER, JOHANNES; VOHLE, FRANK & EBNER, MARTIN (2011): Interaktive, multimediale Materialien. Gestaltung von Materialien zum Lernen und Lehren. In: EBNER, MARTIN & SCHÖN, SANDRA (Hrsg.), Lehrbuch für Lernen und Lehren mit Technologien (77–84). Berlin: epubli.

TOST, MARIE-LUISE (2012): The impact of ICT (Information and Communications Technology) for Inclusive Education – Status Quo and Outcome for the Teacher Training. In: LI, HONGXIU (Hrsg.): Studies of Inequalitities in Information Society. Proceedings of the Conference, Well-Being in the Information Society. Turku.

TRAUTMANN, MATTHIAS & WISCHER, BEATE (2011): Heterogenität in der Schule. Eine kritische Einführung (1. Auflage). Wiesbaden: Verlag für Sozialwissenschaften.

TULODZIECKI, GERHARD (2005): Neue Medien – veränderte Schule?. Vortrag im Rahmen des Studientags der PH Ludwigsburg am 22. Februar 2001. URL: http://www.ph-ludwigsburg.de/fileadmin/subsites/1b-mpxx-t-01/user_files/ Tulodziecki.pdf (entnommen am 25.04.2014).

ULLMANN, MARIANNE & STEPANCIK, EVELYN (2009): Das österreichische E-Learning Netzwerk eLSA. In: BERKEMEYER, NILS; KUPER, HARM; MANITIUS, VERONIKA & MÜTHING, KATHRIN (Hrsg.), Schulische Vernetzung (93–107). Münster: Waxmann.

UN (UNITED NATIONS) (2006): Convention on the Rights of Persons with Disabilities. Veröffentlichung 28.03.2007. URL: http://www.un.org/disabilities/default.asp?id=259 (entnommen am 19.01.2013).

UN (UNITED NATIONS) (2013): Map of Signatures and Ratifications. URL: http://www.un.org/disabilities/documents/maps/enablemap.jpg (entnommen am 09.04.2014).

UN/IUP (UNITED NATIONS/INTER-PARLIAMENTARY UNION) (2007): From Exclusion to Equality: realizing the rights of persons with disabilities. Handbook for Parliamentarians on the Convention on the rights of Persons with Disabilities, Geneva. URL: http://www.ipu.org/PDF/publications/disabilities-e.pdf (entnommen am 19.01.2013).

UNESCO (UNITED NATIONS EDUCATIONAL, SCIENTIFIC AND CULTURAL ORGANIZATION) (1994) (Hrsg.): The Salamanca Statement and Framework for Action on Special Needs Education. URL: http://unesdoc.unesco.org/images/0009/000984/098427eo.pdf (entnommen am 19.01.2013).

UNESCO & UNESCO IITE (UNITED NATIONS EDUCATIONAL, SCIENTIFIC AND CULTURAL ORGANIZATION & UNESCO INSTITUTE FOR INFORMATION TECHNOLOGIES IN EDUCATION) (2006): ICTs in Education for people with special needs. Specialized training course. URL: http://iite.unesco.org/pics/publications/en/files/3214644.pdf (entnommen am 29.04.2014).

UNIVERSITÄT WIEN (ELEARNING CENTER UNIVERSITÄT WIEN) (2012): E-Learning. URL: http://elearningcenter.univie.ac.at/index.php?id=476 (entnommen am 17.07.2012).

UNIVERSITÄT ZÜRICH (Hrsg.) (2010): OLAT 6.3 – Benutzerhandbuch. URL: http://www.rrz.uni-hamburg.de/fileadmin/elearning/OLAT/OLAT_Benutzer-handbuch_6.3.pdf (entnommen am 22.01.2013).

UNTERBRUNER, ULRIKE (2007): Multimedia-Lernen und Cognitive Load. In: KRÜGER, DIRK & VOGT, HELMUT (Hrsg.), Theorien in der biologiedidaktischen Forschung (153–164). Berlin, Heidelberg: Springer.

VBS (VERBAND FÜR BLINDEN- UND SEHBEHINDERTENPÄDAGOGIK) (2009): Position zur inklusiven Beschulung und Bildung blinder und sehbehinderter Menschen in der Bundesrepublik Deutschland des Verbandes für Blinden- und Sehbehindertenpädagogik. URL: http://www.vbs-gs.de/uploaded_files /position_2009_inklusive_bildung.pdf?PHPSESSID=bb094kj3qt7nusdmrh8hau3nk3 (entnommen am 25.06.2013).

VBS (VERBAND FÜR BLINDEN- UND SEHBEHINDERTENPÄDAGOGIK) (2011a): Bildung, Erziehung und Rehabilitation blinder und sehbehinderter Kinder und Jugendlicher in einer inklusiven Schule in den Ländern der Bundesrepublik Deutschland. URL: http://www.vbs-gs.de/uploaded_files/110721_ spezifisches_curriculum.pdf?PHPSESSID=6bqrc2no j19mv6vgtcoougi780 (entnommen am 30.03.2012).

VBS (VERBAND FÜR BLINDEN- UND SEHBEHINDERTENPÄDAGOGIK) (2011b): Stellungnahme des Verbandes für Blinden- und Sehbehindertenpädagogik e. V. zur KMK-Empfehlung „Inklusive Bildung von Kindern und Jugendlichen mit Behinderungen in Schulen". URL: http://www.vbs-gs.de/index.php? page=inklusion&PHPSESSID=5hvnlajbptlkui hg1k56hqcu77 (entnommen am 24.05.2012).

VCRP (VIRTUELLER CAMPUS RHEINLAND-PFALZ) (2012): OLAT. URL: http://www.vcrp.de/index.php?id=484 (entnommen am 06.10.2012).

VERBI SOFTWARE (Hrsg.) (2011): MaxQDa: Einführung. URL: http://www.maxqda.de/download/manuals/MAX10_intro_ger.pdf (entnommen am 15.04.2014).

WANECEK, OTTOKAR (1969): Geschichte der Blindenpädagogik. Berlin-Charlottenburg: Carl Marhold.

WATSON, JOHN B. & RAYNER, ROSALIE (1920): Conditional emotional reactions. In: Journal of Experimental Psychology (3), 1–14.

WHO/DIMDI (WORLD HEALTH ORGANIZATION/DEUTSCHES INSTITUT FÜR MEDIZINISCHE DOKUMENTATION UND INFORMATION) (2005): Internationale Klassifikation der Funktionsfähigkeit, Behinderung und Gesundheit. URL: http://www.dimdi.de/dynamic/de/klassi/downloadcenter/icf/endfassung/icf_endfassung-2005–10-01.pdf (entnommen am 19.01.2013).

WOCKEN, HANS (1995): „Sind Förderzentren der richtige Weg zur Integration?". In: Die Sonderschule (40), 84–93.

WOCKEN, HANS (2011): Das Haus der inklusiven Schule. Baustellen – Baupläne – Bausteine. Hamburg: Feldhaus.

WÜLLENWEBER, ERNST (2007): Profession/Professionalisierung/Professionalität. In: GREVING, HEINRICH (Hrsg.), Kompendium der Heilpädagogik. Band 2 (1. Auflage, 176–181). Troisdorf: Bildungsverlag EINS.

Zeun, Ulrich (2003): Monokular-Schulung: eine Handreichung zum Einsatz von Monokularen als Hilfsmittel für sehbehinderte Menschen. Münster: Monsenstein und Vannerdat.

Zimmerman, Barry J. (2000): Attaining self-regulation: A social cognitive perspective. In: Boekaerts, Monique; Pintrich, Paul R. & Zeidner, Moshe (Hrsg.), Handbook of self-regulation (13–41). San Diego: Academic Press.

Zimmerman, Barry J. (1998): Developing self-fulfilling cycles of academic regulation: an analysis of exemplary instructional models. In: Schunk, Dale H. & Zimmerman, Barry J. (Hrsg.), Self-regulated learning. From teaching to self-reflective practice (1–19). New York: The Guilford Press.

Danksagung

Herrn Prof. Dr. Sven Degenhardt danke ich für die Überlassung des hochinteressanten Promotionsthemas aus der Schulpraxis, das mich stetig begleitet. Darüber hinaus verdanke ich Herrn Prof. Dr. Sven Degenhardt anregende Gespräche und Diskussionen auf gemeinsam besuchten Veranstaltungen im In- und Ausland, die den Fortgang der Promotionsarbeit bereichert haben. Außerdem möchte ich mich für die Möglichkeit und tatkräftige Unterstützung aller Institutsmitarbeiter bedanken, diese Arbeit am Institut für Behindertenpädagogik in Hamburg durchführen zu können.

Den Universitätsprofessoren Herrn Prof. Dr. Jens Siemon und Herrn Prof. Dr. Joachim Schroeder danke ich für die Übernahme der Gutachtertätigkeit.

Mein besonderer Dank gilt den zahlreichen Kolleginnen und Kollegen der verschiedenen Bildungseinrichtungen und Institutionen, die mit ihrem Engagement und ihren persönlichen Beiträgen an dieser Arbeit mitgewirkt haben. Ohne das engagierte Zutun der vielen Unterstützer aus dem schulischen Handlungsfeld wäre die Realisierung von MIT BISS nicht möglich gewesen. Des Weiteren danke ich auch den Vertretern aus dem universitären Umfeld, wie dem zentralen eLearning-Büro (ZeB) und dem Multimedia Kontor Hamburg (MMKH), welche diese Arbeit maßgeblich durch ihren tatkräftigen Einsatz gefördert haben.

Abschließend möchte ich mich bei allen Personen aus meinem persönlichen Umfeld bedanken, die mir diese Arbeit ermöglicht haben. Insbesondere meinen Eltern danke ich für die fortwährende Geduld und ihr stetiges Interesse an meinem Tun.

Bisherige Publikationen zur Dissertationsschrift

Tost, Marie-Luise (2012): The impact of ICT (Information and Communications Technology) for Inclusive Education – Status Quo and Outcome for the Teacher Training. In: Li, Hongxiu (Hrsg.): Studies of Inequalitities in Information Society. Proceedings of the Conference, Well-Being in the Information Society. Turku.

Tost, Marie-Luise (2013): E-Learning als Baustein im inklusiven Unterstützungs- und Beratungssystem in Deutschland – Konzeption, Implementierung und Evaluation des Online-Angebots ‚MIT BISS' für Regelschullehrerinnen und Regelschullehrer. In: blind-sehbehindert: Zeitschrift für das Blinden- und Sehbehindertenbildungswesen 133 (1), 54.